메가스터디 수능 수학

KICK

수능 수학, 개념부터 달라야 한다!

수학 I

- 개념서 + 워크북 구성
- 최신 수능 맞춤 문제 수록
- 메가스터디 온라인 강의 진행(유료)

메가스터디BOOKS

이 책을 집필한 선생님

김기현 (메가스터디 온라인 강사)

김한결 (상문고등학교)

박진희 (서울고등학교)

정주식 (양정고등학교)

메가스터디 **수능 수학**

수학 I

초판 8쇄	2025년 12월 26일
초판 1쇄	2021년 12월 24일
펴낸곳	메가스터디(주)
펴낸이	손은진
개발 책임	배경윤
개발	김민, 오성한, 신상희
디자인	주희연, 윤재경
마케팅	강보현, 김세빈
제작	이성재, 장병미
주소	서울시 서초구 효령로 304(서초동) 국제전자센터 24층
대표전화	1661.5431 (내용 문의 02-6984-6901 / 구입 문의 02-6984-6868,9)
홈페이지	http://www.megastudybooks.com
출판사 신고 번호	제 2015-000159호
출간제안/원고투고	메가스터디북스 홈페이지 <투고 문의>에 등록

메가스터디BOOKS

'메가스터디북스'는 메가스터디(주)의 교육, 학습 전문 출판 브랜드입니다.

초중고 참고서는 물론, 어린이/청소년 교양서, 성인 학습서까지 다양한 도서를 출간하고 있습니다.

원과 접선

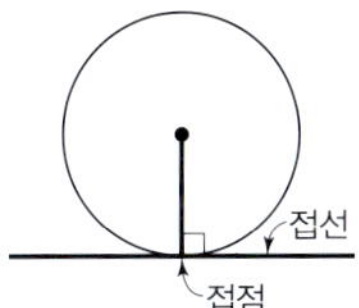

원과 현

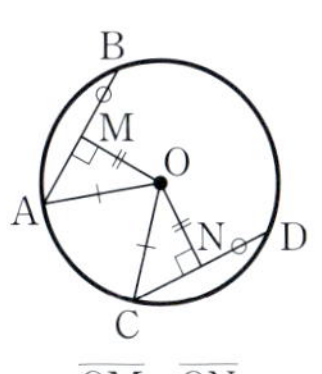

$$\overline{OM}=\overline{ON}$$

원 밖의 점에서 원에 그은 접선

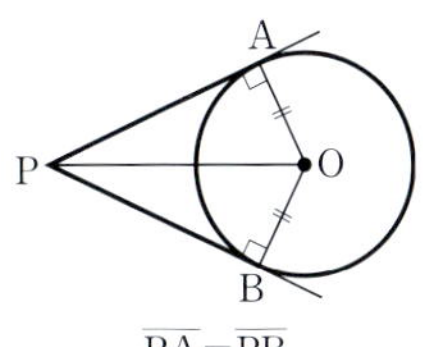

$$\overline{PA}=\overline{PB}$$

중심각과 원주각 ①

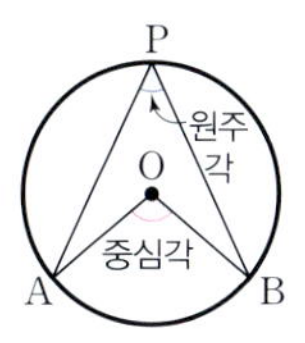

$$\angle AOB=2\times\angle APB$$

중심각과 원주각 ②

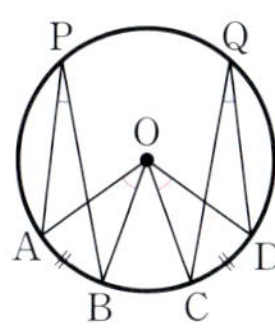

$$\angle AOB=\angle COD$$
$$\angle APB=\angle CQD$$

원주각

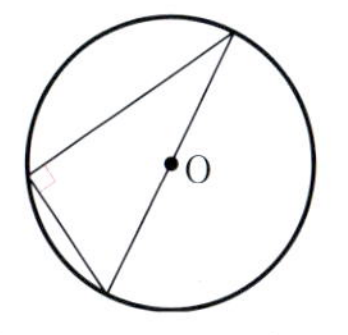

$$(\text{지름에 대한 원주각})=90°$$

접선과 할선

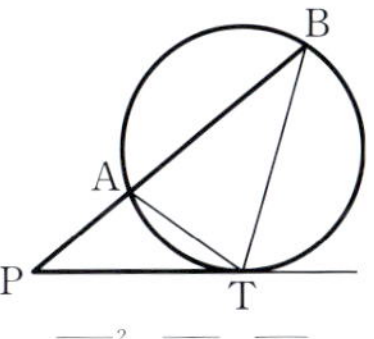

$$\overline{PT}^2=\overline{PA}\times\overline{PB}$$

할선과 할선

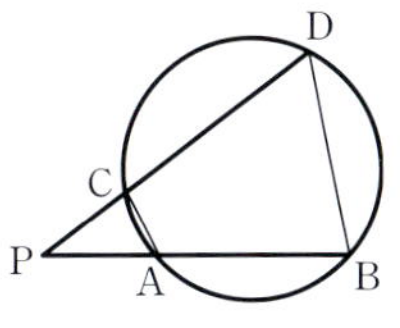

$$\overline{PA}\times\overline{PB}=\overline{PC}\times\overline{PD}$$

두 현이 서로 만날 때

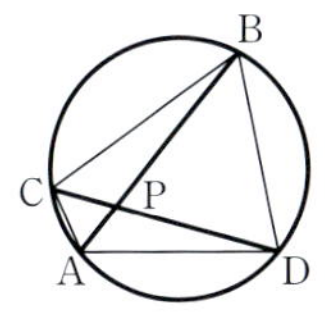

$$\overline{PA}\times\overline{PB}=\overline{PC}\times\overline{PD}$$

현과 접선이 이루는 각

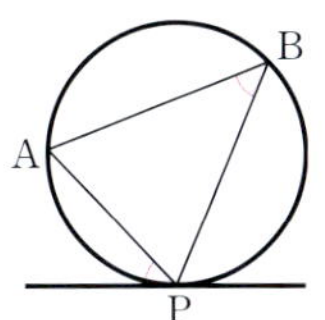

$$(\text{접선과 현 AP가 이루는 각})$$
$$=\angle ABP$$

외심 [외접원의 중심]

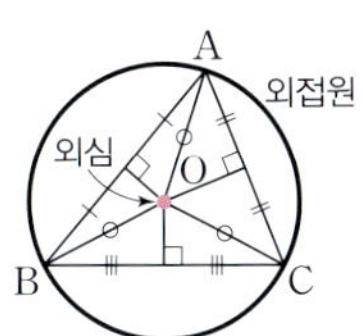

내심 [내접원의 중심]

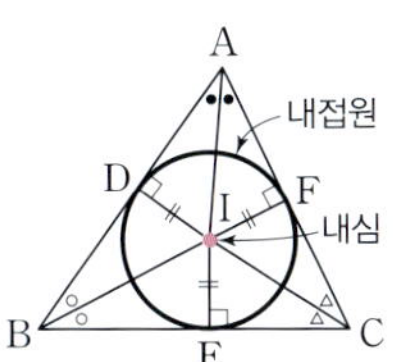

무게중심 [세 중선의 교점]

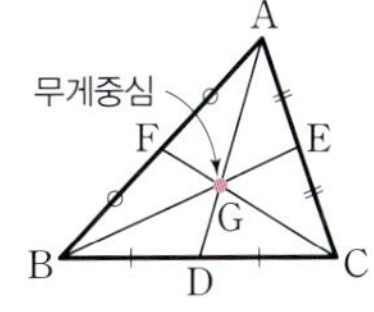

$$\overline{AG}:\overline{GD}=2:1$$
$$\overline{BG}:\overline{GE}=2:1$$
$$\overline{CG}:\overline{GF}=2:1$$

평행사변형의 성질

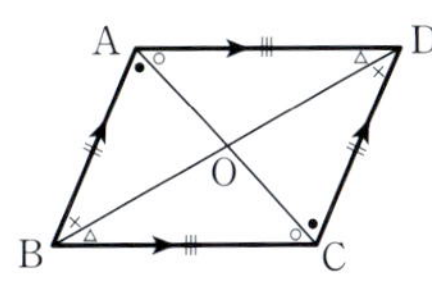

마름모의 성질

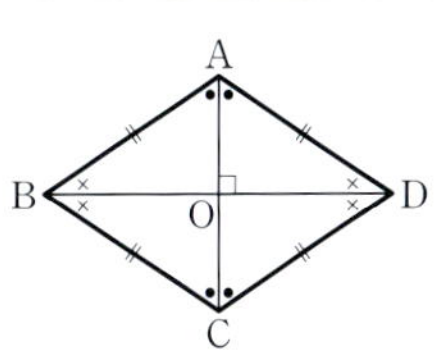

평행선과 선분의 길이의 비 ①

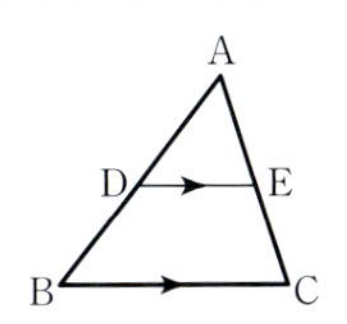

$$\overline{AD}:\overline{AB}=\overline{AE}:\overline{AC}=\overline{DE}:\overline{BC}$$

평행선과 선분의 길이의 비 ②

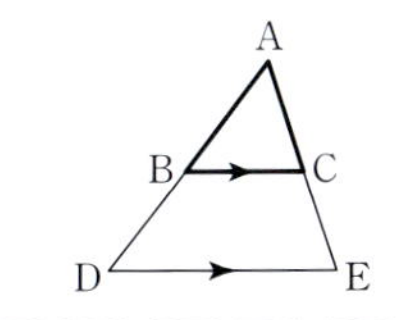

$$\overline{AD}:\overline{AB}=\overline{AE}:\overline{AC}=\overline{DE}:\overline{BC}$$

평행선과 선분의 길이의 비 ③

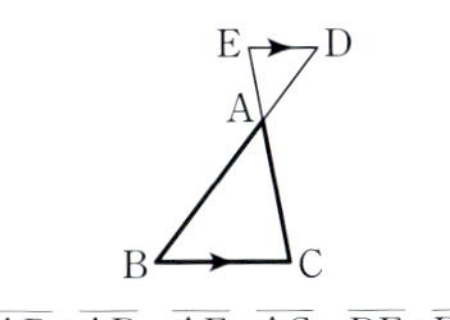

$$\overline{AD}:\overline{AB}=\overline{AE}:\overline{AC}=\overline{DE}:\overline{BC}$$

직각삼각형 [피타고라스 정리]

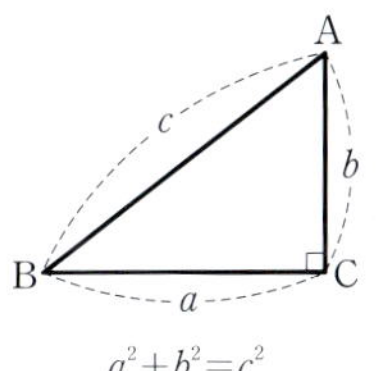

$$a^2+b^2=c^2$$

삼각비

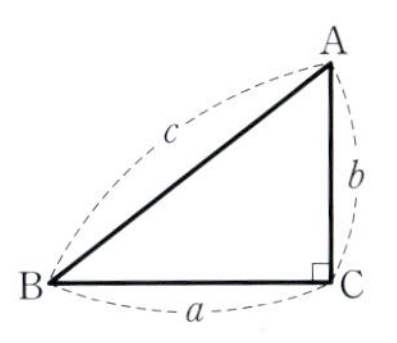

$$\sin B=\frac{b}{c},\quad \cos B=\frac{a}{c},\quad \tan B=\frac{b}{a}$$

직각 안에 직각

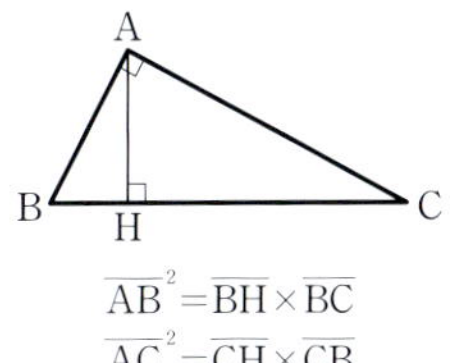

$$\overline{AB}^2=\overline{BH}\times\overline{BC}$$
$$\overline{AC}^2=\overline{CH}\times\overline{CB}$$
$$\overline{AH}^2=\overline{BH}\times\overline{CH}$$
$$\overline{BH}:\overline{CH}=\overline{AB}^2:\overline{AC}^2$$

높이를 공유하는 삼각형의 넓이의 비

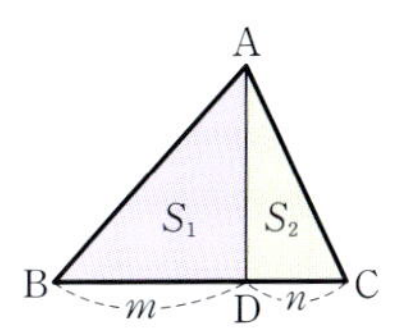

두 삼각형의 넓이의 비는
$$S_1:S_2=m:n$$

내각의 이등분선

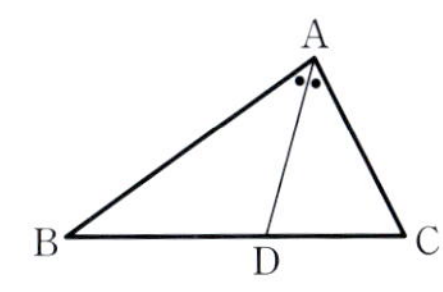

$$\overline{AB}:\overline{AC}=\overline{BD}:\overline{CD}$$

외각의 이등분선

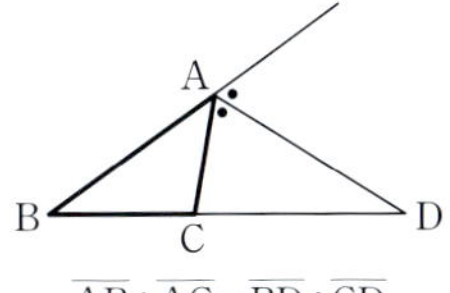

$$\overline{AB}:\overline{AC}=\overline{BD}:\overline{CD}$$

점과 직선 사이의 거리

점 $(x_1,\ y_1)$과 직선 $ax+by+c=0$ 사이의 거리 d는

$$d=\frac{|ax_1+by_1+c|}{\sqrt{a^2+b^2}}$$

이차방정식의 근과 계수의 관계

$ax^2+bx+c=0\ (a\neq0)$의 두 근을 $\alpha,\ \beta$라 하면

$$\alpha+\beta=-\frac{b}{a}$$

$$\alpha\beta=\frac{c}{a}$$

삼차방정식의 근과 계수의 관계

$ax^3+bx^2+cx+d=0\ (a\neq0)$의 세 근을 $\alpha,\ \beta,\ \gamma$라 하면

$$\alpha+\beta+\gamma=-\frac{b}{a}$$

$$\alpha\beta+\beta\gamma+\gamma\alpha=\frac{c}{a}$$

$$\alpha\beta\gamma=-\frac{d}{a}$$

이차방정식의 근의 공식

$ax^2+bx+c=0\ (a\neq0)$의 근은

$$x=\frac{-b\pm\sqrt{b^2-4ac}}{2a}$$

지수의 확장

$$a^0=1\ (a\neq0)$$
$$a^{-n}=\frac{1}{a^n}\ (a\neq0)$$
$$a^{\frac{m}{n}}=\sqrt[n]{a^m}\ (a>0)$$

로그의 연산

$$\log_a 1=0$$
$$\log_a a=1$$
$$\log_a M+\log_a N=\log_a MN$$
$$\log_a M-\log_a N=\log_a \frac{M}{N}$$
$$\log_a M^k=k\log_a M$$
$$\log_a M=\frac{\log_b M}{\log_b a}$$
$$a^{\log_a b}=b$$

부채꼴의 호의 길이와 넓이

호의 길이는 $l=r\theta$

넓이는 $S=\frac{1}{2}r^2\theta=\frac{1}{2}rl$

삼각함수 사이의 관계

$$\tan\theta=\frac{\sin\theta}{\cos\theta}$$
$$\sin^2\theta+\cos^2\theta=1$$

삼각함수의 각 변환 공식

$$\sin(-\theta)=-\sin\theta$$
$$\cos(-\theta)=\cos\theta$$
$$\tan(-\theta)=-\tan\theta$$
$$\sin\left(\frac{\pi}{2}-\theta\right)=\cos\theta$$
$$\cos\left(\frac{\pi}{2}-\theta\right)=\sin\theta$$
$$\tan\left(\frac{\pi}{2}-\theta\right)=\frac{1}{\tan\theta}$$

사인법칙

$$\frac{a}{\sin A}=\frac{b}{\sin B}=\frac{c}{\sin C}=2R$$

코사인법칙

$$a^2=b^2+c^2-2bc\cos A$$
$$b^2=c^2+a^2-2ca\cos B$$
$$c^2=a^2+b^2-2ab\cos C$$

삼각형의 넓이 S

$$S=\frac{1}{2}\times(밑변)\times(높이)$$
$$S=\frac{1}{2}ab\sin C$$
$$S=2R^2\sin A\sin B\sin C$$
$$S=\frac{abc}{4R}$$
$$S=\frac{1}{2}r(a+b+c)$$

평행사변형의 넓이 S

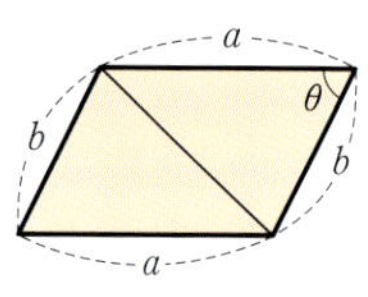

$$S=ab\sin\theta$$

사각형 ABCD의 넓이 S

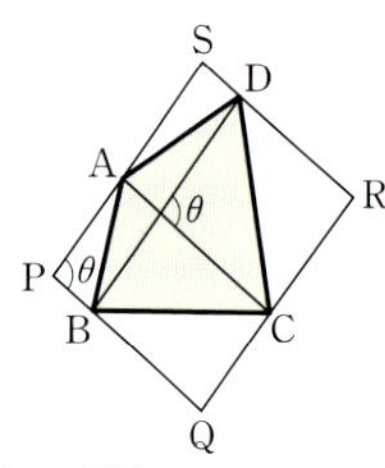

$\overline{AC}=x,\ \overline{BD}=y$일 때,

$$S=\frac{1}{2}xy\sin\theta$$

등차수열의 일반항과 합

$$a_n=a_1+(n-1)d$$
$$S_n=\frac{항(초+말)}{2}$$
$$=\frac{n\{2a+(n-1)d\}}{2}$$

S_n과 a_n 사이의 관계

$$S_1=a_1$$
$$S_n-S_{n-1}=a_n\ (n\geq2)$$

등비수열의 일반항과 합

$$a_n=a_1\times r^{n-1}$$
$$S_n=\frac{a(1-r^n)}{1-r}=\frac{a(r^n-1)}{r-1}$$
$$(단,\ r\neq1)$$

시그마 계산 공식

$$\sum_{k=1}^{n}k=\frac{n(n+1)}{2}$$
$$\sum_{k=1}^{n}k^2=\frac{n(n+1)(2n+1)}{6}$$
$$\sum_{k=1}^{n}k^3=\left\{\frac{n(n+1)}{2}\right\}^2$$
$$\sum_{k=1}^{n}k(k+1)=\frac{n(n+1)(n+2)}{3}$$
$$\sum_{k=1}^{n}(2k-1)=n^2=(개수)^2$$

함수의 연속

함수 $f(x)$가 $x=a$에서 연속이면

$$\lim_{x\to a}f(x)=f(a)$$

미분계수

$$f'(a)=\lim_{h\to0}\frac{f(a+h)-f(a)}{h}$$
$$=\lim_{x\to a}\frac{f(x)-f(a)}{x-a}$$

미분법 공식

$y=x^n\ (n은\ 양의\ 정수)\to$
$$y'=nx^{n-1}$$
$y=f(x)\pm g(x)\to$
$$y'=f'(x)\pm g'(x)$$
$y=f(x)g(x)\to$
$$y'=f'(x)g(x)+f(x)g'(x)$$
$y=\{f(x)\}^n\to$
$$y'=n\{f(x)\}^{n-1}\times f'(x)$$
$y=f(ax+b)\to$
$$y'=f'(ax+b)\times a$$

함수의 증가·감소

다항함수 $f(x)$에 대하여

$f(x)$가 증가함수 $\Longleftrightarrow f'(x)\geq0$

$f(x)$가 감소함수 $\Longleftrightarrow f'(x)\leq0$

부정적분

$$\int\left\{\frac{d}{dx}f(x)\right\}dx=f(x)+C$$
$$\frac{d}{dx}\left\{\int f(x)\,dx\right\}=f(x)$$
$$\int x^n\,dx=\frac{1}{n+1}x^{n+1}+C$$
$$\int (ax+b)^n\,dx$$
$$=\frac{1}{n+1}(ax+b)^{n+1}\times\frac{1}{a}+C$$

정적분

$$\int_a^b f(x)\,dx=F(b)-F(a)$$
$$\int_a^a f(x)\,dx=0$$
$$\int_a^b f(x)\,dx=-\int_b^a f(x)\,dx$$
$$\int_a^b f(x)\,dx+\int_b^c f(x)\,dx$$
$$=\int_a^c f(x)\,dx$$
$$\frac{d}{dx}\int_a^x f(t)\,dt=f(x)$$

대칭성을 이용한 정적분

$f(x)$가 우함수이면

$$\int_{-a}^a f(x)\,dx=2\int_0^a f(x)\,dx$$

$g(x)$가 기함수이면

$$\int_{-a}^a g(x)\,dx=0$$

평행이동과 대칭이동을 이용한 정적분

$$\int_a^b f(x-p)\,dx=\int_{a-p}^{b-p}f(x)\,dx$$
$$\int_a^b f(p-x)\,dx=\int_{p-b}^{p-a}f(x)\,dx$$

이차함수와 직선으로 둘러싸인 넓이

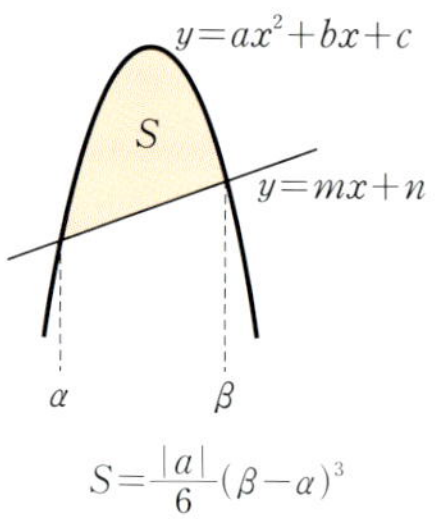

$$S=\frac{|a|}{6}(\beta-\alpha)^3$$

삼차함수와 접선으로 둘러싸인 넓이

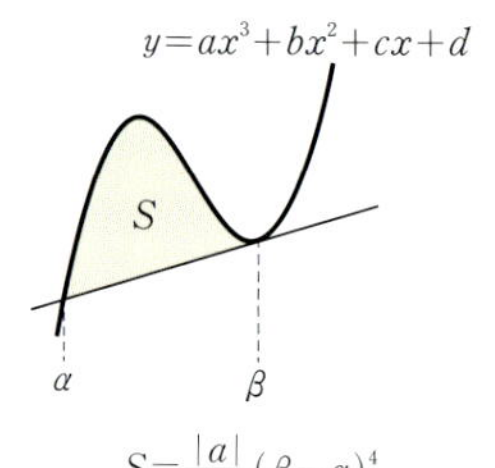

$$S=\frac{|a|}{12}(\beta-\alpha)^4$$

메가스터디 **수능 수학**

KICK

수학 I

Structure

 개념 정리 & 수능 Idea

수능 필수 개념만을 모아 체계적으로 정리, 설명했습니다.

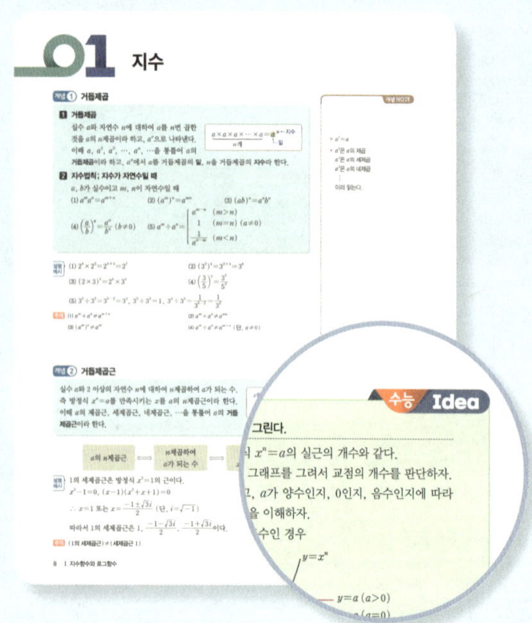

- **개념 Check**

  개념 이해 정도를 확인하는 수능 2점 난이도의 문제를 제시했습니다.

- **수능 Idea**

  문제 풀이에 도움이 되는 추가 개념이나 원리, 문제 해결에 실마리가 될 수 있는 팁 등을 추가로 제시했습니다.

 필수 예제 & 유제

수능에 자주 출제되는 3점, 쉬운 4점 문제의 유형을 분석하여 필수 예제로 제시했습니다.

필수 예제와 유사한 난이도, 형태의 문제를 유제로 바로 제시하여 유형에 대한 이해 정도를 확인할 수 있게 했습니다.

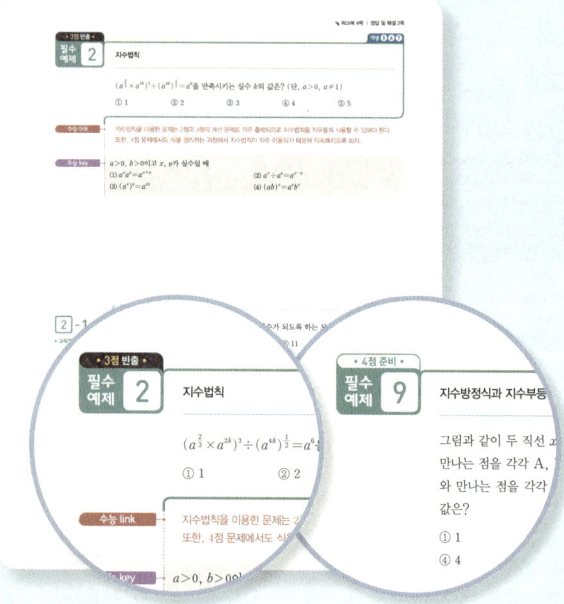

- **3점 빈출 · 4점 준비**

  필수 예제 중 수능에 자주 출제되는 3점 유형은 '3점 빈출'로 표시했습니다. 또한, 4점 문항 대비를 위한 유형을 '4점 준비'로 표시했습니다.

- **수능 link · 수능 key**

  필수 예제 형태의 문제가 수능에서 어떻게 출제될 수 있는지와 해당 문제를 해결하기 위한 핵심 개념 또는 원리를 제시했습니다.

- 실전 감각을 유지하는 데 도움이 되는 핵심 기출문제가 있는 경우, 해당 기출문제를 필수 예제 또는 유제로 선정했습니다.

STEP 3 — 단원 마무리

실전에 더욱 강하게 대비할 수 있는 단원 마무리 코너를 마련했습니다.

STEP 2의 문제보다 난도가 조금 더 높은 문제, 두 가지 이상의 개념을 사용하여 해결할 수 있는 어려운 3점 수준의 문제 등을 수록했습니다.

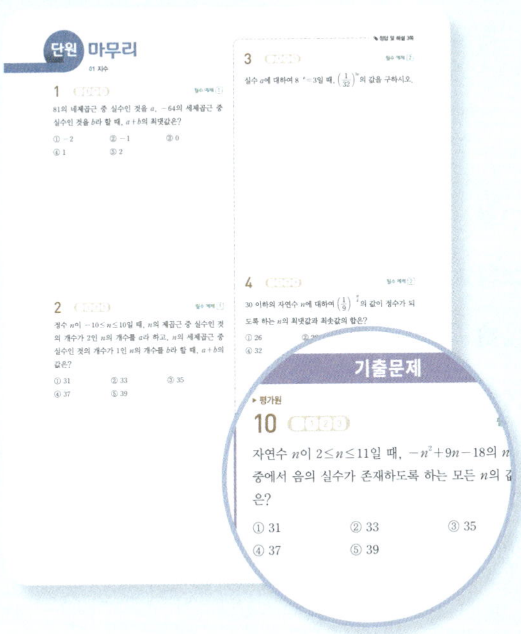

- 모든 문제는 STEP 2의 필수 예제와 링크되어 있으므로 모르거나 틀린 문제는 STEP 2를 다시 확인하여 해결할 수 있습니다.
- 단원 마무리의 마지막은 '기출문제'로 제시했습니다.

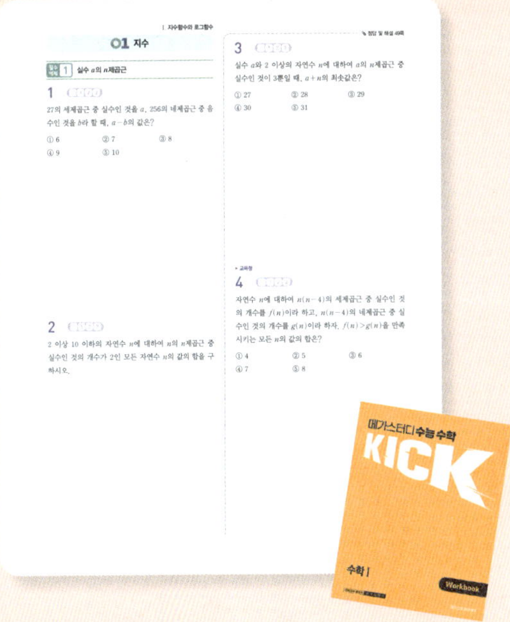

- **본책의 필수 예제와 완벽한 1 : 1 매칭**
  본책 STEP 2의 필수 예제를 더욱 완벽하게 익힐 수 있는 문제들을 1쪽(3~4문제)씩 제시했습니다.

- **3점 완벽 마스터 문제 제시**
  해당 유형에 대한 문제들을 쉬운 3점부터 어려운 3점까지의 난이도로 구성하여 3점 문제를 완벽하게 마스터할 수 있게 했습니다.

수능 개념 학습은 달라야 한다!

수능 수학 KICK이 제안하는 학습 시스템

본책의 STEP 2, 3과 워크북의 모든 문제에 대하여

 1 2 3 의 장치를 이용하면 다음 두 가지가 가능합니다!

❶ 내가 아는 것과 모르는 것을 구분 ❷ 반복 학습

★자세한 활용 방법은 뒷장을 참고해 주세요.

수능 개념 학습은 달라야 한다!

수능 수학 KICK이 제안하는 학습 시스템

수능 실전을 위한 개념 학습에서 가장 중요한 것은, 자신이 아는 것과 모르는 것이 무엇인지를 정확하게 구분하는 것입니다.
내가 진짜로 알고 있는 것이 무엇인지를 파악해야, 아는 것은 빠르게 학습하고
모르는 것에 집중할 수 있으므로 효율적인 학습이 가능해지고 성적이 오릅니다.
이 책에서는 효율적인 수능 개념 학습을 위해 다음과 같은 장치를 제시하오니, 학습에 활용해 보세요.

표시 ❶ 문제를 푼 후, 문제에 있는 `1 2 3` 맨 앞의 ◯에 ◯ 또는 ✕를 표시합니다.

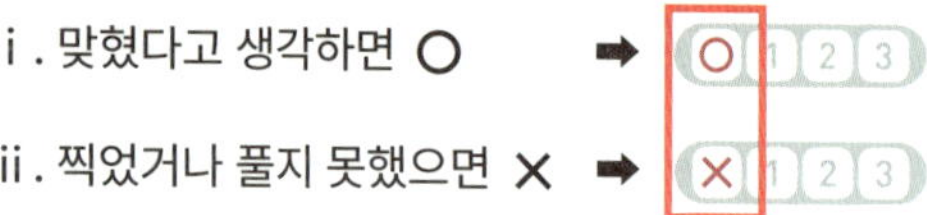

채점 ❷ 문제를 채점합니다.

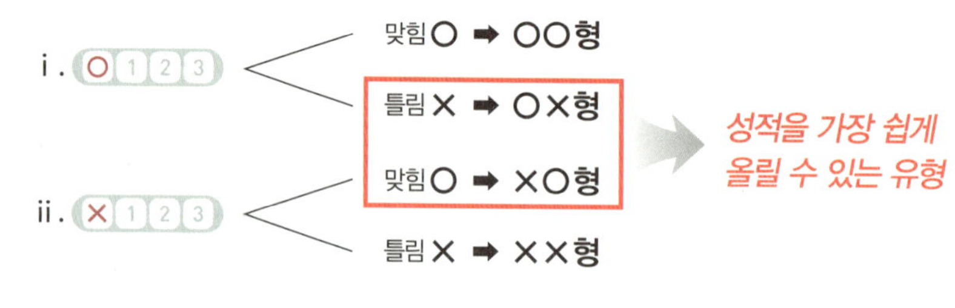

학습 ❸ 다음의 각 유형에 맞게 학습합니다.
이때 다시 푼 문제는 그 횟수를 `1 2 3` 에 표시하며 반복 학습을 합니다.

정확히 알고 있는 ◯◯형	정확히 알고 있는 문제를 다시 보는 것은 시간 낭비이다. 다만 유사 유형의 다른 문제를 풀 때 계산 실수에 유의할 것!
실수했거나 안다고 착각하는 ◯✕형	실수도 실력! 같은 부분에서 또 실수하지 않도록 다시 꼼꼼하게 확인한다. 오개념을 정확히 파악하여 다시 틀리지 않도록 연습할 것!
찍어서 맞힌 ✕◯형	실제 수능에서 이런 행운은 없다고 생각해야 한다. 맞혔더라도 자만하지 말고, 해설을 읽어 보며 어느 부분을 놓쳤는지 확인할 것!
몰라서 틀린 ✕✕형	지금 모른다는 것을 알게 된 것을 다행으로 생각하고, 수능에서 맞히도록 한다. 개념을 다시 한번 제대로 이해했는지 파악하고, 정말 아는 것이 되도록 학습할 것!

수학 I

I. 지수함수와 로그함수

01 지수   8

02 로그   22

03 지수함수   34

04 로그함수   50

II. 삼각함수

01 삼각함수   70

02 삼각함수의 그래프   84

03 삼각함수의 활용   112

III. 수열

01 등차수열   126

02 등비수열   144

03 수열의 합   158

04 수학적 귀납법   174

I

지수함수와 로그함수

01 지수

02 로그

03 지수함수

04 로그함수

단원	수능 경향	대비 방법
01 지수	• 거듭제곱근 중 실수인 것의 개수를 구하는 문제가 출제된다. • 지수법칙을 이용한 간단한 계산 문제가 출제된다.	• 상황에 따라 거듭제곱근 중 실수인 것의 개수가 어떻게 변하는지 정확히 이해하고, 그래프와 연관 지어 생각할 수 있어야 한다. • 지수, 로그와 관련된 여러 가지 공식을 정확히 암기하고, 빠르고 정확하게 계산을 할 수 있어야 한다. 단, 지나치게 복잡한 계산은 지양한다.
02 로그	• 로그의 성질을 이용한 간단한 계산 문제가 출제된다. • 지수와 로그의 관계와 로그의 성질을 이용한 문제가 출제된다.	
03 지수함수	• 두 개 이상의 지수함수, 로그함수 사이의 관계를 관찰하고 식을 정리하여 답을 구하는 문제가 출제된다. • 지수, 로그방정식과 부등식의 기본 계산 문제가 3점 문제로 출제되거나 다항함수의 그래프와 결합하여 4점 문제로 출제된다.	• 지수함수와 로그함수의 기본 성질들을 정확히 알고, 두 개 이상의 함수 사이의 관계를 파악하여 필요한 정보를 찾아낼 수 있어야 한다. 특히, 지수함수와 로그함수의 관계를 알고 있어야 한다. • 지수와 로그의 연산을 이용하여 방정식과 부등식을 정확하게 풀 수 있어야 하고, 그래프를 통해 방정식과 부등식을 해석하는 연습이 필요하다.
04 로그함수		

01 지수

개념 ① 거듭제곱

1 거듭제곱

실수 a와 자연수 n에 대하여 a를 n번 곱한 것을 a의 n제곱이라 하고, a^n으로 나타낸다. 이때 a, a^2, a^3, $\cdots$, a^n, $\cdots$을 통틀어 a의 **거듭제곱**이라 하고, a^n에서 a를 거듭제곱의 **밑**, n을 거듭제곱의 **지수**라 한다.

$$\underbrace{a \times a \times a \times \cdots \times a}_{n\text{개}} = a^n \overset{\leftarrow 지수}{\underset{\leftarrow 밑}{}}$$

▶ $a^1 = a$

▶ a^2은 a의 제곱
a^3은 a의 세제곱
a^4은 a의 네제곱
$\vdots$
이라 읽는다.

2 지수법칙; 지수가 자연수일 때

a, b가 실수이고 m, n이 자연수일 때

(1) $a^m a^n = a^{m+n}$
(2) $(a^m)^n = a^{mn}$
(3) $(ab)^n = a^n b^n$

(4) $\left(\dfrac{a}{b}\right)^n = \dfrac{a^n}{b^n} \ (b \neq 0)$
(5) $a^m \div a^n = \begin{cases} a^{m-n} & (m > n) \\ 1 & (m = n) \ (a \neq 0) \\ \dfrac{1}{a^{n-m}} & (m < n) \end{cases}$

설명예시
(1) $2^4 \times 2^3 = 2^{4+3} = 2^7$
(2) $(3^2)^4 = 3^{2 \times 4} = 3^8$

(3) $(2 \times 3)^4 = 2^4 \times 3^4$
(4) $\left(\dfrac{3}{5}\right)^2 = \dfrac{3^2}{5^2}$

(5) $3^5 \div 3^2 = 3^{5-2} = 3^3$, $\ 3^5 \div 3^5 = 1$, $\ 3^2 \div 3^5 = \dfrac{1}{3^{5-2}} = \dfrac{1}{3^3}$

주의
(1) $a^m + a^n \neq a^{m+n}$
(2) $a^m \times a^n \neq a^{mn}$
(3) $(a^m)^n \neq a^{m^n}$
(4) $a^m \div a^n \neq a^{m \div n}$ (단, $a \neq 0$)

개념 ② 거듭제곱근

실수 a와 2 이상의 자연수 n에 대하여 n제곱하여 a가 되는 수, 즉 방정식 $x^n = a$를 만족시키는 x를 a의 n제곱근이라 한다. 이때 a의 제곱근, 세제곱근, 네제곱근, $\cdots$을 통틀어 a의 **거듭제곱근**이라 한다.

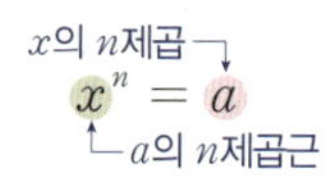

▶ 0이 아닌 실수 a의 서로 다른 n제곱근은 복소수의 범위에서 n개가 있다.

▶ 0의 n제곱근은 0이다.

$$\boxed{a\text{의 } n\text{제곱근}} \Longleftrightarrow \boxed{\begin{array}{c} n\text{제곱하여} \\ a\text{가 되는 수} \end{array}} \Longleftrightarrow \boxed{\begin{array}{c} 방정식 \\ x^n = a\text{의 근} \end{array}}$$

설명예시
1의 세제곱근은 방정식 $x^3 = 1$의 근이다.
$$x^3 - 1 = 0, \ (x-1)(x^2 + x + 1) = 0$$
$$\therefore \ x = 1 \ 또는 \ x = \frac{-1 \pm \sqrt{3}i}{2} \ (단, \ i = \sqrt{-1})$$

따라서 1의 세제곱근은 1, $\dfrac{-1-\sqrt{3}i}{2}$, $\dfrac{-1+\sqrt{3}i}{2}$이다.

주의 (1의 세제곱근) $\neq$ (세제곱근 1)

▶ 세제곱근 1은 $\sqrt[3]{1} = 1$뿐이다.

개념 ③ 실수 a의 n제곱근 중 실수인 것의 개수

실수 a와 2 이상의 자연수 n에 대하여 실수 a의 n제곱근 중 실수인 것은

(1) n이 짝수인 경우

① $a>0$인 경우; 양수와 음수의 2개가 존재한다. ➡ $\sqrt[n]{a}$, $-\sqrt[n]{a}$

② $a=0$인 경우; 0 하나뿐이다. ➡ $\sqrt[n]{0}=0$

③ $a<0$인 경우; 존재하지 않는다.

(2) n이 홀수인 경우

오직 1개 존재한다. ➡ $\sqrt[n]{a}$

▶ • $\sqrt[n]{a}$는 'n제곱근 a'라 읽는다.

• $\sqrt[2]{a}=\sqrt{a}$

실수 a의 n제곱근 중 실수인 것은 방정식 $x^n=a$의 실근이므로 함수 $y=x^n$의 그래프와 직선 $y=a$의 교점의 x좌표와 같다.

(1) n이 짝수인 경우

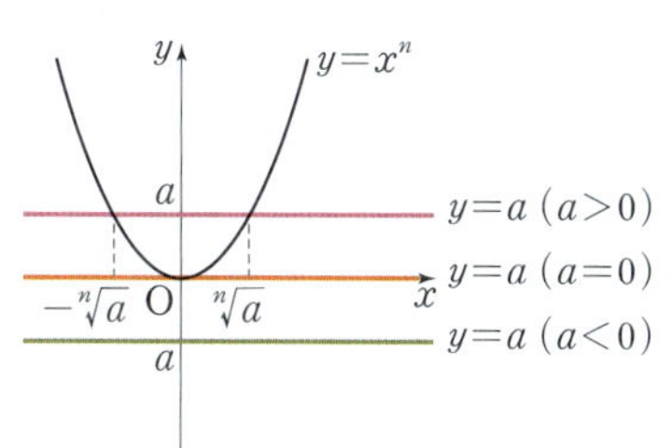

(2) n이 홀수인 경우

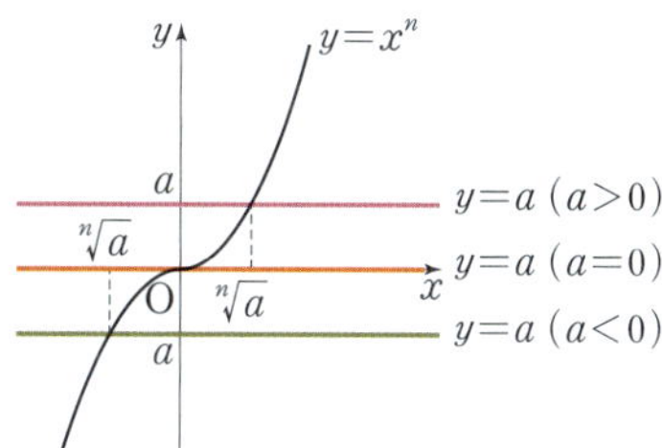

▶ **함수 $y=x^n$의 그래프**

(1) n이 짝수이면

➡ y축에 대하여 대칭

(2) n이 홀수이면

➡ 원점에 대하여 대칭

① $a>0$이면 교점은 2개 ➡ $\pm\sqrt[n]{a}$

② $a=0$이면 교점은 1개 ➡ 0

③ $a<0$이면 교점은 없다.

• a의 값에 관계없이 교점은 1개이다.

따라서 실수 a의 n제곱근 중 실수인 것을 표로 나타내면 다음과 같다.

	$a>0$	$a=0$	$a<0$
n이 짝수	$-\sqrt[n]{a}$, $\sqrt[n]{a}$ (2개)	0 (1개)	없다.
n이 홀수	$\sqrt[n]{a}$ (1개)	0 (1개)	$\sqrt[n]{a}$ (1개)

정답 및 해설 2쪽

개념 Check

1. 다음 거듭제곱근 중 실수인 것의 개수를 구하시오.

(1) 16의 네제곱근　　　　　　　　(2) -8의 세제곱근

개념 ④ 거듭제곱근의 성질

$a>0$, $b>0$이고 m, n이 2 이상의 자연수일 때

(1) $(\sqrt[n]{a})^n=a$

(2) $\sqrt[n]{a}\,\sqrt[n]{b}=\sqrt[n]{ab}$

(3) $\dfrac{\sqrt[n]{a}}{\sqrt[n]{b}}=\sqrt[n]{\dfrac{a}{b}}$

(4) $(\sqrt[n]{a})^m=\sqrt[n]{a^m}$

(5) $\sqrt[m]{\sqrt[n]{a}}=\sqrt[mn]{a}$

(6) $\sqrt[np]{a^{mp}}=\sqrt[n]{a^m}$ (단, p는 자연수)

▶ $\sqrt[n]{a^n}=\begin{cases} a & (n\text{이 홀수}) \\ |a| & (n\text{이 짝수}) \end{cases}$

(1) $\sqrt[n]{a}$는 a의 양의 n제곱근이므로
$$(\sqrt[n]{a})^n=a$$

(2) 지수법칙에 의하여 $(\sqrt[n]{a}\,\sqrt[n]{b})^n=(\sqrt[n]{a})^n(\sqrt[n]{b})^n=ab$
이때 $\sqrt[n]{a}>0$, $\sqrt[n]{b}>0$이므로 $\sqrt[n]{a}\,\sqrt[n]{b}>0$
따라서 $\sqrt[n]{a}\,\sqrt[n]{b}$는 ab의 양의 n제곱근이므로
$$\sqrt[n]{a}\,\sqrt[n]{b}=\sqrt[n]{ab}$$

(3) 지수법칙에 의하여 $\left(\dfrac{\sqrt[n]{a}}{\sqrt[n]{b}}\right)^n=\dfrac{(\sqrt[n]{a})^n}{(\sqrt[n]{b})^n}=\dfrac{a}{b}$

이때 $\sqrt[n]{a}>0$, $\sqrt[n]{b}>0$이므로 $\dfrac{\sqrt[n]{a}}{\sqrt[n]{b}}>0$

따라서 $\dfrac{\sqrt[n]{a}}{\sqrt[n]{b}}$는 $\dfrac{a}{b}$의 양의 n제곱근이므로

$$\dfrac{\sqrt[n]{a}}{\sqrt[n]{b}}=\sqrt[n]{\dfrac{a}{b}}$$

(4) 지수법칙에 의하여 $\{(\sqrt[n]{a})^m\}^n=(\sqrt[n]{a})^{mn}=\{(\sqrt[n]{a})^n\}^m=a^m$
이때 $\sqrt[n]{a}>0$이므로 $(\sqrt[n]{a})^m>0$
따라서 $(\sqrt[n]{a})^m$은 a^m의 양의 n제곱근이므로
$$(\sqrt[n]{a})^m=\sqrt[n]{a^m}$$

(5) 지수법칙에 의하여 $(\sqrt[m]{\sqrt[n]{a}})^{mn}=\{(\sqrt[m]{\sqrt[n]{a}})^m\}^n=(\sqrt[n]{a})^n=a$
이때 $\sqrt[m]{\sqrt[n]{a}}>0$이므로 $\sqrt[m]{\sqrt[n]{a}}$는 a의 양의 mn제곱근이다.
$$\therefore\ \sqrt[m]{\sqrt[n]{a}}=\sqrt[mn]{a}$$

(6) 지수법칙에 의하여 $(\sqrt[np]{a^{mp}})^n=(\sqrt[n]{\sqrt[p]{a^{mp}}})^n=\sqrt[p]{a^{mp}}=\sqrt[p]{(a^m)^p}=(\sqrt[p]{a^m})^p=a^m$
이때 $\sqrt[np]{a^{mp}}>0$이므로 $\sqrt[np]{a^{mp}}$은 a^m의 양의 n제곱근이다.
$$\therefore\ \sqrt[np]{a^{mp}}=\sqrt[n]{a^m}$$

개념 Check 정답 및 해설 2쪽

2. 다음 값을 구하시오.

(1) $\sqrt[5]{9}\times\sqrt[5]{27}$
(2) $\dfrac{\sqrt[6]{256}}{\sqrt[3]{2}}$

개념 ⑤ 지수법칙; 지수가 정수일 때

1 0 또는 음의 정수인 지수

$a\neq 0$이고 n이 양의 정수일 때

(1) $a^0=1$
(2) $a^{-n}=\dfrac{1}{a^n}$

2 지수법칙; 지수가 정수일 때

$a\neq 0$, $b\neq 0$이고 m, n이 정수일 때

(1) $a^m a^n=a^{m+n}$
(2) $a^m\div a^n=a^{m-n}$
(3) $(a^m)^n=a^{mn}$
(4) $(ab)^n=a^n b^n$

▶ 0^0, 0^{-n}은 정의하지 않는다.

▶ (2)는 m, n의 대소에 관계없이 성립한다.

0 또는 음의 정수인 지수

$a\neq0$이고 m, n이 양의 정수일 때, $a^m a^n = a^{m+n}$이므로

(1) $m=0$일 때, $a^0 a^n = a^{0+n} = a^n$　　$\therefore a^0=1$ $(\because a^n\neq0)$

(2) $m=-n$일 때, $a^{-n}a^n=a^0=1$　　$\therefore a^{-n}=\dfrac{1}{a^n}$ $(\because a^n\neq0)$

지수법칙; 지수가 정수일 때

$a\neq0$, $b\neq0$이고 m, n이 음의 정수일 때, $m=-p$, $n=-q$ $(p,\ q$는 양의 정수$)$라 하면

(1) $a^m a^n = a^{-p} a^{-q} = \dfrac{1}{a^p a^q} = \dfrac{1}{a^{p+q}} = a^{-(p+q)} = a^{(-p)+(-q)} = a^{m+n}$

(2) $a^m \div a^n = a^{-p} \div a^{-q} = a^{-p} \div \dfrac{1}{a^q} = a^{-p} \times a^q = a^{-p+q} = a^{-p-(-q)} = a^{m-n}$

(3) $(a^m)^n = (a^{-p})^{-q} = \left(\dfrac{1}{a^p}\right)^{-q} = \dfrac{1}{\left(\dfrac{1}{a^p}\right)^q} = \dfrac{1}{\dfrac{1}{a^{pq}}} = a^{pq} = a^{(-p)\times(-q)} = a^{mn}$

(4) $(ab)^n = (ab)^{-q} = \dfrac{1}{(ab)^q} = \dfrac{1}{a^q b^q} = \dfrac{1}{a^q} \times \dfrac{1}{b^q} = a^{-q} b^{-q} = a^n b^n$

정답 및 해설 2쪽

개념 Check

3. 다음 값을 구하시오.

  (1) $\left(\dfrac{1}{5}\right)^{-1} + 5^0$

  (2) $4^4 \times 2^{-2} \div (2^2)^3$

개념 ⑥　지수법칙; 지수가 유리수일 때

1 유리수인 지수

$a>0$이고 m, n $(n\geq2)$가 정수일 때

(1) $a^{\frac{m}{n}} = \sqrt[n]{a^m}$　　　　(2) $a^{\frac{1}{n}} = \sqrt[n]{a}$

2 지수법칙; 지수가 유리수일 때

$a>0$, $b>0$이고 r, s가 유리수일 때

(1) $a^r a^s = a^{r+s}$　　　　(2) $a^r \div a^s = a^{r-s}$

(3) $(a^r)^s = a^{rs}$　　　　(4) $(ab)^r = a^r b^r$

유리수인 지수

(1) $a>0$이고 두 정수 m, n에 대하여 $(a^m)^n = a^{mn}$이므로

　　지수가 유리수일 때에도 위의 등식이 성립한다고 하면 두 정수 m, n $(n\geq2)$에 대하여

$$\left(a^{\frac{m}{n}}\right)^n = a^{\frac{m}{n}\times n} = a^m$$

　　이때 $a^{\frac{m}{n}}>0$이므로 $a^{\frac{m}{n}}$은 a^m의 양의 n제곱근이다.

　　　$\therefore a^{\frac{m}{n}} = \sqrt[n]{a^m}$　　······ ㉠

(2) ㉠에 $m=1$을 대입하면 $a^{\frac{1}{n}} = \sqrt[n]{a^1} = \sqrt[n]{a}$

지수법칙 ; 지수가 유리수일 때

$a>0$, $b>0$이고 r, s가 유리수일 때, $r=\dfrac{m}{n}$, $s=\dfrac{p}{q}$ (m, n, p, q는 정수, $n\geq2$, $q\geq2$)

라 하면

(1) $a^r a^s = a^{\frac{m}{n}} a^{\frac{p}{q}} = a^{\frac{mq}{nq}} a^{\frac{np}{nq}} = \sqrt[nq]{a^{mq}} \times \sqrt[nq]{a^{np}} = \sqrt[nq]{a^{mq} \times a^{np}} = \sqrt[nq]{a^{mq+np}}$

$\qquad = a^{\frac{mq+np}{nq}} = a^{\frac{m}{n}+\frac{p}{q}} = a^{r+s}$

(2) $a^r \div a^s = a^{\frac{m}{n}} \div a^{\frac{p}{q}} = a^{\frac{mq}{nq}} \div a^{\frac{np}{nq}} = \dfrac{\sqrt[nq]{a^{mq}}}{\sqrt[nq]{a^{np}}} = \sqrt[nq]{\dfrac{a^{mq}}{a^{np}}} = \sqrt[nq]{a^{mq-np}}$

$\qquad = a^{\frac{mq-np}{nq}} = a^{\frac{m}{n}-\frac{p}{q}} = a^{r-s}$

(3) $(a^r)^s = (a^{\frac{m}{n}})^{\frac{p}{q}} = \sqrt[q]{(a^{\frac{m}{n}})^p} = \sqrt[q]{(\sqrt[n]{a^m})^p} = \sqrt[q]{\sqrt[n]{a^{mp}}} = \sqrt[nq]{a^{mp}}$

$\qquad = a^{\frac{mp}{nq}} = a^{\frac{m}{n}\times\frac{p}{q}} = a^{rs}$

(4) $(ab)^r = (ab)^{\frac{m}{n}} = \sqrt[n]{(ab)^m} = \sqrt[n]{a^m b^m} = \sqrt[n]{a^m} \times \sqrt[n]{b^m}$

$\qquad = a^{\frac{m}{n}} b^{\frac{m}{n}} = a^r b^r$

주의 지수가 정수가 아닌 유리수인 경우에 밑은 양수이어야 한다.

예 $-2 = (-2)^{2\times\frac{1}{2}} = \{(-2)^2\}^{\frac{1}{2}} = 4^{\frac{1}{2}} = 2$ (×)

개념 Check

정답 및 해설 2쪽

4. 다음 값을 구하시오.

(1) $16^{\frac{3}{4}} + 49^{0.5}$　　　　　　　　　(2) $3^{\frac{3}{2}} \times 9^{\frac{1}{4}}$

개념 7 지수법칙 ; 지수가 실수일 때

$a>0$, $b>0$이고 x, y가 실수일 때
(1) $a^x a^y = a^{x+y}$　　　　　　　(2) $a^x \div a^y = a^{x-y}$
(3) $(a^x)^y = a^{xy}$　　　　　　　(4) $(ab)^x = a^x b^x$

▶ a^x에 대하여 지수 x의 값에 따른 밑 a의 조건은 다음과 같다.

지수 x	밑 a
자연수	모든 실수
정수	$a \neq 0$
유리수	$a>0$
실수	$a>0$

지수법칙에서 지수의 범위가 실수까지 확장됨을 지수가 무리수인 $2^{\sqrt{2}}$을 통하여 알아보자.
$\sqrt{2}=1.41421356\cdots$이므로 무리수 $\sqrt{2}$에 한없이 가까워
지는 유리수

$\qquad 1,\ 1.4,\ 1.41,\ 1.414,\ 1.4142,\ \cdots$

를 각각 지수로 갖는 수

$\qquad 2^1,\ 2^{1.4},\ 2^{1.41},\ 2^{1.414},\ 2^{1.4142},\ \cdots$

은 오른쪽 표와 같이 어떤 일정한 수에 가까워진다는 사
실이 알려져 있다.

x	2^x
1	2
1.4	$2.639015\cdots$
1.41	$2.657371\cdots$
1.414	$2.664749\cdots$
1.4142	$2.665119\cdots$
$\vdots$	$\vdots$

이때 이 일정한 수를 $2^{\sqrt{2}}$으로 정의한다.
이와 같은 방법으로 $a>0$이고 x가 실수일 때, a^x을 정의할 수 있다.

개념 Check

정답 및 해설 2쪽

5. 다음 값을 구하시오.

(1) $3^{1-\sqrt{3}} \times 3^{1+\sqrt{3}}$　　　　　　　　(2) $(4^{2\sqrt{2}} \div 2^{\sqrt{2}})^{\sqrt{2}}$

Idea ① 거듭제곱근 중 실수인 것의 개수를 구하기 위해서는 그래프를 그린다.

실수 a의 n제곱근 중 실수인 것의 개수는 x에 대한 방정식 $x^n=a$의 실근의 개수와 같다.

이는 함수 $y=x^n$과 직선 $y=a$의 교점의 개수와 같으므로 그래프를 그려서 교점의 개수를 판단하자.

n이 짝수인지 홀수인지에 따라 그래프의 개형이 달라지고, a가 양수인지, 0인지, 음수인지에 따라

함수 $y=x^n$과 직선 $y=a$의 교점의 개수가 달라지는 것을 이해하자.

(1) n이 짝수인 경우

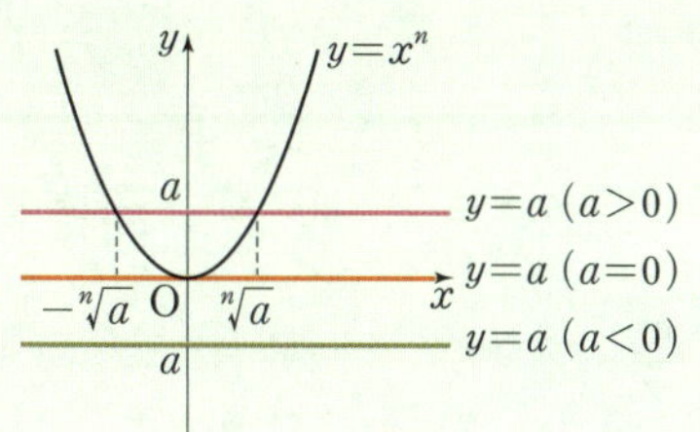

(2) n이 홀수인 경우

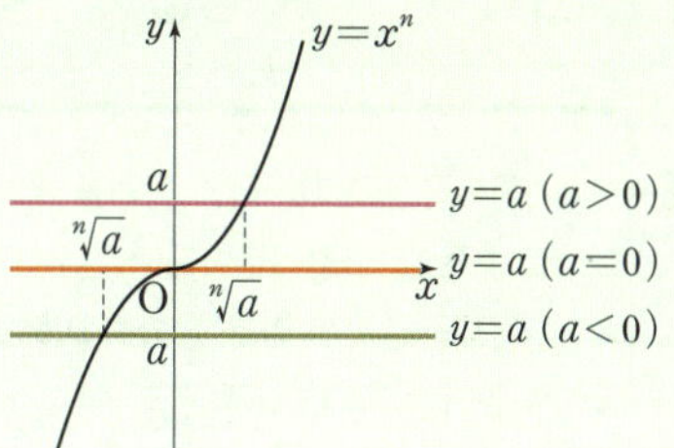

Idea ② 지수법칙; 지수의 확장과 밑의 범위

우리가 중학교 때 배운 지수법칙은 지수의 범위가 자연수일 때만 가능했지만, 밑의 범위를 제한한

다면 지수의 범위가 정수, 유리수, 실수까지 확장될 수 있다.

앞으로 음수인 지수와 유리수인 지수를 많이 보게 될텐데 익숙해지도록 하자.

➡ $\cdot\ a^{-n}=\dfrac{1}{a^n}$ (지수가 음수이면 지수의 마이너스를 없애고 역수 취하기)

　$\cdot\ \sqrt[n]{a^m}=a^{\frac{m}{n}}$ (거듭제곱근이 보이면 유리수인 지수로 바꾸기)

메가스터디 **수능 수학**
KICK

개념 ❷ ❸

필수 예제 1 실수 a의 n제곱근

-8의 세제곱근 중 실수인 것을 a, 10의 네제곱근 중 실수인 것의 개수를 b, 5의 세제곱근 중 실수인 것의 개수를 c라 할 때, $a+b+c$의 값은?

① 1   ② 2   ③ 3   ④ 4   ⑤ 5

수능 link 거듭제곱근의 기본적인 정의를 물어보는 문항뿐만 아니라 함수 또는 함수의 그래프와 결합하여 생각해야 하는 문제로 종종 출제되는 유형이다.
거듭제곱근의 의미를 정확히 이해하고, 실수 a의 n제곱근 중 실수인 것의 개수를 함수의 그래프를 이용하여 구할 수 있어야 한다.

수능 key 실수 a의 n제곱근 중 실수인 것은 다음과 같다.

	$a>0$	$a=0$	$a<0$
n이 짝수	$-\sqrt[n]{a},\ \sqrt[n]{a}$	0	없다.
n이 홀수	$\sqrt[n]{a}$	0	$\sqrt[n]{a}$

1-1

1 2 3

2 이상의 자연수 n에 대하여 3의 n제곱근 중 실수인 것의 개수를 $f(n)$이라 할 때, $f(2)+f(3)+f(4)$의 값은?

① 3   ② 4   ③ 5   ④ 6   ⑤ 7

필수예제 2 · 3점 빈출 ·

지수법칙

$(a^{\frac{2}{3}} \times a^{2k})^3 \div (a^{4k})^{\frac{1}{2}} = a^6$을 만족시키는 실수 k의 값은? (단, $a > 0$, $a \neq 1$)

① 1　　　　② 2　　　　③ 3　　　　④ 4　　　　⑤ 5

수능 link ▸ 지수법칙을 이용한 문제는 2점과 3점의 계산 문제로 자주 출제되므로 지수법칙을 자유롭게 사용할 수 있어야 한다. 또한, 4점 문제에서도 식을 정리하는 과정에서 지수법칙이 자주 이용되기 때문에 익숙해지도록 하자.

수능 key ▸ $a > 0$, $b > 0$이고 x, y가 실수일 때

(1) $a^x a^y = a^{x+y}$　　　　　　　　(2) $a^x \div a^y = a^{x-y}$

(3) $(a^x)^y = a^{xy}$　　　　　　　　　(4) $(ab)^x = a^x b^x$

---

2 -1

▸ 교육청

1 2 3

10 이하의 자연수 a에 대하여 $(a^{\frac{2}{3}})^{\frac{1}{2}}$의 값이 자연수가 되도록 하는 모든 a의 값의 합은?

① 5　　　　② 7　　　　③ 9　　　　④ 11　　　　⑤ 13

· 3점 빈출 ·
필수 예제 3

개념 ❹ ❻

지수법칙을 이용한 거듭제곱근의 계산

$$\sqrt[3]{-64} \times \sqrt[4]{\left(\frac{1}{2}\right)^8} + \sqrt{\sqrt[3]{729}}$$ 의 값은?

① $\sqrt{2}$ ② 2 ③ $2\sqrt{2}$ ④ 4 ⑤ $4\sqrt{2}$

수능 link

거듭제곱근에 대한 문제는 간단한 계산 문제로 종종 출제된다.
특별한 스킬보다는 계산에서 실수하지 않아야 한다.
지수법칙을 알고 있다면 거듭제곱근을 유리수인 지수 형태로 고친 후 지수법칙을 이용하는 것이 거듭제곱근의
성질을 이용하는 것보다 계산 실수를 줄일 수 있다.

수능 key

$a > 0$이고 m, n $(n \geq 2)$가 정수일 때

(1) $a^{\frac{m}{n}} = \sqrt[n]{a^m}$ (2) $a^{\frac{1}{n}} = \sqrt[n]{a}$

[참고] **거듭제곱근의 성질**
$a > 0$, $b > 0$이고, m, n이 2 이상의 자연수일 때

(1) $(\sqrt[n]{a})^n = a$ (2) $\sqrt[n]{a}\,\sqrt[n]{b} = \sqrt[n]{ab}$ (3) $\dfrac{\sqrt[n]{a}}{\sqrt[n]{b}} = \sqrt[n]{\dfrac{a}{b}}$

(4) $(\sqrt[n]{a})^m = \sqrt[n]{a^m}$ (5) $\sqrt[m]{\sqrt[n]{a}} = \sqrt[mn]{a}$ (6) $\sqrt[np]{a^{mp}} = \sqrt[n]{a^m}$ (단, p는 자연수)

3 -1

1 2 3

$\sqrt[3]{4} \times \sqrt[3]{16} \div \dfrac{\sqrt[4]{8}}{\sqrt[4]{k}} = 4$를 만족시키는 자연수 k의 값은?

① 6 ② 7 ③ 8 ④ 9 ⑤ 10

개념 ❺ ❻ ❼

필수예제 4 · $a^x + a^{-x}$ 꼴의 계산

양수 a에 대하여 $a^{\frac{1}{3}} - a^{-\frac{1}{3}} = 2$일 때, $a - a^{-1}$의 값은?

① 11　　② 12　　③ 13　　④ 14　　⑤ 15

수능 link → 지수의 확장과 곱셈 공식이 결합된 문제이다.
정수인 지수와 유리수인 지수에 대한 정확한 이해와 곱셈 공식에 대한 암기가 필요하다.

수능 key → 주어진 식의 양변을 거듭제곱하여 곱셈 공식을 이용한다.
이때 $a^x \times a^{-x} = 1 \; (a>0)$임을 이용한다.

[참고] **곱셈 공식 (복부호동순)**
(1) $(a \pm b)^2 = a^2 \pm 2ab + b^2$　　　　(2) $(a \pm b)^3 = a^3 \pm 3a^2 b + 3ab^2 \pm b^3$

---

1 2 3

4 -1

두 실수 a, b에 대하여 $a+b=2$, $4^{\frac{a}{2}} - 4^{\frac{b}{2}} = 5$일 때, $4^a + 4^b$의 값은?

① 31　　② 32　　③ 33　　④ 34　　⑤ 35

개념 **❺ ❻ ❼**

필수 예제 5

$\dfrac{a^x-a^{-x}}{a^x+a^{-x}}$ 꼴의 계산

실수 x에 대하여 $\dfrac{4^x-4^{-x}}{4^x+4^{-x}}=\dfrac{3}{5}$ 일 때, 16^x의 값을 구하시오.

수능 link — **필수 예제 4**와 다른 꼴임을 구별하고 각각의 풀이 방법을 알고 있어야 한다.
답을 구하기 위해 주어진 식을 어떻게 변형해야 하는지 정확히 알아야 한다.

수능 key — 주어진 식의 분모, 분자에 a^x을 각각 곱하여 a^{2x}을 포함한 식으로 나타낸다.

5 - 1

1 2 3

실수 x에 대하여 $3^x-1=\dfrac{4}{3^x+1}$ 일 때, $\dfrac{3^x+3^{-x}}{3^x-3^{-x}}$ 의 값은?

① $\dfrac{1}{2}$ ② 1 ③ $\dfrac{3}{2}$ ④ 2 ⑤ $\dfrac{5}{2}$

단원 마무리

01 지수

1 | 1 2 3 | 필수 예제 [1]

81의 네제곱근 중 실수인 것을 a, -64의 세제곱근 중 실수인 것을 b라 할 때, $a+b$의 최댓값은?

① -2 ② -1 ③ 0

④ 1 ⑤ 2

2 | 1 2 3 | 필수 예제 [1]

정수 n이 $-10 \leq n \leq 10$일 때, n의 제곱근 중 실수인 것의 개수가 2인 n의 개수를 a라 하고, n의 세제곱근 중 실수인 것의 개수가 1인 n의 개수를 b라 할 때, $a+b$의 값은?

① 31 ② 33 ③ 35

④ 37 ⑤ 39

3 | 1 2 3 | 필수 예제 [2]

실수 a에 대하여 $8^{-a}=3$일 때, $\left(\dfrac{1}{32}\right)^{3a}$의 값을 구하시오.

4 | 1 2 3 | 필수 예제 [2]

30 이하의 자연수 n에 대하여 $\left(\dfrac{1}{9}\right)^{-\frac{n}{4}}$의 값이 정수가 되도록 하는 n의 최댓값과 최솟값의 합은?

① 26 ② 28 ③ 30

④ 32 ⑤ 34

5 필수 예제 3

$\sqrt{125}\times\sqrt[4]{25}+\dfrac{\sqrt[3]{-32}}{\sqrt[6]{16}}-\sqrt{\sqrt[3]{64}}$의 값은?

① 18   ② 19   ③ 20

④ 21   ⑤ 22

6 필수 예제 3

$\sqrt[3]{3^a}\times(\sqrt[4]{8})^b$이 자연수가 되도록 하는 100 이하의 두 자연수 a, b에 대하여 $a+b$의 최댓값은?

① 196   ② 197   ③ 198

④ 199   ⑤ 200

7 필수 예제 4

$a^{\frac{1}{2}}+a^{-\frac{1}{2}}=4$일 때, $a-a^{-1}$의 값은? (단, $a>1$)

① $4\sqrt{3}$ ② $5\sqrt{3}$ ③ $6\sqrt{3}$

④ $7\sqrt{3}$ ⑤ $8\sqrt{3}$

8 필수 예제 4

실수 x에 대하여 $2^x+2^{1-x}=3$일 때, 16^x+16^{1-x}의 값은?

① 16   ② 17   ③ 18

④ 19   ⑤ 20

9 ①②③   필수 예제 5

양수 a와 실수 x에 대하여 $\dfrac{a^{2x}-a^{-2x}}{a^{2x}+a^{-2x}}=\dfrac{1}{2}$일 때,

$\dfrac{a^{x}-a^{-x}}{a^{x}+a^{-x}}$의 값은?

① $1-\sqrt{3}$ ② $1-\sqrt{2}$ ③ $2-\sqrt{3}$

④ $2-\sqrt{2}$ ⑤ $3-\sqrt{3}$

기출문제

▸ **평가원**

10 ①②③   필수 예제 1

자연수 n이 $2 \leq n \leq 11$일 때, $-n^2+9n-18$의 n제곱근 중에서 음의 실수가 존재하도록 하는 모든 n의 값의 합은?

① 31   ② 33   ③ 35

④ 37   ⑤ 39

▸ **교육청**

11 ①②③   필수 예제 3

x에 대한 이차방정식 $x^2-\sqrt[3]{81}\,x+a=0$의 두 근이 $\sqrt[3]{3}$ 과 b일 때, ab의 값은? (단, a, b는 상수이다.)

① 6 ② $3\sqrt[3]{9}$ ③ $6\sqrt[3]{3}$

④ 12 ⑤ $6\sqrt[3]{9}$

 **로그**

개념 ① 로그의 정의

$a>0$, $a\neq1$일 때, 양수 N에 대하여 $a^x=N$을 만족시키는 실수 x는 오직 하나 존재한다. 이 수 x를 $\log_a N$과 같이 나타내고, a를 **밑**으로 하는 N의 **로그**라 한다. 이때 N을 $\log_a N$의 **진수**라 한다.

즉, $a>0$, $a\neq1$, $N>0$일 때,
$$a^x=N \iff x=\log_a N$$

$2^2<5<2^3$이므로 $2^x=5$를 만족시키는 x의 값은 2와 3 사이의 어떤 수이지만 정확히 알 수 없다.

이와 같은 수 x를 기호 $\log$를 이용하여 다음과 같이 나타낸다.
$$2^x=5 \iff x=\log_2 5$$

개념 Check

1. 양수 a에 대하여 $\log_3 a=4$일 때, a의 값을 구하시오.

개념 ② 로그의 밑과 진수의 조건

$\log_a N$이 정의되기 위한 두 조건은

(1) **밑의 조건**: $a>0$, $a\neq1$ (2) **진수의 조건**: $N>0$

(1) 밑의 조건

  (ⅰ) $a<0$인 경우

    $\log_{-2} 5=x$라 하면 $(-2)^x=5$를 만족시키는 실수 x의 값은 존재하지 않는다.

  (ⅱ) $a=0$인 경우

    $\log_0 5=x$라 하면 $0^x=5$를 만족시키는 실수 x의 값은 존재하지 않는다.

  (ⅲ) $a=1$인 경우

    $\log_1 5=x$라 하면 $1^x=5$를 만족시키는 실수 x의 값은 존재하지 않는다.

  (ⅰ), (ⅱ), (ⅲ)에서 $\log_a N$의 밑 a는 $a>0$, $a\neq1$이어야 한다.

(2) 진수의 조건

  (ⅰ) $N<0$인 경우

    $\log_2 (-5)=x$라 하면 $2^x=-5$를 만족시키는 실수 x의 값은 존재하지 않는다.

  (ⅱ) $N=0$인 경우

    $\log_2 0=x$라 하면 $2^x=0$을 만족시키는 실수 x의 값은 존재하지 않는다.

  (ⅰ), (ⅱ)에서 $\log_a N$의 진수 N은 $N>0$이어야 한다.

개념 Check

2. $\log_a (5-a)$가 정의되기 위한 정수 a의 개수를 구하시오.

개념 NOTE

▸ $\log$는 logarithm의 약자이다.

▸ $\log$가 보이면 가장 먼저 확인해야 하는 두 조건이다.

개념 ③ 로그의 성질

$a>0$, $a\neq1$, $M>0$, $N>0$일 때

(1) $\log_a 1=0$, $\log_a a=1$

(2) $\log_a MN=\log_a M+\log_a N$

(3) $\log_a \dfrac{M}{N}=\log_a M-\log_a N$

(4) $\log_a M^k=k\log_a M$ (단, k는 실수)

(1) $a^0=1$에서 $\log_a 1=0$, $a^1=a$에서 $\log_a a=1$

한편, $\log_a M=x$, $\log_a N=y$라 하면 $M=a^x$, $N=a^y$이므로 로그의 정의에 의하여

(2) $MN=a^x a^y=a^{x+y}$에서 $\log_a MN=x+y=\log_a M+\log_a N$

(3) $\dfrac{M}{N}=\dfrac{a^x}{a^y}=a^{x-y}$에서 $\log_a \dfrac{M}{N}=x-y=\log_a M-\log_a N$

(4) $M^k=(a^x)^k=a^{kx}$에서 $\log_a M^k=kx=k\log_a M$

주의 (1) $\log_1 1\neq0$, $\log_1 1\neq1$

(2) $\log_a (M+N)\neq\log_a M+\log_a N$, $\log_a M\times\log_a N\neq\log_a M+\log_a N$

(3) $\log_a (M-N)\neq\log_a M-\log_a N$, $\dfrac{\log_a M}{\log_a N}\neq\log_a M-\log_a N$

(4) $(\log_a M)^k\neq k\log_a M$

개념 Check

정답 및 해설 5쪽

3. 다음 값을 구하시오.

(1) $\log_3 4+\log_3 \dfrac{3}{4}$

(2) $\log_2 24-\log_2 3$

개념 ④ 로그의 밑의 변환

$a>0$, $a\neq1$, $b>0$일 때

(1) $\log_a b=\dfrac{\log_c b}{\log_c a}$ (단, $c>0$, $c\neq1$)

(2) $\log_a b=\dfrac{1}{\log_b a}$ (단, $b\neq1$)

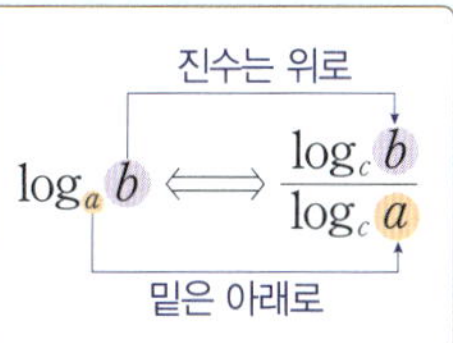

▶ (1)에서 밑은 밑(분모)로 이동한다고 기억하면 쉽다.

(1) $\log_a b=x$, $\log_c a=y$라 하면 $b=a^x$, $a=c^y$

$b=a^x=(c^y)^x=c^{xy}$ $\qquad \therefore xy=\log_c b$

즉, $\log_a b\times\log_c a=\log_c b$에서

$\log_a b=\dfrac{\log_c b}{\log_c a}$ ($\because \log_c a\neq0$) $\qquad$ ……㉠

(2) ㉠에 c 대신 b를 대입하면

$\log_a b=\dfrac{\log_b b}{\log_b a}=\dfrac{1}{\log_b a}$

개념 Check

정답 및 해설 5쪽

4. $\dfrac{\log_5 4}{\log_5 3}\times\log_2 3$의 값을 구하시오.

개념 ⑤ 로그의 밑의 변환에 의한 성질

$a>0,\ a\neq1,\ b>0,\ b\neq1,\ c>0,\ c\neq1$일 때

(1) $\log_a b \times \log_b a = 1,\quad \log_a b \times \log_b c \times \log_c a = 1$

(2) $\log_{a^m} b^n = \dfrac{n}{m}\log_a b$ (단, $m\neq0$)

(3) $a^{\log_a b} = b$

(4) $a^{\log_c b} = b^{\log_c a}$

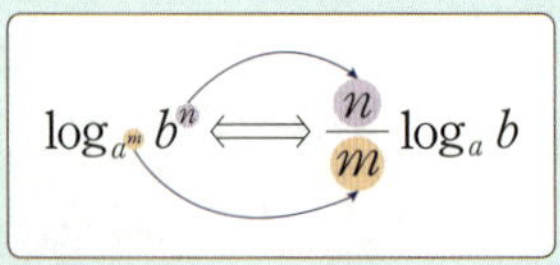

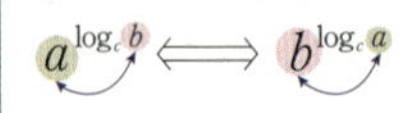

▶ (2)에서 밑의 지수는 밑(분모)로 이동한다고 기억하면 쉽다.

(1) $\log_a b \times \log_b a = \log_a b \times \dfrac{1}{\log_a b} = 1,$

$\quad \log_a b \times \log_b c \times \log_c a = \log_a b \times \dfrac{\log_a c}{\log_a b} \times \dfrac{1}{\log_a c} = 1$

(2) $\log_{a^m} b^n = \dfrac{\log_a b^n}{\log_a a^m} = \dfrac{n}{m} \times \dfrac{\log_a b}{\log_a a} = \dfrac{n}{m}\log_a b$ (단, $m\neq0$)

(3) $\log_a a^{\log_a b} = \log_a b \times \log_a a = \log_a b \qquad \therefore a^{\log_a b} = b$

(4) $\log_c a^{\log_c b} = \log_c b \times \log_c a = \log_c a \times \log_c b = \log_c b^{\log_c a} \qquad \therefore a^{\log_c b} = b^{\log_c a}$

정답 및 해설 5쪽

개념 Check

5. 다음 값을 구하시오.

(1) $\log_2 3 \times \log_{27} 8$

(2) $3^{\log_{15} 4} \times 5^{\log_{15} 4}$

개념 ⑥ 상용로그

양수 N에 대하여 $\log_{10} N$과 같이 10을 밑으로 하는 로그를 **상용로그**라 하고, 상용로그 $\log_{10} N$은 보통 밑 10을 생략하여 다음과 같이 나타낸다.

$$\log N$$

▶ $\log_{10} N = \log N$

설명 예시 (1) $\log 1000 = \log_{10} 10^3 = 3$

(2) $\log \dfrac{1}{100} = \log_{10} 10^{-2} = -2$

수능 Idea

Idea ① 로그에 숨겨진 조건!

(진수)>0, (밑)>0, (밑)$\neq1$

이 조건은 문제에 주어지지 않지만 스스로 알아내야 하는 중요한 조건이다.

로그의 밑 또는 진수에 미지수가 주어지면 무조건 밑의 조건과 진수의 조건을 확인하고 시작하자.

Idea ② 로그의 정의 및 여러 가지 연산

$$a^x = N \iff x = \log_a N \text{ (단, } a>0,\ a\neq1,\ N>0)$$

이므로 $a^x = N$이 주어지면 $x = \log_a N$으로 변환할 수 있어야 하고,

거꾸로 $\log_a N = x$가 주어지면 $N = a^x$으로도 변환할 수 있어야 한다.

또한, 밑이 서로 같은 로그끼리의 덧셈과 뺄셈은 진수끼리의 곱셈과 나눗셈을 이용하여 계산할 수 있고, 로그끼리의 곱셈과 나눗셈 또한 밑의 변환 공식을 이용하여 계산할 수 있다.

로그라는 기호가 처음이라 많이 생소하지만 로그의 연산을 반복 연습하여 꼭 익숙해지자.

개념 ①

필수 예제 1 로그의 정의

$x = \log_2 9$일 때, 4^x의 값은?

① 45　　② 54　　③ 63　　④ 72　　⑤ 81

수능 link

로그 단원에서 가장 기본적인 문제이다.
단독으로 출제되기보다는 3점 또는 4점 문제를 푸는 중간 계산과정에서 자주 등장한다.
지수와 로그 사이의 관계를 정확히 알고 자유자재로 변환할 수 있어야 한다.

수능 key

$a > 0$, $a \neq 1$, $N > 0$일 때
➡ $a^x = N \iff x = \log_a N$

1 -1

1 2 3

양수 a에 대하여 $\log_3 5a = b$일 때, $\dfrac{9^b}{a^2}$의 값은?

① 1　　② 4　　③ 9　　④ 16　　⑤ 25

개념 ❷

필수 예제 2

로그의 밑과 진수의 조건

$\log_{a+1}(15-3a)$가 정의되기 위한 모든 정수 a의 값의 합은?

① 6 ② 7 ③ 8 ④ 9 ⑤ 10

수능 link

단독 문제로 출제되기도 하지만 로그가 나타나는 문제에서 항상 체크해야 하는 두 조건이다.
특히, 뒤에 배우는 로그방정식과 로그부등식을 풀 때 가장 먼저 체크해야 하는 부분이다.
또한, 진수가 이차식 형태로 주어져 이차부등식과 결합된 형태로도 종종 출제된다.
문제에 로그가 보이면 항상 밑의 조건과 진수의 조건을 확인하는 습관을 갖자.

수능 key

$\log_a N$이 정의되기 위한 두 조건은
➡ (1) 밑의 조건: $a>0$, $a\neq1$
　 (2) 진수의 조건: $N>0$

2-1

1 2 3

$\log_{a-3}(a^2-3a-10)$이 정의되기 위한 정수 a의 최솟값은?

① 3 ② 4 ③ 5 ④ 6 ⑤ 7

• 3점 빈출 •

필수 예제 3 개념 ❸ ~ ❻

로그의 성질; 계산

$\log_2 5 + \dfrac{1}{2} \log_2 9 - \log_2 15$의 값은?

① -2　　　② -1　　　③ 0　　　④ 1　　　⑤ 2

수능 link

지수법칙만큼이나 중요한 로그의 여러 가지 성질이다.

2점 또는 쉬운 3점 문제에서 출제될 가능성이 높고, 대부분의 로그 문제에서 이용하는 성질이므로 정확히 알고 자유자재로 사용할 수 있어야 한다.

수능 key

(1) $a>0$, $a\neq1$, $M>0$, $N>0$일 때

① $\log_a 1 = 0$, $\log_a a = 1$

② $\log_a MN = \log_a M + \log_a N$

③ $\log_a \dfrac{M}{N} = \log_a M - \log_a N$

④ $\log_a M^k = k \log_a M$ (단, k는 실수)

(2) $a>0$, $a\neq1$, $b>0$일 때

① $\log_a b = \dfrac{\log_c b}{\log_c a}$ (단, $c>0$, $c\neq1$)

② $\log_a b = \dfrac{1}{\log_b a}$ (단, $b\neq1$)

(3) $a>0$, $a\neq1$, $b>0$, $b\neq1$, $c>0$, $c\neq1$일 때

① $\log_a b \times \log_b a = 1$

② $\log_{a^m} b^n = \dfrac{n}{m} \log_a b$ (단, $m\neq0$)

③ $a^{\log_a b} = b$

④ $a^{\log_c b} = b^{\log_c a}$

---

3 - 1

① ② ③

〈보기〉에서 옳은 것만을 있는 대로 고른 것은?

〈보기〉

ㄱ. $\log(4+\sqrt{6}) + \log(4-\sqrt{6}) = 1$

ㄴ. $(\log_2 9 + \log_4 27)(\log_3 4 + \log_{\sqrt{3}} 2) = 14$

ㄷ. $3^{2\log_3 2 - \log_{\sqrt{3}} 2 + \log_3 \sqrt{2}} = 2$

① ㄱ　　　② ㄷ　　　③ ㄱ, ㄴ　　　④ ㄴ, ㄷ　　　⑤ ㄱ, ㄴ, ㄷ

• 3점 빈출 •

필수 예제 4 로그의 성질; 문자가 주어진 경우

▶ 평가원

$\log_2 5 = a$, $\log_5 3 = b$일 때, $\log_5 12$를 a, b로 옳게 나타낸 것은?

① $\dfrac{1}{a} + b$　　② $\dfrac{2}{a} + b$　　③ $\dfrac{1}{a} + 2b$　　④ $a + \dfrac{1}{b}$　　⑤ $2a + \dfrac{1}{b}$

수능 link

필수 예제 ③에서 확장된 유형으로 3점 문제로 종종 출제된다.
로그의 여러 가지 성질을 능숙하게 사용할 수 있어야 하고, 식을 변형할 때 약간의 수학적 테크닉이 필요하므로 연습을 통해 익혀야 한다.

수능 key

로그의 여러 가지 성질을 이용하여 구하는 식 또는 값을 주어진 조건을 이용하여 나타낸다.

---

① ② ③

4 - 1 1보다 큰 두 실수 a, b에 대하여 $\log_b ab^2 = 5$일 때, $\log_b a^2 + \log_a \sqrt{b}$의 값은?

① $\dfrac{29}{6}$　　② $\dfrac{31}{6}$　　③ $\dfrac{11}{2}$　　④ $\dfrac{35}{6}$　　⑤ $\dfrac{37}{6}$

필수 예제 5 — 지수 꼴의 조건이 주어진 식의 값

두 실수 x, y가 $3^x=5$, $15^y=3$을 만족시킬 때, $xy+y$의 값은?

① 1   ② 2   ③ 3   ④ 4   ⑤ 5

수능 link → 두 개 이상의 등식이 주어지고 미지수 사이의 관계식을 구하여 계산하는 유형이 3점 또는 4점 문제로 종종 출제된다. 이 과정에서 지수법칙 또는 로그의 여러 가지 성질을 활용한다.

수능 key → 지수 꼴의 조건이 주어진 식의 값은
➡ $x=\log_a N$ 꼴로 나타내어 로그의 성질을 이용한다.

---

5 -1

두 실수 x, y가 $35^x=\dfrac{1}{49}$, $5^y=7$을 만족시킬 때, $\dfrac{2}{x}+\dfrac{1}{y}$의 값은?

① -3 ② -1 ③ 1   ④ 3   ⑤ 5

개념 ❸ ❹ ❺

필수 예제 6 로그와 이차방정식

이차방정식 $x^2-x-7=0$의 두 근을 $\log_5 \alpha$, $\log_5 \beta$라 할 때, $\alpha\beta$의 값은?

① $\dfrac{1}{25}$　　② $\dfrac{1}{5}$　　③ 1　　④ 5　　⑤ 25

수능 link　이차방정식의 근과 계수의 관계와 로그의 여러 가지 성질을 이용하는 유형이다.
로그의 덧셈과 뺄셈뿐만 아니라 로그의 밑의 변환 공식을 이용하여 곱셈과 나눗셈 또한 자유롭게 계산할 수 있어야
한다.

수능 key　이차방정식의 근과 계수의 관계와 로그의 성질을 이용한다.
참고 **이차방정식의 근과 계수의 관계**
이차방정식 $ax^2+bx+c=0$ (a, b, c는 상수)일 때
(1) (두 근의 합)$=-\dfrac{b}{a}$　　　　(2) (두 근의 곱)$=\dfrac{c}{a}$

6-1
▶ 교육청

1　2　3

이차방정식 $x^2-18x+6=0$의 두 근을 α, β라 할 때, $\log_2 (\alpha+\beta)-2\log_2 \alpha\beta$의 값은?

① -5　　② -4　　③ -3　　④ -2　　⑤ -1

단원 마무리

02 로그

1 ⬚ 1 2 3

필수 예제 1

100 이하의 자연수 n에 대하여 $\dfrac{\log_2 n}{3}$이 자연수가 되도록 하는 n의 개수는?

① 1　　　　② 2　　　　③ 3
④ 4　　　　⑤ 5

2 ⬚ 1 2 3

필수 예제 2

모든 실수 x에 대하여 $\log_3 (5x^2+2kx+k)$가 정의되도록 하는 정수 k의 개수는?

① 1　　　　② 2　　　　③ 3
④ 4　　　　⑤ 5

3 ⬚ 1 2 3

필수 예제 3

$\dfrac{1}{\log_8 5}+\dfrac{1}{\log_9 5}-\dfrac{1}{\log_6 5}=\log_{25} k$를 만족시키는 양수 k의 값은?

① 121　　　　② 144　　　　③ 169
④ 196　　　　⑤ 225

4 ⬚ 1 2 3

필수 예제 3

$\log_2 (\log_2 3)+\log_2 (\log_3 4)+\log_2 (\log_4 5)+\cdots$
$$+\log_2 (\log_{15} 16)$$

의 값은?

① 1　　　　② 2　　　　③ 3
④ 4　　　　⑤ 5

5 $\boxed{1\ 2\ 3}$ 필수 예제 $\boxed{1}$ + $\boxed{4}$

1이 아닌 두 양수 a, b에 대하여

$$\log_b a^2 = \frac{\log_a b}{2b} = 4$$

가 성립할 때, $\dfrac{b}{a}$의 값은?

① 2 ② 4 ③ 8
④ 16 ⑤ 32

6 $\boxed{1\ 2\ 3}$ 필수 예제 $\boxed{4}$

양수 a에 대하여 $\log_2 a \le 3$일 때, $\log_2 \sqrt{a} + \log_4 2a^3$이 자연수가 되도록 하는 a의 개수를 구하시오.

7 $\boxed{1\ 2\ 3}$ 필수 예제 $\boxed{5}$

두 실수 x, y에 대하여 $3^x = 5$, $5^y = \sqrt{27}$이 성립할 때, xy의 값은?

① $\dfrac{3}{2}$ ② $\dfrac{7}{4}$ ③ 2
④ $\dfrac{9}{4}$ ⑤ $\dfrac{5}{2}$

8 $\boxed{1\ 2\ 3}$ 필수 예제 $\boxed{5}$

세 양수 a, b, c와 세 실수 x, y, z에 대하여

$$a^x = b^{2y} = c^{4z} = 5, \quad \frac{4}{x} + \frac{2}{y} + \frac{1}{z} = 8$$

일 때, abc의 값은?

① 15 ② 20 ③ 25
④ 30 ⑤ 35

9 ①②③ 필수 예제 6

이차방정식 $x^2 - \sqrt{\log_3 144}\, x + \log_3 2 = 0$의 두 근을 α, β라 할 때, $\alpha - \beta$의 값은? (단, $\alpha > \beta$)

① 1 ② $\sqrt{2}$ ③ $\sqrt{3}$

④ 2 ⑤ $\sqrt{5}$

10 ①②③ 필수 예제 6

이차방정식 $x^2 - 6x + 1 = 0$의 두 근이 $\log_2 \alpha$, $\log_2 \beta$일 때, $\log_\alpha \beta + \log_\beta \alpha$의 값은?

① 30 ② 32 ③ 34

④ 36 ⑤ 38

기출문제

▶ 평가원

11 ①②③ 필수 예제 4

1보다 큰 세 실수 a, b, c가
$$\log_a b = \frac{\log_b c}{2} = \frac{\log_c a}{4}$$
를 만족시킬 때, $\log_a b + \log_b c + \log_c a$의 값은?

① $\dfrac{7}{2}$ ② 4 ③ $\dfrac{9}{2}$

④ 5 ⑤ $\dfrac{11}{2}$

▶ 평가원

12 ①②③ 필수 예제 4

두 양수 a, b에 대하여 좌표평면 위의 두 점 $(2, \log_4 a)$, $(3, \log_2 b)$를 지나는 직선이 원점을 지날 때, $\log_a b$의 값은? (단, $a \neq 1$)

① $\dfrac{1}{4}$ ② $\dfrac{1}{2}$ ③ $\dfrac{3}{4}$

④ 1 ⑤ $\dfrac{5}{4}$

O3 지수함수

1 지수함수

정의역이 실수 전체의 집합인 함수
$$y=a^x\ (a>0,\ a\neq1)$$
을 a를 밑으로 하는 **지수함수**라 한다.

2 지수함수의 그래프와 성질

(1) 지수함수 $y=a^x\ (a>0,\ a\neq1)$의 그래프

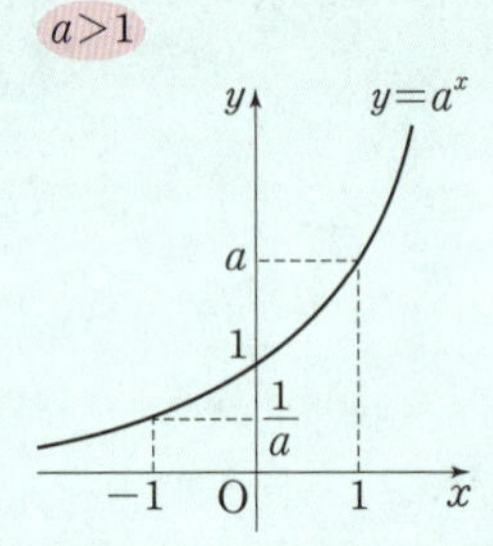

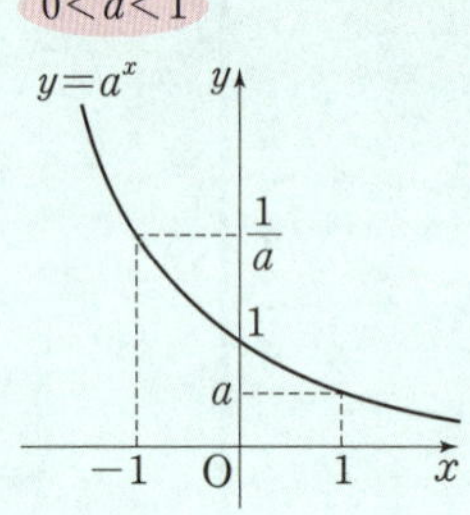

(2) 지수함수 $y=a^x\ (a>0,\ a\neq1)$의 성질

① 정의역: 실수 전체의 집합, 치역: 양의 실수 전체의 집합

② 일대일함수이다.

③ • $a>1$일 때, x의 값이 증가하면 y의 값도 증가한다.

  • $0<a<1$일 때, x의 값이 증가하면 y의 값은 감소한다.

④ 그래프는 점 $(0,\ 1)$을 지나고, 점근선은 x축이다.

▶ 함수 $y=a^x$에서 지수 x는 실수이므로 $a>0$인 경우만 생각한다. 또한, $a=1$이면 $y=a^x=1$로 상수함수가 되므로 지수함수에서는 밑이 1이 아닌 양수인 경우만 다룬다.

▶ **점근선**
곡선이 어떤 직선에 한없이 가까워질 때, 이 직선을 그 곡선의 점근선이라 한다.

모든 실수 x에 대하여 $a^x\ (a>0,\ a\neq1)$의 값은 하나로 정해지므로 $y=a^x$은 실수 전체의 집합을 정의역으로 하는 x에 대한 함수이고, 이를 a를 밑으로 하는 지수함수라 한다.

지수함수 $y=a^x\ (a>0,\ a\neq1)$의 그래프에 대하여

(1) $a>1$인 경우

  ① $x>0$일 때

    a의 값이 클수록 y축에 가깝다.

  ② $x<0$일 때

    a의 값이 클수록 x축에 가깝다.

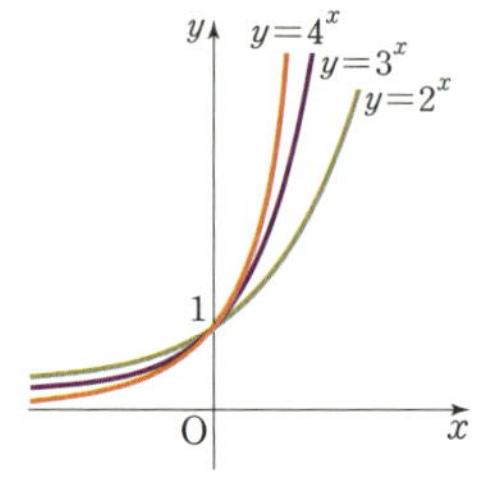

(2) $0<a<1$인 경우

  ① $x>0$일 때

    a의 값이 작을수록 x축에 가깝다.

  ② $x<0$일 때

    a의 값이 작을수록 y축에 가깝다.

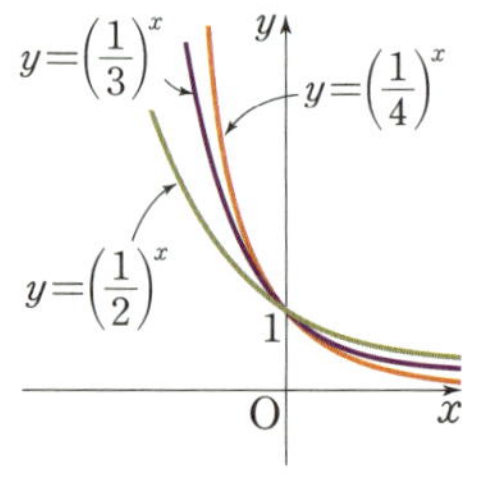

참고 두 지수함수 $y=a^x$, $y=\left(\dfrac{1}{a}\right)^x$의 그래프는 y축에 대하여 대칭이다.

개념 ② 지수함수의 그래프의 평행이동과 대칭이동

지수함수 $y=a^x$ $(a>0,\ a\neq1)$의 그래프를

(1) x축의 방향으로 m만큼, y축의 방향으로 n만큼 평행이동한 그래프의 식

 ➡ $y=a^{x-m}+n$

(2) x축에 대하여 대칭이동한 그래프의 식

 ➡ $y=-a^x$

(3) y축에 대하여 대칭이동한 그래프의 식

 ➡ $y=\left(\dfrac{1}{a}\right)^x$

(4) 원점에 대하여 대칭이동한 그래프의 식

 ➡ $y=-\left(\dfrac{1}{a}\right)^x$

▶ **원점에 대하여 대칭이동**
➡ x축에 대하여 대칭이동한 후
y축에 대하여 대칭이동
또는
y축에 대하여 대칭이동한 후
x축에 대하여 대칭이동

$y=a^x$	x축의 방향으로 m만큼, y축의 방향으로 n만큼 평행이동	x 대신 $x-m$을, y 대신 $y-n$을 대입	$y-n=a^{x-m}$ ➡ $y=a^{x-m}+n$
	x축에 대하여 대칭이동	y 대신 $-y$를 대입	$-y=a^x$ ➡ $y=-a^x$
	y축에 대하여 대칭이동	x 대신 $-x$를 대입	$y=a^{-x}$ ➡ $y=\left(\dfrac{1}{a}\right)^x$
	원점에 대하여 대칭이동	x 대신 $-x$를, y 대신 $-y$를 대입	$-y=a^{-x}$ ➡ $y=-\left(\dfrac{1}{a}\right)^x$

설명 예시 ▶ 지수함수 $y=-4\times2^x+1$의 그래프는

$$y=-4\times2^x+1=-2^{x+2}+1$$

이므로 지수함수 $y=2^x$의 그래프를 x축에 대하여 대칭이동한 후 x축의 방향으로 -2만큼, y축의 방향으로 1만큼 평행이동한 것과 같다.

따라서 지수함수 $y=-4\times2^x+1$의 그래프는 오른쪽 그림과 같다.

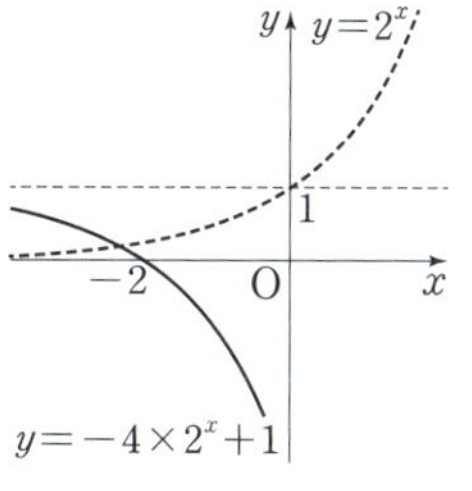

참고 지수함수 $y=a^{x-m}+n$에 대하여

 ① 정의역: 실수 전체의 집합 ② 치역: $\{y\,|\,y>n\}$ ③ 그래프의 점근선: 직선 $y=n$

개념 ③ 지수함수의 최대·최소

정의역이 $\{x\,|\,m\leq x\leq n\}$일 때, 지수함수 $f(x)=a^x$ $(a>0,\ a\neq1)$은

(1) $a>1$인 경우

 $x=m$일 때 최솟값 $f(m)$, $x=n$일 때 최댓값 $f(n)$을 갖는다.

(2) $0<a<1$인 경우

 $x=m$일 때 최댓값 $f(m)$, $x=n$일 때 최솟값 $f(n)$을 갖는다.

정의역이 $\{x \mid m \leq x \leq n\}$일 때, 지수함수 $f(x)=a^x$ $(a>0,\ a\neq1)$의 그래프는 다음 그림과 같다.

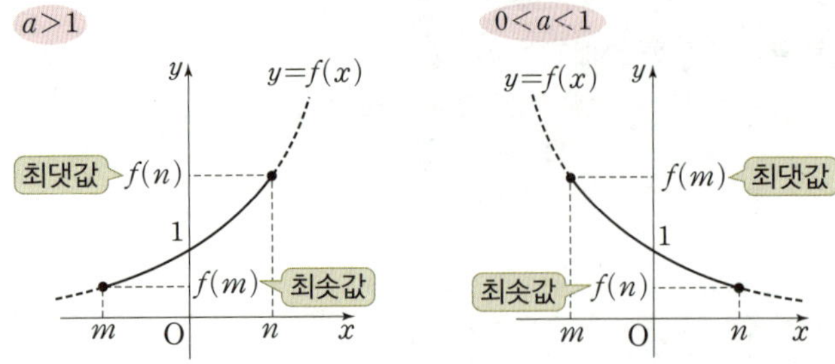

따라서 정의역 $\{x \mid m \leq x \leq n\}$에 속하는 임의의 두 원소 $x_1,\ x_2\ (x_1<x_2)$에 대하여
(1) $a>1$인 경우
 $f(x_1)<f(x_2)$이므로 치역은 $\{y \mid f(m) \leq y \leq f(n)\}$
 ➡ 최솟값 $f(m)$, 최댓값 $f(n)$
(2) $0<a<1$인 경우
 $f(x_1)>f(x_2)$이므로 치역은 $\{y \mid f(n) \leq y \leq f(m)\}$
 ➡ 최솟값 $f(n)$, 최댓값 $f(m)$

개념 Check 정답 및 해설 8쪽

1. $-2 \leq x \leq 1$에서 다음 함수의 최댓값과 최솟값을 각각 구하시오.

(1) $y=2^x$ 　　　　　　　　　　(2) $y=\left(\dfrac{1}{2}\right)^x$

개념 ④ 지수방정식

1 지수방정식
지수에 미지수가 있는 방정식을 **지수방정식**이라 한다.

2 지수방정식의 풀이
(1) 밑을 같게 할 수 있는 경우
주어진 방정식을 $a^{f(x)}=a^{g(x)}$ $(a>0,\ a\neq1)$ 꼴로 변형한 후 다음을 이용한다.
$$a^{f(x)}=a^{g(x)} \Longleftrightarrow f(x)=g(x)$$
(2) a^x 꼴이 반복되는 경우
$a^x=t$로 치환한 후 t에 대한 방정식을 푼다.
이때 $a^x>0$이므로 $t>0$임에 주의한다.

▶ 예 $2^{2x}=4$

지수함수 $f(x)=a^x$ $(a>0,\ a\neq1)$은 실수 전체의 집합에서 양의 실수 전체의 집합으로의 일대일대응이므로 지수방정식은 다음을 이용하여 풀 수 있다.
$$a^{x_1}=a^{x_2} \Longleftrightarrow x_1=x_2$$

개념 Check 정답 및 해설 8쪽

2. 다음 방정식을 푸시오.

(1) $3^{2x+1}=3^{x+6}$ 　　　　　　　　(2) $2^{2x}-2^x-12=0$

■ 지수부등식

지수에 미지수가 있는 부등식을 **지수부등식**이라 한다.

② 지수부등식의 풀이

(1) 밑을 같게 할 수 있는 경우

주어진 부등식을 $a^{f(x)} < a^{g(x)}$ $(a>0,\ a \neq 1)$ 꼴로 변형한 후 다음을 이용한다.

① $a>1$일 때, $a^{f(x)} < a^{g(x)} \Longleftrightarrow f(x) < g(x)$

② $0<a<1$일 때, $a^{f(x)} < a^{g(x)} \Longleftrightarrow f(x) > g(x)$

(2) a^x 꼴이 반복되는 경우

$a^x = t$로 치환한 후 t에 대한 부등식을 푼다.

이때 $a^x > 0$이므로 $t > 0$임에 주의한다.

개념 NOTE

▶ 예 $3^{2x} > 27$

지수함수 $y = a^x$ $(a>0,\ a \neq 1)$은

① $a>1$이면 x의 값이 증가할 때 y의 값도 증가하므로

$$a^{x_1} < a^{x_2} \Longleftrightarrow x_1 < x_2$$

② $0<a<1$이면 x의 값이 증가할 때 y의 값이 감소하므로

$$a^{x_1} < a^{x_2} \Longleftrightarrow x_1 > x_2$$

개념 Check

정답 및 해설 8쪽

3. 다음 부등식을 푸시오.

(1) $3^{x+1} > 27$

(2) $\left(\dfrac{1}{2}\right)^{2x+1} \leq \left(\dfrac{1}{2}\right)^{-x+4}$

개념 **① ②**

필수 예제 1 지수함수의 그래프

〈보기〉에서 함수 $y=9\times3^{2x}+4$의 그래프에 대한 설명으로 옳은 것만을 있는 대로 고른 것은?

〈보기〉

ㄱ. 점 $(0, 13)$을 지난다.
ㄴ. 점근선의 방정식은 $y=4$이다.
ㄷ. 함수 $y=3^{2x}$의 그래프를 x축의 방향으로 -2만큼, y축의 방향으로 4만큼 평행이동한 것이다.

① ㄱ　　② ㄷ　　③ ㄱ, ㄴ　　④ ㄴ, ㄷ　　⑤ ㄱ, ㄴ, ㄷ

수능 link
지수함수의 평행이동과 대칭이동은 3점 문제로 종종 출제되고, 지수함수와 역함수 관계에 있는 로그함수와 함께 출제되기도 한다.
이 과정에서 지수법칙과 로그의 여러 가지 성질 등을 이용하여 식을 실수하지 않고 정리하는 것이 중요하다.

수능 key
지수함수 $y=a^x$ $(a>0,\ a\neq1)$의 그래프를 x축의 방향으로 m만큼, y축의 방향으로 n만큼 평행이동한 그래프의 식
➡ $y=a^{x-m}+n$

[참고] 지수함수 $y=a^{x-m}+n$에 대하여
① 정의역: 실수 전체의 집합　　② 치역: $\{y\,|\,y>n\}$　　③ 그래프의 점근선: 직선 $y=n$

1-1
▶ 교육청

1　2　3

함수 $f(x)=2^{x+p}+q$의 그래프의 점근선이 직선 $y=-4$이고 $f(0)=0$일 때, $f(4)$의 값을 구하시오. (단, p와 q는 상수이다.)

필수예제 2 · 3점 빈출 ·

개념 ❶ ❷

지수함수의 그래프의 활용

그림과 같이 함수 $y=2^x$의 그래프 위의 한 점 $A(1, 2)$를 지나고 기울기가 -1인 직선이 함수 $y=2^{x-a}$의 그래프와 만나는 점을 B, x축, y축과 만나는 점을 각각 C, D라 하자. $\overline{DA}=\overline{AB}=\overline{BC}$일 때, 상수 a의 값은?

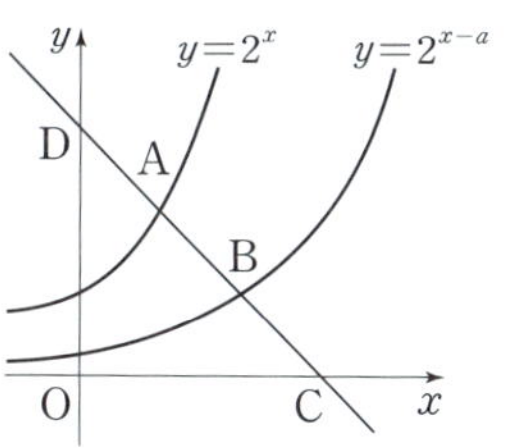

① 1　　　② 2　　　③ 3
④ 4　　　⑤ 5

 지수함수의 그래프가 주어지고, 지수함수의 그래프를 관찰하는 유형으로, 3점, 4점 문제로 자주 출제되는 형태이다. 지수함수와 로그함수, 다항함수 등 다양한 형태의 그래프가 함께 등장하기도 한다.

 좌표평면에서 지수함수의 그래프가 주어지면
➡ 먼저 점의 좌표를 구한다.

2-1

▶ 교육청

지수함수 $y=3^x$의 그래프 위의 한 점 A의 y좌표가 $\dfrac{1}{3}$이다. 이 그래프 위의 한 점 B에 대하여 선분 AB를 $1:2$로 내분하는 점 C가 y축 위에 있을 때, 점 B의 y좌표는?

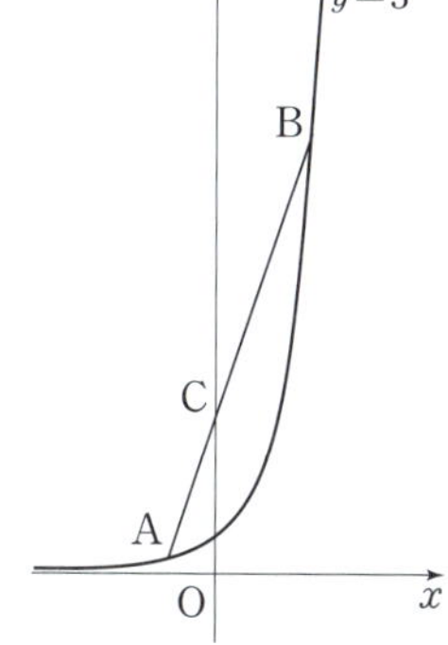

① 3　　　② $3\sqrt[3]{3}$　　　③ $3\sqrt{3}$
④ $3\sqrt[3]{9}$　　　⑤ 9

• 3점 빈출 •
필수 예제 3 — 지수함수의 최대·최소

정의역이 $\{x \mid -2 \leq x \leq 1\}$인 두 함수 $f(x)=5^{x+1}-1$, $g(x)=\left(\dfrac{1}{2}\right)^{2x}$에 대하여 함수 $f(x)$의 최댓값을 M, 함수 $g(x)$의 최솟값을 m이라 할 때, Mm의 값은?

① 6　　　② 7　　　③ 8　　　④ 9　　　⑤ 10

수능 link ▸ 지수함수 단원에서 3점 문제로 자주 출제되지만 원리는 아주 간단하다.
주어진 함수가 증가하는지 감소하는지, 즉 (밑)>1인지 0<(밑)<1인지 파악하면 쉽게 해결할 수 있다.

수능 key ▸ 정의역이 $\{x \mid m \leq x \leq n\}$일 때, 지수함수 $f(x)=a^x$ $(a>0,\ a \neq 1)$에 대하여
(1) $a>1$인 경우 ➡ 최댓값: $f(n)$, 최솟값: $f(m)$
(2) $0<a<1$인 경우 ➡ 최댓값: $f(m)$, 최솟값: $f(n)$

3-1

|1|2|3|

정의역이 $\{x \mid -1 \leq x \leq 3\}$인 함수 $f(x)=\left(\dfrac{1}{3}\right)^{x-a}$의 최솟값이 $\dfrac{1}{3}$일 때, 함수 $f(x)$의 최댓값은? (단, a는 상수이다.)

① 81　　　② 27　　　③ 9　　　④ 3　　　⑤ 1

필수 예제 4 지수함수의 최대·최소 ; 치환

함수 $y=16^x-4^{x+1}+8$은 $x=p$일 때 최솟값 m을 갖는다. $p\times m$의 값은?

① $-\dfrac{1}{2}$ ② $\dfrac{1}{2}$ ③ 1 ④ $\dfrac{3}{2}$ ⑤ 2

수능 link → 필수 예제 **3**에서 파생된 유형으로, 치환을 이용한다.
이때 보통 치환한 문자 t에 대한 이차식 꼴이 나오는데 이차함수의 표준형으로 나타내어 함수의 최대·최소를 구한다.

수능 key → 지수함수의 최대·최소 ; a^x 꼴이 반복되는 경우
➡ $a^x=t\ (t>0)$으로 치환한 후 t에 대한 함수의 최대·최소를 이용한다.
이때 t의 값의 범위에 주의한다.

---

1 2 3

4 -1

정의역이 $\{x\,|\,-2\leq x\leq 3\}$인 함수 $y=-2^{2x}+2^{x+1}+6$의 최댓값과 최솟값의 합은?

① -40 ② -35 ③ -30 ④ -25 ⑤ -20

· 3점 빈출 ·

필수 예제 5 개념 **4**

지수방정식

지수방정식 $\dfrac{16^x}{2}=2^{x+3}$을 만족시키는 실수 x의 값은?

① $\dfrac{1}{3}$ ② $\dfrac{2}{3}$ ③ 1 ④ $\dfrac{4}{3}$ ⑤ $\dfrac{5}{3}$

수능 link ▶ 단독 문제로도 출제되지만, 3점 또는 4점 문제를 푸는 중간 계산과정에서 등장하기도 한다.
기본적인 해결 방법을 익히고 빠르고 정확하게 계산할 수 있어야 한다.

수능 key 지수방정식 ; 밑을 같게 할 수 있는 경우
➡ $a^{f(x)}=a^{g(x)} \Longleftrightarrow f(x)=g(x)$ (단, $a>0$, $a\neq1$)

---

1 2 3

5 -1 방정식 $\left(\dfrac{1}{4}\right)^{x^2}=2^{x-3}$을 만족시키는 모든 실수 x의 값의 합은?

① $-\dfrac{1}{2}$ ② $-\dfrac{1}{4}$ ③ 0 ④ $\dfrac{1}{4}$ ⑤ $\dfrac{1}{2}$

개념 ④

필수 예제 6 지수방정식 ; 치환

방정식 $9^x - 3^{x+3} = 3^{x+1} - 81$의 해가 $x = \alpha$ 또는 $x = \beta$일 때, $\alpha - \beta$의 값은? (단, $\alpha > \beta$)

① 1   ② 2   ③ 3   ④ 4   ⑤ 5

수능 link

필수 예제 5에서 파생된 유형으로, 치환을 이용한다.
이때 보통 치환한 문자 t에 대한 이차식 꼴이 나오는데 t에 대한 이차방정식을 푼다.

수능 key

지수방정식 ; a^x 꼴이 반복되는 경우
➡ $a^x = t\ (t > 0)$으로 치환한 후 t에 대한 방정식을 푼다.

6-1

1 2 3

방정식 $\dfrac{3^{2x+1}}{4} = 3^x + 1$의 해가 $x = \alpha$일 때, $3^{3\alpha}$의 값은?

① 6   ② 7   ③ 8   ④ 9   ⑤ 10

• 3점 빈출 •

필수 예제 7

▶ 수능

지수부등식

부등식 $\left(\dfrac{1}{9}\right)^{x} < 3^{21-4x}$을 만족시키는 자연수 x의 개수는?

① 6   ② 7   ③ 8   ④ 9   ⑤ 10

수능 link

3점 문제로 종종 출제되는 유형으로 부등호의 방향에 주의해야 한다.
(밑)>1이면 부등호의 방향은 그대로, 0<(밑)<1이면 부등호의 방향은 반대로 바뀌는 것을 잊지 말자.

수능 key

지수부등식 ; 밑을 같게 할 수 있는 경우
(1) $a>1$일 때 ➡ $a^{f(x)} < a^{g(x)} \iff f(x) < g(x)$
(2) $0<a<1$일 때 ➡ $a^{f(x)} < a^{g(x)} \iff f(x) > g(x)$

---

7 -1

부등식 $\left(\dfrac{1}{2}\right)^{10-x^2} \leq 8^{3x-8}$을 만족시키는 자연수 x의 최댓값은?

① 4   ② 5   ③ 6   ④ 7   ⑤ 8

개념 ❺

필수예제 8 지수부등식 ; 치환

부등식 $2^{2x}+8 \leq 3 \times 2^{x+1}$의 해가 $\alpha \leq x \leq \beta$일 때, $\alpha+\beta$의 값은?

① 3 ② 4 ③ 5 ④ 6 ⑤ 7

수능 link

필수 예제 [6]과 비슷한 유형으로 방정식이 부등식으로 주어졌을 뿐이다.
한 문자로 치환하고 치환한 문자에 대한 부등식을 푼다.

수능 key

지수부등식 ; a^x 꼴이 반복되는 경우
➡ $a^x=t \, (t>0)$으로 치환한 후 t에 대한 부등식을 푼다.

8 -1

부등식 $2 \times 3^x - 3^{2-x} \geq 17$을 만족시키는 자연수 x의 최솟값은?

① 1 ② 2 ③ 3 ④ 4 ⑤ 5

지수방정식과 지수부등식의 활용

그림과 같이 두 직선 $x=k$, $x=k+1$이 함수 $y=5^x$의 그래프와 만나는 점을 각각 A, B라 하고, 함수 $y=-5^{-x+3}+5$의 그래프와 만나는 점을 각각 C, D라 하자. $\overline{AC}=\overline{BD}$일 때, 실수 k의 값은?

① 1   ② 2   ③ 3

④ 4   ⑤ 5

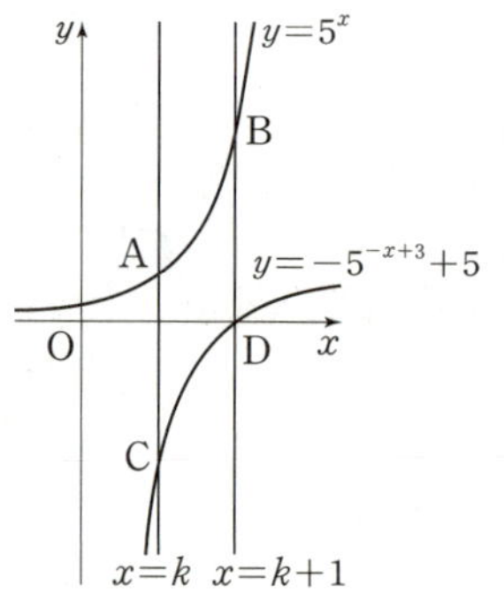

수능 link → 두 개 이상의 함수의 그래프가 주어지고 두 함수의 그래프 사이의 관계를 관찰하는 유형으로, 3점, 4점 문제로 출제되는 형태이다.
지수함수와 로그함수, 다항함수 등 다양한 형태의 그래프가 함께 등장하기도 한다.

수능 key → 두 함수의 교점, 위치 관계 등을 파악하여 지수방정식 또는 지수부등식을 세운다.

9 -1

1 2 3

오른쪽 그림과 같이 두 함수 $y=4^x$, $y=2^x$의 그래프가 직선 $x=k$와 만나는 점을 각각 A, B라 하고, 두 곡선의 교점을 C, 직선 $x=k$와 x축이 만나는 점을 D라 하자. 삼각형 ACB의 넓이가 삼각형 BCD의 넓이의 3배 이상이 되도록 하는 양수 k의 최솟값은?

① $\dfrac{1}{2}$ ② 1   ③ $\dfrac{3}{2}$

④ 2   ⑤ $\dfrac{5}{2}$

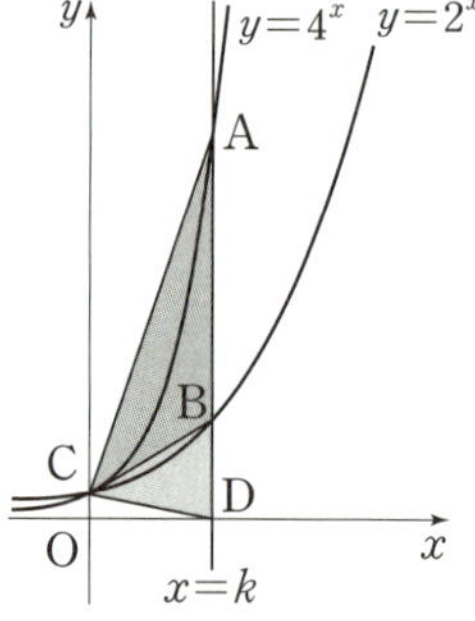

단원 마무리

03 지수함수

---

1 ①②③ 필수 예제 ①

함수 $y=2^x$의 그래프를 y축에 대하여 대칭이동한 후 x축의 방향으로 p만큼 평행이동한 그래프가 점 $\left(1, \dfrac{1}{16}\right)$을 지날 때, p의 값은?

① -1 ② -2 ③ -3
④ -4 ⑤ -5

---

2 ①②③ 필수 예제 ②

두 함수 $f(x)=\left(\dfrac{1}{2}\right)^x$,

$g(x)=-\left(\dfrac{1}{2}\right)^x-\dfrac{7}{2}$에 대하여

직선 $x=k$가 두 함수 $y=f(x)$, $y=g(x)$의 그래프와 만나는 점을 각각 A, B라 하고, 선분 AB가 x축과 만나는 점을 C라 하자. $\overline{\text{AC}} : \overline{\text{CB}}=1 : 8$일 때, k의 값은?

① $-\dfrac{1}{2}$ ② $\dfrac{1}{2}$ ③ 1
④ $\dfrac{3}{2}$ ⑤ 2

✎ 정답 및 해설 10쪽

3 ①②③ 필수 예제 ③

정의역이 $\{x \mid 0 \leq x \leq 3\}$인 함수 $f(x)=3^{x^2} \times \left(\dfrac{1}{9}\right)^{x+1}$의 최댓값과 최솟값의 곱은?

① $\dfrac{1}{9}$ ② $\dfrac{1}{3}$ ③ 1
④ 3 ⑤ 9

---

4 ①②③ 필수 예제 ④

정의역이 $\{x \mid -1 \leq x \leq 1\}$인 함수

$$y=\left(\dfrac{1}{9}\right)^x-2\times\left(\dfrac{1}{3}\right)^x+a$$

의 최댓값과 최솟값의 합이 10일 때, 상수 a의 값은?

① 1 ② 2 ③ 3
④ 4 ⑤ 5

---

5 ①②③

2의 세제곱근 중 실수인 것을 a라 할 때, 방정식 $2^{x^2}=a^{x+2}$을 만족시키는 모든 실수 x의 값의 합은?

① $-\dfrac{2}{3}$ 　　② $-\dfrac{1}{3}$ 　　③ $\dfrac{1}{3}$

④ $\dfrac{2}{3}$ 　　⑤ 1

6 ①②③

방정식 $2^x-2^{6-x}=12$를 만족시키는 실수 x의 값을 구하시오.

7 ①②③

방정식 $4^x-6\times2^x+15=2^{x+1}$의 해가 $x=\alpha$ 또는 $x=\beta$일 때, $8^\alpha+8^\beta$의 값은?

① 150 　　② 152 　　③ 154

④ 156 　　⑤ 158

8 ①②③

두 함수 $f(x)=2^{x+1}$, $g(x)=x^2-9x+9$에 대하여 부등식 $(f\circ g)(x)<f(x)$를 만족시키는 자연수 x의 개수는?

① 6 　　② 7 　　③ 8

④ 9 　　⑤ 10

9   1 2 3   필수 예제 8

부등식 $21 \times 3^{-2x} - 10 \times 3^{-x} + 1 \geq 0$의 해가 $x \leq \alpha$ 또는 $x \geq \beta$일 때, $3^{\alpha} \times 3^{\beta}$의 값은?

① 21   ② 22   ③ 23

④ 24   ⑤ 25

10   1 2 3   필수 예제 9

그림과 같이 직선 $x=a$가 두 함수 $y=3^x$, $y=3^{3-x}$의 그래프와 만나는 점을 각각 A, B라 하고, 직선 $x=b$가 두 함수 $y=3^x$, $y=3^{3-x}$의 그래프와 만나는 점을 각각 C, D라 하자. 선분 AB의 중점과 선분 CD의 중점의 y좌표가 모두 6일 때, 사각형 ADCB의 넓이를 구하시오. (단, $a<b$)

기출문제

▶ 교육청

11   1 2 3   필수 예제 2

그림과 같이 두 함수 $f(x)=2^x+1$, $g(x)=-2^{x-1}+7$의 그래프가 y축과 만나는 점을 각각 A, B라 하고, 곡선 $y=f(x)$와 곡선 $y=g(x)$가 만나는 점을 C라 할 때, 삼각형 ACB의 넓이는?

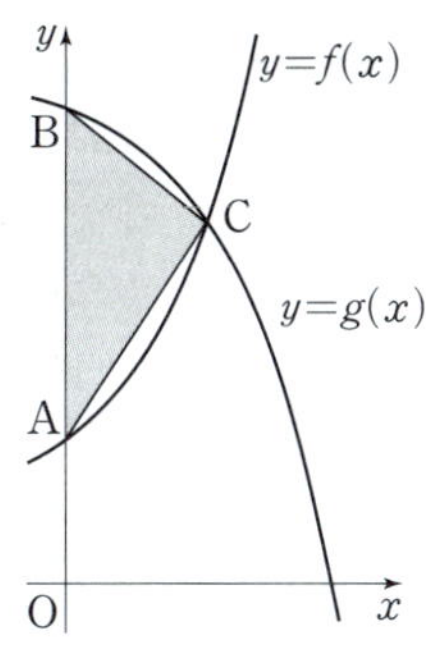

① $\dfrac{5}{2}$ ② 3

③ $\dfrac{7}{2}$ ④ 4

⑤ $\dfrac{9}{2}$

▶ 교육청

12   1 2 3   필수 예제 3

$-1 \leq x \leq 2$에서 함수 $f(x)=\left(\dfrac{3}{a}\right)^x$의 최댓값이 4가 되도록 하는 모든 양수 a의 값의 곱은?

① 16   ② 18   ③ 20

④ 22   ⑤ 24

04 로그함수

1 로그함수

지수함수 $y=a^x\ (a>0,\ a\neq 1)$의 역함수

$$y=\log_a x\ (a>0,\ a\neq 1)$$

을 a를 밑으로 하는 **로그함수**라 한다.

2 로그함수의 그래프와 성질

(1) 로그함수 $y=\log_a x\ (a>0,\ a\neq 1)$의 그래프

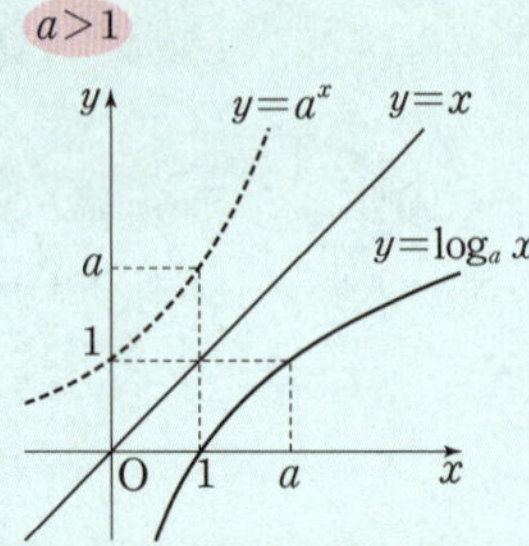

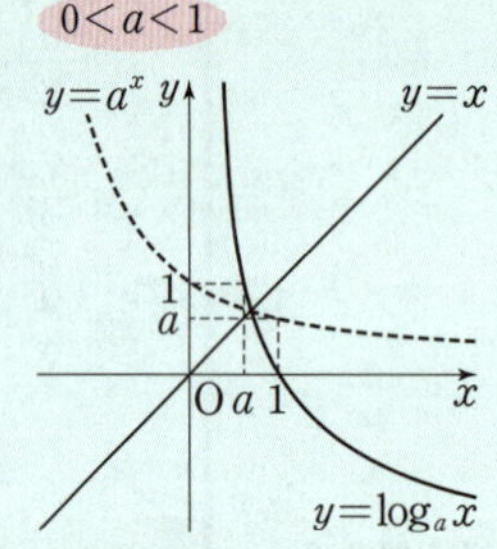

(2) 로그함수 $y=\log_a x\ (a>0,\ a\neq 1)$의 성질

① 정의역: 양의 실수 전체의 집합, 치역: 실수 전체의 집합

② 일대일함수이다.

③ • $a>1$일 때, x의 값이 증가하면 y의 값도 증가한다.

  • $0<a<1$일 때, x의 값이 증가하면 y의 값은 감소한다.

④ 그래프는 점 $(1,\ 0)$을 지나고, 점근선은 y축이다.

$y=a^x\ (a>0,\ a\neq 1)$에서 로그의 정의에 의하여

$$y=a^x \iff x=\log_a y$$

이때 $x=\log_a y$에서 x와 y를 서로 바꾸면

$$y=\log_a x$$

즉, 지수함수 $y=a^x\ (a>0,\ a\neq 1)$의 역함수는

$$y=\log_a x\ (a>0,\ a\neq 1)$$

이다.

이를 a를 밑으로 하는 로그함수라 한다.

로그함수 $y=\log_a x\ (a>0,\ a\neq 1)$의 그래프에 대하여

(1) $a>1$인 경우

① $x>1$일 때

  a의 값이 클수록 x축에 가깝다.

② $0<x<1$일 때

  a의 값이 클수록 y축에 가깝다.

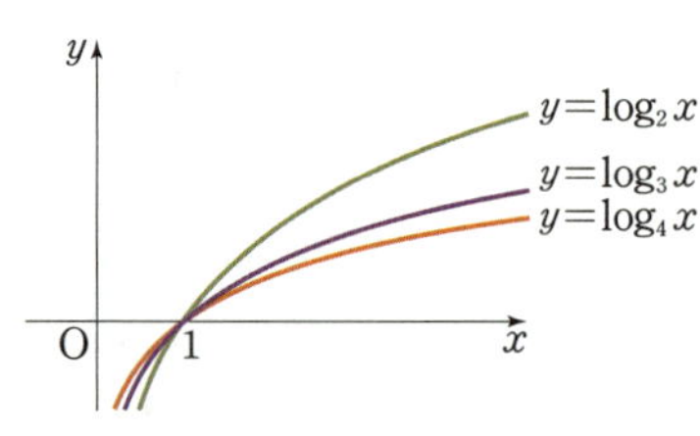

▶ 지수함수 $y=a^x$은 실수 전체의 집합에서 양의 실수 전체의 집합으로의 일대일대응이므로 역함수가 존재한다.

▶ 두 함수 $y=a^x$, $y=\log_a x$의 그래프는 직선 $y=x$에 대하여 대칭이다. (단, $a>0,\ a\neq 1$)

▶ 로그함수 $y=\log_a x$의 밑의 조건은 지수함수 $y=a^x$의 밑의 조건인 $a>0,\ a\neq 1$과 같다.

(2) $0<a<1$인 경우

① $x>1$일 때

a의 값이 작을수록 x축에 가깝다.

② $0<x<1$일 때

a의 값이 작을수록 y축에 가깝다.

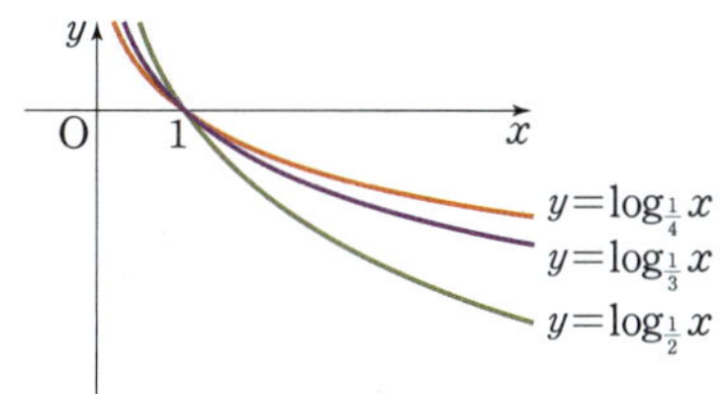

참고 두 로그함수 $y=\log_a x$, $y=\log_{\frac{1}{a}}x$의 그래프는 x축에 대하여 대칭이다.

개념 ② 로그함수의 그래프의 평행이동과 대칭이동

로그함수 $y=\log_a x\,(a>0,\ a\neq1)$의 그래프를

(1) x축의 방향으로 m만큼, y축의 방향으로 n만큼 평행이동한 그래프의 식

➡ $y=\log_a(x-m)+n$

(2) x축에 대하여 대칭이동한 그래프의 식

➡ $y=-\log_a x$

(3) y축에 대하여 대칭이동한 그래프의 식

➡ $y=\log_a(-x)$

(4) 원점에 대하여 대칭이동한 그래프의 식

➡ $y=-\log_a(-x)$

(5) 직선 $y=x$에 대하여 대칭이동한 그래프의 식

➡ $y=a^x$

▶ (5) 함수 $y=\log_a x$의 역함수가 $y=a^x$이므로

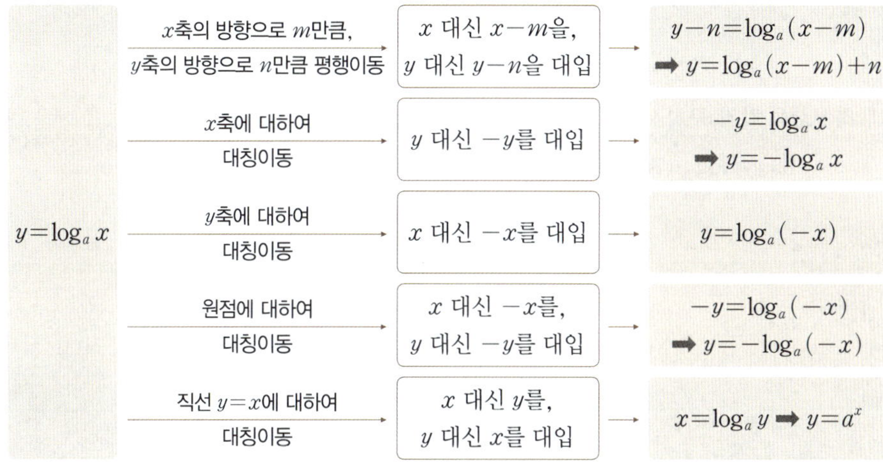

설명·예시 로그함수 $y=\log_3(-x+2)-1$의 그래프는

$$y=\log_3(-x+2)-1=\log_3\{-(x-2)\}-1$$

이므로 로그함수 $y=\log_3 x$의 그래프를 y축에 대하여 대칭이동한 후 x축의 방향으로 2만큼, y축의 방향으로 -1만큼 평행이동한 것과 같다.

따라서 로그함수 $y=\log_3(-x+2)-1$의 그래프는 오른쪽 그림과 같다.

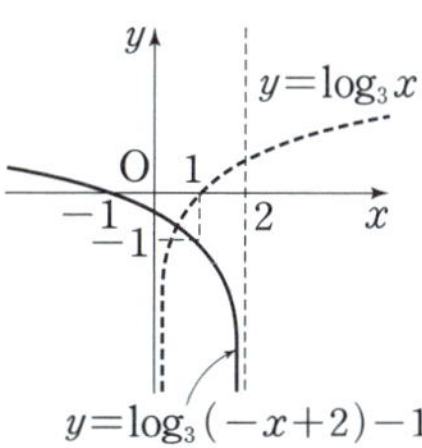

참고 로그함수 $y=\log_a(x-m)+n$에 대하여

① 정의역: $\{x\,|\,x>m\}$　② 치역: 실수 전체의 집합　③ 그래프의 점근선: 직선 $x=m$

개념 ③ 로그함수의 최대·최소

정의역이 $\{x \mid m \leq x \leq n\}$일 때, 로그함수 $f(x) = \log_a x \ (a>0, \ a \neq 1)$은

(1) $a>1$인 경우

　$x=m$일 때 최솟값 $f(m)$, $x=n$일 때 최댓값 $f(n)$을 갖는다.

(2) $0<a<1$인 경우

　$x=m$일 때 최댓값 $f(m)$, $x=n$일 때 최솟값 $f(n)$을 갖는다.

정의역이 $\{x \mid m \leq x \leq n\}$일 때, 로그함수 $f(x) = \log_a x \ (a>0, \ a \neq 1)$의 그래프는 다음 그림과 같다.

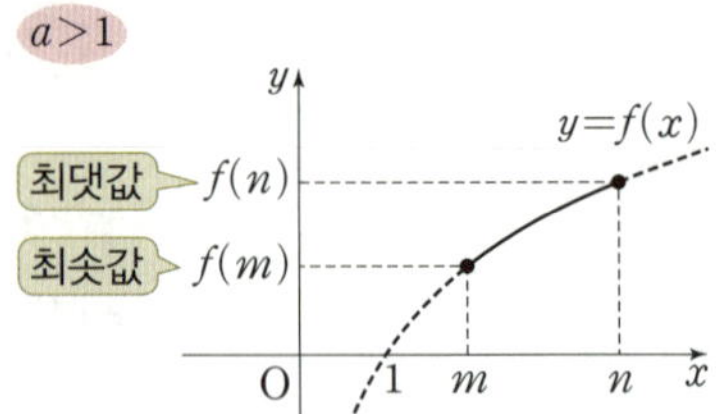

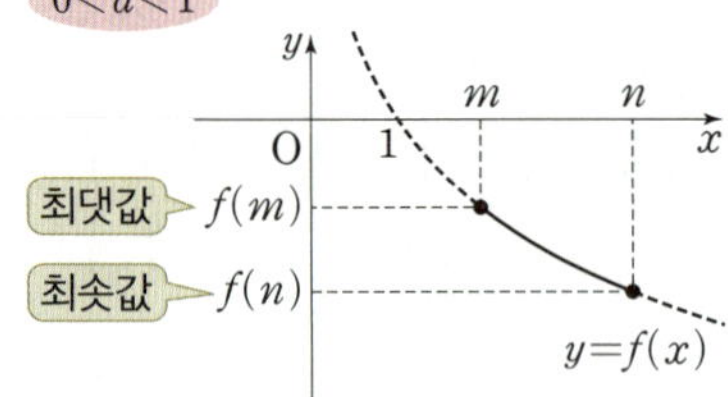

따라서 정의역 $\{x \mid m \leq x \leq n\}$에 속하는 임의의 두 원소 $x_1, \ x_2 \ (x_1 < x_2)$에 대하여

(1) $a>1$인 경우

　$f(x_1) < f(x_2)$이므로 치역은 $\{y \mid f(m) \leq y \leq f(n)\}$

　➡ 최솟값 $f(m)$, 최댓값 $f(n)$

(2) $0<a<1$인 경우

　$f(x_1) > f(x_2)$이므로 치역은 $\{y \mid f(n) \leq y \leq f(m)\}$

　➡ 최솟값 $f(n)$, 최댓값 $f(m)$

개념 Check

정답 및 해설 13쪽

1. $3 \leq x \leq 7$에서 다음 함수의 최댓값과 최솟값을 각각 구하시오.

(1) $y = \log_2 (x+1) + 2$　　　　(2) $y = \log_{\frac{1}{2}} (3x-5) + 6$

개념 ④ 로그방정식

1 로그방정식

로그의 진수 또는 밑에 미지수가 있는 방정식을 **로그방정식**이라 한다.

▶ **예** $\log_2 x^2 = 8$

2 로그방정식의 풀이

(1) $\log_a f(x) = b$ 꼴인 경우

　　$\log_a f(x) = b \Longleftrightarrow f(x) = a^b$ (단, $a>0$, $a \neq 1$, $f(x) > 0$)

(2) 밑을 같게 할 수 있는 경우

　　주어진 방정식을 $\log_a f(x) = \log_a g(x)$ 꼴로 변형한 후 다음을 이용한다.

　　$\log_a f(x) = \log_a g(x) \Longleftrightarrow f(x) = g(x)$

　　　　　　　　　(단, $a>0$, $a \neq 1$, $f(x) > 0$, $g(x) > 0$)

(3) $\log_a x$ 꼴이 반복되는 경우: $\log_a x = t$로 치환한 후 t에 대한 방정식을 푼다.

(4) 진수가 같은 경우: 밑이 같거나 진수가 1임을 이용한다. 즉,

$$\log_{g(x)} f(x) = \log_{h(x)} f(x) \Longleftrightarrow g(x) = h(x) \text{ 또는 } f(x) = 1$$
$$(\text{단, } g(x) > 0,\ g(x) \neq 1,\ h(x) > 0,\ h(x) \neq 1)$$

로그함수 $f(x) = \log_a x\ (a > 0,\ a \neq 1)$은 양의 실수 전체의 집합에서 실수 전체의 집합으로의 일대일대응이므로 로그방정식은 다음을 이용하여 풀 수 있다.

$$\log_a x_1 = \log_a x_2 \Longleftrightarrow x_1 = x_2$$

정답 및 해설 13쪽

2. 다음 방정식을 푸시오.

(1) $\log_3 (3x - 6) = \log_3 (2x - 1)$

(2) $\left(\log_{\frac{1}{2}} x\right)^2 + \log_{\frac{1}{2}} x - 12 = 0$

개념 ⑤ 로그부등식

1 로그부등식

로그의 진수 또는 밑에 미지수가 있는 부등식을 **로그부등식**이라 한다.

▶ **예** $\log_2 3x > 8$

2 로그부등식의 풀이

(1) 밑을 같게 할 수 있는 경우

주어진 부등식을 $\log_a f(x) < \log_a g(x)\ (a > 0,\ a \neq 1)$ 꼴로 변형한 후 다음을 이용한다.

① $a > 1$일 때, $\log_a f(x) < \log_a g(x) \Longleftrightarrow 0 < f(x) < g(x)$

② $0 < a < 1$일 때, $\log_a f(x) < \log_a g(x) \Longleftrightarrow f(x) > g(x) > 0$

(2) $\log_a x$ 꼴이 반복되는 경우

$\log_a x = t$로 치환한 후 t에 대한 부등식을 푼다.

로그함수 $y = \log_a x\ (a > 0,\ a \neq 1)$은

① $a > 1$이면 x의 값이 증가할 때 y의 값도 증가하므로

$$\log_a x_1 < \log_a x_2 \Longleftrightarrow x_1 < x_2$$

② $0 < a < 1$이면 x의 값이 증가할 때 y의 값은 감소하므로

$$\log_a x_1 < \log_a x_2 \Longleftrightarrow x_1 > x_2$$

정답 및 해설 13쪽

3. 다음 부등식을 푸시오.

(1) $\log_2 (x - 4) < 3$

(2) $\left(\log_{\frac{1}{3}} x\right)^2 - 2 \log_{\frac{1}{3}} x - 8 \leq 0$

Idea ① 지수함수와 로그함수의 그래프의 성질

지수와 로그 단원에서는 지수법칙, 로그의 성질 등 연산에 초점을 두었다면 지수함수와 로그함수의 단원에서는 '함수'라는 단어가 붙은만큼 함수의 그래프를 그리고, 함수의 그래프의 특성을 관찰하는 데에 초점을 둔다.

지수함수 $y=a^x$과 로그함수 $y=\log_a x$의 그래프의 특성을 다시 한번 파악해 보자. (단, $a>0$, $a\neq1$)

(1) **함수의 증가·감소**: 밑의 범위에 따라 증가, 감소가 결정된다.

　① $a>1$ ➡ 증가함수　　　　　　　② $0<a<1$ ➡ 감소함수

(2) **정점**: a의 값에 관계없이 항상 지나는 점이 존재한다.

　① $y=a^x$ ➡ 점 $(0, 1)$　　　　　　② $y=\log_a x$ ➡ 점 $(1, 0)$

(3) **점근선**

　① $y=a^x$ ➡ x축 $(y=0)$　　　　　② $y=\log_a x$ ➡ y축 $(x=0)$

(4) **역함수 관계**

　지수함수 $y=a^x$과 로그함수 $y=\log_a x$는 서로 역함수 관계이고,

　두 함수의 그래프는 직선 $y=x$에 대하여 대칭이다.

Idea ② 지수·로그방정식과 부등식 풀이의 시작은 밑의 통일이다.

지수·로그방정식과 부등식의 풀이의 기본은 밑이 통일되는지를 확인하는 것이다.

또한, 지수·로그부등식을 풀 때는 밑의 범위, 즉 (밑)>1인지 $0<$(밑)<1인지를 확인하자.

특히, 로그방정식 또는 부등식을 풀 때는 밑의 조건과 진수의 조건을 꼭 확인하도록 하자.

• 3점 빈출 •

필수예제 1 로그함수의 그래프

〈보기〉에서 함수 $y=\log_2(x-2)+3$의 그래프에 대한 설명으로 옳은 것만을 있는 대로 고른 것은?

――――〈보기〉――――

ㄱ. 점근선의 방정식은 $x=2$이다.
ㄴ. 함수 $y=\log_2 x$의 그래프를 x축의 방향으로 2만큼, y축의 방향으로 3만큼 평행이동한 것이다.
ㄷ. 함수 $y=\log_{\frac{1}{2}}(x-2)-3$의 그래프를 x축에 대하여 대칭이동한 것이다.

① ㄱ　　　② ㄷ　　　③ ㄱ, ㄴ　　　④ ㄴ, ㄷ　　　⑤ ㄱ, ㄴ, ㄷ

수능 link ▸ 로그함수의 평행이동과 대칭이동은 3점 문제로 종종 출제되고, 로그함수와 역함수 관계에 있는 지수함수와 함께 출제되기도 한다.
이 과정에서 지수법칙과 로그의 여러 가지 성질 등을 이용하여 식을 실수하지 않고 정리하는 것이 중요하다.

수능 key 로그함수 $y=\log_a x$ $(a>0,\ a\neq1)$의 그래프를 x축의 방향으로 m만큼, y축의 방향으로 n만큼 평행이동한 그래프의 식

➡ $y=\log_a(x-m)+n$

[참고] 로그함수 $y=\log_a(x-m)+n$에 대하여
　① 정의역: $\{x\,|\,x>m\}$　　② 치역: 실수 전체의 집합　　③ 그래프의 점근선: 직선 $x=m$

1 -1

[1] [2] [3]

함수 $y=\log_3 x$의 그래프를 x축의 방향으로 a만큼, y축의 방향으로 b만큼 평행이동하였더니 함수 $y=\log_3\left(\dfrac{x}{3}+1\right)$의 그래프와 일치하였다. $a+b$의 값은?

① -5　　　② -4　　　③ -3　　　④ -2　　　⑤ -1

• 3점 빈출 •
필수 예제 **2**

로그함수의 그래프의 활용

그림과 같이 함수 $y=\log_3 x$의 그래프 위의 두 점 $A(a,\ \log_3 a)$, $B(b,\ \log_3 b)$에 대하여 선분 AB가 x축과 만나는 점을 C라 하자. $\overline{AC}:\overline{CB}=1:2$일 때, $\log_a b$의 값은? (단, $0<a<1<b$)

① -5 ② -4 ③ -3
④ -2 ⑤ -1

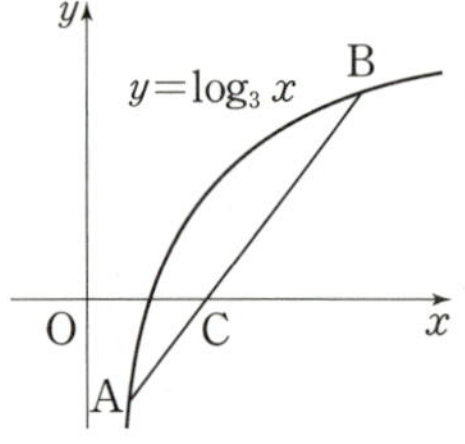

로그함수의 그래프가 주어지고, 로그함수의 그래프를 관찰하는 유형으로, 3점, 4점 문제로 자주 출제되는 형태이다. 로그함수와 지수함수, 다항함수 등 다양한 형태의 그래프가 함께 등장하기도 한다.

좌표평면에서 로그함수의 그래프가 주어지면
➡ 먼저 점의 좌표를 구한다.

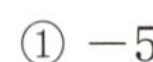

2 -1

▸ 교육청

그림과 같이 두 곡선 $y=\log_2 x$, $y=\log_{\frac{1}{2}} x$가 만나는 점을 A라 하고, 직선 $x=k\ (k>1)$이 두 곡선과 만나는 점을 각각 B, C라 하자. 삼각형 ACB의 무게중심의 좌표가 $(3,\ 0)$일 때, 삼각형 ACB의 넓이를 구하시오.

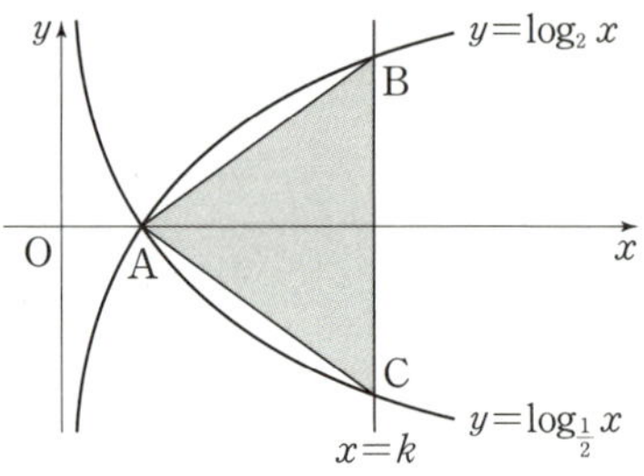

• 4점 준비 •

필수 예제 3 개념 ❶ ❷

지수함수와 로그함수의 관계

함수 $y=3\log_2(x+1)-5$의 역함수가 $y=2^{ax+b}+c$일 때, 세 상수 a, b, c에 대하여 $a+b+c$의 값은?

① $\dfrac{1}{3}$ ② $\dfrac{2}{3}$ ③ 1 ④ $\dfrac{4}{3}$ ⑤ $\dfrac{5}{3}$

수능 link → 지수함수와 로그함수가 서로 역함수 관계임을 이용하는 문제는 기본적인 3점 문제뿐만 아니라 고난도 4점 문제에서도 자주 출제된다.
직선 $y=x$ 대칭관계를 이용하여 식을 정리하도록 하자.

수능 key → 지수함수 $y=a^{x-m}+n$의 역함수 ➡ $y=\log_a(x-n)+m$

[참고] 함수 $f(x)$의 역함수를 $g(x)$라 하면
(1) 두 곡선 $y=f(x)$, $y=g(x)$는 직선 $y=x$에 대하여 대칭이다.
(2) 곡선 $y=f(x)$와 직선 $y=x$의 교점이 존재하면 그 교점은 두 곡선 $y=f(x)$, $y=g(x)$의 교점이다.

(단, 역은 성립하지 않는다.)

(3) $f(a)=b \Longleftrightarrow g(b)=a$

---

1 2 3

3 - 1 함수 $y=5^x+1$의 그래프를 x축의 방향으로 m만큼 평행이동한 그래프가 함수 $y=\log_5 \dfrac{x}{25}$의 그래프를 x축의 방향으로 n만큼 평행이동한 그래프와 직선 $y=x$에 대하여 대칭일 때, $m+n$의 값은?

① -2 ② -1 ③ 0 ④ 1 ⑤ 2

개념 ❸

필수 예제 4 로그함수의 최대·최소

정의역이 $\{x \mid 1 \le x \le 7\}$인 두 함수 $y = \log_3(x+2) - 1$, $y = \log_{\frac{1}{3}} x + 3$의 최댓값의 합은?

① 1　　　② 2　　　③ 3　　　④ 4　　　⑤ 5

수능 link

3점 문제로 종종 출제된다.
주어진 함수가 증가하는지 감소하는지, 즉 (밑)>1인지 0<(밑)<1인지 파악한다.

수능 key

정의역이 $\{x \mid m \le x \le n\}$일 때, 로그함수 $f(x) = \log_a x \,(a>0, \, a \ne 1)$에 대하여
(1) $a>1$인 경우 ➡ 최댓값: $f(n)$, 최솟값: $f(m)$
(2) $0<a<1$인 경우 ➡ 최댓값: $f(m)$, 최솟값: $f(n)$

4-1

▶ 평가원

함수 $f(x) = 2\log_{\frac{1}{2}}(x+k)$가 $0 \le x \le 12$에서 최댓값 -4, 최솟값 m을 갖는다. $k+m$의 값은? (단, k는 상수이다.)

① -1　　　② -2　　　③ -3　　　④ -4　　　⑤ -5

개념 ③

필수 예제 5

로그함수의 최대·최소; 치환

정의역이 $\{x\,|\,1\leq x\leq 8\}$인 함수 $y=(\log_2 x)^2+4\log_2 x-7$의 최댓값은?

① 11   ② 12   ③ 13   ④ 14   ⑤ 15

수능 link

필수 예제 4 에서 파생된 유형으로, 치환을 이용한다.
이때 보통 치환한 문자 t에 대한 이차식 꼴이 나오는데 이차함수의 표준형으로 나타내어 함수의 최대·최소를 구한다.

수능 key

로그함수의 최대·최소; $\log_a x$ 꼴이 반복되는 경우
➡ $\log_a x=t$로 치환한 후 t에 대한 함수의 최대·최소를 이용한다.
   이때 t의 값의 범위에 주의한다.

[참고] 지수함수에서의 치환과 달리 $t\leq 0$인 값도 가능하다.

---

1 2 3

5 -1

▸ 수능

정의역이 $\{x\,|\,1\leq x\leq 81\}$인 함수
$$y=(\log_3 x)(\log_{\frac{1}{3}} x)+2\log_3 x+10$$
의 최댓값을 M, 최솟값을 m이라 할 때, $M+m$의 값을 구하시오.

필수 예제 6 개념 ④

로그방정식

▶ 평가원

방정식 $\log_2 x = 1 + \log_4(2x-3)$을 만족시키는 모든 실수 x의 값의 곱을 구하시오.

수능 link

단독 문제로도 출제되지만, 3점 또는 4점 문제를 푸는 중간 계산과정에서 등장하기도 한다.

기본적인 해결 방법을 익히고 빠르고 정확하게 계산할 수 있어야 한다.

이때 로그의 진수의 조건을 꼭 체크하자.

수능 key

로그방정식; 밑을 같게 할 수 있는 경우

➡ $\log_a f(x) = \log_a g(x) \Longleftrightarrow f(x) = g(x)$ (단, $a>0$, $a \neq 1$, $f(x)>0$, $g(x)>0$)

6-1

방정식 $\log_9(x-4) = \dfrac{1}{4}\log_3 2x$의 해가 $x = \alpha$일 때, $\log_2 \alpha$의 값은?

① 1　　　② 2　　　③ 3　　　④ 4　　　⑤ 5

개념 ❹

필수 예제 7 로그방정식; 치환

방정식 $(\log_2 x)^2 - 8\log_2 8x + 39 = 0$의 모든 실근의 합은?

① 28   ② 32   ③ 36   ④ 40   ⑤ 44

수능 link

필수 예제 ⑥에서 파생된 유형으로, 치환을 이용한다.
이때 보통 치환한 문자 t에 대한 이차식 꼴이 나오는데 t에 대한 이차방정식을 푼다.

수능 key

로그방정식; $\log_a x$ 꼴이 반복되는 경우
➡ $\log_a x = t$로 치환한 후 t에 대한 방정식을 푼다.

7 -1

1 2 3

방정식 $(\log_9 x)^2 - \log_3 x - 3 = 0$을 만족시키는 모든 실수 x의 값의 곱은?

① 1   ② 3   ③ 9   ④ 27   ⑤ 81

• 3점 빈출 •

필수 예제 8 로그부등식

부등식 $\log_2(2x+3) > \log_2(4-x)+1$을 만족시키는 자연수 x의 개수는?

① 1   ② 2   ③ 3   ④ 4   ⑤ 5

수능 link

3점 문제로 종종 출제되는 유형으로 부등호의 방향에 주의해야 한다.
(밑)>1이면 부등호의 방향은 그대로, 0<(밑)<1이면 부등호의 방향은 반대로 바뀌는 것을 잊지 말자.
또한, 로그의 진수의 조건을 꼭 체크하자.

수능 key

로그부등식; 밑을 같게 할 수 있는 경우
(1) $a>1$일 때 $\Rightarrow \log_a f(x) < \log_a g(x) \iff 0 < f(x) < g(x)$
(2) $0<a<1$일 때 $\Rightarrow \log_a f(x) < \log_a g(x) \iff f(x) > g(x) > 0$

8-1

① ② ③

부등식 $\log_{\frac{1}{3}}(x^2-7x) - \log_{\frac{1}{3}}(x-3) \geq -1$을 만족시키는 모든 정수 x의 값의 합은?

① 13   ② 14   ③ 15   ④ 16   ⑤ 17

개념 ⑤

필수 예제 9 · 로그부등식; 치환

부등식 $(\log_2 x)^2 \le 4\log_2 x^2 + 20$의 해가 $\alpha \le x \le \beta$일 때, $\alpha\beta$의 값은?

① 16　　　② 32　　　③ 64　　　④ 128　　　⑤ 256

수능 link → **필수 예제 7**과 비슷한 유형으로 방정식이 부등식으로 주어졌을 뿐이다.
한 문자로 치환하고 치환한 문자에 대한 부등식을 푼다.

수능 key → 로그부등식; $\log_a x$ 꼴이 반복되는 경우
➡ $\log_a x = t$로 치환한 후 t에 대한 부등식을 푼다.

9 -1

1 2 3

부등식 $(\log_3 x)\left(\log_3 \dfrac{27}{x}\right) > 2$를 만족시키는 자연수 x의 개수는?

① 3　　　② 4　　　③ 5　　　④ 6　　　⑤ 7

• 4점 준비 •
필수 예제 10 로그방정식과 로그부등식의 활용

두 곡선 $y=\log_2(6-2x)$, $y=\log_2 x^2+a$가 서로 다른 두 점 A, B에서 만난다. 점 A의 x좌표가 -1일 때, 점 B의 x좌표는? (단, a는 상수이다.)

① $\dfrac{1}{4}$ ② $\dfrac{3}{8}$ ③ $\dfrac{1}{2}$ ④ $\dfrac{5}{8}$ ⑤ $\dfrac{3}{4}$

수능 link ▸ 두 개 이상의 함수의 그래프가 주어지고 두 함수의 그래프 사이의 관계를 관찰하는 유형으로, 3점, 4점 문제로 출제되는 형태이다.
로그함수와 지수함수, 다항함수 등 다양한 형태의 그래프가 함께 등장하기도 한다.

수능 key ▸ 두 함수의 교점, 위치 관계 등을 파악하여 로그방정식 또는 로그부등식을 세운다.

---

1 2 3

10 - 1
▸ 평가원

이차함수 $y=f(x)$의 그래프와 직선 $y=x-1$이 그림과 같을 때, 부등식 $\log_3 f(x)+\log_{\frac{1}{3}}(x-1)\leq 0$을 만족시키는 모든 자연수 x의 값의 합을 구하시오. (단, $f(0)=f(7)=0$, $f(4)=3$)

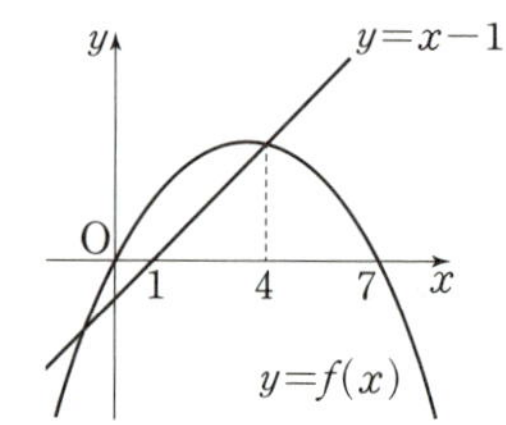

04 로그함수

🔖 정답 및 해설 16쪽

1 〔1〕〔2〕〔3〕

필수 예제 〔1〕

함수 $y=\log_5 x$의 그래프를 x축의 방향으로 a만큼, y축의 방향으로 b만큼 평행이동한 그래프의 점근선이 직선 $x=3$이고 점 (b, b)를 지날 때, $a+b$의 값은?

① 6   ② 7   ③ 8
④ 9   ⑤ 10

2 〔1〕〔2〕〔3〕

필수 예제 〔2〕

그림과 같이 1보다 큰 두 양수 a, b에 대하여 직선 $y=2$가 두 곡선 $y=\log_a x$, $y=\log_b x$와 만나는 점을 각각 A, B라 하고 y축과 만나는 점을 C라 하자. 두 곡선 $y=\log_a x$, $y=\log_b x$의 교점 P에 대하여 두 삼각형 PAC, PBA의 넓이가 모두 12일 때, ab의 값은?

(단, $a<b$)

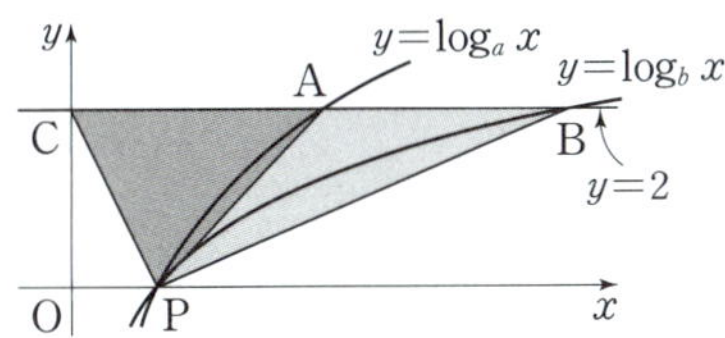

① $10\sqrt{2}$ ② $11\sqrt{2}$ ③ $12\sqrt{2}$
④ $13\sqrt{2}$ ⑤ $14\sqrt{2}$

3 〔1〕〔2〕〔3〕

필수 예제 〔4〕

정의역이 $\{x\,|\,0\le x\le 4\}$인 함수 $y=\log_{\frac{1}{3}}(x^2-4x+a)$의 최댓값이 -2일 때, 상수 a의 값은?

① 9   ② 11   ③ 13
④ 15   ⑤ 17

4 〔1〕〔2〕〔3〕

필수 예제 〔5〕

두 함수 $f(x)=x^2+2x+2$, $g(x)=\log_a(x+1)$에 대하여 함수 $(f\circ g)(x)$가 $x=4$에서 최솟값 m을 가질 때, $a+m$의 값은? (단, $a>0$, $a\ne1$)

① $\dfrac{11}{10}$ ② $\dfrac{6}{5}$ ③ $\dfrac{13}{10}$
④ $\dfrac{7}{5}$ ⑤ $\dfrac{3}{2}$

5 （1 2 3） 필수 예제 6

방정식 $\log_4(x+1)=\log_{16}(2x^2+a)$의 두 실근을 α, β라 할 때, $\alpha^2+\beta^2=4$이다. 상수 a의 값을 구하시오.

6 （1 2 3） 필수 예제 7

방정식 $\left(\log_2 \dfrac{x}{16}\right)^2=4\log_4 x$의 두 근의 곱을 k라 할 때, $\log_2 k$의 값은?

① 6 ② 7 ③ 8
④ 9 ⑤ 10

7 （1 2 3） 필수 예제 8

부등식 $\log_2(x-3)\le\log_4(x-1)$을 만족시키는 모든 정수 x의 값의 합은?

① 6 ② 7 ③ 8
④ 9 ⑤ 10

8 （1 2 3） 필수 예제 9

부등식 $\left(\log_{\frac{1}{5}} x+2\right)\left(\log_{\frac{1}{5}} x-3\right)<a$의 해가 $\dfrac{1}{25}<x<5$일 때, 상수 a의 값은?

① -1 ② -2 ③ -3
④ -4 ⑤ -5

9 　①②③　　필수 예제 10

함수 $f(x)=\log_2 x+a$의 그래프가 점 $(3, 1)$을 지나고
부등식 $|f(x)|\leq 1$의 해가 $\alpha\leq x\leq\beta$일 때, $\alpha+\beta$의 값은?
(단, a는 상수이다.)

① $\dfrac{7}{2}$　　　② $\dfrac{15}{4}$　　　③ 4

④ $\dfrac{17}{4}$　　　⑤ $\dfrac{9}{2}$

10 　①②③　　필수 예제 10

그림과 같이 두 곡선
$y=\log_2 x$, $y=2^x$이 직선
$x=k\ (k>1)$과 만나는 점을
각각 A, B라 하고, 직선
$x=k+1$과 만나는 점을 각
각 C, D라 하자.
$2\overline{AB}=\overline{CD}$일 때,
$k=p+q\sqrt{5}$이다. $p+q$의 값을 구하시오.
(단, p, q는 유리수이다.)

기출문제

▶ 교육청

11 　①②③　　필수 예제 3

그림과 같이 직선 $y=x$와 수직으로 만나는 평행한 두
직선 l, m이 있다. 두 직선 l, m이 함수 $f(x)=\log_2 x$,
$g(x)=2^x$의 그래프와 만나는 교점을 A, B, C, D라 하
자. $f(b)=g(1)=a$일 때, 사각형 ABCD의 넓이는?

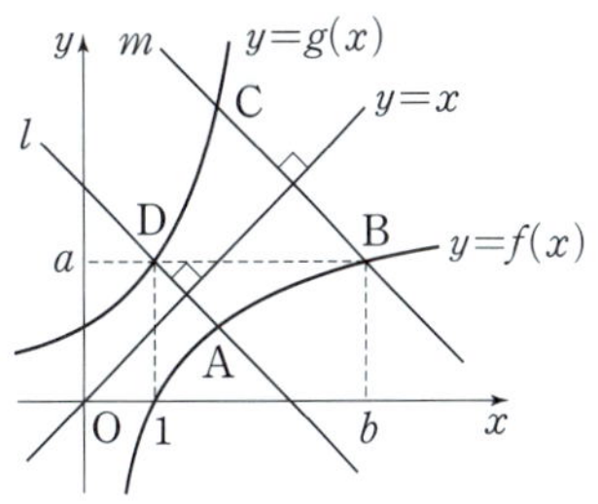

① $\dfrac{5}{2}$　　　② 3　　　③ $\dfrac{7}{2}$

④ 4　　　⑤ $\dfrac{9}{2}$

▶ 교육청

12 　①②③　　필수 예제 9

모든 실수 x에 대하여 이차부등식
$$3x^2-2(\log_2 n)x+\log_2 n>0$$
이 성립하도록 하는 자연수 n의 개수를 구하시오.

II 삼각함수

01 삼각함수

02 삼각함수의 그래프

03 삼각함수의 활용

단원	수능 경향	대비 방법
01 삼각함수	• 부채꼴의 호의 길이 또는 넓이를 구하는 간단한 3점 문제가 출제된다. • 삼각함수의 정의 또는 삼각함수 사이의 관계를 이용하여 식을 정리하고 삼각함수의 값을 구하는 문제가 출제된다.	• 부채꼴의 호의 길이와 넓이를 구하는 공식을 정확히 알고, 육십분법을 호도법으로, 호도법을 육십분법으로 고칠 수 있어야 한다. • 삼각함수의 정의뿐만 아니라 삼각함수 사이의 관계와 성질도 정확히 알고 이용할 수 있도록 한다.
02 삼각함수의 그래프	• 삼각함수의 주기성, 대칭성을 이용하거나 다항함수와 결합하여 삼각함수의 그래프를 해석하는 4점 문제가 출제된다. • 삼각함수의 각의 변환을 이용하여 식을 정리한 후 해를 구하는 삼각방정식과 부등식을 문제가 출제된다.	• 삼각함수의 그래프를 정확하게 그릴 수 있어야 하고, 각각의 그래프의 성질을 이해하고 이용할 수 있어야 한다. • 삼각함수의 각을 예각으로 변환할 수 있어야 하고 삼각방정식과 부등식의 해법을 알아야 한다.
03 삼각함수의 활용	• 사인법칙과 코사인법칙의 기본 공식만을 이용하여 답을 구하는 3점 문제 뿐만 아니라 두 개 이상의 도형이 함께 주어지는 고난도 4점 문제가 출제된다.	• 사인법칙과 코사인법칙의 공식 암기는 필수이고, 이떤 상황에서 어떤 공식을 사용할 수 있는지에 대한 정리가 필요하다. • 여러 가지 도형들이 주어졌을 때 사용할 수 있는 성질들이 무엇이 있는지 생각하고 관찰하는 연습이 필요하다.

01 삼각함수

개념 ① 시초선과 동경

1 시초선과 동경

오른쪽 그림과 같이 평면 위의 두 반직선 OX와 OP가
∠XOP를 결정할 때, ∠XOP의 크기는 반직선 OP가 고
정된 반직선 OX의 위치에서 점 O를 중심으로 반직선 OP
의 위치까지 회전한 양으로 정한다.
이때 반직선 OX를 **시초선**, 반직선 OP를 **동경**이라 한다.

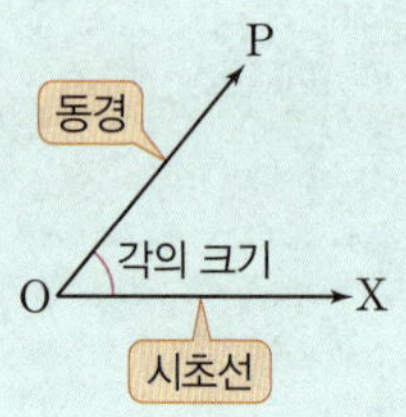

▶ 시초선은 처음 시작하는 선,
동경은 움직이는 선이라는 뜻이다.

2 각의 방향과 크기

동경 OP가 점 O를 중심으로 회전할 때
　시곗바늘이 도는 방향과 반대인 방향을 양의 방향,
　시곗바늘이 도는 방향을 음의 방향
으로 정한다.
이때 양의 방향으로 회전하여 생기는 각의 크기는 양의 부
호($+$)를, 음의 방향으로 회전하여 생기는 각의 크기는
음의 부호($-$)를 붙여서 나타낸다.

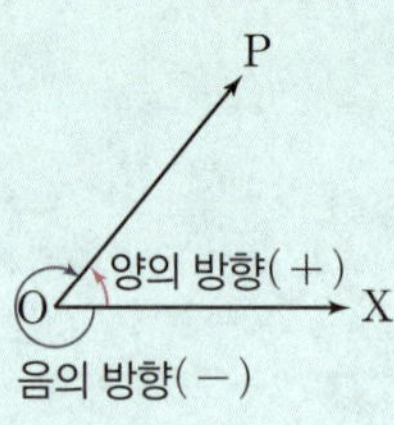

> **설명 예시** 시초선이 반직선 OX일 때, $210°$, $390°$, $-40°$를 나타내는 동경 OP의 위치를 그림
> 으로 나타내면 다음과 같다.

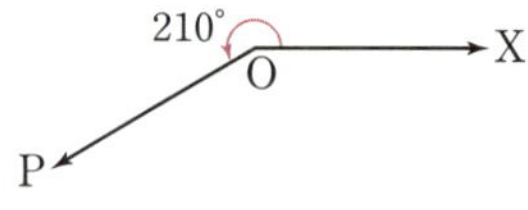

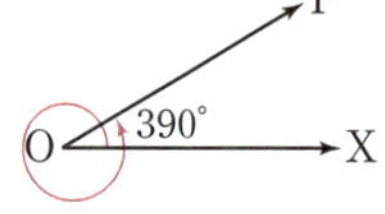

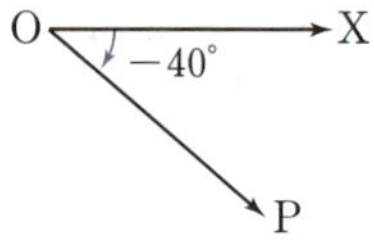

[참고] 일반적으로 양의 부호($+$)는 생략한다.

개념 ② 일반각

일반적으로 시초선 OX와 동경 OP가 나타내는 한 각의 크기
를 $a°$라 하면 ∠XOP의 크기는
　$360°×n+a°$ (n은 정수)
의 꼴로 나타낼 수 있고, 이것을 동경 OP가 나타내는 **일반각**
이라 한다.

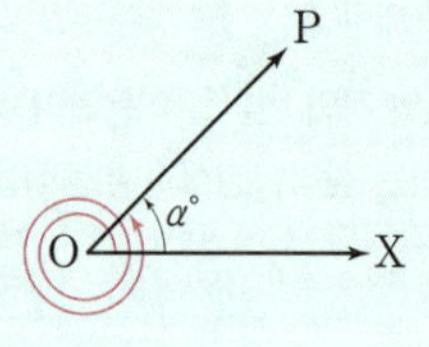

시초선 OX는 고정되어 있으므로 ∠XOP의 크기가 정해지면 동경 OP의 위치는 하나로
정해진다.
그런데 동경 OP의 위치가 정해지더라도 양의 방향 또는 음의 방향으로 한 바퀴 이상 회
전할 수 있으므로 ∠XOP의 크기는 하나로 정해지지 않는다.
따라서 ∠XOP가 나타낼 수 있는 모든 각의 크기를 정수 n을 이용하여 $360°×n+a°$와
같이 나타낸다.

 **설명 예시** 시초선 OX와 30°의 위치에 있는 동경 OP가 나타내는 각의 크기는 다음 그림과 같이 동경 OP가 회전한 횟수 또는 방향에 따라 여러 가지이다.

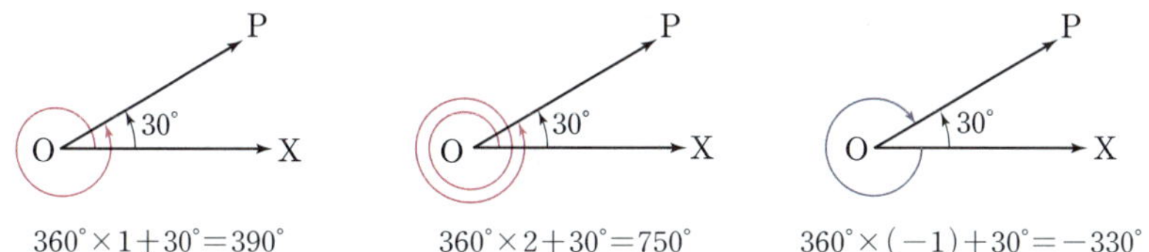

$$360° \times 1 + 30° = 390° \qquad 360° \times 2 + 30° = 750° \qquad 360° \times (-1) + 30° = -330°$$

즉, 동경 OP가 나타내는 한 각의 크기가 30°이므로 일반각은
$360° \times n + 30°$ (n은 정수)이다.

[참고] 일반적으로 $a°$는 $0° \leq a° < 360°$인 것을 택한다.

개념 ③ 사분면의 각

> 좌표평면의 원점 O에서 x축의 양의 부분을 시초선으로 잡을 때, 제1사분면, 제2사분면, 제3사분면, 제4사분면에 있는 동경 OP가 나타내는 각을 각각 제1사분면의 각, 제2사분면의 각, 제3사분면의 각, 제4사분면의 각이라 한다.

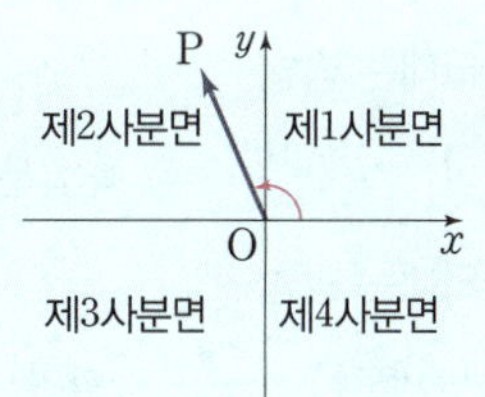

▸ 좌표평면에서 시초선은 보통 원점에서 x축의 양의 부분으로 정한다.

▸ 동경 OP가 좌표축 위에 있을 때에는 어느 사분면에도 속하지 않는다.

동경 OP가 나타내는 각의 크기를 $360° \times n + a°$ (n은 정수)와 같이 나타낼 때, 동경 OP가 나타내는 각은

(1) $0° < a° < 90°$ ➡ 제1사분면의 각

(2) $90° < a° < 180°$ ➡ 제2사분면의 각

(3) $180° < a° < 270°$ ➡ 제3사분면의 각

(4) $270° < a° < 360°$ ➡ 제4사분면의 각

 **설명 예시** (1) $790° = 360° \times 2 + 70°$이므로 $790°$는 제1사분면의 각이다.
(2) $-500° = 360° \times (-2) + 220°$이므로 $-500°$는 제3사분면의 각이다.

개념 ④ 두 동경의 위치 관계

> 서로 다른 두 동경이 나타내는 일반각을 각각 a, β라 할 때, 두 동경의 위치 관계에 따라 다음이 성립한다. (단, n은 정수이다.)
>
> (1) 두 동경이 일치한다. $\iff a - \beta = 360° \times n$
>
> (2) 두 동경이 원점에 대하여 대칭이다. $\iff a - \beta = 360° \times n + 180°$
>
> (3) 두 동경이 x축에 대하여 대칭이다 $\iff a + \beta = 360° \times n$
>
> (4) 두 동경이 y축에 대하여 대칭이다. $\iff a + \beta = 360° \times n + 180°$
>
> (5) 두 동경이 직선 $y = x$에 대하여 대칭이다. $\iff a + \beta = 360° \times n + 90°$

(1)~(5)의 각각의 경우에 대한 두 동경 a, β의 위치 관계는 다음 그림과 같다.

(1) 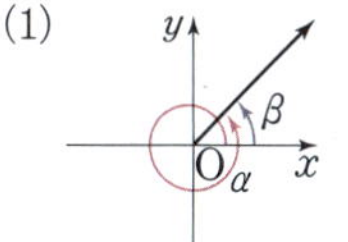 (2) 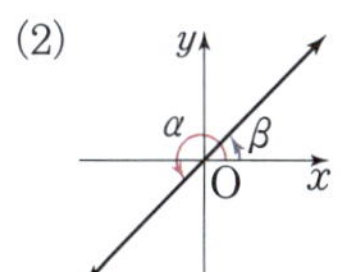 (3) 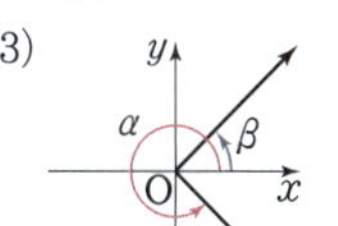 (4) 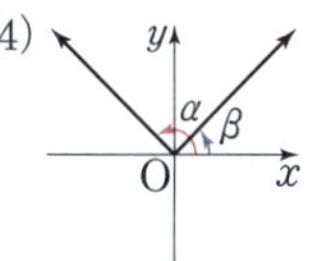 (5) 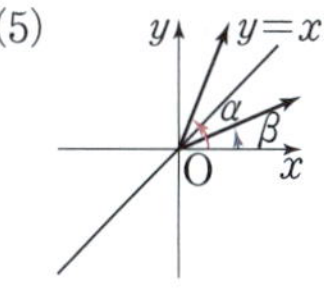

개념 ⑤ 호도법

1 호도법

반지름의 길이가 r인 원에서 길이가 r인 호에 대한 중심각의 크기는 원의 반지름의 길이 r에 관계없이 항상 $\dfrac{180°}{\pi}$로 일정하다.

이 일정한 각의 크기를 **1라디안**(radian)이라 하고, 이것을 단위로 각의 크기를 나타내는 방법을 **호도법**이라 한다.

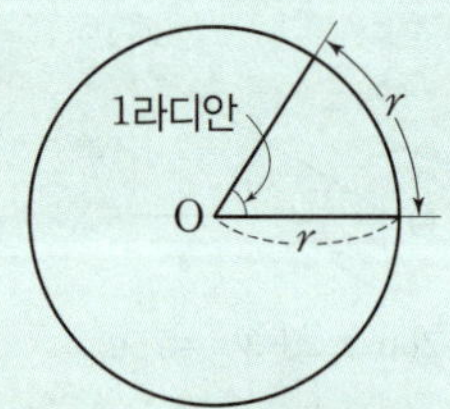

2 호도법과 육십분법 사이의 관계

호도법과 육십분법 사이에는 다음과 같은 관계가 성립한다.

$$1\text{라디안}=\frac{180°}{\pi}, \quad 1°=\frac{\pi}{180}\text{라디안}$$

(1) 호도법의 각을 육십분법의 각으로 나타내는 방법

$1\text{라디안}=\dfrac{180°}{\pi}$이므로 ➡ (호도법의 각)$\times\dfrac{180°}{\pi}=$(육십분법의 각)

(2) 육십분법의 각을 호도법의 각으로 나타내는 방법

$1°=\dfrac{\pi}{180}\text{라디안}$이므로 ➡ (육십분법의 각)$\times\dfrac{\pi}{180}\text{라디안}=$(호도법의 각)

설명예시 (1) $\dfrac{5}{12}\pi=\dfrac{5}{12}\pi\times\dfrac{180°}{\pi}=75°$ (2) $60°=60\times\dfrac{\pi}{180}=\dfrac{\pi}{3}$

[참고] 호도법과 육십분법의 관계를 이용하면 다음과 같은 표를 얻을 수 있다.

육십분법	0°	30°	45°	60°	90°	120°	135°	150°	180°	270°	360°
호도법	0	$\dfrac{\pi}{6}$	$\dfrac{\pi}{4}$	$\dfrac{\pi}{3}$	$\dfrac{\pi}{2}$	$\dfrac{2}{3}\pi$	$\dfrac{3}{4}\pi$	$\dfrac{5}{6}\pi$	π	$\dfrac{3}{2}\pi$	2π

▶ **육십분법**
원의 둘레를 360등분하여 각 호에 대한 중심각의 크기를 1도(°), 1도의 $\dfrac{1}{60}$을 1분($'$), 1분의 $\dfrac{1}{60}$을 1초($''$)로 정의하여 각의 크기를 나타내는 방법을 육십분법이라 한다.

▶ 1라디안을 육십분법으로 나타내면 약 $57°17'45''$이다.

▶ 일반적으로 호도법으로 나타낼 때에는 단위인 '라디안'을 생략한다.

개념 ⑥ 부채꼴의 호의 길이와 넓이

반지름의 길이가 r, 중심각의 크기가 θ(라디안)인 부채꼴의 호의 길이를 l, 넓이를 S라 하면 다음이 성립한다.

(1) $l=r\theta$

(2) $S=\dfrac{1}{2}r^2\theta=\dfrac{1}{2}rl$

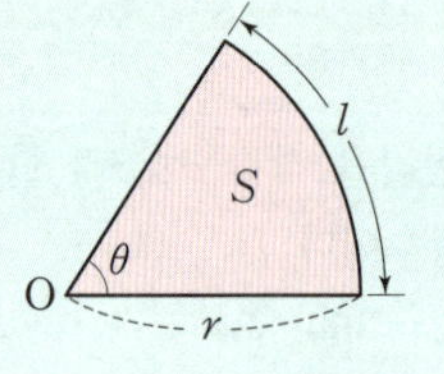

오른쪽 그림과 같이 반지름의 길이가 r, 중심각의 크기가 θ(라디안)인 부채꼴 OAB에서 호 AB의 길이를 l이라 하고, 부채꼴 OAB의 넓이를 S라 하자.

호의 길이는 중심각의 크기에 정비례하므로

$$l : 2\pi r=\theta : 2\pi \qquad \therefore l=r\theta$$

또한, 부채꼴의 넓이도 중심각의 크기에 정비례하므로

$$S : \pi r^2=\theta : 2\pi \qquad \therefore S=\frac{1}{2}r^2\theta=\frac{1}{2}rl \ (\because l=r\theta)$$

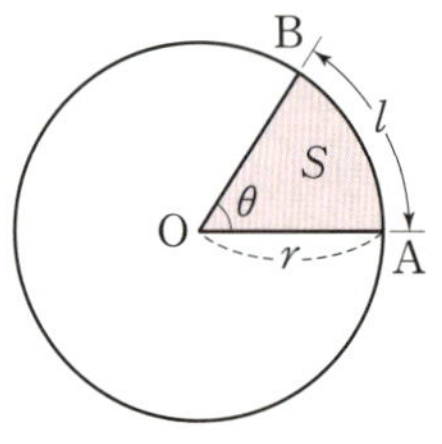

[주의] 공식을 이용할 때 중심각의 크기는 반드시 호도법으로 나타낸 각이어야 한다.

개념 Check

1. 반지름의 길이가 6, 중심각의 크기가 $\dfrac{\pi}{3}$인 부채꼴의 호의 길이 l과 넓이 S를 각각 구하시오.

개념 7 삼각함수

좌표평면에서 각 θ를 나타내는 동경 OP와 중심이 원점 O이고 반지름의 길이가 r인 원의 교점을 P$(x,\ y)$라 할 때, θ에 대한 **사인함수**, **코사인함수**, **탄젠트함수**를 다음과 같이 정의한다.

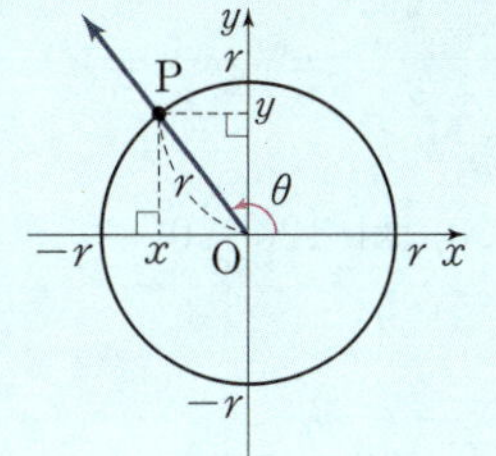

$$\sin\theta=\frac{y}{r},\ \cos\theta=\frac{x}{r},\ \tan\theta=\frac{y}{x}\ (x\neq0)$$

이와 같은 함수들을 통틀어 θ에 대한 **삼각함수**라 한다.

▸ sin, cos, tan는 각각 sine, cosine, tangent의 약자이다.

오른쪽 그림과 같이 좌표평면에서 시초선을 원점 O에서 x축의 양의 부분으로 잡을 때, 각의 크기 θ(라디안)이 정해지면 동경 OP의 위치는 하나로 정해지고, 동경 OP와 반지름의 길이가 r인 원의 교점 P$(x,\ y)$도 하나로 정해진다. 즉,

$$\frac{y}{r},\ \frac{x}{r},\ \frac{y}{x}\ (x\neq0)$$

의 값은 r의 값에 관계없이 θ의 값에 따라 각각 하나씩 정해진다.
따라서

$$\theta \longrightarrow \frac{y}{r},\ \theta \longrightarrow \frac{x}{r},\ \theta \longrightarrow \frac{y}{x}\ (x\neq0)$$

과 같은 대응은 모두 θ에 대한 함수이다.
이 함수들을 차례대로 각각 사인함수, 코사인함수, 탄젠트함수라 한다.

개념 Check

정답 및 해설 18쪽

2. 원점 O와 점 P$(4,\ -3)$을 지나는 동경 OP가 나타내는 각의 크기를 θ라 할 때, $\sin\theta$, $\cos\theta$, $\tan\theta$의 값을 각각 구하시오.

개념 8 삼각함수의 값의 부호

삼각함수의 값의 부호는 각 θ가 나타내는 동경이 위치한 사분면에 따라 다음과 같이 결정된다.

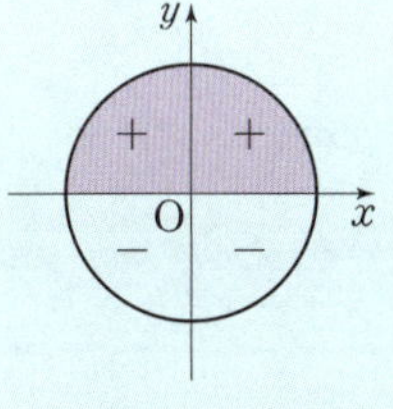

[$\sin\theta$의 값의 부호]

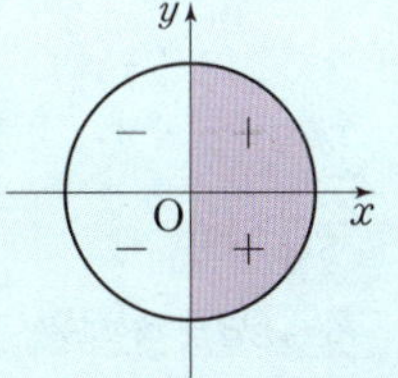

[$\cos\theta$의 값의 부호]

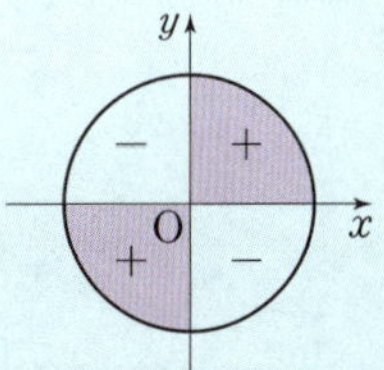

[$\tan\theta$의 값의 부호]

각 θ가 나타내는 동경 위의 점 $P(x, y)$에 대하여 x, y좌표의 부호와 이에 따른 삼각함수의 값의 부호를 표로 나타내면 다음과 같다. (단, $\overline{OP}=r$, $r>0$)

삼각함수 ＼ 사분면	제1사분면 $(x>0, y>0)$	제2사분면 $(x<0, y>0)$	제3사분면 $(x<0, y<0)$	제4사분면 $(x>0, y<0)$
$\sin\theta=\dfrac{y}{r}$	$+$	$+$	$-$	$-$
$\cos\theta=\dfrac{x}{r}$	$+$	$-$	$-$	$+$
$\tan\theta=\dfrac{y}{x}$	$+$	$-$	$+$	$-$

설명 예시 (1) $120°$는 제2사분면의 각이므로

$$\sin 120°>0, \ \cos 120°<0, \ \tan 120°<0$$

(2) $\dfrac{7}{6}\pi$는 제3사분면의 각이므로

$$\sin\dfrac{7}{6}\pi<0, \ \cos\dfrac{7}{6}\pi<0, \ \tan\dfrac{7}{6}\pi>0$$

참고 각 사분면에서 삼각함수의 값의 부호가 $+$인 것을 나타내면 오른쪽 그림과 같으므로
제1사분면부터 차례대로 읽으면서

얼(all) → 싸(sin) → 안(tan) → 코(cos)

로 기억하면 편리하다.

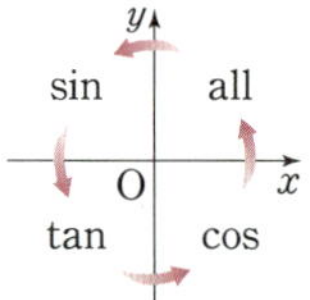

개념 ⑨ 삼각함수 사이의 관계

삼각함수 사이에는 다음과 같은 관계가 성립한다.

(1) $\tan\theta=\dfrac{\sin\theta}{\cos\theta}$

(2) $\sin^2\theta+\cos^2\theta=1$

▶ $(\sin\theta)^2$, $(\cos\theta)^2$, $(\tan\theta)^2$은 각각 $\sin^2\theta$, $\cos^2\theta$, $\tan^2\theta$로 나타낸다.

▶ **단위원**
원점 O를 중심으로 하고 반지름의 길이가 1인 원을 단위원이라 한다.

(1) 오른쪽 그림과 같이 좌표평면에서 각 θ를 나타내는 동경과
단위원의 교점의 좌표를 (x, y)라 하면

$$\sin\theta=\dfrac{y}{1}=y, \ \cos\theta=\dfrac{x}{1}=x$$

이고, $x\neq 0$이면

$$\tan\theta=\dfrac{y}{x}=\dfrac{\sin\theta}{\cos\theta}$$

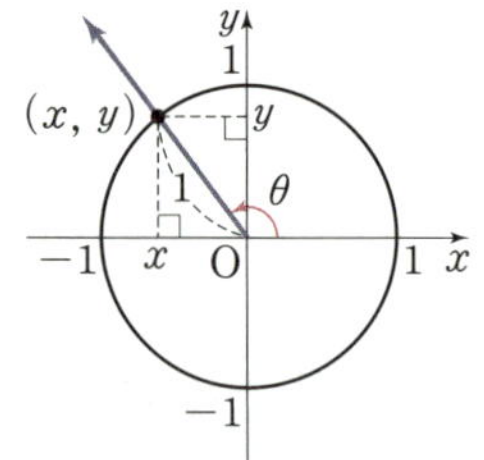

(2) 점 (x, y)는 단위원 $x^2+y^2=1$ 위의 점이므로 $x=\cos\theta$, $y=\sin\theta$를 대입하면

$$\cos^2\theta+\sin^2\theta=1$$
$$\therefore \ \sin^2\theta+\cos^2\theta=1$$

개념 Check

정답 및 해설 18쪽

3. $\sin\theta=\dfrac{4}{5}$일 때, $5\cos\theta-3\tan\theta$의 값을 구하시오. $\left(\text{단, } \dfrac{\pi}{2}<\theta<\pi\right)$

Idea **sin은 원 위의 점의 y좌표, cos은 원 위의 점의 x좌표를 의미한다.**

중학교 때 우리는 예각(특수각)에 대한 sin, cos, tan값을 배웠고, 이제는 예각뿐만 아니라 일반각에 대한 sin, cos, tan값을 구하고자 다음과 같은 정의를 기억하도록 하자.

좌표평면 위의 단위원의 한 점 P에 대하여

    sin은 점 P의 y좌표,

    cos은 점 P의 x좌표,

    tan는 직선 OP의 기울기

이다.

이와 같은 정의를 제대로 기억하고 있어야 다음의 성질 또한 무작정 암기하지 않고 이해할 수 있다.

제1, 2사분면에서는 y좌표가 양수이므로 제1, 2사분면의 각에 대해서 sin값은 양수이고,

제1, 4사분면에서는 x좌표가 양수이므로 제1, 4사분면의 각에 대해서 cos값은 양수이고,

제1, 3사분면 위의 점과 원점을 이은 직선의 기울기는 양수이므로 제1, 3사분면의 각에 대해서 tan값은 양수이다.

개념 ❺

필수 예제 1 **육십분법과 호도법**

다음은 각의 크기를 육십분법은 호도법으로, 호도법은 육십분법으로 나타낸 것이다.

$$30°=\frac{\pi}{a},\ \frac{2}{3}\pi=b°,\ -c°=-\frac{3}{2}\pi$$

세 실수 a, b, c에 대하여 $a+b+c$의 값은?

① 384   ② 388   ③ 392   ④ 396   ⑤ 400

수능 link

각을 변환하는 문제가 단독으로 출제될 확률은 낮다.
하지만 각을 중요하게 다루는 삼각함수 단원의 문제를 풀기 위해서는 호도법과 육십분법 사이의 관계를 정확히 알고 자유자재로 바꿀 수 있어야 한다.

수능 key

(1) (호도법의 각) $\times \dfrac{180°}{\pi}=$ (육십분법의 각)

(2) (육십분법의 각) $\times \dfrac{\pi}{180}$ 라디안 $=$ (호도법의 각)

① ② ③

1 -1

〈보기〉에서 옳은 것만을 있는 대로 고른 것은?

〈보기〉

ㄱ. $\dfrac{5}{6}\pi=135°$

ㄴ. $-\dfrac{\pi}{5}=-36°$

ㄷ. $75°=\dfrac{7}{12}\pi$

ㄹ. $315°=\dfrac{7}{4}\pi$

① ㄱ, ㄴ   ② ㄱ, ㄷ   ③ ㄴ, ㄹ   ④ ㄱ, ㄷ, ㄹ   ⑤ ㄴ, ㄷ, ㄹ

개념 ❻

필수 예제 2 부채꼴의 호의 길이와 넓이

중심각의 크기가 $\dfrac{2}{3}\pi$이고 넓이가 12π인 부채꼴의 반지름의 길이를 a, 호의 길이를 $b\pi$라 할 때, 두 실수 a, b에 대하여 $a+b$의 값은?

① 8 ② 10 ③ 12 ④ 14 ⑤ 16

수능 link 부채꼴의 호의 길이 또는 넓이를 구하는 문제는 종종 3점짜리 문제로 출제되고 있다.
이 유형은 변형이 한정적이므로 공식만 정확히 알고 적용할 수 있으면 맞힐 수 있다.

수능 key 반지름의 길이가 r, 중심각의 크기가 θ(라디안)인 부채꼴의 호의 길이를 l, 넓이를 S라 하면
(1) $l = r\theta$
(2) $S = \dfrac{1}{2}r^2\theta = \dfrac{1}{2}rl$

$\boxed{2}$ -1

1 2 3

중심각의 크기가 $\dfrac{5}{6}\pi$이고 호의 길이가 10π인 부채꼴의 넓이는?

① 50π ② 55π ③ 60π ④ 65π ⑤ 70π

개념 ⑦

필수 예제 3 삼각함수의 정의

원점 O와 점 $P(-8, 6)$을 지나는 동경 OP가 나타내는 각의 크기를 θ라 할 때, $\tan\theta\times(\cos\theta-\sin\theta)$의 값은?

① $\dfrac{9}{10}$ ② $\dfrac{19}{20}$ ③ 1 ④ $\dfrac{21}{20}$ ⑤ $\dfrac{11}{10}$

수능 link

좌표평면에서 점의 위치 또는 직선의 기울기 등을 이용하여 삼각함수의 값을 구하는 유형이 종종 출제된다.
또한, 하나의 삼각함수의 값이 주어졌을 때 다른 삼각함수의 값을 구하는 유형도 출제될 수 있으므로 원리를 익혀 두도록 하자.

수능 key

원점 O와 점 $P(x, y)$를 지나는 동경 OP가 나타내는 각의 크기가 θ일 때

➡ $\sin\theta=\dfrac{y}{\sqrt{x^2+y^2}}$, $\cos\theta=\dfrac{x}{\sqrt{x^2+y^2}}$, $\tan\theta=\dfrac{y}{x}$

3 -1

▶ 평가원

1 2 3

$\pi<\theta<\dfrac{3}{2}\pi$인 θ에 대하여 $\tan\theta=\dfrac{12}{5}$일 때, $\sin\theta+\cos\theta$의 값은?

① $-\dfrac{17}{13}$ ② $-\dfrac{7}{13}$ ③ 0 ④ $\dfrac{7}{13}$ ⑤ $\dfrac{17}{13}$

• 3점 빈출 •

필수예제 4 개념 **8 9**

삼각함수 사이의 관계

$0<\theta<\dfrac{\pi}{2}$ 인 θ에 대하여 $\tan\theta+\dfrac{1}{\tan\theta}=\dfrac{3}{\cos\theta}$일 때, $\sin\theta$의 값은?

① $\dfrac{1}{6}$ ② $\dfrac{1}{3}$ ③ $\dfrac{1}{2}$ ④ $\dfrac{2}{3}$ ⑤ $\dfrac{5}{6}$

수능 link

삼각함수 사이의 관계를 이용하여 주어진 식을 정리하여 값을 구하는 유형이 3점 문제로 자주 출제된다.
$\sin^2\theta+\cos^2\theta=1$을 이용할 수 있도록 식을 변형하는 연습을 해야 한다.
보통 통분이 많이 이용된다.

수능 key

다음을 이용하여 주어진 식을 간단히 한다.

(1) $\tan\theta=\dfrac{\sin\theta}{\cos\theta}$ (2) $\sin^2\theta+\cos^2\theta=1$

---

4 -1

▶ 평가원

①②③

$\dfrac{\pi}{2}<\theta<\pi$ 인 θ에 대하여 $\dfrac{\sin\theta}{1-\sin\theta}-\dfrac{\sin\theta}{1+\sin\theta}=4$일 때, $\cos\theta$의 값은?

① $-\dfrac{\sqrt{3}}{3}$ ② $-\dfrac{1}{3}$ ③ 0 ④ $\dfrac{1}{3}$ ⑤ $\dfrac{\sqrt{3}}{3}$

개념 ❽ ❾

필수예제 5 삼각함수 사이의 관계; $\sin\theta\pm\cos\theta=k$ 꼴

$\sin\theta-\cos\theta=-\dfrac{2}{5}$ 일 때, $\sin\theta\cos\theta$의 값은?

① $\dfrac{21}{50}$
② $\dfrac{11}{25}$
③ $\dfrac{23}{50}$
④ $\dfrac{12}{25}$
⑤ $\dfrac{1}{2}$

수능 link ── 두 삼각함수가 서로 같은 각으로 출제되기도 하지만 $\pi-\theta$, $\dfrac{\pi}{2}+\theta$ 등 서로 다른 각으로 출제되기도 한다.

각을 변환하는 것은 뒤의 단원에서 배우지만 각 변환 후 풀이 과정은 동일하다.
삼각함수 단원에서는 $\sin^2\theta+\cos^2\theta=1$이라는 아주 중요한 힌트가 숨어있다는 것을 잊지 말자.

수능 key ── $\sin\theta\pm\cos\theta=k$의 양변을 제곱한다.

➡ (1) $(\sin\theta+\cos\theta)^2=1+2\sin\theta\cos\theta$
  (2) $(\sin\theta-\cos\theta)^2=1-2\sin\theta\cos\theta$
  (3) $(\sin\theta+\cos\theta)^2=(\sin\theta-\cos\theta)^2+4\sin\theta\cos\theta$

5-1

▶ 교육청

1 2 3

$0<\theta<\dfrac{\pi}{2}$인 θ에 대하여 $\sin\theta\cos\theta=\dfrac{7}{18}$일 때, $30(\sin\theta+\cos\theta)$의 값을 구하시오.

개념 ❽ ❾

필수 예제 6 삼각함수와 이차방정식

x에 대한 이차방정식 $2x^2-x+k=0$의 두 근이 $\sin\theta$, $\cos\theta$일 때, 상수 k의 값은?

① $-\dfrac{1}{4}$ ② $-\dfrac{1}{2}$ ③ $-\dfrac{3}{4}$ ④ -1 ⑤ $-\dfrac{5}{4}$

수능 link

필수 예제 ⑤와 형태만 다를 뿐 같은 유형이다.
이차방정식의 두 근이 삼각함수의 값으로 주어졌을 때, 근과 계수와의 관계를 이용하여 관계식을 찾아내고, 삼각함수 사이의 관계를 이용하여 식을 정리한다.

수능 key

이차방정식의 근과 계수의 관계를 이용하여 삼각함수의 관계식을 파악한다.

[참고] **이차방정식의 근과 계수의 관계**
이차방정식 $ax^2+bx+c=0$ $(a, b, c$는 상수)일 때
(1) (두 근의 합)$=-\dfrac{b}{a}$ (2) (두 근의 곱)$=\dfrac{c}{a}$

[1] [2] [3]

6-1 x에 대한 이차방정식 $4x^2+kx+1=0$의 두 근이 $\sin\theta+\cos\theta$, $\sin\theta-\cos\theta$일 때, 상수 k의 값은? $\left(\text{단, } \pi<\theta<\dfrac{3}{2}\pi\right)$

① $2\sqrt{10}$ ② $2\sqrt{11}$ ③ $4\sqrt{3}$ ④ $2\sqrt{13}$ ⑤ $2\sqrt{14}$

01 삼각함수

1 ①②③ 필수 예제 ①

다음은 육십분법으로 나타낸 두 각을 각각 $2n\pi+\theta$ 꼴로 나타낸 것이다.

$$870°=2n_1\pi+\theta_1,\ -240°=2n_2\pi+\theta_2$$

$(n_1-n_2)\times(\theta_1-\theta_2)$의 값은?

(단, n은 정수, $0\le\theta<2\pi$)

① $\dfrac{\pi}{6}$ ② $\dfrac{\pi}{3}$ ③ $\dfrac{\pi}{2}$

④ $\dfrac{2}{3}\pi$ ⑤ $\dfrac{5}{6}\pi$

2 ①②③ 필수 예제 ②

중심각의 크기가 $\dfrac{3}{5}$이고 둘레의 길이가 13인 부채꼴의 넓이는?

① $\dfrac{11}{2}$ ② 6 ③ $\dfrac{13}{2}$

④ 7 ⑤ $\dfrac{15}{2}$

3 ①②③ 필수 예제 ④

$\dfrac{\pi}{2}<\theta<\pi$인 θ에 대하여 $\sin\theta=\dfrac{5}{13}$일 때,

$n\times\left(\dfrac{1}{\cos\theta}+\tan\theta\right)$가 정수가 되도록 하는 자연수 n의 최솟값을 구하시오.

4 ①②③ 필수 예제 ④

$0<\theta<\dfrac{\pi}{2}$에서

$$\frac{\sin\theta+1}{\sin^2\theta-\cos^2\theta+3\sin\theta+2}=\frac{3}{5}$$

일 때, $\cos\theta$의 값은?

① $\dfrac{2}{3}$ ② $\dfrac{\sqrt{5}}{3}$ ③ $\dfrac{\sqrt{6}}{3}$

④ $\dfrac{\sqrt{7}}{3}$ ⑤ $\dfrac{2\sqrt{2}}{3}$

5 123 필수 예제 5

$\sin\theta-\cos\theta=\dfrac{2}{3}$일 때, $\sin\theta+\cos\theta$의 값은?

$$\left(\text{단, } 0<\theta<\dfrac{\pi}{2}\right)$$

① $\dfrac{\sqrt{11}}{3}$ ② $\dfrac{2\sqrt{3}}{3}$ ③ $\dfrac{\sqrt{13}}{3}$

④ $\dfrac{\sqrt{14}}{3}$ ⑤ $\dfrac{\sqrt{15}}{3}$

6 123 필수 예제 5

$\sin\theta+\cos\theta=\dfrac{1}{2}$일 때, $\sin^3\theta+\cos^3\theta$의 값은?

① $\dfrac{1}{2}$ ② $\dfrac{9}{16}$ ③ $\dfrac{5}{8}$

④ $\dfrac{11}{16}$ ⑤ $\dfrac{3}{4}$

7 123 필수 예제 6

x에 대한 이차방정식 $5x^2-3x+k=0$의 두 근이 $\sin\theta$, $\cos\theta$일 때, 최고차항의 계수가 1인 이차방정식 $f(x)=0$은 $\tan\theta$, $\dfrac{1}{\tan\theta}$을 두 근으로 갖는다. $f(1)$의 값은? (단, k는 상수이다.)

① $\dfrac{41}{8}$ ② 5 ③ $\dfrac{39}{8}$

④ $\dfrac{19}{4}$ ⑤ $\dfrac{37}{8}$

기출문제

▶ 교육청

8 123 필수 예제 2

그림과 같이 길이가 12인 선분 AB를 지름으로 하는 반원이 있다. 반원 위에서 호 BC의 길이가 4π인 점 C를 잡고 점 C에서 선분 AB에 내린 수선의 발을 H라 하자. $\overline{\text{CH}}^2$의 값을 구하시오.

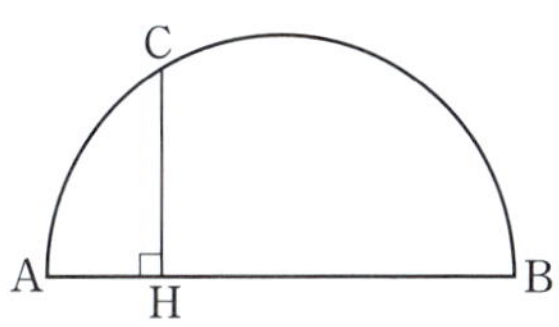

삼각함수의 그래프

개념 ① 주기함수

함수 $y=f(x)$의 정의역에 속하는 모든 x에 대하여
$$f(x+p)=f(x)$$
를 만족시키는 0이 아닌 상수 p가 존재할 때, 함수 $y=f(x)$를 **주기함수**라 하고, 상수 p 중에서 최소인 양수를 그 함수의 **주기**라 한다.

함수 $f(x)$가 주기가 p인 주기함수이면
$$f(x)=f(x+p)=f(x+2p)=f(x+3p)=\cdots=f(x+np)\ (\text{단, } n\text{은 정수})$$

설명 예시 오른쪽 그림과 같이 주기가 1인 함수 $y=f(x)$의 그래프에 대하여
$$\cdots=f(a-1)=f(a)=f(a+1)$$
$$=f(a+2)=\cdots$$

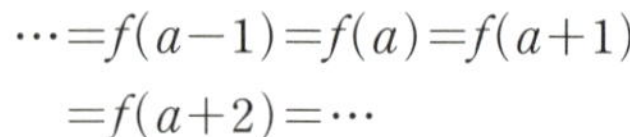

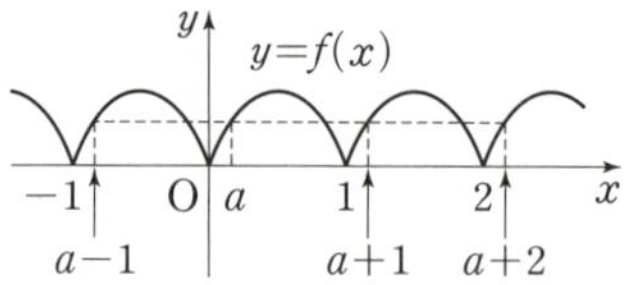

개념 ② 함수 $y=\sin x$의 그래프와 성질

(1) 정의역: 실수 전체의 집합
(2) 치역: $\{y\,|\,-1\le y\le 1\}$
(3) 그래프는 원점에 대하여 대칭이다.
(4) 주기가 2π인 주기함수이다.

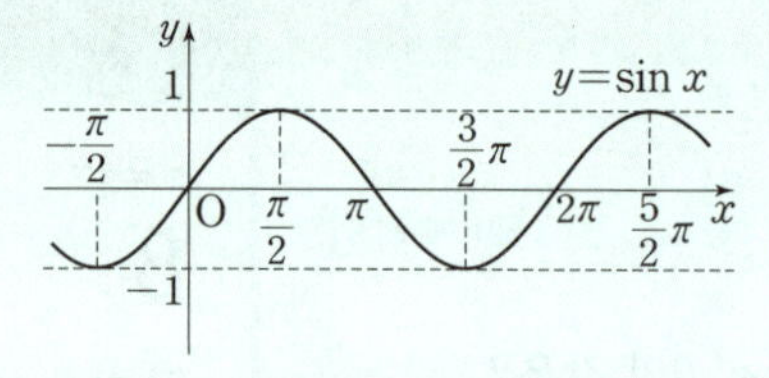

오른쪽 그림과 같이 각 θ를 나타내는 동경과 원 $x^2+y^2=1$의 교점을 $\mathrm{P}(a,\ b)$라 하면
$$\sin\theta=\frac{b}{1}=b$$
이므로 $\sin\theta$의 값은 점 P의 y좌표로 정해진다.
이를 이용하여 함수 $y=\sin\theta$의 그래프를 그리면 다음과 같다.

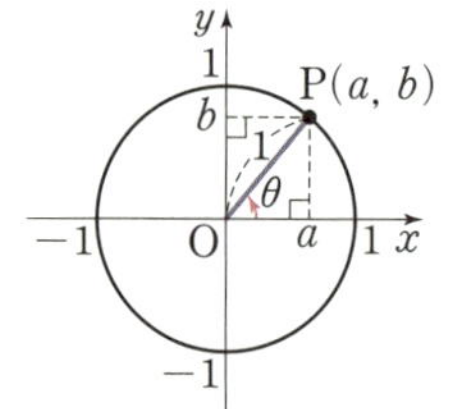

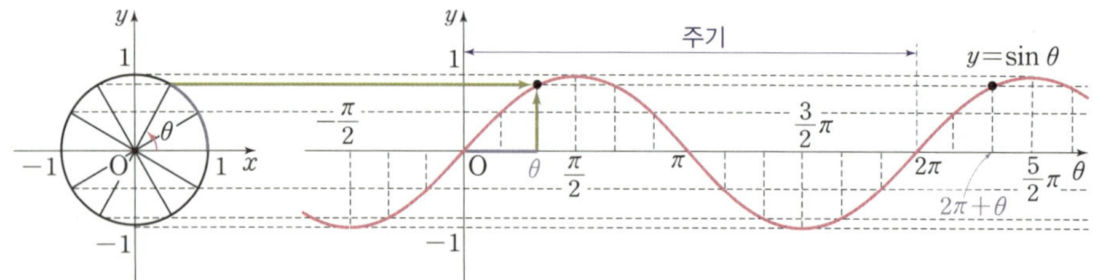

위의 그래프를 이용하면 다음과 같은 함수 $y=\sin\theta$의 성질을 알 수 있다.

(1) 모든 실수 θ에서 정의되므로 정의역은 실수 전체의 집합이다.

(2) 정수 n에 대하여 $\theta=2n\pi+\dfrac{\pi}{2}$일 때 최댓값 1, $\theta=2n\pi+\dfrac{3}{2}\pi$일 때 최솟값 -1을 갖는다.

▶ 일반적으로 함수의 정의역의 원소를 x로 나타내므로 $y=\sin\theta$에서 θ를 x로 바꾸어 $y=\sin x$로 쓴다.

(3) $\sin(-\theta)$, $\sin\theta$의 값이 같고 부호가 반대이므로 그래프는 원점에 대하여 대칭이다.
➡ $\sin(-\theta)=-\sin\theta$

(4) 2π 간격으로 같은 값이 반복되므로 주기가 2π인 주기함수이다.
➡ $\sin\theta=\sin(\theta+2\pi)=\sin(\theta+4\pi)=\cdots$

개념 ③ 함수 $y=\cos x$의 그래프와 성질

(1) **정의역**: 실수 전체의 집합
(2) **치역**: $\{y\,|-1\leq y\leq 1\}$
(3) 그래프는 y축에 대하여 대칭이다.
(4) 주기가 2π인 주기함수이다.

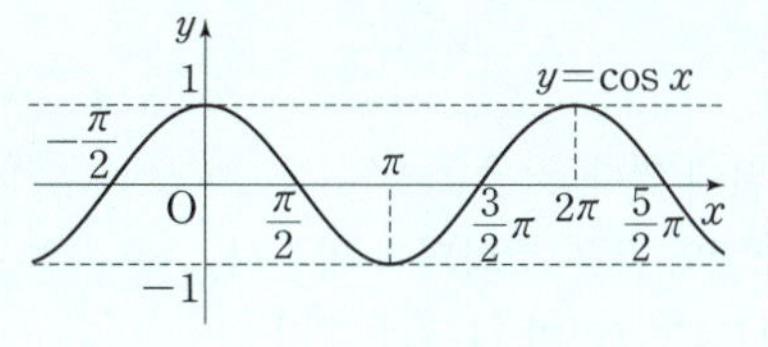

▶ 함수 $y=\cos x$의 그래프는
(단, n은 정수이다.)
① 점 $\left(\dfrac{2n-1}{2}\pi,\,0\right)$에 대하여 대칭이다.
② 직선 $x=n\pi$에 대하여 대칭이다.

오른쪽 그림과 같이 각 θ를 나타내는 동경과 원 $x^2+y^2=1$의
교점을 $\mathrm{P}(a,\,b)$라 하면

$$\cos\theta=\frac{a}{1}=a$$

이므로 $\cos\theta$의 값은 점 P의 x좌표로 정해진다.
이를 이용하여 함수 $y=\cos\theta$의 그래프를 그리면 다음과 같다.

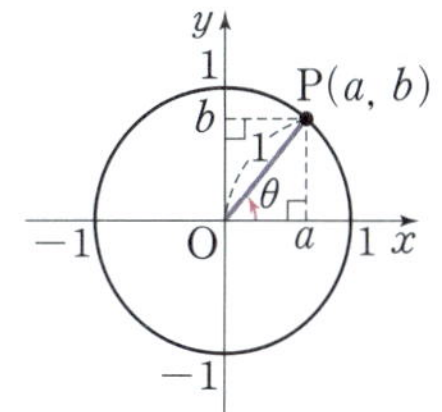

▶ $y=\cos\theta$에서 θ를 x로 바꾸어 $y=\cos x$로 쓴다.

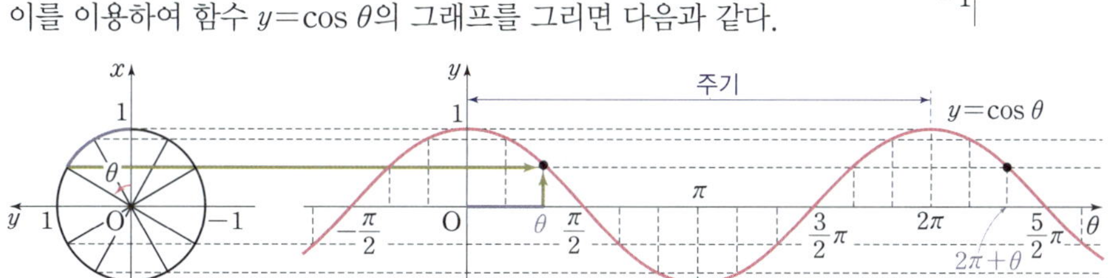

위의 그래프를 이용하면 다음과 같은 함수 $y=\cos\theta$의 성질을 알 수 있다.
(1) 모든 실수 θ에서 정의되므로 정의역은 실수 전체의 집합이다.
(2) 정수 n에 대하여 $\theta=2n\pi$일 때 최댓값 1, $\theta=2n\pi+\pi$일 때 최솟값 -1을 갖는다.
(3) $\cos(-\theta)$, $\cos\theta$의 값이 같으므로 그래프는 y축에 대하여 대칭이다.
➡ $\cos(-\theta)=\cos\theta$

(4) 2π 간격으로 같은 값이 반복되므로 주기가 2π인 주기함수이다.
➡ $\cos\theta=\cos(\theta+2\pi)=\cos(\theta+4\pi)=\cdots$

개념 ④ 함수 $y=\tan x$의 그래프와 성질

(1) **정의역**: $n\pi+\dfrac{\pi}{2}$ (n은 정수)를 제외한
실수 전체의 집합
(2) **치역**: 실수 전체의 집합
(3) 그래프는 원점에 대하여 대칭이다.
(4) 주기가 π인 주기함수이다.
(5) 그래프의 점근선은 직선 $x=n\pi+\dfrac{\pi}{2}$ (n은 정수)이다.

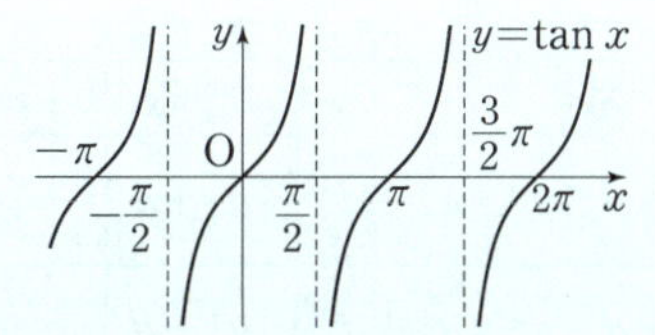

▶ 함수 $y=\tan x$의 그래프는
점 $\left(\dfrac{n}{2}\pi,\,0\right)$에 대하여 대칭이다.
(단, n은 정수이다.)

오른쪽 그림과 같이 각 θ를 나타내는 동경과 원 $x^2+y^2=1$
의 교점을 $P(a,\,b)$라 하면 정수 n에 대하여

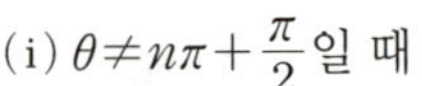

(ⅰ) $\theta \neq n\pi + \dfrac{\pi}{2}$일 때

　직선 $x=1$과 동경 OP의 연장선의 교점을

　$T(1,\,t)$라 하면

$$\tan\theta = \frac{b}{a} = \frac{t}{1} = t$$

　이므로 $\tan\theta$의 값은 점 T의 y좌표로 정해진다.

(ⅱ) $\theta = n\pi + \dfrac{\pi}{2}$일 때

　각 θ를 나타내는 동경 OP는 y축 위에 있다.

　이때 점 P의 x좌표가 0이므로 $\tan\theta$의 값은 정의되지 않는다.

이를 이용하여 함수 $y=\tan\theta$의 그래프를 그리면 다음과 같다.

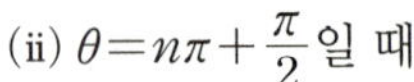

위의 그래프를 이용하면 다음과 같은 함수 $y=\tan\theta$의 성질을 알 수 있다.

(1) $\theta = n\pi + \dfrac{\pi}{2}$ (n은 정수)일 때, $\tan\theta$의 값은 정의되지 않는다.

(2) 치역은 실수 전체의 집합이므로 최댓값과 최솟값은 없다.

(3) $\tan(-\theta)$, $\tan\theta$의 값이 같고 부호가 반대이므로 그래프는 원점에 대하여 대칭이다.

　➡ $\tan(-\theta) = -\tan\theta$

(4) π 간격으로 같은 값이 반복되므로 주기가 π인 주기함수이다.

　➡ $\tan\theta = \tan(\theta+\pi) = \tan(\theta+2\pi) = \cdots$

(5) 정수 n에 대하여 θ의 값이 $n\pi + \dfrac{\pi}{2}$에 가까워질수록 그래프 위의 점은 직선

　$\theta = n\pi + \dfrac{\pi}{2}$에 한없이 가까워진다.

개념 ⑤ 삼각함수의 치역, 최댓값, 최솟값, 주기

삼각함수	치역	최댓값	최솟값	주기
$y=a\sin(bx+c)+d$	$\{y\,|\,-|a|+d \leq y \leq |a|+d\}$	$|a|+d$	$-|a|+d$	$\dfrac{2\pi}{|b|}$
$y=a\cos(bx+c)+d$	$\{y\,|\,-|a|+d \leq y \leq |a|+d\}$	$|a|+d$	$-|a|+d$	$\dfrac{2\pi}{|b|}$
$y=a\tan(bx+c)+d$	실수 전체의 집합	없다.	없다.	$\dfrac{\pi}{|b|}$

사인함수의 그래프는 다음과 같다.

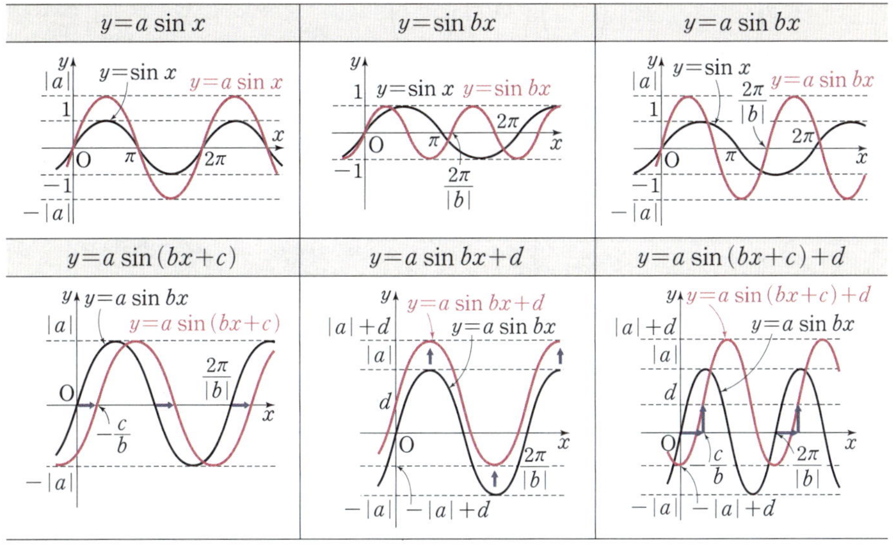

➡ 삼각함수의 그래프를

　(1) x축의 방향으로 확대하거나 축소하면 주기는 변하지만 치역은 변하지 않고,
　　 y축의 방향으로 확대하거나 축소하면 치역은 변하지만 주기는 변하지 않는다.

　(2) x축의 방향으로 평행이동하면 치역과 주기가 모두 변하지 않고,
　　 y축의 방향으로 평행이동하면 치역은 변하지만 주기는 변하지 않는다.

[참고] 삼각함수 $y=a\sin(bx+c)+d$의 최댓값, 최솟값, 주기, 평행이동은 다음과 같이 네 상수 a, b, c, d에 의하여 결정된다.

$$\Rightarrow y=a\sin(bx+c)+d$$

최댓값과 최솟값 결정 / 주기 결정 / x축의 방향으로 평행이동 결정 / y축의 방향으로 평행이동 결정

절댓값 기호를 포함한 삼각함수의 그래프

절댓값 기호를 포함한 삼각함수의 치역, 최댓값, 최솟값, 주기는 삼각함수의 그래프를 그려서 확인한다.

함수 $y=|\sin x|$, $y=\sin|x|$와 같이 절댓값 기호를 포함한 삼각함수의 그래프를 그려 보자.

(1) 함수 $y=|\sin x|$의 그래프는 오른쪽 그림과 같이 함수 $y=\sin x$의 그래프를 그린 후 $y\geq0$인 부분은 그대로 두고, $y<0$인 부분은 x축에 대하여 대칭이동한다.

(2) 함수 $y=\sin|x|$의 그래프는 오른쪽 그림과 같이 함수 $y=\sin x$의 그래프를 그린 후 $x\geq0$인 부분은 그대로 두고, $x<0$인 부분은 $x>0$인 부분을 y축에 대하여 대칭이동한다.

절댓값 기호를 포함한 삼각함수의 치역, 주기는 다음과 같다.

	$y=|\sin x|$	$y=|\cos x|$	$y=|\tan x|$
그래프	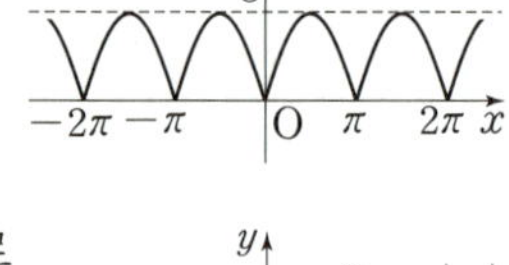 ➡ y축에 대하여 대칭	➡ y축에 대하여 대칭	➡ y축에 대하여 대칭
치역	$\{y\,|\,0\leq y\leq 1\}$	$\{y\,|\,0\leq y\leq 1\}$	$\{y\,|\,y\geq 0\}$
주기	π	π	π

	$y=\sin|x|$	$y=\cos|x|$	$y=\tan|x|$
그래프	➡ y축에 대하여 대칭	➡ y축에 대하여 대칭	➡ y축에 대하여 대칭
치역	$\{y\,|\,-1\leq y\leq 1\}$	$\{y\,|\,-1\leq y\leq 1\}$	실수 전체의 집합
주기	없다.	2π	없다.

[참고] (1) 두 함수 $y=\sin|x|$, $y=\tan|x|$는 주기함수가 아니다.

(2) 두 함수 $y=\cos x$, $y=\cos|x|$의 그래프는 일치한다.

[설명 예시]
(1) 함수 $y=3|\sin x|$의 그래프는 오른쪽 그림과 같으므로

① 치역: $\{y\,|\,0\leq y\leq 3\}$

② 최댓값: 3, 최솟값: 0

③ 주기: π

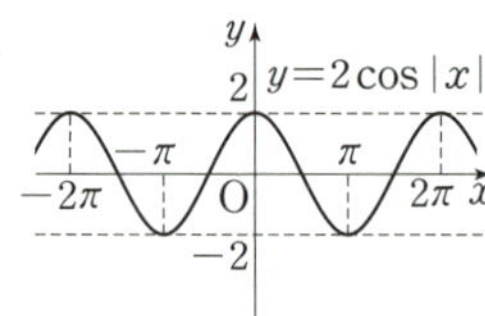

(2) 함수 $y=2\cos|x|$의 그래프는 오른쪽 그림과 같으므로

① 치역: $\{y\,|\,-2\leq y\leq 2\}$

② 최댓값: 2, 최솟값: -2

③ 주기: 2π

개념 ⑥ 삼각함수의 성질

(1) $2n\pi+x$ (n은 정수)의 삼각함수

$\sin(2n\pi+x)=\sin x,\ \cos(2n\pi+x)=\cos x,\ \tan(2n\pi+x)=\tan x$

(2) $-x$의 삼각함수

$\sin(-x)=-\sin x,\ \cos(-x)=\cos x,\ \tan(-x)=-\tan x$

(3) $\pi\pm x$의 삼각함수

$\sin(\pi+x)=-\sin x,\ \cos(\pi+x)=-\cos x,\ \tan(\pi+x)=\tan x$

$\sin(\pi-x)=\sin x,\ \cos(\pi-x)=-\cos x,\ \tan(\pi-x)=-\tan x$

(4) $\dfrac{\pi}{2}\pm x$의 삼각함수

$\sin\left(\dfrac{\pi}{2}+x\right)=\cos x,\ \cos\left(\dfrac{\pi}{2}+x\right)=-\sin x,\ \tan\left(\dfrac{\pi}{2}+x\right)=-\dfrac{1}{\tan x}$

$\sin\left(\dfrac{\pi}{2}-x\right)=\cos x,\ \cos\left(\dfrac{\pi}{2}-x\right)=\sin x,\ \tan\left(\dfrac{\pi}{2}-x\right)=\dfrac{1}{\tan x}$

(1) $2n\pi + x$ (n은 정수)의 삼각함수

함수 $y=\sin x$, $y=\cos x$의 주기는 2π, 함수 $y=\tan x$의 주기는 π이므로

$$\sin x = \sin(x+2\pi) = \sin(x+4\pi) = \cdots$$
$$\cos x = \cos(x+2\pi) = \cos(x+4\pi) = \cdots$$
$$\tan x = \tan(x+\pi) = \tan(x+2\pi) = \cdots$$
$$\therefore\ \sin(2n\pi + x) = \sin x,\ \cos(2n\pi + x) = \cos x,\ \tan(2n\pi + x) = \tan x$$

(2) $-x$의 삼각함수

함수 $y=\sin x$, $y=\tan x$의 그래프는 각각 원점에 대하여 대칭이므로

$$\sin(-x) = -\sin x,\ \tan(-x) = -\tan x$$

함수 $y=\cos x$의 그래프는 y축에 대하여 대칭이므로

$$\cos(-x) = \cos x$$

(3) $\pi \pm x$의 삼각함수

오른쪽 그림과 같이 함수 $y=\sin x$의 그래프를 x축의 방향으로 $-\pi$만큼 평행이동하면 함수 $y=-\sin x$의 그래프와 겹쳐지므로

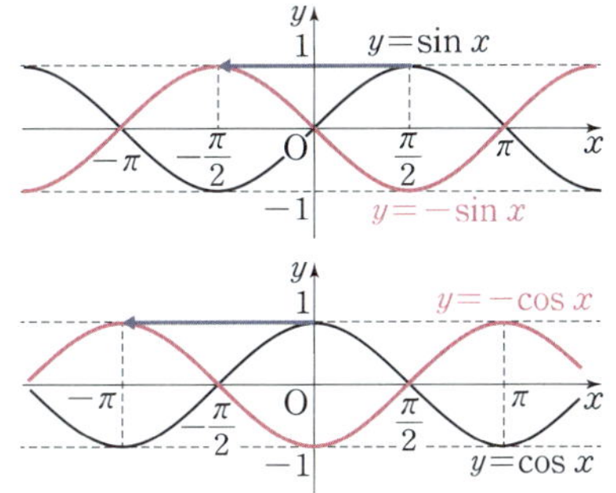

$$\sin(\pi + x) = -\sin x \qquad \cdots\cdots\ \text{㉠}$$

또한, 오른쪽 그림과 같이 함수 $y=\cos x$의 그래프를 x축의 방향으로 $-\pi$만큼 평행이동하면 함수 $y=-\cos x$의 그래프와 겹쳐지므로

$$\cos(\pi + x) = -\cos x \qquad \cdots\cdots\ \text{㉡}$$

한편, 함수 $y=\tan x$의 주기는 π이므로

$$\tan(\pi + x) = \tan x \qquad \cdots\cdots\ \text{㉢}$$

이때 ㉠, ㉡, ㉢의 양변에 각각 x 대신 $-x$를 대입하여 정리하면

$$\sin(\pi - x) = -\sin(-x) = \sin x$$
$$\cos(\pi - x) = -\cos(-x) = -\cos x$$
$$\tan(\pi - x) = \tan(-x) = -\tan x$$

(4) $\dfrac{\pi}{2} \pm x$의 삼각함수

오른쪽 그림과 같이 함수 $y=\sin x$의 그래프를 x축의 방향으로 $-\dfrac{\pi}{2}$만큼 평행이동하면 함수 $y=\cos x$의 그래프와 겹쳐지므로

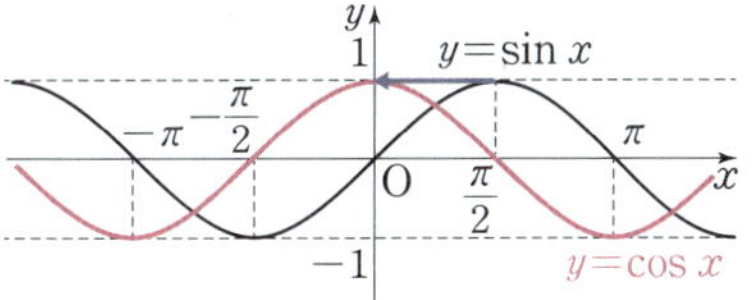

$$\sin\left(\frac{\pi}{2} + x\right) = \cos x \qquad \cdots\cdots\ \text{㉣}$$

또한, 오른쪽 그림과 같이 함수 $y=\cos x$의 그래프를 x축의 방향으로 $-\dfrac{\pi}{2}$만큼 평행이동하면 함수 $y=-\sin x$의 그래프와 겹쳐지므로

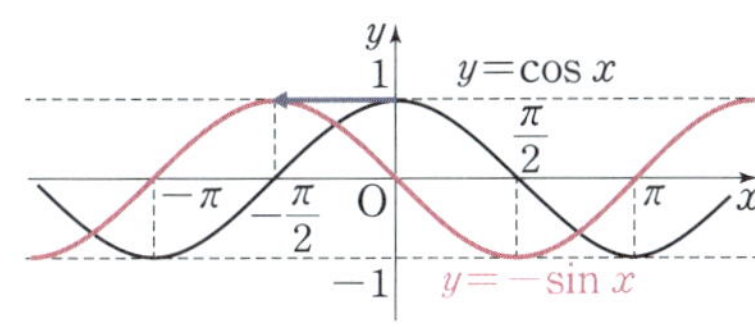

$$\cos\left(\frac{\pi}{2} + x\right) = -\sin x \qquad \cdots\cdots\ \text{㉤}$$

한편, $\tan x = \dfrac{\sin x}{\cos x}$이므로

$$\tan\left(\frac{\pi}{2} + x\right) = \frac{\sin\left(\dfrac{\pi}{2} + x\right)}{\cos\left(\dfrac{\pi}{2} + x\right)} = \frac{\cos x}{-\sin x} = -\frac{1}{\tan x} \qquad \cdots\cdots\ \text{㉥}$$

이때 ㉣, ㉤, ㉥의 양변에 각각 x 대신 $-x$를 대입하여 정리하면

$$\sin\left(\frac{\pi}{2}-x\right)=\cos\left(-x\right)=\cos x$$

$$\cos\left(\frac{\pi}{2}-x\right)=-\sin\left(-x\right)=\sin x$$

$$\tan\left(\frac{\pi}{2}-x\right)=-\frac{1}{\tan\left(-x\right)}=\frac{1}{\tan x}$$

다음과 같은 순서로 삼각함수의 각을 쉽게 변환할 수도 있다.

> ❶ 모든 각을 $90°\times n\pm\theta$ 또는 $\frac{\pi}{2}\times n\pm\theta$ (n은 정수) 꼴로 변형한다.
>
> ❷ 삼각함수를 정한다.
>
>   (1) n이 짝수이면 $\sin\to\sin$, $\cos\to\cos$, $\tan\to\tan$ (그대로)
>
>   (2) n이 홀수이면 $\sin\to\cos$, $\cos\to\sin$, $\tan\to\dfrac{1}{\tan}$ (바꾼다.)
>
> ❸ 부호를 정한다.
>
>   각 θ를 예각 $(0°<\theta<90°)$으로 생각하고 $90°\times n\pm\theta$ 또는 $\frac{\pi}{2}\times n\pm\theta$가 나타내는 동경이 제몇 사분면에 있는지 구한 후 원래 주어진 삼각함수의 값의 부호가 양이면 $+$, 음이면 $-$ 부호를 붙인다.

개념 Check 정답 및 해설 22쪽

1. 다음 삼각함수의 값을 구하시오.

  (1) $\sin 330°$ (2) $\cos\left(-\dfrac{14}{3}\pi\right)$ (3) $\tan\dfrac{5}{6}\pi$

개념 ❼ 삼각함수를 포함한 식의 최대·최소

삼각함수를 포함한 식의 최대·최소는 다음과 같은 순서로 구한다.

❶ 삼각함수의 각이 $\pi+x$, $\dfrac{\pi}{2}-x$ 등과 같이 여러 가지로 표현되어 있으면 삼각함수의 성질을 이용하여 각을 x로 통일한다.

❷ 주어진 식에 $\sin x$, $\cos x$, $\tan x$ 등과 같이 여러 가지 삼각함수가 포함되어 있으면 삼각함수 사이의 관계를 이용하여 한 종류의 삼각함수로 통일한다.

❸ ❷에서 구한 식의 삼각함수를 t로 치환하고, t의 값의 범위를 구한다.

❹ t에 대한 함수의 그래프를 그리고, ❸에서 구한 t의 값의 범위에서 최댓값과 최솟값을 구한다.

삼각함수를 포함한 식의 최대·최소는 한 종류의 각과 한 종류의 삼각함수로 통일한 후 치환을 이용하여 구한다.

[참고] $\sin x=t$ 또는 $\cos x=t$로 치환하면 t의 값의 범위는 $-1\leq t\leq 1$이고, $\tan x=t$로 치환하면 t의 값의 범위는 실수 전체의 집합이다.

개념 Check 정답 및 해설 22쪽

2. 함수 $y=\sin^2 x+2\sin x+2$의 최댓값과 최솟값의 합을 구하시오.

개념 8 삼각방정식

1 삼각방정식

각의 크기에 미지수가 있는 삼각함수를 포함한 방정식을 **삼각방정식**이라 한다.

2 삼각방정식의 풀이

❶ 주어진 방정식을 $\sin x = k$ (또는 $\cos x = k$ 또는 $\tan x = k$) 꼴로 나타낸다.

❷ 좌표평면 위에 함수 $y = \sin x$ (또는 $y = \cos x$ 또는 $y = \tan x$)의 그래프와 직선 $y = k$를 각각 그린다.

❸ 주어진 범위에서 삼각함수의 그래프와 직선의 교점의 x좌표를 찾아 방정식의 해를 구한다.

▶ **예** $2 \sin x = 1$, $\tan x = -1$

방정식 $f(x) = g(x)$의 실근은 함수 $y = f(x)$의 그래프와 함수 $y = g(x)$의 그래프의 교점의 x좌표와 같음을 이용하여 삼각방정식을 푼다.

개념 Check

정답 및 해설 22쪽

3. 다음 방정식을 푸시오. (단, $0 \leq x < 2\pi$)

(1) $\sin x = \dfrac{\sqrt{3}}{2}$　　　　(2) $\cos x = -\dfrac{1}{2}$　　　　(3) $\tan x = 1$

개념 9 삼각부등식

1 삼각부등식

각의 크기에 미지수가 있는 삼각함수를 포함한 부등식을 **삼각부등식**이라 한다.

2 삼각부등식의 풀이

❶ 주어진 부등식을 등호로 바꾸어 삼각방정식의 해를 구한다.

❷ (1) $\sin x > k$ (또는 $\cos x > k$ 또는 $\tan x > k$) 꼴

함수 $y = \sin x$ (또는 $y = \cos x$ 또는 $y = \tan x$)의 그래프가 직선 $y = k$보다 위쪽에 있는 x의 값의 범위

(2) $\sin x < k$ (또는 $\cos x < k$ 또는 $\tan x < k$) 꼴

함수 $y = \sin x$ (또는 $y = \cos x$ 또는 $y = \tan x$)의 그래프가 직선 $y = k$보다 아래쪽에 있는 x의 값의 범위

▶ **예** $\sin x > \dfrac{1}{2}$, $\cos x \leq 0$

▶ 탄젠트함수의 삼각부등식을 풀 때에는 점근선에 주의한다.

부등식 $f(x) > g(x)$의 해는 함수 $y = f(x)$의 그래프가 함수 $y = g(x)$의 그래프보다 위쪽에 있는 x의 값의 범위임을 이용하여 삼각부등식을 푼다.

개념 Check

정답 및 해설 22쪽

4. 다음 부등식을 푸시오. (단, $0 \leq x < 2\pi$)

(1) $\sin x > -\dfrac{\sqrt{3}}{2}$　　　　(2) $\cos x \leq \dfrac{1}{2}$　　　　(3) $\tan x \geq \sqrt{3}$

Idea ❶ 삼각함수의 그래프의 중요한 특징은 대칭성, 주기성, 최대·최소이다.

삼각함수의 그래프는 점 또는 선에 대하여 대칭인 특성을 갖고 있으며, 일정한 간격마다 동일한 모양이 반복된다.

또한, 사인함수와 코사인함수의 경우 최댓값과 최솟값이 존재하므로 사인함수 또는 코사인함수의 그래프를 그릴 때는 한 주기에서 틀을 잡아 그래프를 잘 그리고, 이 그래프의 모양을 계속 반복하여 그리면 된다.

이렇게 한 주기에서 틀을 잡으면 서로 다른 두 그래프 간의 비교 또한 수월하다.

삼각함수	최댓값	최솟값	주기
$y=a\sin(bx+c)+d$	$|a|+d$	$-|a|+d$	$\dfrac{2\pi}{|b|}$
$y=a\cos(bx+c)+d$	$|a|+d$	$-|a|+d$	$\dfrac{2\pi}{|b|}$
$y=a\tan(bx+c)+d$	없다.	없다.	$\dfrac{\pi}{|b|}$

Idea ❷ 각 변환 공식

삼각함수 단원에서는 문제에서 주어진 각을 예각으로 바꾼 후 푸는 것이 훨씬 간단하다.

즉, 모든 각을 예각으로 바꿀 수 있어야 한다.

개념❻의 공식을 모두 외우기는 힘들고 헷갈릴 수 있으니 각을 변환하는 방법을 다시 한번 학습하고 익힐 수 있도록 한다.

$$\text{삼각함수}\left(\frac{\pi}{2}n\pm\theta\right) \;\Rightarrow\; \text{(부호) 삼각함수}\,(\theta)$$

❶ 삼각함수 종류 정하기	n이 짝수, 즉 (정수)π 꼴이면 $\sin \to \sin,\ \cos \to \cos,\ \tan \to \tan$
	n이 홀수, 즉 (분수)π 꼴이면 $\sin \to \cos,\ \cos \to \sin,\ \tan \to \dfrac{1}{\tan}$
❷ 부호 정하기	주어진 θ를 무조건 '예각 취급'해서 $\dfrac{\pi}{2}n\pm\theta$가 나타내는 동경이 위치하는 사분면에서의 원래의 삼각함수의 부호를 따른다.

개념 ❷ ❺

필수 예제 1 사인함수의 그래프

〈보기〉에서 함수 $y = 2\sin 4x + 3$에 대한 설명으로 옳은 것만을 있는 대로 고른 것은?

─〈보기〉─

ㄱ. 주기는 $\dfrac{\pi}{2}$이다.

ㄴ. 최댓값은 5이다.

ㄷ. 함수의 그래프는 점 $(0, 3)$에 대하여 대칭이다.

① ㄱ ② ㄷ ③ ㄱ, ㄴ ④ ㄱ, ㄷ ⑤ ㄱ, ㄴ, ㄷ

수능 link
사인함수의 기본적인 특징은 단독으로 출제되기보다는 3점, 4점 문제를 푸는 과정에서 이용되므로 무조건 알아야 하는 내용이다.
사인함수의 특징을 정확히 익혀두도록 하자.

수능 key
함수 $y = a\sin b(x - c) + d$의 그래프의 성질
(1) 함수 $y = a\sin bx$의 그래프를 x축의 방향으로 c만큼, y축의 방향으로 d만큼 평행이동
(2) 최댓값: $|a| + d$, 최솟값: $-|a| + d$
(3) 주기: $\dfrac{2\pi}{|b|}$

1 2 3

1-1 함수 $y = -3\sin\left(\dfrac{x}{2} + 1\right) - 1$의 그래프는 함수 $y = -3\sin\dfrac{x}{2}$의 그래프를 x축의 방향으로 m만큼, y축의 방향으로 n만큼 평행이동한 것이다. mn의 값은?

① -4 ② -2 ③ 0 ④ 2 ⑤ 4

개념 ❸ ❺

필수 예제 2

코사인함수의 그래프

함수 $f(x)=4\cos \pi x-1$에 대한 다음 설명 중 옳지 <u>않은</u> 것은?

① 함수의 그래프는 점 $(0, 3)$을 지난다.

② 최댓값과 최솟값의 합은 -2이다.

③ 임의의 실수 x에 대하여 $f(x+2)=f(x)$이다.

④ 함수의 그래프는 함수 $y=4\cos x$의 그래프를 y축의 방향으로 -1만큼 평행이동한 것이다.

⑤ 임의의 실수 x에 대하여 $f(-x)=f(x)$이다.

수능 link

코사인함수의 기본적인 특징은 단독으로 출제되기보다는 3점, 4점 문제를 푸는 과정에서 이용되므로 무조건 알아야 하는 내용이다.
코사인함수의 특징을 정확히 익혀두도록 하자.

수능 key

함수 $y=a\cos b(x-c)+d$의 그래프의 성질
(1) 함수 $y=a\cos bx$의 그래프를 x축의 방향으로 c만큼, y축의 방향으로 d만큼 평행이동
(2) 최댓값: $|a|+d$, 최솟값: $-|a|+d$
(3) 주기: $\dfrac{2\pi}{|b|}$

2 -1

1 2 3

〈보기〉에서 함수 $y=\dfrac{1}{3}\cos(2x-1)+3$에 대한 설명으로 옳은 것만을 있는 대로 고른 것은?

〈보기〉

ㄱ. 최댓값은 $\dfrac{10}{3}$이다.

ㄴ. 주기는 4π이다.

ㄷ. 함수의 그래프는 함수 $y=\dfrac{1}{3}\cos 2x$의 그래프를 x축의 방향으로 1만큼, y축의 방향으로 3만큼 평행이동한 것이다.

① ㄱ   ② ㄴ   ③ ㄱ, ㄷ   ④ ㄴ, ㄷ   ⑤ ㄱ, ㄴ, ㄷ

필수예제 3 탄젠트함수의 그래프

〈보기〉에서 함수 $y=2\tan(-3x)-1$에 대한 설명으로 옳은 것만을 있는 대로 고른 것은?

〈보기〉

ㄱ. 함수의 그래프는 점 $(0,\ -1)$을 지난다.

ㄴ. 주기는 $\dfrac{\pi}{3}$이다.

ㄷ. 정의역은 실수 전체의 집합이다.

---

① ㄱ　　　　② ㄷ　　　　③ ㄱ, ㄴ　　　　④ ㄱ, ㄷ　　　　⑤ ㄱ, ㄴ, ㄷ

수능 link

탄젠트함수의 기본적인 특징은 단독으로 출제되기보다는 3점, 4점 문제를 푸는 과정에서 이용되므로 무조건 알아야 하는 내용이다.

탄젠트함수의 특징을 정확히 익혀두도록 하자.

수능 key

함수 $y=a\tan b(x-c)+d$의 그래프의 성질

(1) 함수 $y=a\tan bx$의 그래프를 x축의 방향으로 c만큼, y축의 방향으로 d만큼 평행이동

(2) 최댓값: 없다., 최솟값: 없다.

(3) 주기: $\dfrac{\pi}{|b|}$

(4) 점근선: 직선 $x=\dfrac{n\pi}{|b|}+\dfrac{\pi}{2|b|}+c$ (단, n은 정수)

`1 2 3`

3 -1 함수 $y=f(x)$의 그래프는 함수 $y=5\tan\dfrac{\pi}{8}x$의 그래프를 x축의 방향으로 2만큼, y축의 방향으로 -4만큼 평행이동한 그래프이다. $f(4)$의 값은?

① 1　　　　② 2　　　　③ 3　　　　④ 4　　　　⑤ 5

개념 5

필수 예제 4 삼각함수의 미정계수 구하기

함수 $y=2\sin a\pi x+b$의 주기가 $\dfrac{1}{8}$이고 최댓값이 5이다. 두 상수 a, b에 대하여 $a+b$의 값은? (단, $a>0$)

① 11　　② 13　　③ 15　　④ 17　　⑤ 19

수능 link

3점 문제로 종종 출제되는 유형이다.
미지수를 포함한 삼각함수가 주어졌을 때, 최댓값, 최솟값, 주기를 구할 수 있어야 한다.

수능 key

(1) 함수 $y=a\sin(bx+c)+d$, $y=a\cos(bx+c)+d$의 그래프
　➡ ① a, d: 최댓값, 최솟값 결정　② b: 주기 결정　③ b, c, d: 평행이동 결정
(2) 함수 $y=a\tan(bx+c)+d$의 그래프
　➡ ① b: 주기 결정　② b, c, d: 평행이동 결정

---

4 -1

▶ 교육청

1 2 3

두 양수 a, b에 대하여 함수 $f(x)=a\cos bx+3$이 있다. 함수 $f(x)$는 주기가 4π이고 최솟값이 -1일 때, $a+b$의 값은?

① $\dfrac{9}{2}$　　② $\dfrac{11}{2}$　　③ $\dfrac{13}{2}$　　④ $\dfrac{15}{2}$　　⑤ $\dfrac{17}{2}$

개념 ❺

필수 예제 5 삼각함수의 미정계수 구하기; 그래프 이용

두 양수 a, b에 대하여 함수 $y=a\cos bx$의 그래프가 그림과 같을 때, $a+b$의 값은?

① 6 ② 7 ③ 8
④ 9 ⑤ 10

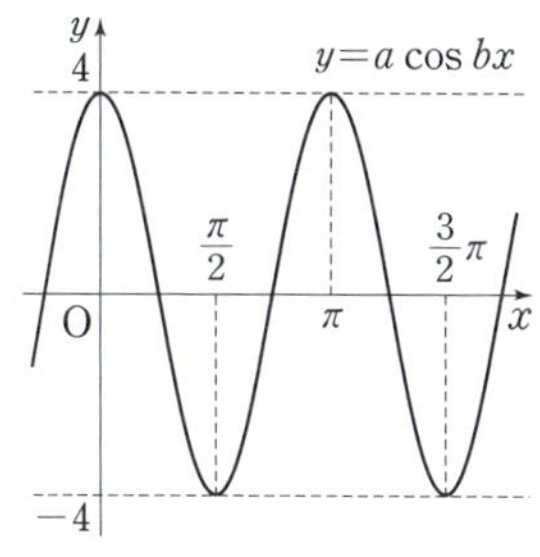

수능 link ▸ **필수 예제** ④와 쌍둥이 유형이라고 할 수 있다. 조건이 식이 아닌 그래프로 주어졌을 뿐이다.
최근에 출제율은 **필수 예제** ④보다 낮지만 충분히 출제될 수 있는 유형이다.
주어진 삼각함수의 그래프에서 많은 정보를 알아내는 것이 관건이다.

수능 key ▸ 주어진 삼각함수의 그래프에서 최댓값, 최솟값, 주기, 지나는 점 등을 파악한다.

1 2 3

5 -1 함수 $y=a\sin bx+c$의 그래프가 그림과 같을 때, 세 상수 a, b, c에 대하여 abc의 값은? (단, $a>0$, $b>0$)

① 3π ② $\frac{7}{2}\pi$ ③ 4π
④ $\frac{9}{2}\pi$ ⑤ 5π

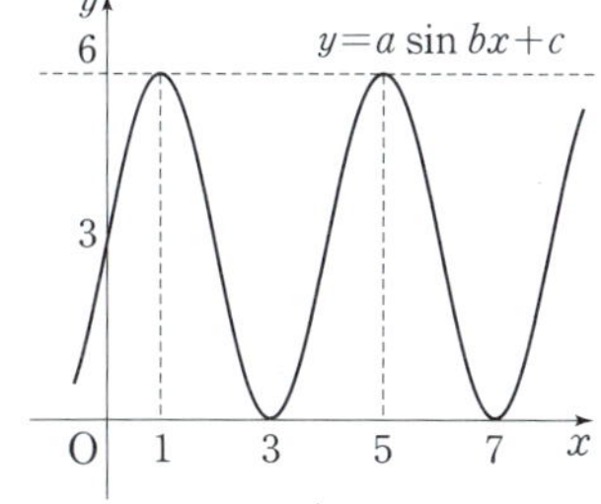

개념 **5**

필수 예제 6 삼각함수의 그래프의 성질

그림과 같이 $0 \leq x \leq \pi$에서 함수 $y = \sin 2x$의 그래프와 직선 $y = k_1 \, (0 < k_1 < 1)$의 교점의 x좌표를 각각 a, b라 하고, 직선 $y = k_2 \, (-1 < k_2 < 0)$의 교점의 x좌표를 각각 c, d라 하자. $a + b + c + d$의 값은?

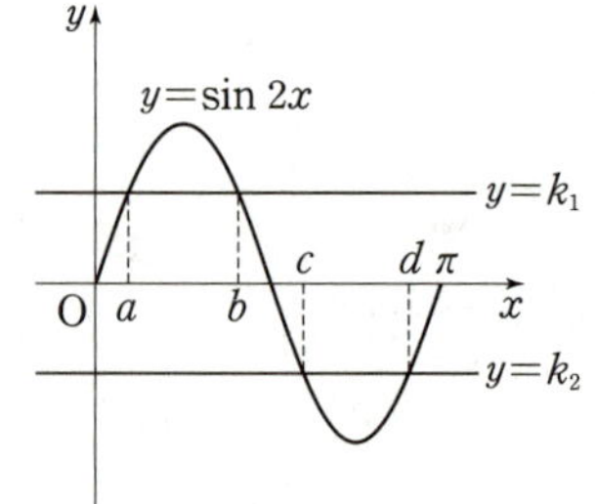

① π ② 2π ③ 3π

④ 4π ⑤ 5π

 삼각함수의 그래프가 갖고 있는 중요한 특징은 주기성과 대칭성이다.

이러한 성질을 이용하는 문제는 삼각함수의 그래프와 결합하여 자주 출제되므로 풀이 방법을 이해하고 익혀두도록 하자.

 삼각함수의 그래프는 다음 표와 같이 점 또는 직선에 대하여 대칭이다. (단, n은 정수이다.)

	$y = \sin x$	$y = \cos x$	$y = \tan x$
점	$(n\pi, \, 0)$	$\left(n\pi + \dfrac{\pi}{2}, \, 0 \right)$	$\left(\dfrac{n\pi}{2}, \, 0 \right)$
직선	$x = n\pi + \dfrac{\pi}{2}$	$x = n\pi$	없다.

6 -1

1 2 3

그림과 같이 $0 \leq x \leq 4\pi$에서 함수 $y = \cos x$의 그래프와 직선 $y = k \, (0 < k < 1)$의 교점의 x좌표를 각각 a, b, c, d라 하자. $a + b + c + d$의 값은?

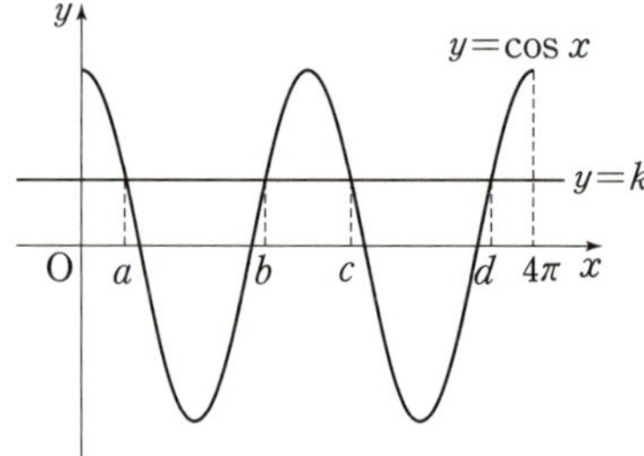

① 2π ② 4π ③ 6π

④ 8π ⑤ 10π

• 3점 빈출 •

필수 예제 7

개념 **6**

삼각함수의 식의 값

$\sin \dfrac{2}{3}\pi + \cos \dfrac{7}{6}\pi + \tan \dfrac{3}{4}\pi$의 값은?

① -2 ② -1 ③ 0 ④ 1 ⑤ 2

수능 link → 삼각함수의 각 변환을 통한 계산은 단독으로는 2점, 3점 문제로 출제되고, 삼각함수 문제 전반에 걸쳐 사용되기 때문에 여러 가지 계산을 빠르고 정확하게 할 수 있어야 한다.

수능 key → 다음과 같은 순서로 삼각함수의 각을 변환한다.

❶ 모든 각을 $\dfrac{\pi}{2} \times n \pm \theta$ (n은 정수) 꼴로 변형한다.

❷ 삼각함수를 정한다.

　(1) n이 짝수이면 $\sin \rightarrow \sin$, $\cos \rightarrow \cos$, $\tan \rightarrow \tan$ (그대로)

　(2) n이 홀수이면 $\sin \rightarrow \cos$, $\cos \rightarrow \sin$, $\tan \rightarrow \dfrac{1}{\tan}$ (바꾼다.)

❸ 부호를 정한다.

　각 θ를 예각 ($0° < \theta < 90°$)로 생각하고 $\dfrac{\pi}{2} \times n \pm \theta$가 나타내는 동경이 제몇 사분면에 있는지 구한 후 원래 주어진 삼각함수의 값의 부호가 양이면 $+$, 음이면 $-$부호를 붙인다.

7 -1

▶ 교육청

① ② ③

$\sin\left(\dfrac{\pi}{2} + \theta\right) \tan(\pi - \theta) = \dfrac{3}{5}$일 때, $30(1 - \sin \theta)$의 값을 구하시오.

개념 6

필수예제 8 삼각함수의 식의 값; 대칭 꼴

$\cos^2 1° + \cos^2 2° + \cos^2 3° + \cdots + \cos^2 90°$의 값은?

① 43　　② $\dfrac{87}{2}$　　③ 44　　④ $\dfrac{89}{2}$　　⑤ 45

수능 link

삼각함수 사이의 관계와 특성을 알고 있는지를 묻는 유형이다.
수능에서의 출제율은 낮지만 사인함수와 코사인함수의 관계, 탄젠트함수의 특성을 알고 넘어가자.

수능 key

두 삼각함수의 각의 합이 $\dfrac{\pi}{2}$ 또는 π인 것을 짝을 지어 각을 변환한 후

(1) 사인함수, 코사인함수 ➡ $\sin^2 \theta + \cos^2 \theta = 1$임을 이용한다.

(2) 탄젠트함수 ➡ $\tan \theta \times \dfrac{1}{\tan \theta} = 1$임을 이용한다.

1 2 3

8 -1　$\sin^2 \dfrac{\pi}{18} + \sin^2 \dfrac{2}{18}\pi + \sin^2 \dfrac{3}{18}\pi + \cdots + \sin^2 \dfrac{8}{18}\pi$의 값은?

① $\dfrac{5}{2}$　　② 3　　③ $\dfrac{7}{2}$　　④ 4　　⑤ $\dfrac{9}{2}$

필수 예제 9 삼각함수를 포함한 식의 최대·최소; 일차식 꼴

함수 $y = 4\sin(\pi - x) + \cos\left(\dfrac{\pi}{2} + x\right) + 4$의 최댓값은?

① 4　　　　② 5　　　　③ 6　　　　④ 7　　　　⑤ 8

수능 link

필수 예제 ④와 같은 유형이라 할 수 있다.
다만 각을 변환하는 과정이 포함되어 있을 뿐!

수능 key

일차식 꼴의 삼각함수를 포함한 식의 최대·최소는 다음과 같은 순서로 구한다.

❶ 주어진 삼각함수의 각과 함수를 한 종류로 통일한다.

❷ (1) 절댓값 기호가 없는 경우
　　➡ 삼각함수의 최대·최소를 이용한다.

　(2) 절댓값 기호가 있는 경우
　　➡ 삼각함수를 t로 치환한 후 t에 대한 함수의 그래프를 그린다.

　1　2　3

9 -1 함수 $y = \sin\left(\dfrac{\pi}{2} + x\right) - 3\cos(2\pi - x) + k$의 최솟값이 -1일 때, 상수 k의 값은?

① 1　　　　② 2　　　　③ 3　　　　④ 4　　　　⑤ 5

필수예제 **10** 삼각함수를 포함한 식의 최대·최소; 이차식 꼴

함수 $y=\cos^2 x+2\sin x-3$의 최댓값과 최솟값의 합은?

① -6　　　② -5　　　③ -4　　　④ -3　　　⑤ -2

수능 link → $\sin^2 x+\cos^2 x=1$을 이용하여 삼각함수의 종류를 통일하고 식을 정리하는 기본 유형의 문제이므로 꼭 알아두도록 하자.

수능 key → 이차식 꼴의 삼각함수를 포함한 식의 최대·최소는 다음과 같은 순서로 구한다.
❶ 주어진 삼각함수의 각과 함수를 한 종류로 통일한다.
❷ 삼각함수를 t로 치환하고, t의 값의 범위를 구한다.
❸ t에 대한 이차함수의 최대·최소를 이용한다.

---

① ② ③

10-1　함수 $y=\sin^2 x+\sin\left(x+\dfrac{\pi}{2}\right)+\dfrac{3}{4}$의 최댓값은?

① $\dfrac{5}{4}$　　　② $\dfrac{3}{2}$　　　③ $\dfrac{7}{4}$　　　④ 2　　　⑤ $\dfrac{9}{4}$

필수예제 11 · 삼각방정식; 일차식 꼴

$0 \le x < \pi$일 때, 방정식 $\sqrt{3} - 2\sin 2x = 0$의 모든 해의 합은?

① $\dfrac{\pi}{4}$ ② $\dfrac{\pi}{2}$ ③ $\dfrac{3}{4}\pi$ ④ π ⑤ $\dfrac{5}{4}\pi$

수능 link · 삼각방정식의 해를 구하는 유형은 3점 문제로 자주 등장한다.
직접 해를 구하거나 대칭성 또는 주기성의 성질을 활용할 수 있어야 한다.

수능 key · 삼각방정식 $\sin x = k$ (또는 $\cos x = k$ 또는 $\tan x = k$)의 해
➡ 함수 $y = \sin x$ (또는 $y = \cos x$ 또는 $y = \tan x$)의 그래프와 직선 $y = k$의 교점의 x좌표

1 2 3

11 -1

$0 \le x < 2\pi$일 때, 방정식 $2\cos\left(x - \dfrac{\pi}{3}\right) = \sqrt{2}$를 만족시키는 x의 값을 α, β $(\alpha < \beta)$라 하자. $\beta - \alpha$의 값은?

① $\dfrac{\pi}{6}$ ② $\dfrac{\pi}{3}$ ③ $\dfrac{\pi}{2}$ ④ $\dfrac{2}{3}\pi$ ⑤ $\dfrac{5}{6}\pi$

• 3점 빈출 •

필수 예제 12 개념 ❽

삼각방정식; 이차식 꼴

$0 \le x < 2\pi$일 때, 방정식 $\cos^2 x - \sin x + 1 = 0$의 해는?

① $\dfrac{\pi}{4}$ ② $\dfrac{\pi}{2}$ ③ $\dfrac{3}{4}\pi$ ④ π ⑤ $\dfrac{5}{4}\pi$

수능 link → **필수 예제 11**에서 파생된 유형으로 한 종류의 삼각방정식으로 통일하는 것이 풀이의 시작이다.

수능 key → 이차식 꼴의 삼각방정식은 다음과 같은 순서로 푼다.
❶ 삼각함수 사이의 관계를 이용하여 삼각함수를 한 종류로 통일한다.
❷ ❶에서 구한 식을 인수분해하여 각각의 경우에 대한 삼각방정식을 푼다.

12 -1
▶ 평가원

1 2 3

$0 \le x < 2\pi$일 때, 방정식 $2\sin^2 x + 3\cos x = 3$의 모든 해의 합은?

① $\dfrac{\pi}{2}$ ② π ③ $\dfrac{3}{2}\pi$ ④ 2π ⑤ $\dfrac{5}{2}\pi$

개념 ❾

필수예제 13 삼각부등식; 일차식 꼴

▶ 교육청

$0 \le x < 2\pi$에서 부등식 $2\sin x + 1 < 0$의 해가 $\alpha < x < \beta$일 때, $\cos(\beta - \alpha)$의 값은?

① $-\dfrac{\sqrt{3}}{2}$ ② $-\dfrac{1}{2}$ ③ 0 ④ $\dfrac{1}{2}$ ⑤ $\dfrac{\sqrt{3}}{2}$

수능 link ▸ 삼각부등식의 해를 구하는 유형은 3점 문제로 자주 등장한다.
먼저 삼각방정식을 풀어 해를 구한 후 부등식의 범위를 구한다.

수능 key ▸ (1) $\sin x > k$ ➡ 함수 $y = \sin x$의 그래프가 직선 $y = k$보다 위쪽에 있는 x의 값의 범위
(2) $\sin x < k$ ➡ 함수 $y = \sin x$의 그래프가 직선 $y = k$보다 아래쪽에 있는 x의 값의 범위

13-1

1 2 3

$0 \le x < 2\pi$일 때, 부등식 $\cos\left(x + \dfrac{\pi}{3}\right) < \dfrac{1}{2}$의 해가 $\alpha < x < \beta$이다. $\beta - \alpha$의 값은?

① $\dfrac{\pi}{3}$ ② $\dfrac{2}{3}\pi$ ③ π ④ $\dfrac{4}{3}\pi$ ⑤ $\dfrac{5}{3}\pi$

필수 예제 14 삼각부등식; 이차식 꼴

$0 \le x < 2\pi$일 때, 부등식 $2\cos^2 x - 3\sin x - 3 \ge 0$의 해가 $\alpha \le x \le \beta$이다. $\beta - \alpha$의 값은?

① $\dfrac{\pi}{3}$　　　② $\dfrac{2}{3}\pi$　　　③ π　　　④ $\dfrac{4}{3}\pi$　　　⑤ $\dfrac{5}{3}\pi$

수능 link　필수 예제 13 에서 파생된 유형으로 한 종류의 삼각방정식으로 통일하는 것이 풀이의 시작이다.

수능 key　이차식 꼴의 삼각부등식은 다음과 같은 순서로 푼다.
❶ 삼각함수 사이의 관계를 이용하여 삼각함수를 한 종류로 통일한다.
❷ ❶에서 구한 식을 인수분해하여 각각의 경우에 대한 삼각부등식을 푼다.

---

14 - 1

1 2 3

$-\pi \le x < \pi$일 때, 부등식 $\cos^2 x - \sin^2 x + 3\cos x - 1 > 0$의 해는 $\alpha < x < \beta$이다. $\alpha + \beta$의 값은?

① $-\dfrac{\pi}{3}$　　　② $-\dfrac{\pi}{6}$　　　③ 0　　　④ $\dfrac{\pi}{6}$　　　⑤ $\dfrac{\pi}{3}$

• 4점 준비 •

필수 예제 15

삼각방정식과 삼각부등식의 이차방정식에의 활용

$0 \leq \theta < 2\pi$일 때, x에 대한 이차방정식 $x^2 + (4\sin\theta)x + 1 = 0$이 중근을 갖도록 하는 θ의 최댓값과 최솟값을 각각 M, m이라 하자. $M - m$의 값은?

① $\dfrac{2}{3}\pi$　　　② π　　　③ $\dfrac{4}{3}\pi$　　　④ $\dfrac{5}{3}\pi$　　　⑤ 2π

수능 link ● 계수가 삼각함수로 주어진 x에 대한 이차방정식 문제가 종종 출제된다.
이차방정식의 판별식을 이용하면 된다.

수능 key ● 이차방정식의 계수에 삼각함수가 있으면
➡ 이차방정식의 판별식, 근과 계수의 관계 등을 이용하여 삼각함수에 대한 식을 세운다.

참고　이차방정식의 판별식을 D라 할 때
(1) 서로 다른 두 실근을 가질 조건 ➡ $D > 0$
(2) 중근을 가질 조건 ➡ $D = 0$
(3) 서로 다른 두 허근을 가질 조건 ➡ $D < 0$

15 - 1

1 2 3

$0 \leq \theta < \pi$일 때, x에 대한 이차방정식 $x^2 - (2\tan\theta)x + 3 = 0$이 서로 다른 두 실근을 갖도록 하는 θ의 값의 범위는 $a < \theta < b$ 또는 $c < \theta < d$이다. $d - a$의 값은? (단, $a < d$)

① $\dfrac{\pi}{6}$　　　② $\dfrac{\pi}{3}$　　　③ $\dfrac{\pi}{2}$　　　④ $\dfrac{2}{3}\pi$　　　⑤ $\dfrac{5}{6}\pi$

1 ①②③

필수 예제 ①

함수 $y=3\sin(\pi x-\pi)+1$의 최댓값을 M, 최솟값을 m, 주기를 p라 할 때, $M-m+p$의 값은?

① 6   ② 7   ③ 8

④ 9   ⑤ 10

2 ①②③

필수 예제 ④

함수 $y=a\cos\dfrac{\pi}{2b}x+1$의 최댓값과 최솟값의 차는 6이고 주기는 4이다. 두 양수 a, b에 대하여 $a+b$의 값은?

① 1   ② 2   ③ 3

④ 4   ⑤ 5

3 ①②③

필수 예제 ⑤

두 상수 a, b에 대하여 함수 $f(x)=a\sin\left(x-\dfrac{\pi}{2}\right)+b$의 그래프가 그림과 같을 때, $f\left(\dfrac{2}{3}\pi\right)$의 값은? (단, $a>0$)

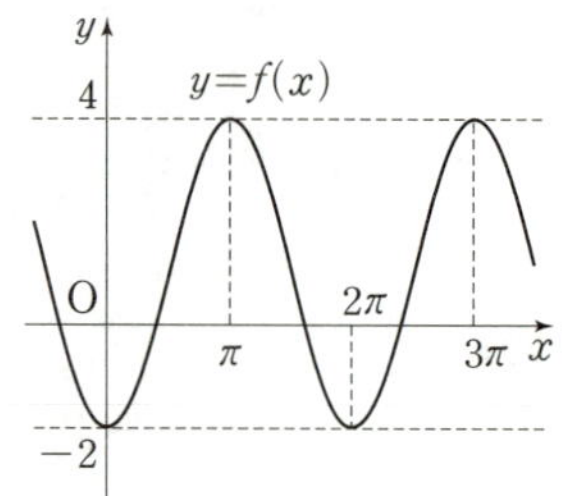

① $\dfrac{5}{2}$ ② $\dfrac{7}{2}$ ③ $\dfrac{9}{2}$

④ $\dfrac{11}{2}$ ⑤ $\dfrac{13}{2}$

4 ①②③

필수 예제 ⑥

그림과 같이 $-\dfrac{5}{2}<x<\dfrac{15}{2}$에서 함수 $y=\tan\dfrac{\pi}{5}x$의 그래프와 두 직선 $y=4$, $y=-4$로 둘러싸인 부분의 넓이를 구하시오. $\left(\text{단},\ x\neq\dfrac{5}{2}\right)$

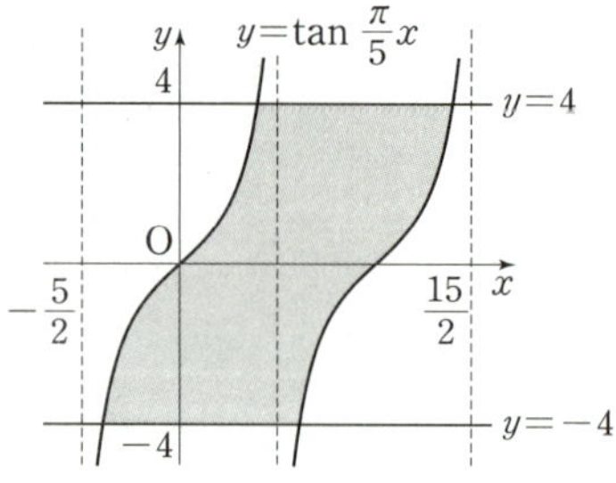

5 ⟨1 2 3⟩ 필수 예제 7

$$\sin \frac{5}{6}\pi \cos \frac{5}{3}\pi + \sin\left(-\frac{\pi}{3}\right)\cos\left(-\frac{7}{6}\pi\right)$$
$$+\tan\left(-\frac{3}{4}\pi\right)\tan\frac{5}{4}\pi$$

의 값은?

① -2　　　② -1　　　③ 0

④ 1　　　⑤ 2

7 ⟨1 2 3⟩ 필수 예제 8

$\tan 10° \times \tan 20° \times \tan 30° \times \cdots \times \tan 80°$의 값은?

① $\dfrac{1}{4}$　　　② $\dfrac{1}{2}$　　　③ 1

④ 2　　　⑤ 4

6 ⟨1 2 3⟩ 필수 예제 7

$0<\theta<\dfrac{\pi}{2}$인 θ에 대하여

$$\sin\left(\frac{\pi}{2}-\theta\right)\cos(\pi+\theta)\tan(\pi-\theta)$$
$$+\cos\left(\frac{\pi}{2}+\theta\right)\sin(\pi-\theta)\tan(-\theta)=\frac{3}{4}$$

을 만족시킬 때, $\sin\theta+\cos\theta=\dfrac{q}{p}$이다. $p+q$의 값을 구하시오. (단, p와 q는 서로소인 자연수이다.)

8 ⟨1 2 3⟩ 필수 예제 9

$0 \leq x \leq \dfrac{\pi}{3}$에서 정의된 함수

$$f(x)=\sin\left(\frac{\pi}{2}-x\right)-\cos(\pi+x)+2$$

의 최댓값을 M, 최솟값을 m이라 할 때, $M+m$의 값은?

① 6　　　② 7　　　③ 8

④ 9　　　⑤ 10

$-\dfrac{\pi}{4}\leq x\leq\dfrac{\pi}{4}$에서 정의된 함수 $y=2\cos(\pi\tan x)$의 최댓값은?

① 0   ② 1   ③ $\sqrt{2}$

④ $\sqrt{3}$ ⑤ 2

상수 k에 대하여 함수 $y=\sin^2 x+2k\cos x+3$은 $x=\dfrac{\pi}{3}$일 때 최댓값 M을 갖는다. $k+M$의 값은?

$$(\text{단, } -1\leq k\leq 1)$$

① $\dfrac{11}{4}$ ② $\dfrac{13}{4}$ ③ $\dfrac{15}{4}$

④ $\dfrac{17}{4}$ ⑤ $\dfrac{19}{4}$

$0\leq x<\pi$일 때, 방정식 $|\tan 2x|=1$의 모든 해의 합은?

① $\dfrac{\pi}{2}$ ② π ③ $\dfrac{3}{2}\pi$

④ 2π ⑤ $\dfrac{5}{2}\pi$

$0\leq x<2\pi$일 때, 방정식 $\sin^2 x+\sin x\cos x=1$의 모든 해의 합은?

① $\dfrac{3}{2}\pi$ ② 2π ③ $\dfrac{5}{2}\pi$

④ 3π ⑤ $\dfrac{7}{2}\pi$

13 ①②③   필수 예제 13

$0 \leq x < 12$일 때, 부등식 $0 \leq 2\sin\dfrac{\pi}{3}x \leq \sqrt{3}$을 만족시키는 정수 x의 개수는?

① 6   ② 7   ③ 8

④ 9   ⑤ 10

14 ①②③   필수 예제 14

$0 \leq x < \pi$일 때, 부등식

$$\tan^2(\pi - x) + \frac{\sqrt{3}-1}{\tan\left(\dfrac{\pi}{2}-x\right)} - \sqrt{3} > 0$$

의 해는 $a < x < b$ 또는 $c < x < d$이다. $a+b-c+d$의 값은? (단, $a < d$)

① $\dfrac{7}{12}\pi$ ② $\dfrac{2}{3}\pi$ ③ $\dfrac{3}{4}\pi$

④ $\dfrac{5}{6}\pi$ ⑤ $\dfrac{11}{12}\pi$

기출문제

▶ 수능

15 ①②③   필수 예제 12

$0 \leq x < 4\pi$일 때, 방정식

$$4\sin^2 x - 4\cos\left(\frac{\pi}{2}+x\right) - 3 = 0$$

의 모든 해의 합은?

① 5π ② 6π ③ 7π

④ 8π ⑤ 9π

▶ 평가원

16 ①②③   필수 예제 15

$0 \leq \theta < 2\pi$일 때, x에 대한 이차방정식

$$x^2 - (2\sin\theta)x - 3\cos^2\theta - 5\sin\theta + 5 = 0$$

이 실근을 갖도록 하는 θ의 최솟값과 최댓값을 각각 α, β라 하자. $4\beta - 2\alpha$의 값은?

① 3π ② 4π ③ 5π

④ 6π ⑤ 7π

삼각함수의 활용

삼각형 ABC의 외접원의 반지름의 길이를 R라 하면 삼각형 ABC의 세 변의 길이와 세 각의 크기 사이에는 다음과 같은 관계가 성립하고, 이를 **사인법칙**이라 한다.

$$\frac{a}{\sin A}=\frac{b}{\sin B}=\frac{c}{\sin C}=2R$$

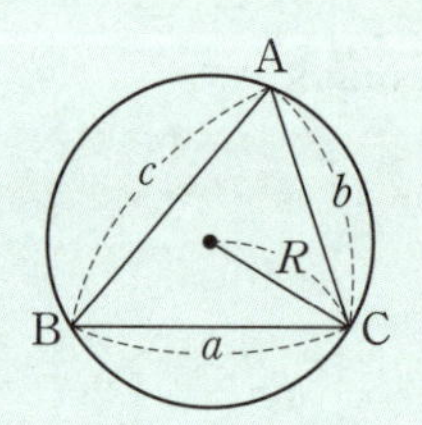

개념 NOTE

▶ 삼각형 ABC의 세 각 $\angle$A, $\angle$B, $\angle$C의 크기를 각각 A, B, C로 나타내고, 이들의 대변 BC, CA, AB의 길이를 각각 a, b, c로 나타낸다.

삼각형 ABC의 외접원의 중심을 O, 반지름의 길이를 R라 하자.

(ⅰ) $A<90°$일 때

선분 BA'이 원의 지름이 되도록 점 A'을 잡으면 $A=A'$, $\angle BCA'=90°$이므로

$$\sin A=\sin A'=\frac{a}{2R}$$

$$\therefore \frac{a}{\sin A}=2R$$

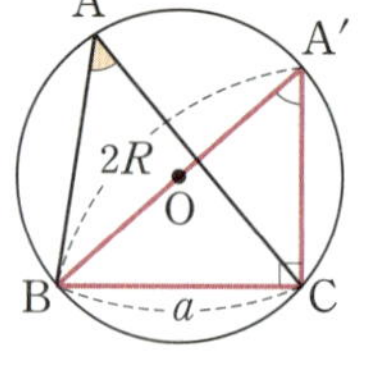

(ⅱ) $A=90°$일 때

$\sin A=\sin 90°=1$이고, $2R=a$이므로

$$\sin A=\frac{a}{2R}$$

$$\therefore \frac{a}{\sin A}=2R$$

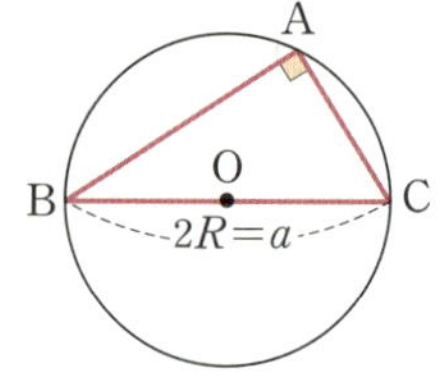

(ⅲ) $A>90°$일 때

선분 BA'이 원의 지름이 되도록 점 A'을 잡으면 $A=180°-A'$, $\angle A'CB=90°$이므로

$$\sin A=\sin(180°-A')=\sin A'=\frac{a}{2R}$$

$$\therefore \frac{a}{\sin A}=2R$$

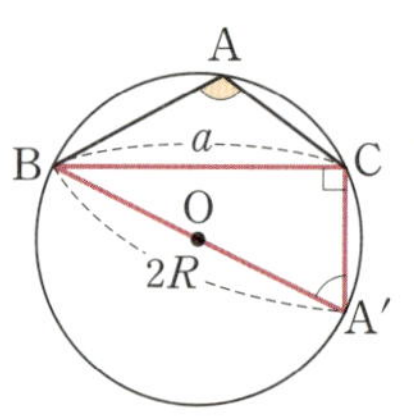

(ⅰ), (ⅱ), (ⅲ)에서 A의 크기에 관계없이

$$\frac{a}{\sin A}=2R$$

같은 방법으로 $\dfrac{b}{\sin B}=2R$, $\dfrac{c}{\sin C}=2R$가 성립함을 알 수 있다.

$$\therefore \frac{a}{\sin A}=\frac{b}{\sin B}=\frac{c}{\sin C}=2R$$

참고 사인법칙에 의하여 $\sin A=\dfrac{a}{2R}$, $\sin B=\dfrac{b}{2R}$, $\sin C=\dfrac{c}{2R}$이므로

$$\sin A : \sin B : \sin C=\frac{a}{2R} : \frac{b}{2R} : \frac{c}{2R}=a : b : c \Rightarrow \sin A : \sin B : \sin C=a : b : c$$

▶ $A : B : C \neq a : b : c$

개념 Check

정답 및 해설 29쪽

1. 삼각형 ABC에서 $\angle$A$=45°$, $\angle$B$=60°$, $\overline{AC}=3$일 때, 선분 BC의 길이와 외접원의 반지름의 길이 R를 각각 구하시오.

개념 ② 코사인법칙

삼각형 ABC의 세 변의 길이와 세 각의 크기 사이에는 다음과
같은 관계가 성립하고, 이를 **코사인법칙**이라 한다.

(1) $a^2=b^2+c^2-2bc\cos A$

(2) $b^2=c^2+a^2-2ca\cos B$

(3) $c^2=a^2+b^2-2ab\cos C$

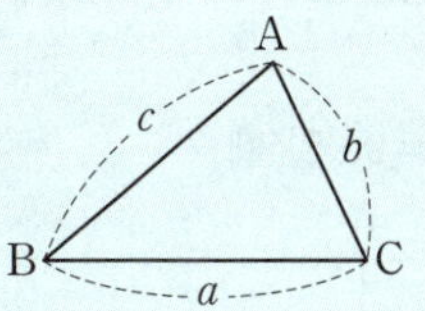

삼각형 ABC의 꼭짓점 A에서 변 BC 또는 그 연장선에 내린 수선의 발을 H라 하자.

(i) $C<90°$일 때

$\overline{BH}=\overline{BC}-\overline{CH}=a-b\cos C$, $\overline{AH}=b\sin C$이므로

$$c^2=\overline{BH}^2+\overline{AH}^2$$
$$=(a-b\cos C)^2+(b\sin C)^2$$
$$=a^2-2ab\cos C+b^2\cos^2 C+b^2\sin^2 C$$
$$=a^2+b^2-2ab\cos C\ (\because\ \sin^2 C+\cos^2 C=1)$$

▶ 같은 방법으로 $B>90°$인 다음과
같은 삼각형에서도 동일한 결과를
얻을 수 있다.

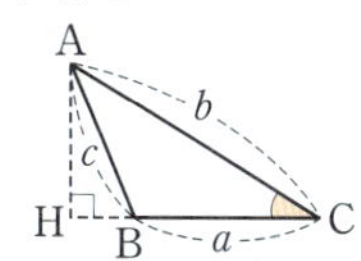

(ii) $C=90°$일 때

$\cos C=\cos 90°=0$이므로

$$c^2=a^2+b^2$$
$$=a^2+b^2-2ab\cos C$$

(iii) $C>90°$일 때

$\overline{BH}=\overline{BC}+\overline{CH}=a+b\cos(180°-C)=a-b\cos C$,

$\overline{AH}=b\sin(180°-C)=b\sin C$이므로

$$c^2=\overline{BH}^2+\overline{AH}^2$$
$$=(a-b\cos C)^2+(b\sin C)^2$$
$$=a^2+b^2-2ab\cos C\ (\because\ (\text{i}))$$

(i), (ii), (iii)에서 C의 크기에 관계없이

$$c^2=a^2+b^2-2ab\cos C$$

같은 방법으로 $a^2=b^2+c^2-2bc\cos A$, $b^2=c^2+a^2-2ca\cos B$가 성립함을 알 수 있다.

[참고] 코사인법칙에 의하여

$$\Rightarrow \cos A=\frac{b^2+c^2-a^2}{2bc},\ \cos B=\frac{c^2+a^2-b^2}{2ca},\ \cos C=\frac{a^2+b^2-c^2}{2ab}$$

개념 Check

정답 및 해설 29쪽

2. 삼각형 ABC에서 $\overline{AB}=4\sqrt{3}$, $\overline{AC}=2\sqrt{3}$, $\angle A=60°$일 때, 선분 BC의 길이를 구하시오.

개념 ③ 삼각형의 넓이

삼각형 ABC의 넓이를 S라 하면

(1) 두 변의 길이와 그 끼인각의 크기가 주어졌을 때

$$S=\frac{1}{2}bc\sin A=\frac{1}{2}ca\sin B=\frac{1}{2}ab\sin C$$

(2) 외접원의 반지름의 길이 R가 주어졌을 때

$$S=\frac{abc}{4R}=2R^2\sin A\sin B\sin C$$

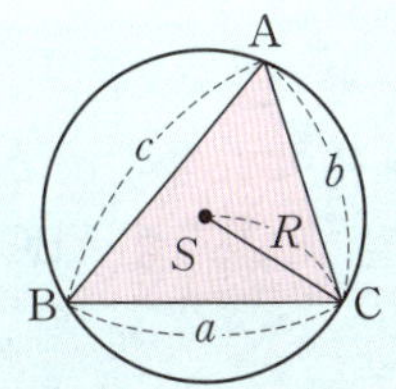

(1) 두 변의 길이와 그 끼인각의 크기가 주어졌을 때

삼각형 ABC의 꼭짓점 A에서 변 BC 또는 그 연장선에 내린 수선의 발을 H,
$\overline{AH}=h$라 하면

(i) $B<90°$일 때   (ii) $B=90°$일 때   (iii) $B>90°$일 때

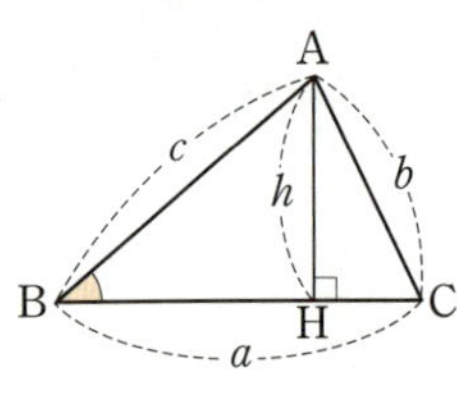   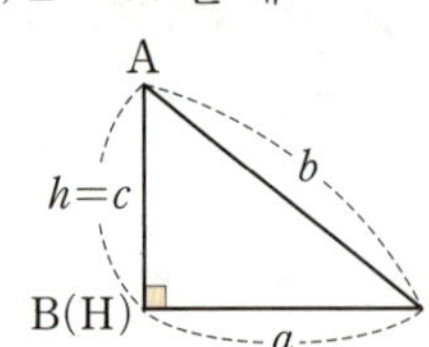   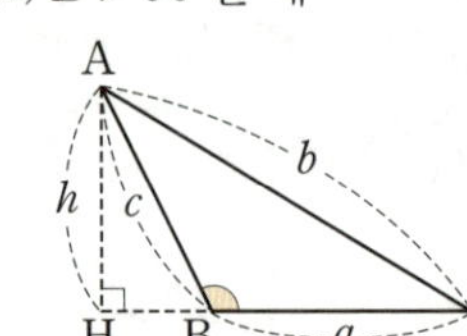

➡ $h=c\sin B$ ➡ $h=c=c\sin B$ ➡ $h=c\sin(180°-B)$
                                                 $=c\sin B$

(i), (ii), (iii)에서 B의 크기에 관계없이 $h=c\sin B$가 성립하므로

$$S=\frac{1}{2}ah=\frac{1}{2}ac\sin B$$

같은 방법으로 $S=\frac{1}{2}ab\sin C=\frac{1}{2}bc\sin A$가 성립함을 알 수 있다.

(2) 외접원의 반지름의 길이 R가 주어졌을 때

사인법칙 $\dfrac{a}{\sin A}=2R$에서 $\sin A=\dfrac{a}{2R}$이므로

$$S=\frac{1}{2}bc\sin A=\frac{1}{2}bc\times\frac{a}{2R}=\frac{abc}{4R}$$

한편, 사인법칙 $\dfrac{b}{\sin B}=\dfrac{c}{\sin C}=2R$에서 $b=2R\sin B$, $c=2R\sin C$이므로

$$S=\frac{1}{2}bc\sin A=\frac{1}{2}\times 2R\sin B\times 2R\sin C\times\sin A$$
$$=2R^2\sin A\sin B\sin C$$

▶ 내접원의 반지름의 길이 r가 주어졌을 때의 삼각형의 넓이
삼각형 ABC의 내접원의 중심을 I라 하면

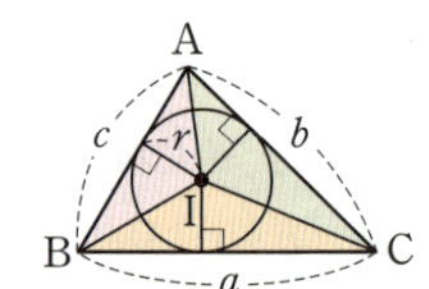

$$S=\triangle BCI+\triangle CAI+\triangle ABI$$
$$=\frac{1}{2}ar+\frac{1}{2}br+\frac{1}{2}cr$$
$$=\frac{1}{2}r(a+b+c)$$
➡ $S=\dfrac{1}{2}r(a+b+c)$

정답 및 해설 29쪽

개념 Check

3. $\overline{AB}=5$, $\overline{AC}=4$, $\angle A=150°$인 삼각형 ABC의 넓이를 구하시오.

개념 ④ 사각형의 넓이

(1) **평행사변형의 넓이**

평행사변형 ABCD에서 이웃하는 두 변의 길이가 각각 a, b이고 그 끼인각의 크기가 θ일 때, 평행사변형 ABCD의 넓이를 S라 하면
$$S=ab\sin\theta$$

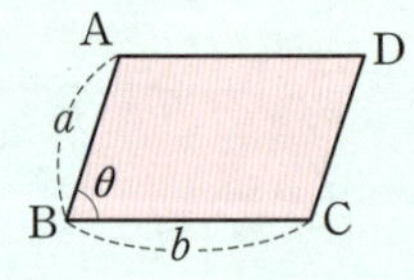

(2) **사각형의 넓이**

사각형 ABCD에서 두 대각선의 길이가 각각 a, b이고 두 대각선이 이루는 각의 크기가 θ일 때, 사각형 ABCD의 넓이를 S라 하면
$$S=\frac{1}{2}ab\sin\theta$$

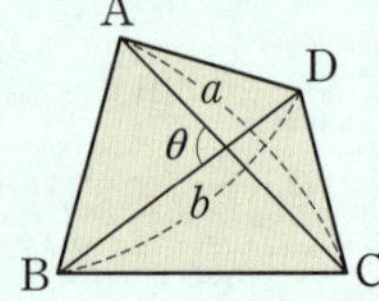

(1) 평행사변형의 넓이

평행사변형 ABCD에서 두 삼각형 ABC와 CDA는 서로 합동
이므로

$$S = \triangle ABC + \triangle CDA = 2 \times \triangle ABC$$
$$= 2 \times \frac{1}{2} ab \sin \theta = ab \sin \theta$$

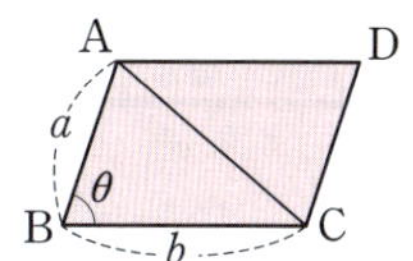

(2) 사각형의 넓이

사각형 ABCD의 대각선 AC에 평행하고 두 꼭짓점 B, D
를 각각 지나는 두 직선과 대각선 BD에 평행하고 두 꼭짓점
A, C를 각각 지나는 두 직선의 교점을 이용하여 평행사변형
PQRS를 만들면

$$\overline{PS} = \overline{BD} = b, \quad \overline{PQ} = \overline{AC} = a, \quad \angle SPQ = \angle DOC = \theta$$

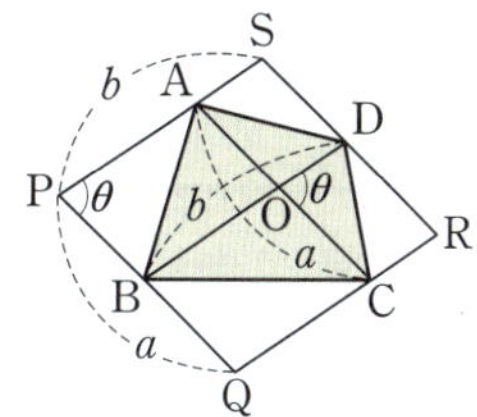

사각형 ABCD의 넓이는 평행사변형 PQRS의 넓이의 $\frac{1}{2}$이

므로

$$S = \frac{1}{2} \times \square PQRS = \frac{1}{2} ab \sin \theta$$

개념 Check

정답 및 해설 29쪽

4. $\overline{AB} = 3$, $\overline{BC} = 4\sqrt{2}$, $\angle ABC = 45°$인 평행사변형 ABCD의 넓이를 구하시오.

Idea ① 사인법칙과 코사인법칙을 통해 삼각형의 정보를 구할 수 있다.

사인법칙과 코사인법칙을 이용하여 삼각형의 변의 길이와 각의 크기에 대한 정보를 구할 수 있다.
만약 사각형이 주어지면 두 개의 삼각형으로 나누어 사인법칙 또는 코사인법칙을 적용하면 된다.

Idea ② 사인법칙과 코사인법칙은 언제 이용할까?

(1) 사인법칙을 이용하는 경우

➡ 각의 크기가 2개 이상 주어지거나 외접원의 반지름의 길이가 주어지는 경우

① 각의 크기 2개와 변의 길이 1개가 주어지면

$$\frac{a}{\sin A} = \frac{b}{\sin B}$$ 를 이용하여 나머지 변의 길이를 구한다.

② 외접원의 반지름의 길이가 주어지면

$$\frac{c}{\sin C} = 2R$$ 를 이용한다.

(2) 코사인법칙을 이용하는 경우

➡ 변의 길이가 2개 이상 주어지는 경우

① 두 변의 길이와 그 끼인각의 크기가 주어지면

$$c^2 = a^2 + b^2 - 2ab \cos C$$ 를 이용하여 나머지 변의 길이를 구한다.

② 세 변의 길이가 주어지면

$$\cos C = \frac{a^2 + b^2 - c^2}{2ab}$$ 을 이용하여 각의 크기에 대한 $\cos$값을 구한다.

• 3점 빈출 •
필수 예제 1 개념 **1**

사인법칙

삼각형 ABC에서 $\overline{AB}=4$, $\angle A=\dfrac{2}{3}\pi$, $\angle B=\dfrac{\pi}{12}$일 때, 선분 BC의 길이는?

① $2\sqrt{5}$　　② $\sqrt{22}$　　③ $2\sqrt{6}$　　④ $\sqrt{26}$　　⑤ $2\sqrt{7}$

수능 link → 이 단원에서 가장 기본적인 법칙으로 단독으로 출제되기도 하고 코사인법칙, 삼각형의 넓이 등과 결합하여 출제되기도 한다.

수능 key → 삼각형 ABC의 외접원의 반지름의 길이를 R라 하면
$$\frac{a}{\sin A}=\frac{b}{\sin B}=\frac{c}{\sin C}=2R$$

1 - 1
▸ 평가원

1 2 3

반지름의 길이가 15인 원에 내접하는 삼각형 ABC에서 $\sin B=\dfrac{7}{10}$일 때, 선분 AC의 길이는?

① 15　　② 18　　③ 21　　④ 24　　⑤ 27

개념 ❶

필수 예제 2 사인법칙 ; 2개의 삼각형이 주어진 경우

그림과 같이 삼각형 ABC와 $\angle BCD = \dfrac{\pi}{2}$, $\overline{BD} = 12$인 삼각형 BCD가 있다. $9 \sin A \sin(B+C) = 4$를 만족시킬 때, 선분 BC의 길이는?

① 5 ② 6 ③ 7
④ 8 ⑤ 9

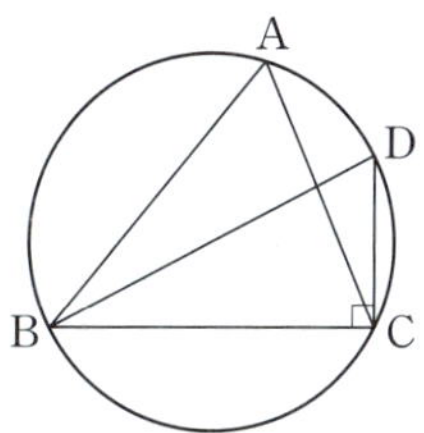

수능 link ▸ 사인법칙을 이용하는 문제는 **필수 예제 1**처럼 단순하게 출제되기도 하지만 2개의 삼각형으로 이루어진 도형 또는 사각형에서 삼각형을 찾아 해결하는 문제로 출제되기도 한다.

수능 key ▸ 주어진 도형에서 삼각형을 찾아 사인법칙을 이용한다.

2 -1

1 2 3

그림과 같이 원에 내접한 사각형 ABCD에 대하여

$$\overline{AB} = 2, \quad \overline{AD} = 3, \quad \sin(\angle ADB) = \dfrac{1}{2}$$

이다. $\sin(\angle ACD)$의 값은?

① $\dfrac{1}{4}$ ② $\dfrac{3}{8}$ ③ $\dfrac{1}{2}$
④ $\dfrac{5}{8}$ ⑤ $\dfrac{3}{4}$

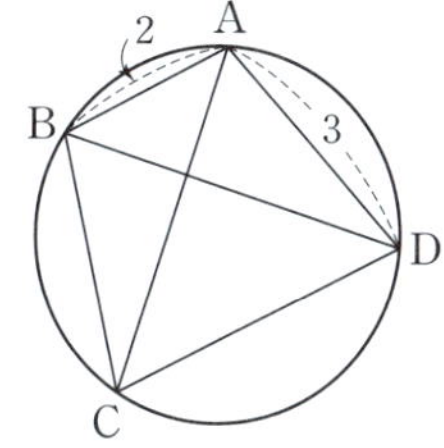

개념 ②

필수 예제 3 코사인법칙

삼각형 ABC에서 $\overline{AB}=\sqrt{7}$, $\overline{BC}=2$, $\overline{CA}=3$일 때, $\sin C$의 값은?

① $\dfrac{1}{2}$ ② $\dfrac{\sqrt{6}}{4}$ ③ $\dfrac{\sqrt{2}}{2}$ ④ $\dfrac{\sqrt{10}}{4}$ ⑤ $\dfrac{\sqrt{3}}{2}$

수능 link ▸ 사인법칙과 함께 이 단원에서 가장 기본적인 법칙으로 단독으로 출제되기도 하고 사인법칙, 삼각형의 넓이 등과 결합하여 출제되기도 한다.

수능 key 삼각형 ABC에 대하여
(1) $a^2=b^2+c^2-2bc\cos A$
(2) $b^2=c^2+a^2-2ca\cos B$
(3) $c^2=a^2+b^2-2ab\cos C$

3-1

1 2 3

$\overline{AC}=3$, $\overline{BC}=4$, $\angle C=\dfrac{\pi}{3}$인 삼각형 ABC의 외접원의 둘레의 길이는?

① $\dfrac{2\sqrt{33}}{3}\pi$ ② $\dfrac{2\sqrt{35}}{3}\pi$ ③ $\dfrac{2\sqrt{37}}{3}\pi$ ④ $\dfrac{2\sqrt{39}}{3}\pi$ ⑤ $\dfrac{2\sqrt{41}}{3}\pi$

• 4점 준비 •

필수 예제 4

개념 ❷

코사인법칙; 2개의 삼각형이 주어진 경우

그림과 같이 $\overline{AB}=\overline{AC}=4$인 삼각형 ABC가 있다. 변 BC 위의 점 D가 $\overline{BD}=3$, $\overline{CD}=2$를 만족시킬 때, 선분 AD의 길이는?

① $\sqrt{10}$ ② $\sqrt{11}$ ③ $2\sqrt{3}$
④ $\sqrt{13}$ ⑤ $\sqrt{14}$

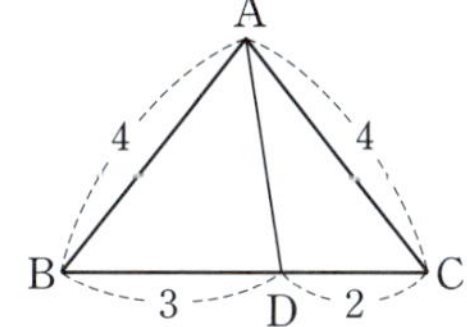

수능 link · 사인법칙과 마찬가지로 2개의 삼각형으로 이루어진 도형 또는 사각형에서 삼각형을 찾아 해결하는 문제로 출제되기도 한다.
사인법칙도 사용해야 해결할 수 있는 문항이 많아 4점 문항으로 종종 출제된다.

수능 key · 주어진 도형에서 삼각형을 찾아 코사인법칙을 이용한다.

4 -1

1 2 3

그림과 같이 $\overline{AB}=4$, $\overline{BC}=2$, $\overline{AC}=3$인 삼각형 ABC가 있다. 삼각형 ABC의 외부에 $\overline{BC}=\overline{CD}$, $\angle CAB=\angle CAD$가 되도록 점 D를 잡을 때, 선분 AD의 길이는? (단, $\overline{AB}>\overline{AD}$)

① $\dfrac{1}{4}$ ② $\dfrac{1}{2}$ ③ $\dfrac{3}{4}$
④ 1 ⑤ $\dfrac{5}{4}$

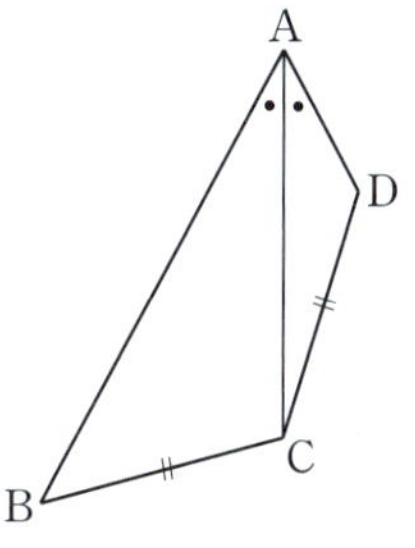

개념 ❸

필수 예제 5 삼각형의 넓이

$\overline{AC}=4$, $\overline{BC}=6$, $A=\dfrac{\pi}{3}$인 삼각형 ABC의 넓이는?

① $2\sqrt{2}+6$　　② $4\sqrt{2}+2\sqrt{3}$　　③ $4\sqrt{2}+4$　　④ $6\sqrt{2}+2\sqrt{3}$　　⑤ $6\sqrt{2}+4$

수능 link ▶ 단독으로 출제되기보다는 사인법칙, 코사인법칙 등을 함께 이용하여 해결하는 문제로 출제된다.

수능 key 삼각형 ABC의 넓이를 S라 하면

(1) 두 변의 길이와 그 끼인각의 크기가 주어진 경우

➡ $S=\dfrac{1}{2}bc\sin A=\dfrac{1}{2}ca\sin B=\dfrac{1}{2}ab\sin C$

(2) 외접원의 반지름의 길이 R가 주어진 경우

➡ $S=\dfrac{abc}{4R}=2R^2\sin A\sin B\sin C$

(3) 내접원의 반지름의 길이 r가 주어진 경우

➡ $S=\dfrac{1}{2}r(a+b+c)$

1 2 3

5 -1

▶ 교육청

$\overline{AB}=2$, $\overline{AC}=\sqrt{7}$인 예각삼각형 ABC의 넓이가 $\sqrt{6}$이다. $\angle A=\theta$일 때, $\sin\left(\dfrac{\pi}{2}+\theta\right)$의 값은?

① $\dfrac{\sqrt{3}}{7}$　　② $\dfrac{2}{7}$　　③ $\dfrac{\sqrt{5}}{7}$　　④ $\dfrac{\sqrt{6}}{7}$　　⑤ $\dfrac{\sqrt{7}}{7}$

필수 예제 6 사각형의 넓이

그림과 같이 $\overline{AB}=3$, $\overline{AD}=4$인 평행사변형 ABCD에 대하여 $\cos(\angle ABC)=\dfrac{\sqrt{7}}{4}$일 때, 평행사변형 ABCD의 넓이는?

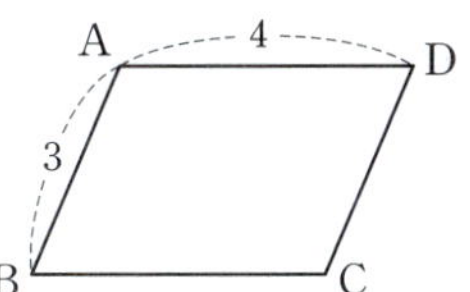

① 8   ② 9   ③ 10

④ 11   ⑤ 12

수능 link 단독으로 출제되기보다는 문제의 마지막 답을 구하는 과정에서 사각형의 넓이를 구하는 경우가 종종 있다. 사각형은 삼각형 두 개로 쪼개서 생각하면 편한 경우가 많다.

수능 key 사각형 ABCD의 넓이를 S라 하면

(1) 두 개의 삼각형으로 나누어 각각의 삼각형의 넓이 S_1, S_2를 구한다.

   ➡ $S=S_1+S_2$

(2) 평행사변형의 이웃하는 두 변의 길이 a, b와 그 끼인각의 크기 θ가 주어진 경우

   ➡ $S=ab\sin\theta$

(3) 두 대각선의 길이 a, b와 두 대각선이 이루는 각의 크기 θ가 주어진 경우

   ➡ $S=\dfrac{1}{2}ab\sin\theta$

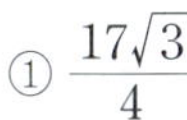 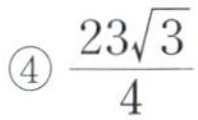

6-1 그림과 같이 원에 내접하는 사각형 ABCD에 대하여 $\overline{AB}=\overline{BC}=3$, $\overline{CD}=2$, $\angle BCD=\dfrac{2}{3}\pi$일 때, 사각형 ABCD의 넓이는?

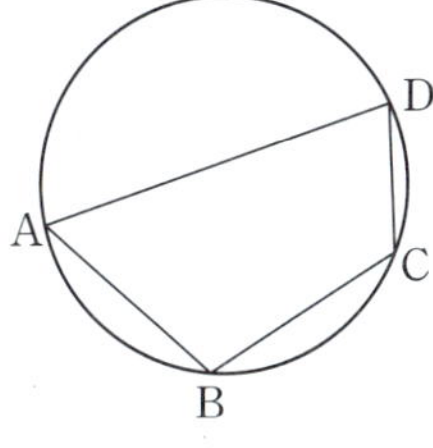

① $\dfrac{17\sqrt{3}}{4}$ ② $\dfrac{19\sqrt{3}}{4}$ ③ $\dfrac{21\sqrt{3}}{4}$

④ $\dfrac{23\sqrt{3}}{4}$ ⑤ $\dfrac{25\sqrt{3}}{4}$

1 [1 2 3]

필수 예제 [1]

반지름의 길이가 5인 원에 내접하는 삼각형 ABC에 대하여 $\sin A + \sin B + \sin C = 2$일 때, 삼각형 ABC의 둘레의 길이는?

① 16   ② 17   ③ 18

④ 19   ⑤ 20

2 [1 2 3]

필수 예제 [2]

그림과 같이 원 위의 네 점 A, B, C, D에 대하여 $\overline{AD}=4$, $\angle ABC = \dfrac{\pi}{2}$이고 $\angle ABD = \theta$일 때, $\sin\theta = \dfrac{2}{3}$이다. 선분 CD의 길이는? $\left(\text{단, } 0 < \theta < \dfrac{\pi}{2}\right)$

① 2   ② $2\sqrt{2}$ ③ $2\sqrt{3}$

④ 4   ⑤ $2\sqrt{5}$

3 [1 2 3]

필수 예제 [3]

반지름의 길이가 2인 원에 내접하는 삼각형 ABC에 대하여 $\overline{AC}=2$, $\overline{BC}=2\sqrt{3}$일 때, 선분 AB의 길이는? $\left(\text{단, } 0 < \angle A < \dfrac{\pi}{2}\right)$

① 1   ② 2   ③ 3

④ 4   ⑤ 5

4 [1 2 3]

필수 예제 [4]

그림과 같이 원에 내접한 사각형 ABCD에 대하여 $\overline{AB}=2$, $\overline{AD}=\overline{CD}=4$, $\angle BCD = \dfrac{\pi}{3}$이다. 선분 BC의 길이는?

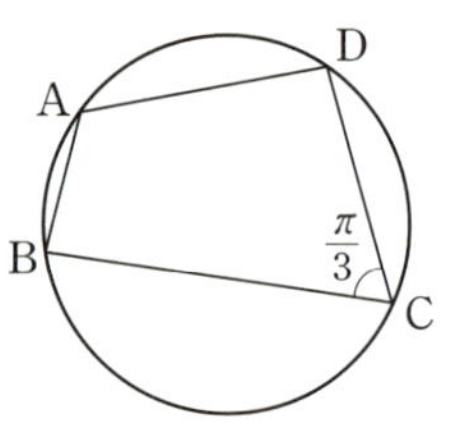

① $\dfrac{23}{4}$ ② 6   ③ $\dfrac{25}{4}$

④ $\dfrac{13}{2}$ ⑤ $\dfrac{27}{4}$

5 　1 2 3　필수 예제 4

그림과 같이 원 위의 네 점 A, B, C, D에 대하여 $\overline{AC}=4$, $\overline{AD}=2$, $\overline{CD}=3$이고, 선분 AB는 원의 지름이다. 삼각형 ABD의 넓이는?

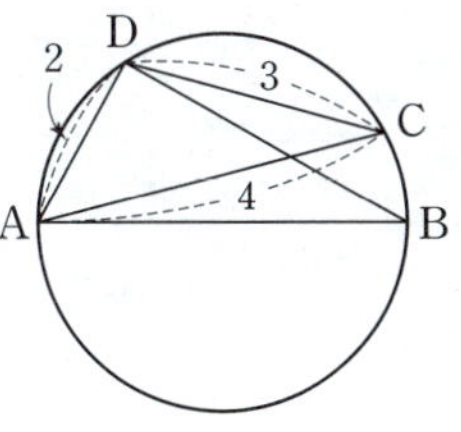

① $\dfrac{11\sqrt{15}}{15}$ 　② $\dfrac{4\sqrt{15}}{5}$ 　③ $\dfrac{13\sqrt{15}}{15}$

④ $\dfrac{14\sqrt{15}}{15}$ 　⑤ $\sqrt{15}$

6 　1 2 3　필수 예제 5

삼각형 ABC에서 $\overline{BC}=3$, $\angle A=60°$이고 넓이가 $\dfrac{9\sqrt{3}}{4}$일 때, 삼각형 ABC의 둘레의 길이는?

① 6 　② 7 　③ 8

④ 9 　⑤ 10

7 　1 2 3　필수 예제 6

그림과 같이 $\overline{AB}=2$, $\overline{BC}=4$인 평행사변형 ABCD의 넓이가 7일 때, $\sin(\angle BAD)$의 값은?

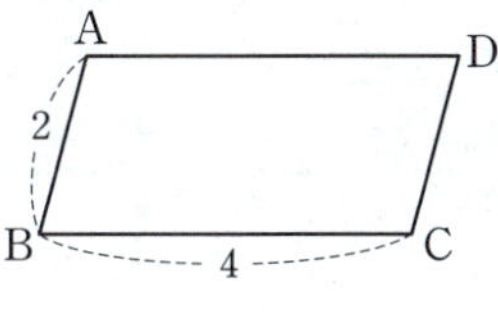

① $\dfrac{3}{8}$ 　② $\dfrac{1}{2}$ 　③ $\dfrac{5}{8}$

④ $\dfrac{3}{4}$ 　⑤ $\dfrac{7}{8}$

기출문제

▶ 교육청

8 　1 2 3　필수 예제 5

그림과 같이 중심각의 크기가 $\dfrac{\pi}{3}$인 부채꼴 OAB에서 선분 OA를 $3:1$로 내분하는 점을 P, 선분 OB를 $1:2$로 내분하는 점을 Q라 하자. 삼각형 OPQ의 넓이가 $4\sqrt{3}$일 때, 호 AB의 길이는?

① $\dfrac{5}{3}\pi$ 　② 2π 　③ $\dfrac{7}{3}\pi$

④ $\dfrac{8}{3}\pi$ 　⑤ 3π

Ⅲ 수열

01 등차수열

02 등비수열

03 수열의 합

04 수학적 귀납법

단원	수능 경향	대비 방법
01 등차수열	• 등차수열 또는 등비수열의 일반항을 구한 후 특정한 항을 구하는 간단한 3점 문제가 자주 출제된다. • 등차수열 또는 등비수열의 합을 이용한 문제는 쉽게 출제되기도 하지만 다른 단원과 결합하여 4점 문제로 출제되기도 한다.	• 주어진 조건을 이용하여 등차수열 또는 등비수열의 일반항을 구할 수 있어야 한다. • 등차수열의 합, 등비수열의 합 공식을 정확히 알고 사용할 수 있어야 한다. • 수열의 합과 일반항 사이의 관계를 식으로 외우기보다는 의미를 이해하여 적용할 수 있어야 한다.
02 등비수열		
03 수열의 합	• $\sum$의 정의와 성질을 이용한 계산 문제가 출제된다. • 빈칸 추론 문제가 $\sum$와 결합하여 출제될 가능성이 높다.	• $\sum$의 정의와 성질을 이해하고 자연수의 거듭제곱의 합 공식을 정확히 알고 있어야 한다. • 등차수열의 합 또는 등비수열의 합과 $\sum$의 사이의 관계를 파악할 수 있어야 한다.
04 수학적 귀납법	• 수열의 귀납적 정의를 이용하여 a_n의 값을 구하는 문제는 간단한 3점 문제, 고난도 4점 문제 모두 출제되고 있다.	• 두 항 사이의 관계식이 주어지면 몇 개의 항을 직접 대입하여 규칙성을 찾을 수 있어야 한다. • 수학적 귀납법은 증명 방법을 외우기보다는 앞뒤 관계를 살피는 연습을 해야한다.

01 등차수열

개념 ① 수열의 일반항

1 수열

2, 4, 6, 8, 10, …과 같이 차례대로 나열한 수의 열을 **수열**이라 하고, 수열을 이루고 있는 각각의 수를 그 수열의 **항**이라 한다.

이때 수열의 각 항을 앞에서부터 차례대로

첫째항, 둘째항, 셋째항, …, n째항, … 또는

제1항, 제2항, 제3항, …, 제n항, …

이라 한다.

2 수열의 일반항

일반적으로 수열을 a_1, a_2, a_3, …, a_n, …과 같이 나타내고, 제n항 a_n을 이 수열의 **일반항**이라 한다.

또한, 일반항이 a_n인 수열을 간단히 기호로 $\{a_n\}$과 같이 나타낸다.

> ▶ 규칙 없이 수를 나열하는 것도 수열이지만 여기서는 규칙이 있는 수열만 다룬다.

수열

수열 $\{a_n\}$의 각 항 a_1, a_2, a_3, …, a_n, …은 자연수 1, 2, 3, …, n, …에 차례대로 대응하여 정해지므로 수열은 정의역이 자연수 전체의 집합 N, 공역이 실수 전체의 집합 R인 함수

$$f : N \longrightarrow R, \ f(n)=a_n$$

으로 생각할 수 있다.

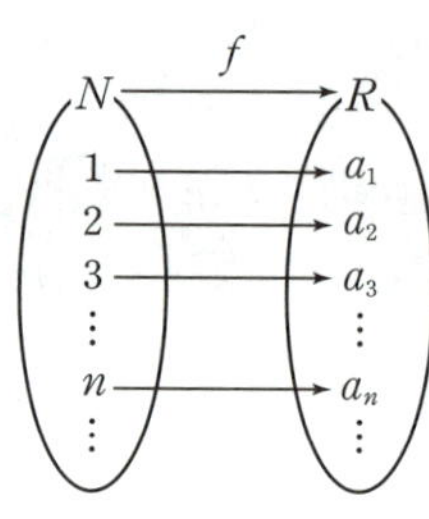

수열의 일반항

일반항 a_n이 n에 대한 식으로 주어지면 n에 자연수 1, 2, 3, …을 차례대로 대입하여 수열 $\{a_n\}$의 모든 항을 구할 수 있다.

> 설명 예시 수열 $\{a_n\}$의 일반항을 $a_n=2n+1$이라 하면
> $a_1=2\times1+1=3$, $a_2=2\times2+1=5$, $a_3=2\times3+1=7$, …
> ➡ $\{a_n\}$: 3, 5, 7, …

개념 ② 등차수열

1 등차수열

첫째항부터 차례대로 일정한 수를 더하여 만든 수열을 **등차수열**이라 하고, 더하는 일정한 수를 **공차**라 한다.

등차수열 $\{a_n\}$의 공차를 d라 할 때, 다음과 같은 관계가 성립한다.

$$a_{n+1}=a_n+d \ \text{또는} \ a_{n+1}-a_n=d \ (\text{단}, \ n=1, 2, 3, \cdots)$$

2 등차수열의 일반항

첫째항이 a, 공차가 d인 등차수열의 일반항 a_n은 다음과 같다.

$$a_n=a+(n-1)d \ (\text{단}, \ n=1, 2, 3, \cdots)$$

> ▶ 공차는 영어로 'common difference'이고, 보통 d로 나타낸다.

등차수열

수열 2, 5, 8, 11, 14, …는 첫째항이 2, 공차가 3인 등차수열이다. 이때

$$5-2=8-5=11-8=14-11=\cdots=3$$

등차수열의 일반항

첫째항이 a, 공차가 d인 등차수열 $\{a_n\}$의 각 항은

$$a_1=a \qquad\qquad\qquad\; \Rightarrow\; a_1=a+(\mathbf{1}-1)d$$
$$a_2=a_1+d=a+d \qquad\quad \Rightarrow\; a_2=a+(\mathbf{2}-1)d$$
$$a_3=a_2+d=(a+d)+d=a+2d \;\; \Rightarrow\; a_3=a+(\mathbf{3}-1)d$$
$$a_4=a_3+d=(a+2d)+d=a+3d \;\; \Rightarrow\; a_4=a+(\mathbf{4}-1)d$$
$$\vdots \qquad\qquad\qquad\qquad\qquad \vdots$$

따라서 등차수열의 일반항 a_n은

$$a_n=a+(n-1)d$$

[참고] $a_n=An+B$ (A, B는 상수) 꼴로 이루어진 수열 $\{a_n\}$은 첫째항이 $A+B$, 공차가 A인 등차수열이다.

개념 Check

정답 및 해설 32쪽

1. 등차수열 $\{a_n\}$에 대하여 $a_4=9$, $a_7=15$일 때, a_{11}의 값을 구하시오.

개념 ③ 등차중항

세 수 a, b, c가 이 순서대로 등차수열을 이룰 때, b를 a와 c의 **등차중항**이라 한다.
이때 다음이 성립한다.

$$b=\frac{a+c}{2}$$

세 수 a, b, c가 이 순서대로 등차수열을 이루면 이웃하는 두 항의 차가 일정하므로

$$b-a=c-b,\; 2b=a+c \qquad \therefore\; b=\frac{a+c}{2}$$

개념 Check

정답 및 해설 32쪽

2. 세 수 -4, x, $3x$가 이 순서대로 등차수열을 이룰 때, x의 값을 구하시오.

개념 ④ 등차수열의 합

등차수열의 첫째항부터 제n항까지의 합 S_n은 다음과 같다.

(1) 첫째항이 a, 제n항이 l일 때

$$S_n=\frac{n(a+l)}{2} \qquad \leftarrow \text{제}n\text{항을 알 때}$$

(2) 첫째항이 a, 공차가 d일 때

$$S_n=\frac{n\{2a+(n-1)d\}}{2} \qquad \leftarrow \text{공차를 알 때}$$

▶ 등차수열 $\{a_n\}$의 일반항은
① $d=0$일 때: 상수
② $d\neq0$일 때: n에 대한 일차식

첫째항이 a, 공차가 d인 등차수열의 제n항을 l이라 할 때, 첫째항부터 제n항까지의 합을 S_n이라 하면

$$S_n=a+(a+d)+(a+2d)+\cdots+(l-2d)+(l-d)+l \quad \cdots\cdots \text{㉠}$$

㉠의 우변의 각 항의 순서를 거꾸로 나열하면

$$S_n=l+(l-d)+(l-2d)+\cdots+(a+2d)+(a+d)+a \quad \cdots\cdots \text{㉡}$$

㉠, ㉡을 변끼리 더하면

$$2S_n=(a+l)+(a+l)+(a+l)+\cdots$$
$$+(a+l)+(a+l)+(a+l)$$
$$=n(a+l)$$
$$\therefore S_n=\frac{n(a+l)}{2} \quad \cdots\cdots \text{㉢}$$

이때 $l=a+(n-1)d$이므로 ㉢에서

$$S_n=\frac{n\{a+a+(n-1)d\}}{2}=\frac{n\{2a+(n-1)d\}}{2}$$

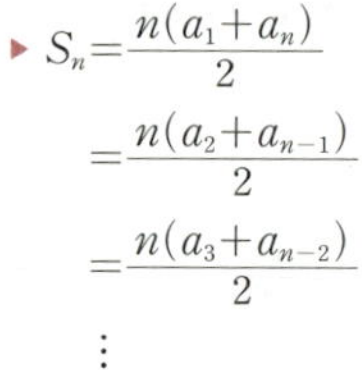

▶ $S_n=\dfrac{n(a_1+a_n)}{2}$
$=\dfrac{n(a_2+a_{n-1})}{2}$
$=\dfrac{n(a_3+a_{n-2})}{2}$
$\vdots$

개념 Check

정답 및 해설 32쪽

3. 등차수열 $\{a_n\}$의 일반항이 $a_n=2n+1$일 때, 첫째항부터 제10항까지의 합을 구하시오.

개념 ⑤ 수열의 합과 일반항 사이의 관계

> 수열 $\{a_n\}$의 첫째항부터 제n항까지의 합을 S_n이라 하면 다음이 성립한다.
> $$a_1=S_1, \quad a_n=S_n-S_{n-1} \, (n\geq 2)$$

▶ 수열의 합과 일반항 사이의 관계는 모든 수열에 대하여 성립한다.

수열 $\{a_n\}$의 첫째항부터 제n항까지의 합을 S_n이라 하면

(ⅰ) $n=1$일 때
$$S_1=a_1$$

(ⅱ) $n\geq 2$일 때
$$S_2=a_1+a_2=S_1+a_2$$
$$S_3=a_1+a_2+a_3=S_2+a_3$$
$$\vdots$$
$$S_n=a_1+a_2+a_3+\cdots+a_{n-1}+a_n=S_{n-1}+a_n$$
$$\therefore a_n=S_n-S_{n-1}$$

(ⅰ), (ⅱ)에서 $a_1=S_1$, $a_n=S_n-S_{n-1} \, (n\geq 2)$

주의 S_n을 이용하여 일반항 a_n을 구할 때에는 (ⅰ)에서 구한 a_1과 (ⅱ)에서 구한 a_n에 $n=1$을 대입하여 얻은 a_1이 일치하는지 반드시 확인한다.

개념 Check

정답 및 해설 32쪽

▶ $S_n=An^2+Bn+C$
$(A,\ B,\ C$는 상수$)$
일 때
① $C=0$이면 첫째항부터 등차수열을 이룬다.
② $C\neq 0$이면 둘째항부터 등차수열을 이룬다.

4. 수열 $\{a_n\}$의 첫째항부터 제n항까지의 합 S_n이 다음과 같을 때, 수열 $\{a_n\}$의 일반항을 구하시오.

(1) $S_n=n^2+2n$

(2) $S_n=n^2+2n-1$

Idea ① 등차수열의 기준이 항상 첫째항일 필요는 없다.

등차수열의 일반항 $a_n=a_1+(n-1)d$의 식을 무조건 암기하려 하지만 말고, 그 의미를 파악하도록 하자.

그래야 상황에 따른 적절한 식의 변형과 생소한 문항에 대한 유연한 대처가 가능하다.

예를 들어

$a_7=a_1+6d$의 의미는 첫째항 a_1을 기준으로 공차 d가 6개 더해져야 한다는 것인데 이해를 돕고자 실생활에 적용해 보자.

건물 1층(a_1)에 있는 내가 7층(a_7)까지 올라가기 위해서는 6층($6d$)를 올라가면 된다.

그런데 내가 3층에서 출발한다면 7층까지 몇 층을 올라가면 될까? 4층이다.

이것을 식으로 나타내면 $a_7=a_3+4d$라 표현할 수 있다.

이번에는 내가 10층에서 출발한다면 7층까지 몇 층을 내려가면 될까? 3층이다.

이것을 식으로 나타내면 $a_7=a_{10}-3d$라 표현할 수 있다.

이렇게 등차수열의 일반항은 항상 a_1을 기준으로 삼을 필요 없이 문제에서 주어지는 조건에 따라 기준을 잡고, 그 기준에서 얼마만큼의 공차가 더해지거나 빼지는지를 확인하여 구할 수 있다.

➡ $a_n=a_1+(n-1)d$
$=a_2+(n-2)d$
$=a_3+(n-3)d$
$=a_m+(n-m)d$

Idea ② 등차수열의 두 항을 빼면 공차를 구할 수 있다.

내가 7층에 있을 때, 4층으로 가려면 3층을 내려가야 하는 것을 수식으로

$a_7-a_4=3d$

로 생각할 수 있다.

Idea ① 에서 구한 등차수열의 일반항 $a_n=a_1+(n-1)d=a_m+(n-m)d$에서

$a_n-a_1=(n-1)d,$

$a_n-a_m=(n-m)d$

임을 알 수 있다.

예를 들어

$a_7=a_3+4d$에서 $a_7-a_3=4d,$

$a_{10}=a_8+2d$에서 $a_{10}-a_8=2d$

Idea ③ 등차수열의 재구성

두 등차수열 $\{a_n\}$, $\{b_n\}$의 일반항을 각각 $a_n=a_1+(n-1)d_a$, $b_n=b_1+(n-1)d_b$라 하자.

⑴ 두 등차수열의 합 또는 차로 이루어진 수열도 등차수열이다.

수열 $\{a_n\pm b_n\}$은 첫째항이 $a_1\pm b_1$이고, 공차가 $d_a\pm d_b$인 등차수열이다. (복부호동순)

⑵ 같은 간격의 항끼리 이루어진 수열도 등차수열이다.

① 수열 $a_1,\ a_3,\ a_5,\ \cdots$는 공차가 $2d_a$인 등차수열이다.

② 수열 $a_2,\ a_5,\ a_8,\ \cdots$은 공차가 $3d_a$인 등차수열이다.

③ 수열 $a_{10},\ a_{20},\ a_{30},\ \cdots$은 공차가 $10d_a$인 등차수열이다.

(3) 연속하는 같은 개수의 항들의 합으로 이루어진 수열도 등차수열이다.

   ① 수열 (a_1+a_2), (a_3+a_4), (a_5+a_6), $\cdots$은 공차가 $4d_a$인 등차수열이다.

   ② 수열 $(a_1+a_2+a_3)$, $(a_4+a_5+a_6)$, $(a_7+a_8+a_9)$, $\cdots$는 공차가 $9d_a$인 등차수열이다.

Idea ④   등차수열의 합 공식은 $S_n=\dfrac{\text{항(초+말)}}{2}$ 만 잘 기억하자.

우리는 등차수열의 합 공식으로 다음의 두 가지를 배웠다.

$$S_n=\frac{n(a+l)}{2}$$

과

$$S_n=\frac{n\{2a+(n-1)d\}}{2}$$

의미를 알지 못한 채 공식을 외우려고 하면 서로 다른 공식처럼 보여서 문제마다 어떤 공식을 써야 하는지 고민하는 순간이 올 수 있는데, 결국 두 식은 같은 식임을 이해하는 것이 중요하다.

$S_n=\dfrac{n(a+l)}{2}$ 에서 l의 의미는 마지막 항, 즉 n번째 항을 뜻하고, 제n항은 $a_n=a+(n-1)d$이므로 이를 대입하면

$$S_n=\frac{n(a+l)}{2}$$

$$=\frac{n\{a+a+(n-1)d\}}{2}$$

$$=\frac{n\{2a+(n-1)d\}}{2}$$

임을 알 수 있다.

따라서 우리는 $S_n=\dfrac{\text{항(초+말)}}{2}$ 만 잘 기억하고, 상황에 따라 이 식을 변형하는 연습을 하자.

한글로 많이 읽고 익숙해지는 것이 중요하다!

• 3점 빈출 •
필수 예제 1

▶ 수능

등차수열의 항; 관계식이 주어진 경우

등차수열 $\{a_n\}$에 대하여 $a_2=6$, $a_4+a_6=36$일 때, a_{10}의 값은?

① 30　　　② 32　　　③ 34　　　④ 36　　　⑤ 38

수능 link ·─ 등차수열의 특정한 항의 값이 주어지거나 두 항 사이의 관계식이 주어지고, 이를 이용하여 첫째항과 공차를 각각 구한 후 해결하는 문제가 3점 문제로 자주 출제된다.

수능 key ·─ 등차수열의 항에 대한 관계식이 주어지면

➡ 각 항을 첫째항과 공차로 나타낸 후 연립하여 첫째항과 공차를 각각 구한다.

[참고] **등차수열의 일반항**
　첫째항이 a, 공차가 d인 등차수열의 일반항 a_n은 다음과 같다.
　　$a_n=a+(n-1)d$

---

1 -1

［ 1 2 3 ］

등차수열 $\{a_n\}$에 대하여 $a_3=5$, $a_{11}=29$일 때, $a_k=47$을 만족시키는 자연수 k의 값은?

① 15　　　② 17　　　③ 19　　　④ 21　　　⑤ 23

개념 ❷

필수 예제 2 등차수열의 항; 범위를 만족시키는 경우

▶ 평가원

등차수열 $\{a_n\}$에 대하여

$$a_1 = a_3 + 8, \ 2a_4 - 3a_6 = 3$$

일 때, $a_k < 0$을 만족시키는 자연수 k의 최솟값은?

① 8　　　　② 10　　　　③ 12　　　　④ 14　　　　⑤ 16

수능 link

필수 예제 [1]과 동일한 유형으로 수능에 종종 출제된다.
주어진 조건에서 첫째항과 공차를 각각 구하여 등차수열의 일반항으로 나타낼 수 있어야 한다.

수능 key

$a_k > t$ (t는 실수)를 만족시키는 자연수 k의 최댓값 또는 최솟값
➡ a_k를 k에 대한 식으로 나타낸 후 부등식을 푼다.

2-1

등차수열 $\{a_n\}$에 대하여

$$a_1 + a_2 + a_3 = -12, \ a_4 + a_5 + a_6 = 51$$

일 때, $a_k < 100$을 만족시키는 자연수 k의 최댓값은?

① 16　　　　② 17　　　　③ 18　　　　④ 19　　　　⑤ 20

개념 ②

필수 예제 3 두 수 사이에 수를 넣어 만든 등차수열

-5와 58 사이에 n개의 수 a_1, a_2, a_3, $\cdots$, a_n을 넣어 만든 수열

$$-5,\ a_1,\ a_2,\ a_3,\ \cdots,\ a_n,\ 58$$

이 이 순서대로 공차가 3인 등차수열을 이룰 때, n의 값은?

① 16　　　② 17　　　③ 18　　　④ 19　　　⑤ 20

수능 link ▸ 공차의 의미를 제대로 이해하고 있는지 물어보는 문제이다.
무작정 공식에 대입하려고 하기보다는 공차의 정보를 사용하기 위해서 문제에서 주어진 수가 몇 번째 항인지 파악하는 것이 중요하다.

수능 key ▸ 두 수 a, b 사이에 n개의 수를 넣어 만든 등차수열의 공차를 d라 하면
➡ 첫째항: a, 제$(n+2)$항: $b = a + (n+1)d$

3 -1

1　2　3

-1과 43 사이에 10개의 수 a_1, a_2, a_3, $\cdots$, a_{10}을 넣어 만든 수열

$$-1,\ a_1,\ a_2,\ a_3,\ \cdots,\ a_{10},\ 43$$

이 이 순서대로 등차수열을 이룰 때, a_7의 값은?

① 26　　　② 27　　　③ 28　　　④ 29　　　⑤ 30

개념 ❸

필수 예제 4 등차중항

네 수

$$-3,\ x,\ y,\ -12$$

가 이 순서대로 등차수열을 이룰 때, $x-y$의 값은?

① 1   ② 2   ③ 3   ④ 4   ⑤ 5

수능 link — 등차중항을 이용하여 문자들 사이의 관계식을 구하고, 이를 연립하여 해결하는 문제가 종종 출제된다.
특히, 등비중항, 지수와 로그, 이차방정식 등과 결합하여 출제되기도 한다.

수능 key — 세 수가 등차수열을 이루면
➡ 등차중항을 이용하여 관계식을 구한다.

[참고] **등차중항**
세 수 a, b, c가 이 순서대로 등차수열을 이룰 때
$$b=\frac{a+c}{2}$$

4-1

1 2 3

세 수

$$1,\ \log_9 a,\ 2\log_3 4$$

가 이 순서대로 등차수열을 이룰 때, 상수 a의 값은?

① 48   ② 49   ③ 50   ④ 51   ⑤ 52

개념 ❸

필수 예제 5 등차수열을 이루는 수

세 수 x, y, z는 이 순서대로 등차수열을 이루고
$$x+y+z=24, \ xyz=440$$
이다. $|x-z|$의 값은?

① 6　　　② 7　　　③ 8　　　④ 9　　　⑤ 10

수능 link

필수 예제 4와 같이 등차중항을 이용하거나, 대칭성의 느낌을 살려 공차를 이용하여 미지수를 새롭게 설정해서 계산하는 문제가 종종 출제된다.
이 유형에서는 합에 대한 조건이 주어지는 경우가 많은데, 이를 이용할 수 있도록 각 수를 대칭되게 나타내는 것이 중요하다.

수능 key

(1) 세 수가 등차수열을 이룰 때 ➡ 세 수를 각각 $a-d$, a, $a+d$로 놓는다.
(2) 네 수가 등차수열을 이룰 때 ➡ 네 수를 각각 $a-3d$, $a-d$, $a+d$, $a+3d$로 놓는다.

1 2 3

5-1

네 수 x, y, z, w는 이 순서대로 등차수열을 이루고
$$x+y+z+w=36, \ x^2+y^2+z^2+w^2=824$$
이다. y^2+z^2의 값은?

① 200　　　② 206　　　③ 212　　　④ 218　　　⑤ 224

• 3점 빈출 •

필수 예제 6 개념 ❹

등차수열의 합

$a_2=4$, $a_6=28$인 등차수열 $\{a_n\}$의 첫째항부터 제10항까지의 합은?

① 210　　　② 220　　　③ 230　　　④ 240　　　⑤ 250

수능 link ▸ 등차수열의 합의 유형은 매우 중요하다.
등차수열 단원뿐만 아니라 수열의 합 단원에서도 자주 출제되기 때문에 등차수열의 합을 구하는 공식과 원리 등을 정확히 이해하고 익혀두도록 하자.

수능 key ▸ 등차수열의 첫째항부터 제n항까지의 합 S_n은

(1) 첫째항이 a, 제n항이 l일 때 ➡ $S_n=\dfrac{n(a+l)}{2}$

(2) 첫째항이 a, 공차가 d일 때 ➡ $S_n=\dfrac{n\{2a+(n-1)d\}}{2}$

6-1

　1　2　3

등차수열 $\{a_n\}$에 대하여 $a_3=3a_6$, $a_5=a_{10}+10$이다. 첫째항부터 제n항까지의 합을 S_n이라 할 때, $S_k+95<0$을 만족시키는 자연수 k의 최솟값은?

① 18　　　② 19　　　③ 20　　　④ 21　　　⑤ 22

• 4점 준비 •

필수 예제 7 개념 ❹

등차수열의 합이 주어진 경우

등차수열 $\{a_n\}$의 첫째항부터 제n항까지의 합을 S_n이라 할 때, $S_{10}=110$, $S_{20}=420$이다. S_{30}의 값은?

① 910　　② 920　　③ 930　　④ 940　　⑤ 950

수능 link → 등차수열의 합을 구하는 기본 공식뿐만 아니라 등차수열의 여러 가지 성질에 대해서도 물어보는 문제들이 종종 출제된다.

수능 key → 등차수열의 합이 주어지면
➡ 등차수열의 합 공식을 이용하여 첫째항과 공차를 각각 구한다.

7-1

1 2 3

등차수열 $\{a_n\}$의 첫째항부터 제n항까지의 합을 S_n이라 할 때, $S_8=80$, $S_{12}=168$이다. $a_{16}+a_{17}+a_{18}+a_{19}+a_{20}$의 값은?

① 140　　② 155　　③ 170　　④ 185　　⑤ 200

개념 ❹

필수 예제 8 — 등차수열의 합의 최대·최소

▶ 교육청

등차수열 $\{a_n\}$에 대하여

$$a_3=26,\ a_9=8$$

일 때, 첫째항부터 제n항까지의 합이 최대가 되도록 하는 자연수 n의 값은?

① 11　　　② 12　　　③ 13　　　④ 14　　　⑤ 15

수능 link — 단독으로 출제되기도 하고, 고난도 문제에서 하나의 조건으로 주어지기도 한다.

필수 예제 ②에서 수열의 합의 개념만 추가된 것이므로 최대·최소가 되는 상황을 이해하는 데 초점을 두자.

수능 key
(1) (첫째항)>0, (공차)<0인 경우
　➡ 첫째항부터 마지막 양수인 항 또는 0인 항까지의 합이 최대
(2) (첫째항)<0, (공차)>0인 경우
　➡ 첫째항부터 마지막 음수인 항 또는 0인 항까지의 합이 최소

---

8 -1

① ② ③

등차수열 $\{a_n\}$의 첫째항부터 제n항까지의 합을 S_n이라 하자.

$$a_{14}=11,\ S_1=-15$$

일 때, S_n의 최솟값은?

① -65　　　② -64　　　③ -63　　　④ -62　　　⑤ -61

• 4점 준비 •
필수 예제 9 — 수열의 합과 일반항 사이의 관계

▶ 교육청

수열 $\{a_n\}$의 첫째항부터 제n항까지의 합 S_n이 $S_n = n + 2^n$일 때, a_6의 값은?

① 31 ② 33 ③ 35 ④ 37 ⑤ 39

수능 link → 위와 같은 형태로 출제되기도 하지만, 4점 문제에서 새롭게 정의된 수열의 합 S_n에 대한 관계식이 주어지고 수열의 일반항을 구하여 해결하는 형태로 출제되기도 한다.

수능 key → 수열 $\{a_n\}$의 첫째항부터 제n항까지의 합을 S_n이라 하면

➡ $a_1 = S_1$, $a_n = S_n - S_{n-1}$ $(n \geq 2)$

---

1 2 3

9-1 수열 $\{a_n\}$의 첫째항부터 제n항까지의 합 S_n이 $S_n = -n^2 + 12n + 5$일 때, $a_1 + a_3 + a_5$의 값을 구하시오.

단원 마무리

01 등차수열

1 $\boxed{1\ 2\ 3}$

필수 예제 <u>1</u>

등차수열 $\{a_n\}$에 대하여
$$a_4-a_1=9,\ 5a_3=2a_7$$
일 때, a_{11}의 값은?

① 30 ② 32 ③ 34

④ 36 ⑤ 38

2 $\boxed{1\ 2\ 3}$

필수 예제 <u>2</u>

등차수열 $\{a_n\}$에 대하여
$$a_6=14,\ a_{10}=26$$
일 때, $10\le a_k<100$을 만족시키는 자연수 k의 개수는?

① 26 ② 27 ③ 28

④ 29 ⑤ 30

3 $\boxed{1\ 2\ 3}$

필수 예제 <u>4</u>

다항식 $f(x)=x^2+kx+2$를 $x-1$, $x-2$, $x-4$로 각각 나눈 나머지가 이 순서대로 등차수열을 이룰 때, 다항식 $f(x)$를 $x+3$으로 나눈 나머지는?

(단, k는 상수이다.)

① 30 ② 32 ③ 34

④ 36 ⑤ 38

4 ⟨1 2 3⟩ 필수 예제 4

자연수 n에 대하여 x에 대한 이차방정식
$$x^2 - nx + 2(n-2) = 0$$
이 두 근 α, β $(\alpha < \beta)$를 갖고, 세 수 α, β, 8이 이 순서대로 등차수열을 이룰 때, n의 값은?

① 7　　　　② 9　　　　③ 11
④ 13　　　⑤ 15

5 ⟨1 2 3⟩ 필수 예제 3 + 6

4와 42 사이에 n개의 수 a_1, a_2, a_3, $\cdots$, a_n을 넣어 만든 수열
$$4,\ a_1,\ a_2,\ a_3,\ \cdots,\ a_n,\ 42$$
가 이 순서대로 등차수열을 이루고 이 항들의 합이 460일 때, n의 값을 구하시오.

6 ⟨1 2 3⟩ 필수 예제 6

두 등차수열 $\{a_n\}$, $\{b_n\}$에 대하여
$$a_1 = 2,\ b_1 = -3,\ a_{30} + b_{30} = 35$$
일 때, $(a_1 + a_2 + a_3 + \cdots + a_{30}) + (b_1 + b_2 + b_3 + \cdots + b_{30})$의 값은?

① 500　　　② 510　　　③ 520
④ 530　　　⑤ 540

7

등차수열 $\{a_n\}$의 첫째항부터 제n항까지의 합을 S_n이라 하자. $a_6+a_{16}+a_{20}+a_{30}=32$일 때, S_{35}의 값은?

① 280 ② 285 ③ 290

④ 295 ⑤ 300

필수 예제 1 + 6

8

첫째항이 2, 공차가 $d\ (d>0)$인 등차수열 $\{a_n\}$에 대하여

$$a_1+2a_2+2a_3+\cdots+2a_{20}+a_{21}=\frac{12}{d}$$

일 때, a_{51}의 값은?

① 5 ② $\dfrac{11}{2}$ ③ 6

④ $\dfrac{13}{2}$ ⑤ 7

필수 예제 6

9

등차수열 $\{a_n\}$의 첫째항부터 제n항까지의 합을 S_n이라 하자. $S_4=32$, $S_{10}=20$일 때, S_n의 최댓값은?

① 30 ② 32 ③ 34

④ 36 ⑤ 38

필수 예제 7 + 8

10 ①②③

필수 예제 9

수열 $\{a_n\}$의 첫째항부터 제n항까지의 합 S_n이
$S_n=(n-1)^2$일 때, $a_1+a_3+a_5+\cdots+a_{21}$의 값은?

① 210　　　② 220　　　③ 230

④ 240　　　⑤ 250

기출문제

▶ 수능

11 ①②③

필수 예제 1

공차가 양수인 등차수열 $\{a_n\}$이 다음 조건을 만족시킬
때, a_2의 값은?

> (가) $a_6+a_8=0$
> (나) $|a_6|=|a_7|+3$

① -15　　　② -13　　　③ -11

④ -9　　　⑤ -7

▶ 평가원

12 ①②③

필수 예제 6

첫째항이 2인 등차수열 $\{a_n\}$의 첫째항부터 제n항까지
의 합을 S_n이라 하자.
$$a_6=2(S_3-S_2)$$
일 때, S_{10}의 값은?

① 100　　　② 110　　　③ 120

④ 130　　　⑤ 140

 등비수열

개념 ① 등비수열

1 등비수열

첫째항부터 차례대로 일정한 수를 곱하여 만든 수열을 **등비수열**이라 하고, 곱하는 일정한 수를 **공비**라 한다.

등비수열 $\{a_n\}$의 공비를 r라 할 때, 다음과 같은 관계가 성립한다.

$$a_{n+1}=ra_n \text{ 또는 } \frac{a_{n+1}}{a_n}=r \ (\text{단, } n=1, 2, 3, \cdots)$$

2 등비수열의 일반항

첫째항이 a, 공비가 $r \ (r \neq 0)$인 등비수열의 일반항 a_n은 다음과 같다.

$$a_n=ar^{n-1} \ (\text{단, } n=1, 2, 3, \cdots)$$

▶ 공비는 영어로 'common ratio'이고, 보통 r로 나타낸다.

등비수열

수열 3, 6, 12, 24, 48, …은 첫째항이 3, 공비가 2인 등비수열이다. 이때

$$\frac{6}{3}=\frac{12}{6}=\frac{24}{12}=\frac{48}{24}=\cdots=2$$

등비수열의 일반항

첫째항이 a, 공비가 r인 등비수열 $\{a_n\}$의 각 항은

$$a_1=a=ar^0 \qquad \Rightarrow a_1=ar^{1-1}$$
$$a_2=a_1r=ar^1 \qquad \Rightarrow a_2=ar^{2-1}$$
$$a_3=a_2r=(ar)r=ar^2 \quad \Rightarrow a_3=ar^{3-1}$$
$$a_4=a_3r=(ar^2)r=ar^3 \quad \Rightarrow a_4=ar^{4-1}$$
$$\vdots \qquad\qquad\qquad \vdots$$

따라서 등비수열의 일반항 a_n은

$$a_n=ar^{n-1}$$

[참고] $a_n=A^n \times B \ (A, B$는 상수$)$ 꼴로 이루어진 수열 $\{a_n\}$은 첫째항이 AB, 공비가 A인 등비수열이다.

▶ 등비수열 $\{a_n\}$의 일반항은
① $r=1$일 때: 상수
② $r \neq 1$일 때: r^n을 포함한 식

정답 및 해설 37쪽

1. 등비수열 $\{a_n\}$에 대하여 $a_3=2$, $a_5=4$일 때, a_9의 값을 구하시오.

개념 ② 등비중항

세 수 a, b, c가 이 순서대로 등비수열을 이룰 때, b를 a와 c의 **등비중항**이라 한다. 이때 다음이 성립한다.

$$b^2=ac$$

세 수 a, b, c가 이 순서대로 등비수열을 이루면 이웃하는 두 항의 비가 일정하므로

$$\frac{b}{a}=\frac{c}{b}$$

$$\therefore b^2=ac$$

정답 및 해설 37쪽

개념 Check

2. 세 수 4, $4x$, $12x$가 이 순서대로 등비수열을 이룰 때, 양수 x의 값을 구하시오.

개념 ③ 등비수열의 합

첫째항이 a, 공비가 r $(r\neq0)$인 등비수열의 첫째항부터 제n항까지의 합 S_n은 다음과 같다.

(1) $r\neq1$일 때

$$S_n=\frac{a(1-r^n)}{1-r} \qquad \leftarrow r<1일 때$$

$$=\frac{a(r^n-1)}{r-1} \qquad \leftarrow r>1일 때$$

(2) $r=1$일 때

$$S_n=na$$

첫째항이 a, 공비가 r $(r\neq0)$인 등비수열의 첫째항부터 제n항까지의 합을 S_n이라 하면

$$S_n=a+ar+ar^2+\cdots+ar^{n-2}+ar^{n-1} \qquad \cdots\cdots \text{㉠}$$

㉠의 양변에 공비 r를 곱하면

$$rS_n=ar+ar^2+ar^3+\cdots+ar^{n-1}+ar^n \qquad \cdots\cdots \text{㉡}$$

㉠$-$㉡을 하면

$$\begin{aligned} S_n&=a+ar+ar^2+\cdots+ar^{n-2}+ar^{n-1} \\ -)\quad rS_n&=\quad ar+ar^2+\cdots+ar^{n-2}+ar^{n-1}+ar^n \\ \hline (1-r)S_n&=a \qquad\qquad\qquad\qquad\qquad\quad -ar^n \end{aligned}$$

즉, $(1-r)S_n=a(1-r^n)$이므로

(i) $r\neq1$일 때

$$S_n=\frac{a(1-r^n)}{1-r}=\frac{a(r^n-1)}{r-1}$$

(ii) $r=1$일 때, ㉠에서

$$S_n=\underbrace{a+a+a+\cdots+a}_{n\text{개}}=na$$

정답 및 해설 37쪽

개념 Check

3. 등비수열 $\{a_n\}$의 일반항이 $a_n=-3\times(-2)^{n-1}$일 때, 첫째항부터 제8항까지의 합을 구하시오.

Idea ① 등비수열의 기준이 항상 첫째항일 필요는 없다.

등비수열의 일반항 $a_n=ar^{n-1}$의 식도 등차수열의 일반항과 같이 그 의미를 파악하도록 하자.

예를 들어

$a_7=a_1\times r^6$의 의미는 첫째항 a_1을 기준으로 공비 r가 6개 곱해져야 한다는 것인데

a_3을 기준으로 생각하면 공비 r가 4개 곱해지면 되고

a_5를 기준으로 생각하면 공비 r가 2개 곱해지면 되므로

$$a_7=a_1\times r^6$$
$$=a_3\times r^4$$
$$=a_5\times r^2$$

으로 나타낼 수 있다.

이렇게 등비수열의 일반항은 항상 a_1을 기준으로 삼을 필요 없이 문제에서 주어지는 조건을 토대로 기준을 잡고 그 기준에서 얼마만큼의 공비가 곱해지는지를 확인하자.

$$\Rightarrow a_n=a_1\times r^{n-1}$$
$$=a_m\times r^{n-m}$$

Idea ② 등비수열의 두 항을 나누면 공비를 구할 수 있다.

Idea ① 에서 구한 등비수열의 일반항 $a_n=a_1\times r^{n-1}=a_m\times r^{n-m}$에서

$$\frac{a_n}{a_1}=r^{n-1},\ \frac{a_n}{a_m}=r^{n-m}$$

임을 알 수 있다.

예를 들어

$$a_7=a_3\times r^4 \text{에서}\ \frac{a_7}{a_3}=r^4$$

$$a_{10}=a_8\times r^2 \text{에서}\ \frac{a_{10}}{a_8}=r^2$$

Idea ③ 등비수열의 재구성

두 등비수열 $\{a_n\}$, $\{b_n\}$의 일반항을 각각 $a_n=a_1r_a^{n-1}$, $b_n=b_1r_b^{n-1}$이라 하자.

(1) 두 등비수열의 곱 또는 몫으로 이루어진 수열도 등비수열이다.

　① 수열 $\{a_nb_n\}$은 첫째항이 a_1b_1이고, 공비가 r_ar_b인 등비수열이다.

　② 수열 $\left\{\dfrac{a_n}{b_n}\right\}$은 첫째항이 $\dfrac{a_1}{b_1}$이고, 공비가 $\dfrac{r_a}{r_b}$인 등비수열이다. (단, $b_1\neq0$, $r_b\neq0$)

(2) 같은 간격의 항끼리 이루어진 수열도 등비수열이다.

　① 수열 a_1, a_3, a_5, $\cdots$는 공비가 r_a^2인 등비수열이다.

　② 수열 a_2, a_5, a_8, $\cdots$은 공비가 r_a^3인 등비수열이다.

　③ 수열 a_{10}, a_{20}, a_{30}, $\cdots$은 공비가 r_a^{10}인 등비수열이다.

(3) 연속하는 같은 개수의 항들의 합으로 이루어진 수열도 등비수열이다.

　① 수열 (a_1+a_2), (a_3+a_4), (a_5+a_6), $\cdots$은 공비가 r_a^2인 등비수열이다.

　② 수열 $(a_1+a_2+a_3)$, $(a_4+a_5+a_6)$, $(a_7+a_8+a_9)$, $\cdots$는 공비가 r_a^3인 등비수열이다.

등비수열의 합 공식은 공식 자체를 암기하는 것이 중요하다.

많이 읽고 직접 쓰면서 익숙해지도록 하자.

$$r<1 \text{일 때는 } S_n=\frac{a(1-r^n)}{1-r},$$

$$r>1 \text{일 때는 } S_n=\frac{a(r^n-1)}{r-1}$$

의 공식을 사용하는 것을 추천한다.

그래야 분모가 양수가 되어서 계산할 때 실수를 줄일 수 있다.

또한, 이때의 n의 의미는 더하는 항의 개수라는 것을 절대로 잊지 말 것.

$1+3+3^2+\cdots+3^n$의 값을 계산할 때, 첫째항이 1, 공비가 3이라는 것만 생각하고

$$1+3+3^2+\cdots+3^n=\frac{1\times(3^n-1)}{3-1}\ (\times)$$

로 계산하면 안 된다.

1부터 3^n까지 총 $(n+1)$개의 항을 더하는 것이므로

$$1+3+3^2+\cdots+3^n=\frac{1\times(3^{n+1}-1)}{3-1}\ (\bigcirc)$$

이다.

• 3점 빈출 •

필수 예제 1

등비수열의 항; 관계식이 주어진 경우

모든 항이 양수인 등비수열 $\{a_n\}$에 대하여 $a_3=3$, $a_8=12$일 때, $\dfrac{a_6}{a_1}$의 값은?

① 1   ② 2   ③ 3   ④ 4   ⑤ 5

수능 link

등비수열의 특정한 항의 값이 주어지거나 두 항 사이의 관계식이 주어지고, 이를 이용하여 첫째항과 공비를 구한 후 해결하는 문제가 3점 문제로 자주 출제된다.

수능 key

등비수열의 항에 대한 관계식이 주어지면

➡ 각 항을 첫째항과 공비로 나타낸 후 연립하여 첫째항과 공비를 각각 구한다.

참고 등비수열의 일반항

첫째항이 a, 공비가 r인 등비수열의 일반항 a_n은 다음과 같다.

$$a_n=ar^{n-1}$$

---

1 2 3

1 - 1

▶ 수능

모든 항이 양수인 등비수열 $\{a_n\}$에 대하여 $\dfrac{a_{16}}{a_{14}}+\dfrac{a_8}{a_7}=12$일 때, $\dfrac{a_3}{a_1}+\dfrac{a_6}{a_3}$의 값을 구하시오.

개념 ❶

필수 예제 2 등비수열의 항; 범위를 만족시키는 경우

등비수열 $\{a_n\}$에 대하여 $a_1=1$, $\dfrac{a_5}{a_4}=3$이다. $a_{k+1}-a_k<500$을 만족시키는 자연수 k의 최댓값은?

① 3   ② 4   ③ 5   ④ 6   ⑤ 7

수능 link

필수 예제 1과 동일한 유형이다.
주어진 조건에서 첫째항과 공비를 각각 구하여 등비수열의 일반항으로 나타낼 수 있어야 한다.
이 과정에서 등비수열의 일반항은 지수 꼴이므로 지수법칙, 지수부등식 등을 활용하여 답을 구할 수 있어야 한다.

수능 key

$a_k>t$ (t는 실수)를 만족시키는 자연수 k의 최댓값 또는 최솟값
➡ a_k를 k에 대한 식으로 나타낸 후 부등식을 푼다.

1 2 3

2 -1 모든 항이 양수인 등비수열 $\{a_n\}$에 대하여 $a_5=9$, $a_9=81$일 때, $a_k<3^{10}$을 만족시키는 자연수 k의 최댓값은?

① 20   ② 21   ③ 22   ④ 23   ⑤ 24

개념 ❶

필수예제 3 · 두 수 사이에 수를 넣어 만든 등비수열

1과 1000 사이에 다섯 개의 수 a_1, a_2, a_3, a_4, a_5를 넣어 만든 수열

$$1,\ a_1,\ a_2,\ a_3,\ a_4,\ a_5,\ 1000$$

이 이 순서대로 등비수열을 이룰 때, a_4의 값은? (단, 공비는 양수이다.)

① 60 ② 70 ③ 80 ④ 90 ⑤ 100

수능 link

공비의 의미를 제대로 이해하고 있는지 물어보는 유형이다.

무작정 공식에 대입하려고 하기보다는 공비의 정보를 사용하기 위해서 문제에서 주어진 수가 몇 번째 항인지 파악하는 것이 중요하다.

01 등차수열의 **필수 예제** ③과 같은 원리이므로 항의 관계를 이해하는 것에 초점을 두자.

수능 key

두 수 a, b 사이에 n개의 수를 넣어 만든 등비수열의 공비를 r라 하면

➡ 첫째항: a, 제$(n+2)$항: $b = ar^{n+1}$

①②③

3 -1

수열

$$3,\ a_1,\ a_2,\ 24,\ a_3,\ a_4,\ \cdots,\ a_n,\ 384$$

가 이 순서대로 등비수열을 이룰 때, n의 값을 구하시오.

• 3점 빈출 •
필수 예제 4 — 등비중항

세 수

$$4a,\ a+6,\ a$$

가 이 순서대로 등비수열을 이룰 때, 양수 a의 값을 구하시오.

수능 link

등비중항을 이용하여 문자들 사이의 관계식을 구하고, 이를 연립하여 계산하는 문제가 종종 출제된다.
특히, 등차중항, 이차방정식, 삼각함수 등과 결합하여 출제되기도 한다.

수능 key

세 수가 등비수열을 이루면
➡ 등비중항을 이용하여 관계식을 구한다.

[참고] **등비중항**
세 수 a, b, c가 이 순서대로 등비수열을 이룰 때
$$b^2=ac$$

---

1 2 3

4 -1

$|a|=|b|$를 만족시키는 서로 다른 두 실수 a, b에 대하여 세 수

$$-5,\ a,\ 2b$$

가 이 순서대로 등비수열을 이룰 때, a의 값을 구하시오.

개념 ❷

필수 예제 5 등비수열을 이루는 수

세 수 x, y, z는 이 순서대로 등비수열을 이루고
$$x+y+z=13, \ xyz=27$$
을 만족시킨다. $x^2+y^2+z^2$의 값은?

① 91 ② 92 ③ 93 ④ 94 ⑤ 95

수능 link ➡ 필수 예제 4와 같이 등비중항을 이용하거나, 공비를 이용하여 미지수를 새롭게 설정해서 계산하는 문제가 종종 출제된다.

수능 key ➡ 세 수가 등비수열을 이룰 때 ➡ 세 수를 각각 a, ar, ar^2으로 놓는다.

[참고] 세 수의 곱이 주어질 때, 세 수를 각각 $\dfrac{a}{r}$, a, ar로 놓으면 세 수의 곱에서 r가 소거되어 a, 즉 가운데 수를 쉽게 구할 수 있다.

5 -1

$\boxed{1}\boxed{2}\boxed{3}$

세 수 x, y, z는 이 순서대로 등비수열을 이루고
$$x+y+z=3, \ xy+yz+zx=-6$$
을 만족시킨다. xyz의 값은?

① -10 ② -9 ③ -8 ④ -7 ⑤ -6

개념 ❸

필수예제 6 등비수열의 합

$a_3=4$, $a_6=-32$인 등비수열 $\{a_n\}$의 첫째항부터 제9항까지의 합은?

① 171　　② 174　　③ 177　　④ 180　　⑤ 183

수능 link → 등비수열의 합은 단독으로 출제되기보다는 4점 문제의 마지막 답을 구하는 계산 과정에서 종종 등장한다. 생소한 공식일 수 있으니 많이 쓰고 익숙하게 만들도록 하자.

수능 key → 첫째항이 a, 공비가 r $(r\neq 0)$인 등비수열의 첫째항부터 제n항까지의 합 S_n은

(1) $r\neq 1$일 때 ➡ $S_n=\dfrac{a(1-r^n)}{1-r}=\dfrac{a(r^n-1)}{r-1}$

(2) $r=1$일 때 ➡ $S_n=na$

6-1

공비가 $\sqrt{3}$인 등비수열 $\{a_n\}$에 대하여 $a_5=18$일 때, $a_1^2+a_2^2+a_3^2+a_4^2+a_5^2$의 값은?

① 480　　② 484　　③ 488　　④ 452　　⑤ 456

필수 예제 7 등비수열의 합이 주어진 경우

모든 항이 양수인 등비수열 $\{a_n\}$의 첫째항부터 제n항까지의 합을 S_n이라 하자. $S_4=4S_2$일 때, $\dfrac{a_{20}}{a_{12}}$의 값은?

① 25　　② 36　　③ 49　　④ 64　　⑤ 81

수능 link

3점 문제로 종종 출제되는 유형이다.
등비수열의 합 공식뿐만 아니라 곱셈공식과 인수분해 등을 이용하여 식을 깔끔하게 정리할 수 있어야 한다.

수능 key

등비수열의 합이 주어지면
➡ 등비수열의 합 공식을 이용하여 첫째항과 공비를 각각 구한다.

7-1

1 2 3

모든 항이 양수인 등비수열 $\{a_n\}$의 첫째항부터 제n항까지의 합을 S_n이라 하자.

$$S_5=10,\ S_{15}=310$$

일 때, S_{10}의 값은?

① 40　　② 45　　③ 50　　④ 55　　⑤ 60

1   ①②③   필수 예제 ①

모든 항이 양수인 등비수열 $\{a_n\}$에 대하여

$$\log_3 a_3 + \log_3 a_7 - \log_3 a_4 = 5$$

일 때, a_6의 값은?

① 3   ② 9   ③ 27

④ 81   ⑤ 243

2   ①②③   필수 예제 ①

모든 항이 양수인 등비수열 $\{a_n\}$에 대하여

$$a_2 - a_1 = 9, \ a_5 - a_4 = 72$$

일 때, a_5의 값은?

① 140   ② 142   ③ 144

④ 146   ⑤ 148

3   ①②③   필수 예제 ③

정답 및 해설 39쪽

1과 100 사이에 세 개의 수 a_1, a_2, a_3을 넣어 만든 수열

$$1, \ a_1, \ a_2, \ a_3, \ 100$$

이 이 순서대로 등비수열을 이룰 때, $\log(a_1 a_2 a_3)$의 값을 구하시오.

4   ①②③   필수 예제 ④

다항식 $f(x) = x^2 + kx + 4$를 $x-1$, x, $x+1$로 각각 나눈 나머지가 이 순서대로 등비수열을 이룰 때, 양수 k의 값은?

① 2   ② $\dfrac{5}{2}$ ③ 3

④ $\dfrac{7}{2}$ ⑤ 4

5 　①②③　필수 예제 4

이차방정식 $x^2-kx+121=0$의 두 근을 α, β $(\alpha<\beta)$ 라 하자. 세 수 α, $\beta-\alpha$, 5β가 이 순서대로 등비수열을 이룰 때, 양수 k의 값은?

① 32　　② 33　　③ 34

④ 35　　⑤ 36

6 　①②③　필수 예제 4 + 6

모든 항이 양수인 등비수열 $\{a_n\}$의 첫째항부터 제n항까지의 합을 S_n이라 하자.

$$S_{11}=2+S_{10},\ S_{13}=32+S_{12}$$

일 때, a_{12}의 값은?

① 8　　② 9　　③ 10

④ 11　　⑤ 12

7 　①②③　필수 예제 6

공비가 2인 등비수열 $\{a_n\}$에 대하여 $a_4+a_5-a_3=4$일 때, $a_1+a_3+a_5+a_7$의 값은?

① 11　　② 13　　③ 15

④ 17　　⑤ 19

8 　①②③　필수 예제 7

등비수열 $\{a_n\}$의 첫째항부터 제n항까지의 합을 S_n이라 하자.

$$9a_1+a_3=6a_2,\ S_5=121$$

일 때, S_6의 값은?

① 360　　② 364　　③ 368

④ 372　　⑤ 376

9 123 필수 예제 7

등비수열 $\{a_n\}$에 대하여

$$a_1+a_2+a_3+\cdots+a_{10}=8,$$
$$a_{11}+a_{12}+a_{13}+\cdots+a_{20}=16$$

일 때, $a_{21}+a_{22}+a_{23}+\cdots+a_{40}$의 값은?

① 92　　　② 94　　　③ 96

④ 98　　　⑤ 100

10 123 필수 예제 7

모든 항이 양수인 등비수열 $\{a_n\}$의 첫째항부터 제n항까지의 합을 S_n이라 하자. $S_{20}=5S_{10}$일 때, $S_{30}=kS_{10}$을 만족시키는 실수 k의 값은?

① 21　　　② 22　　　③ 23

④ 24　　　⑤ 25

기출문제

▶ 교육청

11 123 필수 예제 1

공비가 1보다 큰 등비수열 $\{a_n\}$이 다음 조건을 만족시킨다.

> (가) $a_3 \times a_5 \times a_7 = 125$
>
> (나) $\dfrac{a_4+a_8}{a_6} = \dfrac{13}{6}$

a_9의 값은?

① 10　　　② $\dfrac{45}{4}$　　　③ $\dfrac{25}{2}$

④ $\dfrac{55}{4}$　　　⑤ 15

▶ 평가원

12 123 필수 예제 7

등비수열 $\{a_n\}$의 첫째항부터 제n항까지의 합을 S_n이라 하자.

$$a_1=1,\ \frac{S_6}{S_3}=2a_4-7$$

일 때, a_7의 값을 구하시오.

수열의 합

수열 $\{a_n\}$의 첫째항부터 제n항까지의 합

$$a_1+a_2+a_3+\cdots+a_n$$

을 합의 기호 $\sum$를 사용하여 $\displaystyle\sum_{k=1}^{n} a_k$로 나타낼 수 있다. 즉,

$$a_1+a_2+a_3+\cdots+a_n=\sum_{k=1}^{n} a_k$$

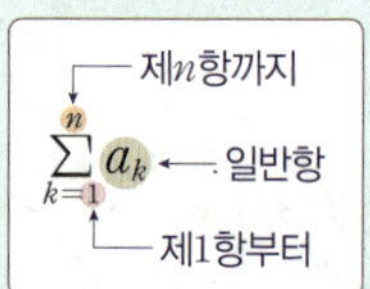

▶ 합의 기호 $\sum$는 합을 뜻하는 영어 Sum의 첫 글자 S에 해당하는 그리스 문자의 대문자로 '시그마(sigma)'라 읽는다.

$\displaystyle\sum_{k=1}^{n} a_k$는 수열의 일반항 a_k의 k에 1, 2, 3, $\cdots$, n을 차례대로 대입하여 얻은 n개의 항

a_1, a_2, a_3, $\cdots$, a_n의 합을 뜻한다.

또한, $\displaystyle\sum_{k=1}^{n} a_k$에서 k 대신 다른 문자를 사용하여 $\displaystyle\sum_{i=1}^{n} a_i$, $\displaystyle\sum_{j=1}^{n} a_j$ 등과 같이 나타낼 수 있다. 즉,

$$\sum_{k=1}^{n} a_k=\sum_{i=1}^{n} a_i=\sum_{j=1}^{n} a_j=a_1+a_2+a_3+\cdots+a_n$$

한편, 수열 $\{a_n\}$의 제m항부터 제n항 $(m\leq n)$까지의 합을 기호 $\sum$를 사용하여 $\displaystyle\sum_{k=m}^{n} a_k$로 나타낼 수 있다. 즉,

$$a_m+a_{m+1}+a_{m+2}+\cdots+a_n=\sum_{k=m}^{n} a_k$$

▶ 처음 시작하는 항이 꼭 첫째항일 필요는 없다.

[참고] (1) $\displaystyle\sum_{k=m}^{n} a_k=\sum_{k=1}^{n} a_k-\sum_{k=1}^{m-1} a_k$ (단, $2\leq m\leq n$)

(2) $\displaystyle\sum_{k=1}^{n} a_k=\sum_{k=1}^{m} a_k+\sum_{k=m+1}^{n} a_k$ (단, $m<n$)

(3) $\displaystyle\sum_{k=1}^{n-1} a_k=\sum_{k=1}^{n} a_k-a_n,\ \sum_{k=2}^{n} a_k=\sum_{k=1}^{n} a_k-a_1$ (단, $n\geq 2$)

(4) $\displaystyle\sum_{k=1}^{n} (a_{2k-1}+a_{2k})=\sum_{k=1}^{2n} a_k$

개념 Check

정답 및 해설 41쪽

1. 수열 $\{a_n\}$에 대하여 $\displaystyle\sum_{k=1}^{10} a_{2k-1}=20$, $\displaystyle\sum_{k=1}^{10} a_{2k}=5$일 때, $\displaystyle\sum_{k=1}^{20} a_k$의 값을 구하시오.

개념 ② $\sum$의 성질

두 수열 $\{a_n\}$, $\{b_n\}$과 상수 c에 대하여 다음이 성립한다.

(1) $\displaystyle\sum_{k=1}^{n} (a_k+b_k)=\sum_{k=1}^{n} a_k+\sum_{k=1}^{n} b_k$
(2) $\displaystyle\sum_{k=1}^{n} (a_k-b_k)=\sum_{k=1}^{n} a_k-\sum_{k=1}^{n} b_k$

(3) $\displaystyle\sum_{k=1}^{n} ca_k=c\sum_{k=1}^{n} a_k$
(4) $\displaystyle\sum_{k=1}^{n} c=cn$

(1) $\displaystyle\sum_{k=1}^{n} (a_k+b_k)=(a_1+b_1)+(a_2+b_2)+(a_3+b_3)+\cdots+(a_n+b_n)$

$\qquad\qquad=(a_1+a_2+a_3+\cdots+a_n)+(b_1+b_2+b_3+\cdots+b_n)$

$\qquad\qquad=\displaystyle\sum_{k=1}^{n} a_k+\sum_{k=1}^{n} b_k$

$$(2) \sum_{k=1}^{n}(a_k-b_k)=(a_1-b_1)+(a_2-b_2)+(a_3-b_3)+\cdots+(a_n-b_n)$$
$$=(a_1+a_2+a_3+\cdots+a_n)-(b_1+b_2+b_3+\cdots+b_n)$$
$$=\sum_{k=1}^{n}a_k-\sum_{k=1}^{n}b_k$$

$$(3) \sum_{k=1}^{n}ca_k=ca_1+ca_2+ca_3+\cdots+ca_n=c(a_1+a_2+a_3+\cdots+a_n)=c\sum_{k=1}^{n}a_k$$

$$(4) \sum_{k=1}^{n}c=\underbrace{c+c+c+\cdots+c}_{n\text{개}}=cn$$

주의 $(1) \sum_{k=1}^{n}a_kb_k\neq\sum_{k=1}^{n}a_k\sum_{k=1}^{n}b_k$ $(2) \sum_{k=1}^{n}a_k^2\neq\left(\sum_{k=1}^{n}a_k\right)^2$ $(3) \sum_{k=1}^{n}\dfrac{a_k}{b_k}\neq\dfrac{\sum\limits_{k=1}^{n}a_k}{\sum\limits_{k=1}^{n}b_k}$ $\left(\text{단, } b_k\neq0, \sum_{k=1}^{n}b_k\neq0\right)$

개념 **Check**

정답 및 해설 41쪽

2. 두 수열 $\{a_n\}$, $\{b_n\}$에 대하여 $\sum\limits_{k=1}^{20}a_k=4$, $\sum\limits_{k=1}^{20}b_k=6$일 때, $\sum\limits_{k=1}^{20}(3a_k-b_k+4)$의 값을 구하시오.

개념 ③ 자연수의 거듭제곱의 합

$$(1) \ 1+2+3+\cdots+n=\sum_{k=1}^{n}k=\frac{n(n+1)}{2}$$

$$(2) \ 1^2+2^2+3^2+\cdots+n^2=\sum_{k=1}^{n}k^2=\frac{n(n+1)(2n+1)}{6}$$

$$(3) \ 1^3+2^3+3^3+\cdots+n^3=\sum_{k=1}^{n}k^3=\left\{\frac{n(n+1)}{2}\right\}^2$$

(1) 1부터 n까지의 자연수의 합은 첫째항이 1, 공차가 1인 등차수열의 첫째항부터 제n항까지의 합이므로

$$\sum_{k=1}^{n}k=1+2+3+\cdots+n=\frac{n(n+1)}{2}$$

(2) 항등식 $(k+1)^3-k^3=3k^2+3k+1$의 양변에 $k=1, 2, 3, \cdots, n$을 차례대로 대입하여 변끼리 더하면

$$2^3-1^3=3\times1^2+3\times1+1$$
$$3^3-2^3=3\times2^2+3\times2+1$$
$$4^3-3^3=3\times3^2+3\times3+1$$
$$\vdots$$
$$+\ )\ (n+1)^3-n^3=3\times n^2+3\times n+1$$
$$(n+1)^3-1^3=3(1^2+2^2+3^2+\cdots+n^2)+3(1+2+3+\cdots+n)+1\times n$$
$$=3\sum_{k=1}^{n}k^2+3\times\frac{n(n+1)}{2}+n$$

따라서

$$3\sum_{k=1}^{n}k^2=(n+1)^3-\frac{3n(n+1)}{2}-(n+1)=\frac{n(n+1)(2n+1)}{2}$$

이므로

$$\sum_{k=1}^{n}k^2=\frac{n(n+1)(2n+1)}{6}$$

(3) (2)와 같은 방법으로 항등식 $(k+1)^4-k^4=4k^3+6k^2+4k+1$의 양변에 $k=1,\ 2,\ 3,$ $\cdots,\ n$을 차례대로 대입한 후 변끼리 더하여 정리하면

$$\sum_{k=1}^{n} k^3 = \left\{\frac{n(n+1)}{2}\right\}^2$$

임을 알 수 있다.

[참고] **자주 사용하는 자연수의 거듭제곱의 합**

(1) $\displaystyle\sum_{k=1}^{n-1} k = \frac{(n-1)n}{2}$, $\displaystyle\sum_{k=1}^{n-1} k^2 = \frac{(n-1)n(2n-1)}{6}$, $\displaystyle\sum_{k=1}^{n-1} k^3 = \left\{\frac{(n-1)n}{2}\right\}^2$

(2) $\displaystyle\sum_{k=1}^{n} k(k+1) = \frac{n(n+1)(n+2)}{3}$

(3) $\displaystyle\sum_{k=1}^{n} k(k+1)(k+2) = \frac{n(n+1)(n+2)(n+3)}{4}$

▶ (1) 앞의 공식에서 n 대신 $n-1$을 대입한 것이다.

개념 Check　　　　　　　　　　　　　정답 및 해설 41쪽

3. $\displaystyle\sum_{k=1}^{10}(k+1)^2 - \sum_{k=1}^{10}(3k+1)$의 값을 구하시오.

개념 ④ 분모가 일차식의 곱으로 표현된 수열의 합

분모가 일차식의 곱으로 표현된 수열의 합은 다음과 같은 순서로 구한다.
❶ 일반항 a_k를 부분분수로 변형한다.
❷ a_k에 $k=1,\ 2,\ 3,\ \cdots,\ n$을 차례대로 대입하여 합의 꼴로 나타낸다.
❸ 더하여 0이 되는 항을 소거한 후 계산한다.

부분분수로의 변형을 이용한 $\sum$의 식은 다음과 같다.

(1) $\displaystyle\sum_{k=1}^{n}\frac{1}{k(k+1)} = \sum_{k=1}^{n}\left(\frac{1}{k}-\frac{1}{k+1}\right)$

(2) $\displaystyle\sum_{k=1}^{n}\frac{1}{k(k+a)} = \frac{1}{a}\sum_{k=1}^{n}\left(\frac{1}{k}-\frac{1}{k+a}\right)$ (단, $a\neq0$)

(3) $\displaystyle\sum_{k=1}^{n}\frac{1}{(k+a)(k+b)} = \frac{1}{b-a}\sum_{k=1}^{n}\left(\frac{1}{k+a}-\frac{1}{k+b}\right)$ (단, $a\neq b$)

(4) $\displaystyle\sum_{k=1}^{n}\frac{1}{k(k+1)(k+2)} = \frac{1}{2}\sum_{k=1}^{n}\left\{\frac{1}{k(k+1)}-\frac{1}{(k+1)(k+2)}\right\}$

▶ **부분분수로의 변형**

・$\dfrac{1}{AB} = \dfrac{1}{B-A}\left(\dfrac{1}{A}-\dfrac{1}{B}\right)$
　　　　　　　(단, $A\neq B$)

・$\dfrac{1}{ABC}$
　$= \dfrac{1}{C-A}\left(\dfrac{1}{AB}-\dfrac{1}{BC}\right)$
　　　　　　　(단, $A\neq C$)

항이 연쇄적으로 소거되는 경우 남는 항의 규칙을 알아보자.

(1) **연달아 소거되는 꼴**

$$\sum_{k=1}^{n}\{f(k)-f(k+1)\}$$
$$=\{f(1)-f(2)\}+\{f(2)-f(3)\}+\{f(3)-f(4)\}+\cdots+\{f(n)-f(n+1)\}$$
$$=f(1)-f(n+1)$$

(2) **건너뛰며 소거되는 꼴**

$$\sum_{k=1}^{n}\{f(k)-f(k+2)\}$$
$$=\{f(1)-f(3)\}+\{f(2)-f(4)\}+\{f(3)-f(5)\}+\{f(4)-f(6)\}+\cdots$$
$$+\{f(n-1)-f(n+1)\}+\{f(n)-f(n+2)\}$$
$$=f(1)+f(2)-f(n+1)-f(n+2)$$

➡ 앞에서 남는 항과 뒤에서 남는 항은 서로 대칭되는 위치에 있다.

▶ (1) 앞에서 첫 번째항, 뒤에서 첫 번째항이 남는다.
　(2) 앞에서 첫 번째항, 세 번째항, 뒤에서 첫 번째항, 세 번째항이 남는다.

4. $\displaystyle\sum_{k=1}^{10} \frac{11}{k(k+1)}$의 값을 구하시오.

개념 ⑤ 분모에 무리식을 포함한 수열의 합

분모에 무리식을 포함한 수열의 합은 다음과 같은 순서로 구한다.

❶ 일반항 a_k의 분모를 유리화한다.

❷ a_k에 $k=1,\ 2,\ 3,\ \cdots,\ n$을 차례대로 대입하여 합의 꼴로 나타낸다.

❸ 더하여 0이 되는 항을 소거한 후 계산한다.

분모의 유리화를 이용한 $\sum$의 식은 다음과 같다.

(1) $\displaystyle\sum_{k=1}^{n} \frac{1}{\sqrt{k}+\sqrt{k+1}} = \sum_{k=1}^{n} (\sqrt{k+1}-\sqrt{k}\,)$

(2) $\displaystyle\sum_{k=1}^{n} \frac{1}{\sqrt{k+a}+\sqrt{k+b}} = \frac{1}{a-b} \sum_{k=1}^{n} (\sqrt{k+a}-\sqrt{k+b}\,)$ (단, $a\neq b$)

5. $\displaystyle\sum_{k=1}^{15} \frac{1}{\sqrt{k}+\sqrt{k+1}}$의 값을 구하시오.

Idea ❶ $\displaystyle\sum_{k=1}^{n} (a_k \pm b_k) = \sum_{k=1}^{n} a_k \pm \sum_{k=1}^{n} b_k$, 즉 $\sum$는 $+,\ -$일 때만 쪼갤 수 있다.

일반항이 $+$ 또는 $-$로 연결되어 있을 때, $\sum$를 쪼개서 계산할 수 있다.

일반항이 $\times$ 또는 $\div$로 연결되어 있으면 $\sum$를 쪼갤 수 없기 때문에 일반항을 적절히 변형하여 우리가 알고 있는 $\sum$의 성질을 적용할 수 있는 형태로 변형해야 한다.

일반적으로 일반항이 곱셈으로 주어지면 식을 전개하는 경우가 많고,

나눗셈으로 주어지면 부분분수로 변형하는 경우가 많다.

예를 들면

$$\sum_{k=1}^{n} a_k(a_k+1) = \sum_{k=1}^{n} (a_k^2 + a_k) = \sum_{k=1}^{n} a_k^2 + \sum_{k=1}^{n} a_k$$

$$\sum_{k=1}^{n} \frac{1}{a_k a_{k+1}} = \sum_{k=1}^{n} \frac{1}{a_{k+1}-a_k}\left(\frac{1}{a_k} - \frac{1}{a_{k+1}}\right)$$

Idea ❷ 대표적인 $\sum$의 성질, 공식은 꼭 기억하되 공식에 너무 연연하지 말자.

앞에서 배운 성질, 공식들은 전부 기억하되, 문제를 풀 때 '$\sum$의 성질, 공식을 어떻게 쓰지?'라는 생각만 하다가 문제를 못 푸는 경우가 생기면 안 된다.

$\sum$의 성질, 공식 적용이 쉽지 않다고 느껴진다면 너무 고민하지 말고 k자리에 $1,\ 2,\ 3,\ \cdots$을 직접 대입하여 더하자.

$\sum$가 전부 더한다는 의미라는 것을 잊지 말자.

개념 ①

필수예제 1 Σ의 정의

〈보기〉에서 옳은 것만을 있는 대로 고른 것은?

〈보기〉

ㄱ. $1+4+7+\cdots+28=\displaystyle\sum_{k=1}^{10}(3k-2)$

ㄴ. $\displaystyle\sum_{k=1}^{10}2k=\sum_{k=2}^{11}2(k-1)$

ㄷ. $\displaystyle\sum_{k=1}^{n}3^k=\sum_{k=0}^{n-1}3^k$

① ㄱ ② ㄷ ③ ㄱ, ㄴ ④ ㄴ, ㄷ ⑤ ㄱ, ㄴ, ㄷ

수능 link → 출제율은 낮지만 Σ 기호의 의미와 뜻을 정확히 알고 넘어가야 한다.

수능 key 수열 $\{a_n\}$에 대하여

➡ $\displaystyle\sum_{k=m}^{n}a_k=a_m+a_{m+1}+a_{m+2}+\cdots+a_n$ (단, $m\leq n$)

---

1 2 3

1 -1 $\displaystyle\sum_{k=1}^{10}\frac{1}{k}=\sum_{k=2}^{9}\frac{1}{k+1}+a$를 만족시키는 실수 a의 값은?

① $\dfrac{3}{2}$ ② 2 ③ $\dfrac{5}{2}$ ④ 3 ⑤ $\dfrac{7}{2}$

• 3점 빈출 •
필수 예제 2

∑의 성질

수열 $\{a_n\}$에 대하여 $\sum_{k=1}^{5} a_k = 2$, $\sum_{k=1}^{5} a_k^2 = 9$일 때, $\sum_{k=1}^{5} (3a_k - 1)^2$의 값은?

① 73　　② 74　　③ 75　　④ 76　　⑤ 77

수능 link

간단한 3점 또는 4점 문제로 종종 출제된다.

∑는 +와 −일 때는 쪼갤 수 있고, ×와 ÷일 때는 쪼갤 수 없다.

∑의 일반항이 ×와 ÷의 형태로 주어진다면 전개 또는 약분 등을 이용하여 +와 −의 꼴로 만들고 ∑를 쪼개서 계산한다.

수능 key

두 수열 $\{a_n\}$, $\{b_n\}$과 세 상수 p, q, r에 대하여

$$\Rightarrow \sum_{k=1}^{n} (pa_k + qb_k + r) = p\sum_{k=1}^{n} a_k + q\sum_{k=1}^{n} b_k + rn$$

1 2 3

2 -1

수열 $\{a_n\}$에 대하여 $\sum_{k=1}^{10} a_k^2 = 30$, $\sum_{k=1}^{10} (a_k + 2)^2 = 100$일 때, $\sum_{k=1}^{10} a_k$의 값은?

① $\dfrac{15}{2}$　　② 10　　③ $\dfrac{25}{2}$　　④ 15　　⑤ $\dfrac{35}{2}$

• 3점 빈출 •

필수 예제 3 자연수의 거듭제곱의 합

$$\sum_{k=1}^{10}\{(k+3)(k-3)\}+\sum_{k=1}^{10}3k$$의 값은?

① 460   ② 465   ③ 470   ④ 475   ⑤ 480

수능 link → 단독으로 출제되기도 하지만 문제의 답을 내기 위한 마지막 과정에서 자주 사용하는 공식이다.
무조건 알아두고 익숙하게 만들도록 하자.

수능 key

(1) $\sum\limits_{k=1}^{n}k=\dfrac{n(n+1)}{2}$

(2) $\sum\limits_{k=1}^{n}k^2=\dfrac{n(n+1)(2n+1)}{6}$

(3) $\sum\limits_{k=1}^{n}k^3=\left\{\dfrac{n(n+1)}{2}\right\}^2$

---

1 2 3

3 -1

$$\sum_{k=1}^{n}(k^2+1)-\sum_{k=1}^{n}(k-2)^2=45$$일 때, 자연수 n의 값은?

① 3   ② 5   ③ 7   ④ 9   ⑤ 11

• 4점 준비 •
필수 예제 4

∑로 표현된 수열의 합

등차수열 $\{a_n\}$에 대하여 $a_1=2$, $\sum\limits_{k=1}^{10} a_k=200$일 때, $\sum\limits_{k=1}^{10} a_{2k}$의 값은?

① 410 ② 420 ③ 430 ④ 440 ⑤ 450

수능 link

∑와 등차수열 또는 등비수열이 결합된 문제가 종종 출제된다.

특히, 3점 문제보다 4점 문제에서의 출제율이 더 높고, 쉬운 4점 문제로도 많이 출제된다.

$\sum\limits_{k=1}^{n} a_k=S_n$임을 이해하고 있다면 쉽게 해결할 수 있으므로 ∑의 의미를 정확히 파악하고 있어야 한다.

또한, 등차수열, 등비수열의 합 공식을 알고 있어야 한다.

수능 key

수열 $\{a_n\}$에 대하여 첫째항부터 제n항까지의 합을 S_n이라 하면

➡ $S_n=a_1+a_2+a_3+\cdots+a_n=\sum\limits_{k=1}^{n} a_k$

4 -1

1 2 3

모든 항이 양수인 등비수열 $\{a_n\}$에 대하여 $a_1=1$, $a_7=4a_3$일 때, $\sum\limits_{k=1}^{8} a_k{}^2$의 값은?

① 250 ② 255 ③ 260 ④ 265 ⑤ 270

• 4점 준비 •

필수 예제 5 개념 ❸

Σ로 표현된 수열의 합과 일반항 사이의 관계

수열 $\{a_n\}$에 대하여 $\sum\limits_{k=1}^{n} a_k = 2n^2 + 7n$일 때, $\sum\limits_{k=1}^{5} a_{2k+1}$의 값은?

① 150   ② 155   ③ 160   ④ 165   ⑤ 170

수능 link Σ로부터 일반항을 구하는 유형으로 4점 문제로 종종 출제된다.

Ⅲ−**01 등차수열**에서 배운 수열의 합과 일반항 사이의 관계를 이용하여 계산한다.

수능 key   수열 $\{a_n\}$에 대하여 $\sum\limits_{k=1}^{n} a_k = S_n$이라 하면

➡ $a_1 = S_1$, $a_n = S_n - S_{n-1} = \sum\limits_{k=1}^{n} a_k - \sum\limits_{k=1}^{n-1} a_k \ (n \geq 2)$

---

5 -1   ①②③

수열 $\{a_n\}$에 대하여 $\sum\limits_{k=1}^{n} a_k = 2n^2 + 3n + 1$일 때, $\sum\limits_{k=1}^{10} a_{2k-1}$의 값은?

① 411   ② 412   ③ 413   ④ 414   ⑤ 415

개념 ④

필수 예제 6 분모가 곱으로 표현된 수열의 합

$\displaystyle\sum_{k=1}^{n} \frac{3}{k(k+1)} = \frac{20}{7}$ 을 만족시키는 자연수 n의 값은?

① 12　　　② 14　　　③ 16　　　④ 18　　　⑤ 20

수능 link　일반항이 부분분수로 주어지는 $\sum$의 계산은 3점 또는 4점 문제로 종종 출제되며 등차수열과 결합되어 출제되기도 한다.
직접 수를 대입하여 더하면서 어떤 부분이 소거되는지 알아보도록 하자.

수능 key　분모가 곱으로 표현된 수열의 합은
➡ 부분분수로 변형한 후 연쇄적으로 소거한다.

6 -1
▶ 교육청

1 2 3

수열 $\{a_n\}$의 일반항이 $a_n = 2n+1$일 때, $\displaystyle\sum_{n=1}^{12} \frac{1}{a_n a_{n+1}}$의 값은?

① $\dfrac{1}{9}$　　　② $\dfrac{4}{27}$　　　③ $\dfrac{5}{27}$　　　④ $\dfrac{2}{9}$　　　⑤ $\dfrac{7}{27}$

개념 5

필수 예제 7 분모에 무리식을 포함한 수열의 합

$$\sum_{k=1}^{12} \frac{1}{\sqrt{k+3}+\sqrt{k+4}}$$의 값은?

① 1　　　　② 2　　　　③ 3　　　　④ 4　　　　⑤ 5

수능 link

필수 예제 6과 다른 형태로 소거되는 유형이다.

직접 수를 대입하여 더하면서 어떤 부분이 소거되는지 알아보도록 하자.

수능 key

분모가 두 무리식의 합으로 표현된 수열의 합은

➡ 분모를 유리화한 후 연쇄적으로 소거한다.

7 -1

1 2 3

$$\sum_{k=1}^{n} \frac{1}{\sqrt{k}+\sqrt{k+1}}=2$$를 만족시키는 자연수 n의 값은?

① 6　　　　② 7　　　　③ 8　　　　④ 9　　　　⑤ 10

개념 ❶ ❷

필수예제 8 로그를 포함한 수열의 합

$$\sum_{k=1}^{30} \left(1+\log_2 \frac{k+1}{k+2}\right)$$의 값은?

① 24　　　② 26　　　③ 28　　　④ 30　　　⑤ 32

수능 link

필수 예제 [6], [7]과 다른 형태로 소거되는 유형이다.

일반항을 진수가 분수인 로그로 나타내는 것이 중요하다.

직접 수를 대입하여 더하면서 어떤 부분이 소거되는지 알아보도록 하자.

수능 key

로그를 포함한 수열의 합은

➡ 로그의 성질을 이용하여 로그의 합을 진수의 곱으로 나타낸다.

[참고] $\log_a M + \log_a N = \log_a MN$

8 -1

1 2 3

$$\sum_{k=1}^{n} \log_3 \left(1+\frac{1}{k+2}\right)=4$$를 만족시키는 자연수 n의 값은?

① 210　　　② 220　　　③ 230　　　④ 240　　　⑤ 250

1   1 2 3

필수 예제 1

수열 $\{a_n\}$에 대하여

$$\sum_{k=1}^{n}(a_{3k-2}+a_{3k-1}+a_{3k})=3n$$

일 때, $\sum_{k=1}^{30}a_k$의 값은?

① 10　　　② 20　　　③ 30
④ 40　　　⑤ 50

2   1 2 3

필수 예제 2

두 수열 $\{a_n\}$, $\{b_n\}$에 대하여

$$\sum_{k=1}^{n}(2a_k+b_k)=20,\ \sum_{k=1}^{n}(b_k-a_k)=8$$

일 때, $\sum_{k=1}^{n}(a_k+b_k)$의 값은?

① 10　　　② 12　　　③ 14
④ 16　　　⑤ 18

3   1 2 3

필수 예제 1 + 2

$$\sum_{k=1}^{n}(k^2+1)-\sum_{k=1}^{n-1}(k^2-1)=98$$을 만족시키는 자연수 n의 값은?

① 8　　　② 9　　　③ 10
④ 11　　　⑤ 12

4   ①②③   필수 예제 ①+③

$\displaystyle\sum_{k=3}^{12} 3(k+2)$의 값은?

① 280 ② 285 ③ 290
④ 295 ⑤ 300

5   ①②③   필수 예제 ③

자연수 n에 대하여 x에 대한 이차방정식 $x^2-2nx+1=0$의 두 근을 a_n, b_n이라 할 때, $\displaystyle\sum_{n=1}^{5}(a_n^{\,2}+b_n^{\,2})$의 값은?

① 200 ② 210 ③ 220
④ 230 ⑤ 240

6   ①②③   필수 예제 ③

$\displaystyle\sum_{k=1}^{n} k(n-k+1)=120$을 만족시키는 자연수 n의 값은?

① 6 ② 7 ③ 8
④ 9 ⑤ 10

7 ①②③   필수 예제 1 + 3

수열 $\{a_n\}$이 모든 자연수 n에 대하여

$$a_n=\begin{cases} 3n & (n\text{이 홀수인 경우}) \\ -n & (n\text{이 짝수인 경우}) \end{cases}$$

일 때, $\displaystyle\sum_{n=1}^{10} a_n$의 값은?

① 45   ② 47   ③ 49

④ 51   ⑤ 53

8 ①②③   필수 예제 3

$\displaystyle\sum_{k=1}^{5} k^2+\sum_{k=2}^{5} k^2+\sum_{k=3}^{5} k^2+\sum_{k=4}^{5} k^2+\sum_{k=5}^{5} k^2$의 값은?

① 205   ② 210   ③ 215

④ 220   ⑤ 225

9 ①②③   필수 예제 5

수열 $\{a_n\}$에 대하여

$$\sum_{k=1}^{n} ka_k=\frac{n(n+1)(n+2)}{3}$$

일 때, $\displaystyle\sum_{k=1}^{10} a_k$의 값은?

① 35   ② 45   ③ 55

④ 65   ⑤ 75

10 ①②③   필수 예제 7

첫째항이 1이고 공차가 2인 등차수열 $\{a_n\}$에 대하여

$\displaystyle\sum_{k=1}^{12} \dfrac{1}{\sqrt{a_{k+1}}+\sqrt{a_k}}$의 값은?

① 1   ② 2   ③ 3

④ 4   ⑤ 5

기출문제

▶ 수능

11 ①②③   필수 예제 4

첫째항이 3인 등차수열 $\{a_n\}$에 대하여 $\displaystyle\sum_{k=1}^{5} a_k = 55$일 때,

$\displaystyle\sum_{k=1}^{5} k(a_k - 3)$의 값을 구하시오.

▶ 평가원

12 ①②③   필수 예제 6

수열 $\{a_n\}$은 $a_1 = -4$이고, 모든 자연수 n에 대하여

$$\sum_{k=1}^{n} \dfrac{a_{k+1}-a_k}{a_k a_{k+1}} = \dfrac{1}{n}$$

을 만족시킨다. a_{13}의 값은?

① -9 ② -7 ③ -5

④ -3 ⑤ -1

수학적 귀납법

개념 ① 수열의 귀납적 정의

수열 $\{a_n\}$에서
   (i) 첫째항 a_1의 값
   (ii) 이웃하는 두 항 a_n, a_{n+1} ($n=1, 2, 3, \cdots$) 사이의 관계식
이 주어지면 (ii)의 관계식에 $n=1, 2, 3, \cdots$을 차례대로 대입하여 수열 $\{a_n\}$의 모든 항을 구할 수 있다. 이와 같이 처음 몇 개의 항과 이웃하는 항들 사이의 관계식으로 수열을 정의하는 것을 수열의 **귀납적 정의**라 한다.

수열의 일반항이 주어지지 않아도 수열의 처음 몇 개의 항과 이웃하는 항들 사이의 관계식이 주어지면 수열의 모든 항을 구할 수 있다.

▶ 수열에서 이웃하는 항들 사이의 관계식을 점화식이라 한다.

개념 Check   정답 및 해설 46쪽

1. 수열 $\{a_n\}$은 $a_1=1$이고, 모든 자연수 n에 대하여 $a_{n+1}=2a_n+1$을 만족시킨다. a_4의 값을 구하시오.

개념 ② 등차수열의 귀납적 정의

첫째항이 a, 공차가 d인 등차수열 $\{a_n\}$의 귀납적 정의는
$$a_1=a,\ a_{n+1}=a_n+d\ (n=1, 2, 3, \cdots)$$

$a_{n+1}=a_n+d$에서 $a_{n+1}-a_n=d$
위의 식에 $n=1, 2, 3, \cdots$을 차례대로 대입하면
$$a_2-a_1=a_3-a_2=a_4-a_3=\cdots=d$$
따라서 모든 이웃한 항의 차가 d로 일정하므로 수열 $\{a_n\}$은 공차가 d인 등차수열이다.

[참고] **등차수열을 나타내는 관계식**
   (1) $a_{n+1}=a_n+d \iff a_{n+1}-a_n=d$ (일정)
   (2) $2a_{n+1}=a_n+a_{n+2} \iff a_{n+2}-a_{n+1}=a_{n+1}-a_n$

개념 Check   정답 및 해설 46쪽

2. 수열 $\{a_n\}$은 $a_1=1$이고, 모든 자연수 n에 대하여 $a_{n+1}=a_n+3$을 만족시킨다. a_{20}의 값을 구하시오.

개념 ③ 등비수열의 귀납적 정의

첫째항이 a, 공비가 r ($r\neq0$)인 등비수열 $\{a_n\}$의 귀납적 정의는
$$a_1=a,\ a_{n+1}=ra_n\ (n=1, 2, 3, \cdots)$$

$a_{n+1}=ra_n$에서 $\dfrac{a_{n+1}}{a_n}=r$

위의 식에 $n=1,\ 2,\ 3,\ \cdots$을 차례대로 대입하면

$$\frac{a_2}{a_1}=\frac{a_3}{a_2}=\frac{a_4}{a_3}=\cdots=r$$

따라서 모든 이웃한 항의 비가 r로 일정하므로 수열 $\{a_n\}$은 공비가 r인 등비수열이다.

[참고] **등비수열을 나타내는 관계식**

(1) $a_{n+1}=ra_n \Longleftrightarrow \dfrac{a_{n+1}}{a_n}=r$ (일정)

(2) $a_{n+1}{}^2=a_n a_{n+2} \Longleftrightarrow \dfrac{a_{n+2}}{a_{n+1}}=\dfrac{a_{n+1}}{a_n}$

[개념] **Check**

정답 및 해설 46쪽

3. 수열 $\{a_n\}$은 $a_1=-\dfrac{1}{64}$이고, 모든 자연수 n에 대하여 $a_{n+1}=-2a_n$을 만족시킨다. a_{10}의 값을 구하시오.

개념 ④ 수학적 귀납법

자연수 n에 대한 명제 $p(n)$이 모든 자연수 n에 대하여 성립함을 증명하려면 다음 두 가지를 보이면 된다.

(ⅰ) $n=1$일 때, 명제 $p(n)$이 성립한다.

(ⅱ) $n=k$일 때, 명제 $p(n)$이 성립한다고 가정하면 $n=k+1$일 때도 명제 $p(n)$이 성립한다.

이와 같은 방법으로 자연수 n에 대한 어떤 명제가 참임을 증명하는 방법을 **수학적 귀납법**이라 한다.

▶ **수학적 귀납법의 원리**
① (ⅰ)에 의하여 $p(1)$이 참
② (ⅱ)에 의하여 $p(1+1)$, 즉 $p(2)$가 참
③ (ⅱ)에 의하여 $p(2+1)$, 즉 $p(3)$이 참
$\vdots$
따라서 모든 자연수 n에 대하여 명제 $p(n)$이 성립한다.

[설명예시] 모든 자연수 n에 대하여 등식

$$1+3+5+\cdots+(2n-1)=n^2 \qquad \cdots\cdots\ \text{㉠}$$

이 성립함을 수학적 귀납법을 이용하여 증명해 보자.

(ⅰ) $n=1$일 때,

$$(\text{좌변})=1,\ (\text{우변})=1$$

이므로 ㉠이 성립한다.

(ⅱ) $n=k$일 때, ㉠이 성립한다고 가정하면

$$1+3+5+\cdots+(2k-1)=k^2$$

$n=k+1$일 때,

$$1+3+5+\cdots+(2k-1)+(2k+1)=k^2+(2k+1)$$
$$=(k+1)^2$$

따라서 $n=k+1$일 때도 ㉠이 성립한다.

(ⅰ), (ⅱ)에 의하여 모든 자연수 n에 대하여 ㉠이 성립한다.

[참고] 자연수 n에 대하여 명제 $p(n)$이 $n \ge m$ ($m \ge 2$인 자연수)인 모든 자연수 n에 대하여 성립함을 증명하려면 다음 두 가지를 보이면 된다.

(ⅰ) $n=m$일 때, 명제 $p(n)$이 성립한다.

(ⅱ) $n=k$ ($k \ge m$)일 때, 명제 $p(n)$이 성립한다고 가정하면 $n=k+1$일 때도 명제 $p(n)$이 성립한다.

Idea ❶ 수열의 귀납적 정의에서의 중요한 태도

수열의 귀납적 정의에서의 가장 기본은 $n=1,\ 2,\ 3,\ \cdots$을 차례대로 대입하면서 규칙을 관찰하는 것이다.

대입한 수들 사이에 어떤 규칙이 있는지 관찰해 보자.

그리고 이 과정에서 필요하다면 적절히 표를 그리거나 식을 변형할 수 있다.

Idea ❷ 수학적 귀납법에서의 중요한 태도

아무 전략 없이 수학적 귀납법의 빈칸 문제를 풀려고 하면 막막하게 느껴질 수 있다.

먼저 도미노의 원리를 이해하고, 우리가 알고 있는 것, 알고 싶은 것을 제대로 구분하자.

알고 있는 것으로부터 알고 싶은 것을 구하기 위해서는 중간에 어떤 과정이 필요한지를 고민하면서 빈칸을 채워나가 보자.

참고 도미노의 원리

도미노가 연이어 쓰러지려면 다음 두 가지 조건이 필요하다.

[조건 1] 시작점의 도미노가 쓰러진다.

[조건 2] 앞 도미노가 쓰러지면 뒤 도미노도 쓰러진다.

메가스터디 수능 수학
KICK

• 3점 빈출 •

필수 예제 1

귀납적으로 정의된 수열

수열 $\{a_n\}$은 $a_1=3$이고, 모든 자연수 n에 대하여

$$a_{n+1}=\begin{cases} a_n+n & (a_n\text{이 짝수인 경우}) \\ a_n+1 & (a_n\text{이 홀수인 경우}) \end{cases}$$

를 만족시킨다. a_6의 값은?

① 7 ② 9 ③ 11 ④ 13 ⑤ 15

수능 link → 주어진 관계식에 단순히 $n=1,\ 2,\ 3,\ \cdots$을 차례대로 대입하여 a_k의 값을 쉽게 구할 수 있는 3점 문제 또는 특정한 항을 추정하여 a_k의 값을 구하는 4점 문제가 출제된다.
이 책에서는 4점 난이도의 문제를 풀기보다는 간단한 문제를 통해 그 원리를 이해하는 데 초점을 둔다.

수능 key → 주어진 관계식에 $n=1,\ 2,\ 3,\ \cdots$을 차례대로 대입하여 규칙을 파악한다.

1-1

▶ 수능

[1] [2] [3]

첫째항이 1인 수열 $\{a_n\}$이 모든 자연수 n에 대하여

$$a_{n+1}=\begin{cases} 2a_n & (a_n<7) \\ a_n-7 & (a_n\geq 7) \end{cases}$$

일 때, $\displaystyle\sum_{k=1}^{8} a_k$의 값은?

① 30 ② 32 ③ 34 ④ 36 ⑤ 38

개념 ❷

필수 예제 2 등차수열의 귀납적 정의

수열 $\{a_n\}$이 모든 자연수 n에 대하여
$$a_{n+1}-a_n-4=0, \quad a_1+a_2=8$$
을 만족시킨다. a_{15}의 값은?

① 52　　　② 54　　　③ 56　　　④ 58　　　⑤ 60

수능 link

등차수열의 특징을 알고 있다면 쉽게 풀 수 있는 유형이다.
등차수열의 일반항, 등차중항, 등차수열의 합을 복습한 후 이 유형을 학습한다.

수능 key 등차수열을 나타내는 관계식

(1) $a_{n+1}=a_n+d \iff a_{n+1}-a_n=d$ (일정)

(2) $2a_{n+1}=a_n+a_{n+2} \iff a_{n+2}-a_{n+1}=a_{n+1}-a_n$

2 -1

1 2 3

수열 $\{a_n\}$이 모든 자연수 n에 대하여
$$a_{n+2}-2a_{n+1}+a_n=0$$
을 만족시킨다. $a_9=15$, $a_{15}=27$일 때, $\displaystyle\sum_{k=1}^{10} a_k$의 값은?

① 60　　　② 80　　　③ 100　　　④ 120　　　⑤ 140

개념 ❸

필수 예제 3 등비수열의 귀납적 정의

수열 $\{a_n\}$이 모든 자연수 n에 대하여 ${a_{n+1}}^2=4{a_n}^2$을 만족시킨다. $a_6=16$일 때, $a_k=64$를 만족시키는 자연수 k의 값은? (단, $a_n>0$)

① 7 　　② 8 　　③ 9 　　④ 10 　　⑤ 11

수능 link

등비수열의 특징을 알고 있다면 쉽게 풀 수 있는 유형이다.
등비수열의 일반항, 등비중항, 등비수열의 합을 복습한 후 이 유형을 학습한다.

수능 key

등비수열을 나타내는 관계식

(1) $a_{n+1}=ra_n \iff \dfrac{a_{n+1}}{a_n}=r$ (일정)

(2) ${a_{n+1}}^2=a_n a_{n+2} \iff \dfrac{a_{n+2}}{a_{n+1}}=\dfrac{a_{n+1}}{a_n}$

3 -1

① ② ③

수열 $\{a_n\}$이 모든 자연수 n에 대하여 $2\log_3 a_{n+1}=\log_3 a_n+\log_3 a_{n+2}$를 만족시킨다.

$a_1=1$, $a_2=3$일 때, $\displaystyle\sum_{k=1}^{5} a_k$의 값은? (단, $a_n>0$)

① 120 　　② 121 　　③ 122 　　④ 123 　　⑤ 124

• 4점 준비 •

필수 예제 4 수학적 귀납법

다음은 모든 자연수 n에 대하여

$$1^2+2^2+3^2+\cdots+n^2=\frac{n(n+1)(2n+1)}{6} \qquad \cdots\cdots \ (\ast)$$

이 성립함을 수학적 귀납법을 이용하여 증명한 것이다.

(i) $n=1$일 때,

(좌변)$=$(우변)$=$ $\boxed{\text{(가)}}$

이므로 $(\ast)$이 성립한다.

(ii) $n=k$일 때, $(\ast)$이 성립한다고 가정하면

$$1^2+2^2+3^2+\cdots+k^2=\frac{k(k+1)(2k+1)}{6}$$

$n=k+1$일 때,

$$1^2+2^2+3^2+\cdots+k^2+(k+1)^2=\boxed{\text{(나)}}+(k+1)^2$$

$$=\frac{(k+1)\{(k+1)+1\}\{2(k+1)+1\}}{6}$$

따라서 $n=k+1$일 때도 $(\ast)$이 성립한다.

(i), (ii)에 의하여 모든 자연수 n에 대하여 $(\ast)$이 성립한다.

위의 (가)에 알맞은 수를 a, (나)에 알맞은 식을 $f(k)$라 할 때, $a+f(5)$의 값은?

① 56   ② 57   ③ 58   ④ 59   ⑤ 60

수능 link   수학적 귀납법은 종종 4점 빈칸 문제로 출제되는 유형이다. 증명의 흐름 과정을 정확히 이해한다면 빈칸을 채워나가는 것은 어렵지 않기 때문에 원리를 이해하고 기억하도록 하자.

수능 key   자연수 n에 대한 명제 $p(n)$이 모든 자연수 n에 대하여 성립함을 증명하려면 다음을 보이면 된다.

(i) $n=1$일 때, 명제 $p(n)$이 성립한다.

(ii) $n=k$일 때, 명제 $p(n)$이 성립한다고 가정하면 $n=k+1$일 때도 명제 $p(n)$이 성립한다.

4 -1

다음은 모든 자연수 n에 대하여

$$\frac{1}{1\times 2}+\frac{1}{2\times 3}+\frac{1}{3\times 4}+\cdots+\frac{1}{n(n+1)}=\frac{n}{n+1} \qquad \cdots\cdots (*)$$

이 성립함을 수학적 귀납법을 이용하여 증명한 것이다.

(i) $n=1$일 때,

$$(좌변)=(우변)=\frac{1}{2}$$

이므로 $(*)$이 성립한다.

(ii) $n=k$일 때, $(*)$이 성립한다고 가정하면

$$\frac{1}{1\times 2}+\frac{1}{2\times 3}+\frac{1}{3\times 4}+\cdots+\frac{1}{k(k+1)}=\frac{k}{k+1}$$

$n=k+1$일 때,

$$\frac{1}{1\times 2}+\frac{1}{2\times 3}+\frac{1}{3\times 4}+\cdots+\frac{1}{k(k+1)}+\frac{1}{(k+1)(k+2)}$$

$$=\frac{k}{k+1}+\boxed{\ (가)\ }$$

$$=\boxed{\ (나)\ }$$

따라서 $n=k+1$일 때도 $(*)$이 성립한다.

(i), (ii)에 의하여 모든 자연수 n에 대하여 $(*)$이 성립한다.

위의 (가), (나)에 알맞은 식을 각각 $f(k)$, $g(k)$라 할 때, $\dfrac{g(2)}{f(2)}$의 값은?

① 8   ② 9   ③ 10   ④ 11   ⑤ 12

단원 마무리

04 수학적 귀납법

1 [1 2 3]

필수 예제 [1]

수열 $\{a_n\}$이 모든 자연수 n에 대하여
$$a_1=1,\ a_2=2,\ a_{n+2}=2a_n+k$$
를 만족시킨다. $a_5+a_6=6$일 때, 실수 k의 값은?

① -2 ② -1 ③ 0

④ 1 ⑤ 2

2 [1 2 3]

필수 예제 [1]

수열 $\{a_n\}$이 모든 자연수 n에 대하여
$$a_{n+1}+a_n=2n+1$$
을 만족시킨다. $a_3=2$일 때, a_1+a_4의 값은?

① 1 ② 2 ③ 3

④ 4 ⑤ 5

3 [1 2 3]

필수 예제 [1]

수열 $\{a_n\}$이 모든 자연수 n에 대하여
$$a_{n+2}=a_{n+1}-a_n$$
을 만족시킨다. $a_1=3$, $a_2=5$일 때, $\displaystyle\sum_{k=1}^{20}a_k$의 값은?

① 6 ② 7 ③ 8

④ 9 ⑤ 10

4 [1 2 3]

필수 예제 [2]

수열 $\{a_n\}$이 모든 자연수 n에 대하여
$$\log_2 a_{n+1}=\log_2 (a_n+a_{n+2})-1$$
을 만족시킨다. $a_6=19$, $a_{10}=31$일 때, a_{30}의 값은?
$$(단,\ a_n>0)$$

① 83 ② 85 ③ 87

④ 89 ⑤ 91

5 　①②③　　필수 예제 ③

수열 $\{a_n\}$이 모든 자연수 n에 대하여

$$a_{n+1}=\sqrt{a_n a_{n+2}}$$

를 만족시킨다. $a_1=\dfrac{1}{27}$, $a_5=3$일 때, $a_k>500$을 만족시키는 자연수 k의 최솟값을 구하시오. (단, $a_n>0$)

6 　①②③　　필수 예제 ③

수열 $\{a_n\}$에 대하여 $a_1=3$, $a_2=1$이고, 모든 자연수 n에 대하여 이차방정식

$$a_n x^2-2a_{n+1}x+a_{n+2}=0$$

이 오직 하나의 실근 b_n을 갖는다. $\displaystyle\sum_{k=1}^{30}b_k$의 값은?

① $\dfrac{26}{3}$　　　② 9　　　③ $\dfrac{28}{3}$

④ $\dfrac{29}{3}$　　　⑤ 10

기출문제

▶ 교육청

7 　①②③　　필수 예제 ①

수열 $\{a_n\}$이 $a_1=1$이고 모든 자연수 n에 대하여

$$a_{n+1}=\begin{cases} 2^{a_n} & (a_n\leq 1) \\ \log_{a_n}\sqrt{2} & (a_n>1) \end{cases}$$

을 만족시킬 때, $a_{12}\times a_{13}$의 값은?

① $\dfrac{1}{2}$　　　② 1　　　③ $\sqrt{2}$

④ 2　　　⑤ $2\sqrt{2}$

memo

메가스터디 수능 수학
KICK

메가스터디 수능 수학

KICK

수학 I

진짜 공부 챌린지 | 내!가/스/터/디

메가스터디BOOKS

메가스터디 수능 수학

KICK

수학 Ⅰ

Workbook

수학 I

I. 지수함수와 로그함수

01 지수   3

02 로그   8

03 지수함수   14

04 로그함수   23

II. 삼각함수

01 삼각함수   33

02 삼각함수의 그래프   39

03 삼각함수의 활용   54

III. 수열

01 등차수열   60

02 등비수열   69

03 수열의 합   76

04 수학적 귀납법   84

01 지수

필수예제 1 **실수 a의 n제곱근**

1 ⬜123

27의 세제곱근 중 실수인 것을 a, 256의 네제곱근 중 음수인 것을 b라 할 때, $a-b$의 값은?

① 6 　　② 7 　　③ 8

④ 9 　　⑤ 10

2 ⬜123

2 이상 10 이하의 자연수 n에 대하여 n의 n제곱근 중 실수인 것의 개수가 2인 모든 자연수 n의 값의 합을 구하시오.

✎ 정답 및 해설 49쪽

3 ⬜123

실수 a와 2 이상의 자연수 n에 대하여 a의 n제곱근 중 실수인 것이 3뿐일 때, $a+n$의 최솟값은?

① 27 　　② 28 　　③ 29

④ 30 　　⑤ 31

▶ 교육청

4 ⬜123

자연수 n에 대하여 $n(n-4)$의 세제곱근 중 실수인 것의 개수를 $f(n)$이라 하고, $n(n-4)$의 네제곱근 중 실수인 것의 개수를 $g(n)$이라 하자. $f(n)>g(n)$을 만족시키는 모든 n의 값 합은?

① 4 　　② 5 　　③ 6

④ 7 　　⑤ 8

5 ☐☐☐ 1 2 3

$\left\{\left(\dfrac{1}{a}\right)^{\frac{1}{4}}\right\}^{-\frac{8}{3}}=4$를 만족시키는 자연수 a의 값은?

① 4   ② 6   ③ 8

④ 10   ⑤ 12

6 ☐☐☐ 1 2 3

$8^{-\frac{1}{2}}\div 2^{\frac{k}{2}}\times(4^{3k})^{-\frac{1}{4}}=8$일 때, 실수 k의 값은?

① $-\dfrac{13}{4}$ ② $-\dfrac{11}{4}$ ③ $-\dfrac{9}{4}$

④ $-\dfrac{7}{4}$ ⑤ $-\dfrac{5}{4}$

7 ☐☐☐ 1 2 3

$8\times\left(\dfrac{1}{4}\right)^{\frac{12}{n}}$의 값이 자연수가 되도록 하는 모든 자연수 n의 값의 합은?

① 41   ② 42   ③ 43

④ 44   ⑤ 45

▶ 교육청

8 ☐☐☐ 1 2 3

두 실수 a, b에 대하여

$$2^a+2^b=2,\quad 2^{-a}+2^{-b}=\dfrac{9}{4}$$

일 때, 2^{a+b}의 값은 $\dfrac{q}{p}$이다. $p+q$의 값을 구하시오.

(단, p와 q는 서로소인 자연수이다.)

필수 예제 3 지수법칙을 이용한 거듭제곱근의 계산

9 ① ② ③

$\dfrac{\sqrt[3]{\sqrt{3}} \times (\sqrt[4]{9})^2}{\sqrt[3]{9}}$ 의 값은?

① 1   ② $\sqrt{3}$ ③ 3

④ $3\sqrt{3}$ ⑤ 9

10 ① ② ③

$\dfrac{\sqrt{27}}{\sqrt[3]{9}} \times \sqrt[3]{\sqrt{3^n}} = 9$ 를 만족시키는 자연수 n의 값은?

① 3   ② 4   ③ 5

④ 6   ⑤ 7

11 ① ② ③

100 이하의 자연수 n에 대하여 $\sqrt[6]{25^n}$이 정수가 되도록 하는 n의 개수는?

① 31   ② 32   ③ 33

④ 34   ⑤ 35

▶ 교육청

12 ① ② ③

$m \leq 135$, $n \leq 9$인 두 자연수 m, n에 대하여 $\sqrt[3]{2m} \times \sqrt{n^3}$의 값이 자연수일 때, $m+n$의 최댓값은?

① 97   ② 102   ③ 107

④ 112   ⑤ 117

 $a^x + a^{-x}$ 꼴의 계산

13 ①②③

양수 a에 대하여 $a^{\frac{1}{4}} - a^{-\frac{1}{4}} = 3$일 때, $a + a^{-1}$의 값은?

① 117 ② 119 ③ 121

④ 123 ⑤ 125

15 ①②③

$a^2 + a^{-2} = 7$일 때, $\dfrac{a - a^{-1}}{a + a^{-1}}$의 값은? (단, $a > 1$)

① $\dfrac{1}{3}$ ② $\dfrac{\sqrt{2}}{3}$ ③ $\dfrac{\sqrt{3}}{3}$

④ $\dfrac{2}{3}$ ⑤ $\dfrac{\sqrt{5}}{3}$

14 ①②③

실수 x에 대하여 $3^x - 3^{-x} = 2$일 때, $3^x + 3^{-x}$의 값은?

① 2 ② $2\sqrt{2}$ ③ 4

④ $4\sqrt{2}$ ⑤ 8

16 ①②③

$a^{\frac{3}{2}} - a^{-\frac{3}{2}} = 4$일 때, $\sqrt{a} - \dfrac{1}{\sqrt{a}}$의 값은? (단, $a > 1$)

① $\dfrac{1}{2}$ ② $\dfrac{\sqrt{2}}{2}$ ③ 1

④ $\sqrt{2}$ ⑤ 2

필수 예제 5 $\dfrac{a^x-a^{-x}}{a^x+a^{-x}}$ 꼴의 계산

17 ①②③

실수 x에 대하여 $9^x=7$일 때, $\dfrac{3^x-3^{-x}}{3^x+3^{-x}}$의 값은?

① $\dfrac{1}{2}$　　　② $\dfrac{2}{3}$　　　③ $\dfrac{3}{4}$

④ $\dfrac{4}{5}$　　　⑤ $\dfrac{5}{6}$

▶ 평가원

18 ①②③

실수 a가 $\dfrac{2^a+2^{-a}}{2^a-2^{-a}}=-2$를 만족시킬 때, 4^a+4^{-a}의 값은?

① $\dfrac{5}{2}$　　　② $\dfrac{10}{3}$　　　③ $\dfrac{17}{4}$

④ $\dfrac{26}{5}$　　　⑤ $\dfrac{37}{6}$

19 ①②③

양수 a와 실수 x에 대하여 $a^x-1=\dfrac{\sqrt{2}}{a^x+1}$일 때, $\dfrac{a^{3x}+a^{-3x}}{a^x-a^{-x}}$의 값은?

① $3-\sqrt{2}$　　　② $3+\sqrt{2}$　　　③ $3+2\sqrt{2}$

④ $4-\sqrt{2}$　　　⑤ $4+\sqrt{2}$

O2 로그

필수예제 1 로그의 정의

1 ⟨ 1 2 3 ⟩

$\log_a 3 = \dfrac{1}{2}$일 때, a의 값은? (단, $a>0$, $a\neq 1$)

① $\dfrac{1}{27}$ ② $\dfrac{1}{9}$ ③ $\dfrac{1}{3}$

④ 3   ⑤ 9

2 ⟨ 1 2 3 ⟩

양수 a에 대하여 $\log_2 a = 6$일 때, $\sqrt[3]{a} + \sqrt[2]{a}$의 값은?

① 11   ② 12   ③ 13

④ 14   ⑤ 15

3 ⟨ 1 2 3 ⟩

$a = \log_3(\sqrt{2}-1)$일 때, $9^a + \dfrac{2}{3^a}$의 값은?

① 1   ② 2   ③ 3

④ 4   ⑤ 5

▶ 수능

4 ⟨ 1 2 3 ⟩

2 이상의 자연수 n에 대하여 $5\log_n 2$의 값이 자연수가 되도록 하는 모든 n의 값의 합은?

① 34   ② 38   ③ 42

④ 46   ⑤ 50

필수
예제 2 **로그의 밑과 진수의 조건**

5 [1 2 3]

$\log_{a-5}(12-a)$가 정의되기 위한 자연수 a의 개수는?

① 3 ② 4 ③ 5
④ 6 ⑤ 7

6 [1 2 3]

$\log_{a+2}(10-a)$와 $\log_{a+2}(a+5)$가 모두 정의되기 위한 정수 a의 최댓값과 최솟값의 합은?

① 6 ② 7 ③ 8
④ 9 ⑤ 10

▶ **교육청**

7 [1 2 3]

$\log_x(-x^2+4x+5)$가 정의되기 위한 모든 정수 x의 값의 합을 구하시오.

8 [1 2 3]

모든 실수 x에 대하여
$$\log_{|a|}(x^2+2ax+4-3a)$$
의 값이 정의되기 위한 모든 정수 a의 값의 합은?

① -7 ② -6 ③ -5
④ -4 ⑤ -3

필수 예제 3 로그의 성질; 계산

▸수능

9 ① ② ③

$\log_2 120 - \dfrac{1}{\log_{15} 2}$의 값을 구하시오.

10 ① ② ③

다음 중 옳지 <u>않은</u> 것은?

① $\log_{\frac{1}{5}} \sqrt{5} = -\dfrac{1}{2}$

② $\log_2 6 + \log_2 10 - \log_2 15 = 2$

③ $\log_{\sqrt{10}} 4 + 4 \log 5 = 4$

④ $\log_3 (\log_2 3) + \log_3 (\log_3 8) = 0$

⑤ $8^{\log_2 3} - 25^{\log_5 2} = 23$

11 ① ② ③

$(\log_2 27 + \log_4 9) \log_9 k = 6$을 만족시키는 양수 k의 값은?

① 4   ② 8   ③ 16

④ 32   ⑤ 64

12 ① ② ③

$\log_{\sqrt{3}} 2 + \dfrac{1}{2} \log_3 \dfrac{1}{8} + \log_3 3\sqrt{2} = k$일 때, 3^k의 값은?

① 6   ② 7   ③ 8

④ 9   ⑤ 10

필수 예제 4 로그의 성질; 문자가 주어진 경우

13 ①②③

$\log_5 2=a$, $\log_{\frac{1}{5}} 3=b$일 때, $\log_6 18$을 a, b로 옳게 나타낸 것은?

① $\dfrac{2a-b}{a+b}$ ② $\dfrac{a-b}{a+b}$ ③ $\dfrac{a-2b}{a+b}$

④ $\dfrac{2a-b}{a-b}$ ⑤ $\dfrac{a-2b}{a-b}$

14 ①②③

두 실수 a, b가

$$ab=\log_3 8, \quad \frac{1}{a}+\frac{1}{b}=\log_2 3$$

을 만족시킬 때, $a+b$의 값은?

① $\sqrt{6}$ ② $\sqrt{7}$ ③ $2\sqrt{2}$

④ 3 ⑤ $\sqrt{10}$

15 ①②③

1이 아닌 두 양수 a, b에 대하여 $\log_a b=2$일 때, $\log ab^2 \times \log_a 10^3$의 값을 구하시오.

▶ 수능

16 ①②③

1보다 큰 두 실수 a, b에 대하여

$$\log_{\sqrt{3}} a=\log_9 ab$$

가 성립할 때, $\log_a b$의 값은?

① 1 ② 2 ③ 3

④ 4 ⑤ 5

17 ①②③

두 실수 a, b가 $4^a = 25^b = 10$을 만족시킬 때, $\dfrac{1}{a} + \dfrac{1}{b}$의 값은?

① 1 ② 2 ③ 3
④ 4 ⑤ 5

▶ 교육청

18 ①②③

두 실수 x, y가 $2^x = 3^y = 24$를 만족시킬 때, $(x-3)(y-1)$의 값은?

① 1 ② 2 ③ 3
④ 4 ⑤ 5

19 ①②③

두 실수 a, b가 $3^{\frac{3}{a}} = 4$, $12^{\frac{1}{b}} = 16$을 만족시킬 때, 2^{a+2b}의 값은?

① 10 ② 12 ③ 14
④ 16 ⑤ 18

20 ①②③

세 실수 x, y, z가 $12^x = 4$, $20^y = 2$, $\left(\dfrac{1}{4}\right)^z = a$이고 $\dfrac{2}{x} + \dfrac{1}{y} + z = 4$를 만족시킬 때, 양수 a의 값은?

① $\dfrac{1}{225}$ ② $\dfrac{1}{15}$ ③ 1
④ 15 ⑤ 225

필수 예제 6 로그와 이차방정식

21 ①②③

이차방정식 $2x^2-10x-7=0$의 두 근을 α, β라 할 때, $\log_2(\alpha^2+\beta^2)$의 값은?

① 3   ② 4   ③ 5

④ 6   ⑤ 7

22 ①②③

이차방정식 $3x^2-x-2=0$의 두 근을 $\log_3\alpha$, $\log_3\beta$라 할 때, $\log_{\frac{1}{3}}3\alpha\beta$의 값은?

① $-\dfrac{1}{3}$ ② $-\dfrac{2}{3}$ ③ -1

④ $-\dfrac{4}{3}$ ⑤ $-\dfrac{5}{3}$

23 ①②③

x에 대한 방정식 $x^2-2kx+\log_3 8=0$의 한 근이 $\log_3 2$일 때, 9^k의 값을 구하시오. (단, k는 상수이다.)

24 ①②③

이차방정식 $x^2-5x+k=0$의 두 근을 $\log_2\alpha$, $\log_2\beta$라 하자. $\alpha-\beta=14$일 때, 상수 k의 값은?

① 1   ② 2   ③ 3

④ 4   ⑤ 5

✎ 정답 및 해설 55쪽

03 지수함수

필수예제 1 지수함수의 그래프

1   123

함수 $y=3\times\left(\dfrac{1}{3}\right)^{x}$의 그래프를 x축의 방향으로 p만큼, y축의 방향으로 q만큼 평행이동하였더니 $y=\left(\dfrac{1}{3}\right)^{x+3}+5$의 그래프와 일치하였다. $p+q$의 값은?

① 1   ② 2   ③ 3

④ 4   ⑤ 5

2   123

함수 $f(x)=5^{ax+b}+c$에 대하여 함수 $y=f(x)$의 그래프의 점근선이 직선 $y=-1$이고 $f(0)=0$, $f(1)=4$일 때, $f(2)$의 값은?

① 21   ② 22   ③ 23

④ 24   ⑤ 25

3   123

함수 $f(x)=\dfrac{1}{2}\times2^{x}$의 그래프를 x축의 방향으로 a만큼, y축의 방향으로 3만큼 평행이동하였더니 함수 $y=g(x)$의 그래프와 일치하였다. 두 함수 $y=f(x)$, $y=g(x)$의 그래프가 점 $(3, k)$에서 만날 때, $a+k$의 값은?

① 6   ② 7   ③ 8

④ 9   ⑤ 10

▶ 수능

4   123

좌표평면에서 지수함수 $y=a^{x}$의 그래프를 y축에 대하여 대칭이동한 후 x축의 방향으로 3만큼, y축의 방향으로 2만큼 평행이동한 그래프가 점 $(1, 4)$를 지난다. 양수 a의 값은?

① $\sqrt{2}$ ② 2   ③ $2\sqrt{2}$

④ 4   ⑤ $4\sqrt{2}$

5   (1 2 3)

그림과 같이 함수 $y=2^x$의 그래프 위의 한 점 $\mathrm{A}(1,\ 2)$에 대하여 점 A를 지나고 x축에 평행한 직선이 함수 $y=2^{x-3}$의 그래프와 만나는 점을 B, 점 A를 지나고 y축에 평행한 직선이 함수 $y=2^{x-3}$의 그래프와 만나는 점을 C라 하자. 삼각형 ACB의 넓이는?

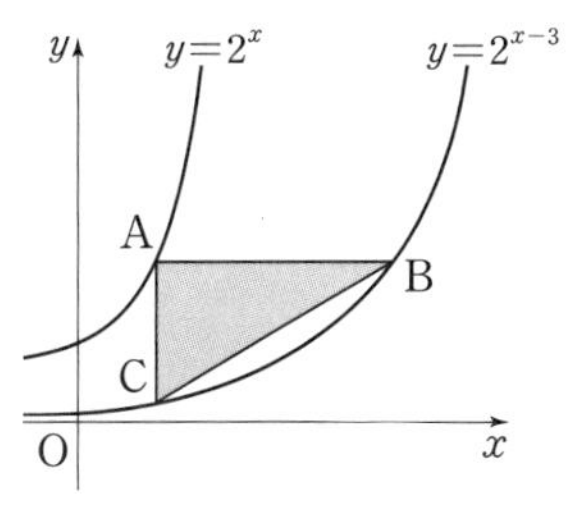

① $\dfrac{21}{8}$ ② $\dfrac{11}{4}$ ③ $\dfrac{23}{8}$

④ 3 ⑤ $\dfrac{25}{8}$

6   (1 2 3)

그림과 같이 함수 $y=a^{x-1}$의 그래프 위의 두 점 A, B에서 y축에 내린 수선의 발을 각각 C, D라 하면 두 점 C, D의 y좌표는 각각 a^2, a^4이다. 두 삼각형 DAB, DCA의 넓이의 차가 12일 때, 실수 a의 값은?

(단, $a>1$)

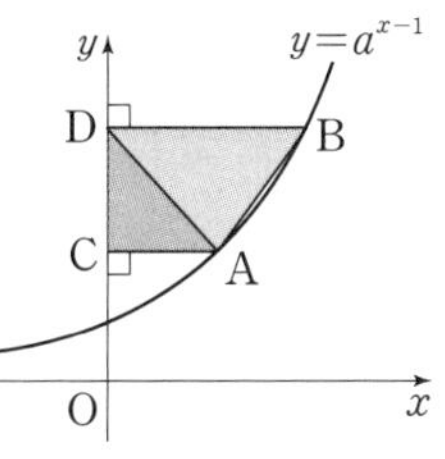

① 1 ② 2 ③ 3

④ 4 ⑤ 5

7   (1 2 3)

그림과 같이 두 함수 $f(x)=3^x-1$, $g(x)=\left(\dfrac{1}{3}\right)^{x-a}-1$의 그래프가 한 점 $\mathrm{A}(1,\ k)$에서 만난다. 함수 $y=g(x)$의 그래프가 x축과 만나는 점을 B라 할 때, 삼각형 OBA의 넓이는?

(단, a는 상수이고, O는 원점이다.)

① 1 ② $\dfrac{3}{2}$ ③ 2

④ $\dfrac{5}{2}$ ⑤ 3

▶ 교육청

8   (1 2 3)

세 지수함수

$$f(x)=a^{-x},\ g(x)=b^x,\ h(x)=a^x\ (1<a<b)$$

에 대하여 직선 $y=2$가 세 곡선 $y=f(x)$, $y=g(x)$, $y=h(x)$와 만나는 점을 각각 P, Q, R라 하자. $\overline{\mathrm{PQ}}:\overline{\mathrm{QR}}=2:1$이고 $h(2)=2$일 때, $g(4)$의 값은?

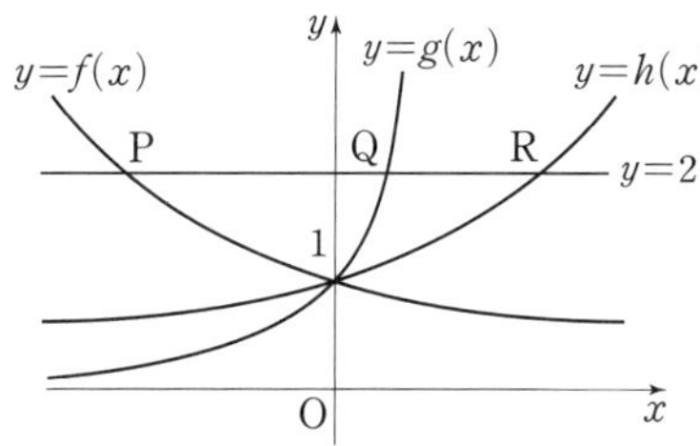

① 16 ② $16\sqrt{2}$ ③ 32

④ $32\sqrt{2}$ ⑤ 64

필수 예제 3 지수함수의 최대·최소

9 ①②③

정의역이 $\{x \mid -2 \leq x \leq 1\}$인 함수 $f(x)=5^{x+2}+1$의 최댓값과 최솟값의 합을 구하시오.

10 ①②③

정의역이 $\{x \mid 2 \leq x \leq 5\}$인 함수 $f(x)=3^{x+a}$의 최댓값은 81이다. 함수 $f(x)$의 최솟값은? (단, a는 상수이다.)

① $\dfrac{1}{9}$ ② $\dfrac{1}{3}$ ③ 1

④ 3 ⑤ 9

11 ①②③

정의역이 $\{x \mid -1 \leq x \leq 2\}$인 함수 $f(x)=\left(\dfrac{1}{2}\right)^{|x|}$의 최댓값을 M, 최솟값을 m이라 하자. $M-m$의 값은?

① $\dfrac{1}{4}$ ② $\dfrac{3}{8}$ ③ $\dfrac{1}{2}$

④ $\dfrac{5}{8}$ ⑤ $\dfrac{3}{4}$

12 ①②③

두 함수 $f(x)$, $g(x)$를
$$f(x)=x^2-6x+a, \quad g(x)=2^x$$
이라 하자. $2 \leq x \leq 5$에서 함수 $(g \circ f)(x)$의 최댓값과 최솟값의 곱은 4이다. 상수 a의 값은?

① 4 ② 5 ③ 6

④ 7 ⑤ 8

13 `1 2 3`

함수 $y=-\left(\dfrac{1}{4}\right)^{x}+3\times\left(\dfrac{1}{2}\right)^{x-1}-5$의 최댓값은?

① 1 　　② 2 　　③ 3

④ 4 　　⑤ 5

14 `1 2 3`

정의역이 $\{x\,|\,-3\leq x\leq 3\}$인 함수

$$y=9^{x}-6\times\left(\dfrac{1}{3}\right)^{1-x}+2$$

는 $x=p$일 때 최댓값을 갖고, $x=q$일 때 최솟값을 갖는다. $p+q$의 값은?

① -3 　　② -1 　　③ 1

④ 3 　　⑤ 5

15 `1 2 3`

정의역이 $\{x\,|\,1\leq x\leq 2\}$인 함수 $y=a^{2x}-10\times a^{x}+30$의 최솟값이 5가 되도록 하는 모든 자연수 a의 값의 합은?

(단, $a>1$)

① 11 　　② 12 　　③ 13

④ 14 　　⑤ 15

16 `1 2 3`

함수 $y=\dfrac{5^{2x+3}+5^{x+1}+5}{5^{x}}$는 $x=p$일 때, 최솟값 m을 갖는다. $p+m$의 값은?

① 53 　　② 54 　　③ 55

④ 56 　　⑤ 57

필수
예제 5 **지수방정식**

17 (1 2 3)

방정식 $4^{x-1}=8\times\left(\dfrac{1}{8}\right)^{x}$ 을 만족시키는 실수 x의 값을 구하시오.

18 (1 2 3)

방정식 $\dfrac{3^{x^2-2}}{27}=\left(\dfrac{1}{9}\right)^{1-x}$ 의 해가 $x=\alpha$ 또는 $x=\beta$일 때, $2^{\alpha}\div 2^{\beta}$의 값은? (단, $\alpha<\beta$)

① $\dfrac{1}{32}$ 　② $\dfrac{1}{16}$ 　③ $\dfrac{1}{8}$

④ $\dfrac{1}{4}$ 　⑤ $\dfrac{1}{2}$

19 (1 2 3)

방정식 $5^{x^2-4}=125^{|x|+2}$ 을 만족시키는 모든 실수 x의 값의 곱은?

① -25 　② -16 　③ -9

④ -4 　⑤ -1

20 (1 2 3)

3의 네제곱근 중 양의 실수인 것을 a라 할 때, 방정식 $3^{x^2+1}=a^{16}$을 만족시키는 모든 실수 x의 값의 곱은?

① -5 　② -4 　③ -3

④ -2 　⑤ -1

필수예제 6 지수방정식; 치환

21 ⟨1 2 3⟩

방정식 $5 \times 25^x - 5^x = 5^{x+3} - 25$를 만족시키는 모든 실수 x의 값의 곱은?

① -5 ② -4 ③ -3

④ -2 ⑤ -1

22 ⟨1 2 3⟩

방정식 $4^{x+1} + 4^{1-x} = 10$의 해가 $x = \alpha$ 또는 $x = \beta$일 때, $\beta - \alpha$의 값은? (단, $\alpha < \beta$)

① 1 ② 2 ③ 3

④ 4 ⑤ 5

23 ⟨1 2 3⟩

x에 대한 방정식 $a^{2x} = 2a^x + 3$의 해가 $\dfrac{1}{3}$이 되도록 하는 실수 a의 값을 구하시오. (단, $a > 0$, $a \neq 1$)

▶ 교육청

24 ⟨1 2 3⟩

x에 대한 방정식 $4^x - k \times 2^{x+1} + 16 = 0$이 오직 하나의 실근 a를 가질 때, $k + a$의 값은? (단, k는 상수이다.)

① 3 ② 4 ③ 5

④ 6 ⑤ 7

▶ 교육청

25 123

부등식 $5^{2x-7} \leq \left(\dfrac{1}{5}\right)^{x-2}$ 을 만족시키는 자연수 x의 개수는?

① 1 ② 2 ③ 3

④ 4 ⑤ 5

26 123

부등식 $\left(\dfrac{1}{5}\right)^{x^2+3} < 5 \times \left(\dfrac{1}{5}\right)^{5x}$ 의 해가 $x < \alpha$ 또는 $x > \beta$일 때, $5\alpha + \beta$의 값을 구하시오.

27 123

부등식 $27 \times \left(\dfrac{3}{2}\right)^{(x-5)^2} \leq 8 \times \left(\dfrac{2}{3}\right)^{-x}$ 을 만족시키는 모든 자연수 x의 값의 합은?

① 21 ② 22 ③ 23

④ 24 ⑤ 25

28 123

부등식 $(1-2^{x+4})(3^x-27) < 0$의 해가 $x < \alpha$ 또는 $x > \beta$일 때, $|\alpha| + 2|\beta|$의 값은?

① 6 ② 7 ③ 8

④ 9 ⑤ 10

필수
예제 8 지수부등식 ; 치환

29 〔1 2 3〕

부등식 $3 \times 4^x - 5 < 7 \times 2^{x+1}$을 만족시키는 모든 자연수 x의 값의 합은?

① 3 ② 4 ③ 5

④ 6 ⑤ 7

30 〔1 2 3〕

부등식 $2 \times 9^x + 4 < 9 \times 3^x$의 해가 $\alpha < x < \beta$일 때, $3^\alpha + 3^\beta$의 값은?

① 3 ② $\dfrac{7}{2}$ ③ 4

④ $\dfrac{9}{2}$ ⑤ 5

31 〔1 2 3〕

부등식 $4^{|x|} - 15 \times 2^{|x|} < 16$을 만족시키는 정수 x의 개수는?

① 6 ② 7 ③ 8

④ 9 ⑤ 10

32 〔1 2 3〕

x에 대한 부등식 $2^{2x+1} - (n+2) \times 2^x + n \leq 0$을 만족시키는 정수 x의 개수가 5가 되도록 하는 자연수 n의 최솟값을 구하시오.

33 ①②③

그림과 같이 두 함수 $y=2^x$, $y=-2^{5-x}+12$의 그래프의 교점을 각각 A, B라 하고, 두 점 A, B에서 x축에 내린 수선의 발을 각각 C, D라 할 때, 사다리꼴 ACDB의 넓이는?

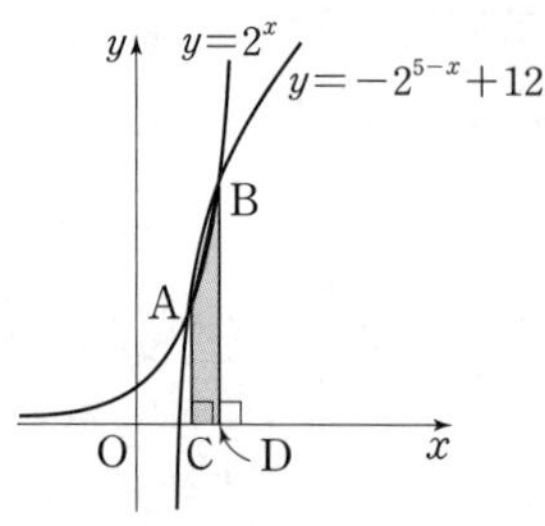

① 6   ② 7   ③ 8

④ 9   ⑤ 10

34 ①②③

두 함수 $y=-k\times3^x+30$, $y=3^{2-x}$의 그래프가 서로 다른 두 점 A, B에서 만난다. 선분 AB의 중점이 y축 위에 있을 때, 양수 k의 값을 구하시오.

35 ①②③

이차함수 $y=f(x)$의 그래프가 그림과 같을 때, 함수 $g(x)=\left(\dfrac{2}{5}\right)^x$에 대하여 부등식
$$(f\circ g)(x)\geq0$$
을 만족시키는 정수 x의 개수는?

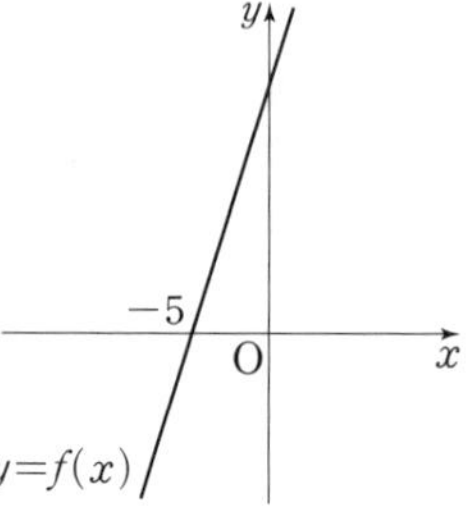

① 1   ② 2   ③ 3

④ 4   ⑤ 5

▶ 평가원

36 ①②③

일차함수 $y=f(x)$의 그래프가 그림과 같고 $f(-5)=0$이다. 부등식 $2^{f(x)}\leq8$의 해가 $x\leq-4$일 때, $f(0)$의 값을 구하시오.

04 로그함수

필수예제 1 로그함수의 그래프

1

함수 $y=\log_2(3x-6)+1$의 그래프의 점근선과 함수 $y=2^x-1$의 그래프의 교점의 좌표가 $(a,\ b)$일 때, $a+b$의 값은?

① 1   ② 2   ③ 3

④ 4   ⑤ 5

2

함수 $y=\log_2 x$의 그래프를 x축의 방향으로 a만큼, y축의 방향으로 b만큼 평행이동하였더니 함수 $y=\log_2(4x+6)$의 그래프와 일치하였다. $b-a$의 값은?

① $\dfrac{3}{2}$ ② 2   ③ $\dfrac{5}{2}$

④ 3   ⑤ $\dfrac{7}{2}$

3

함수 $f(x)=\log_2\dfrac{k}{x-a}$의 그래프가 그림과 같을 때, 두 상수 $a,\ k$에 대하여 ak의 값을 구하시오.

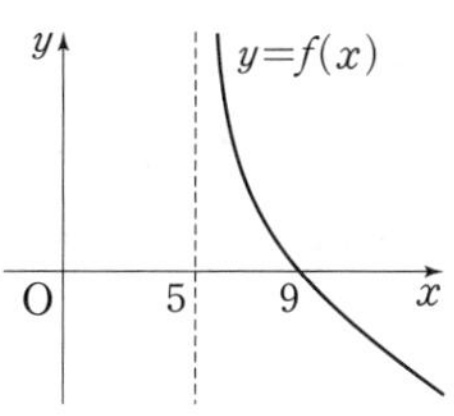

4

함수 $f(x)=\log_2(x+8)+k+2$의 그래프가 제4사분면을 지나지 않도록 하는 실수 k의 최솟값은?

① -1 ② -2 ③ -3

④ -4 ⑤ -5

5　① ② ③

그림과 같이 1보다 큰 양수 a에 대하여 두 곡선
$y=\log_a(-x+2)$, $y=\log_a x$가 만나는 점을 A, 직선
$y=1$이 두 곡선 $y=\log_a(-x+2)$, $y=\log_a x$와 만나
는 점을 각각 B, C라 하자. 삼각형 ACB의 넓이는?

　　　　　　　　　　　　　（단, B는 y축 위의 점이다.）

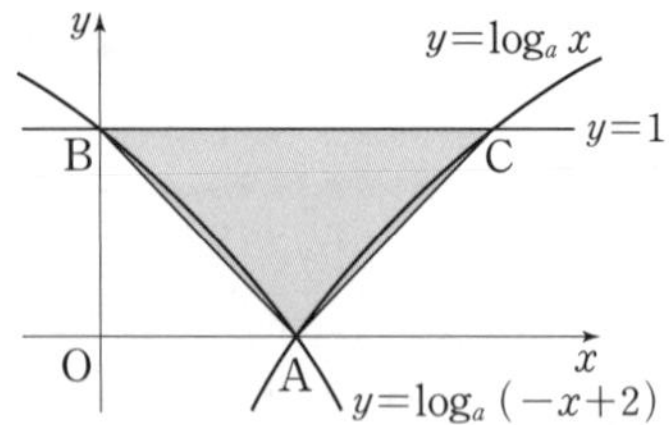

① $\dfrac{1}{5}$　　　　② $\dfrac{2}{5}$　　　　③ $\dfrac{3}{5}$

④ $\dfrac{4}{5}$　　　　⑤ 1

6　① ② ③

그림과 같이 두 함수 $y=\log_2 x$, $y=\log_2(x-5)$의 그
래프가 x축과 만나는 점을 각각 A, B라 하자. 함수
$y=\log_2 x$의 그래프 위의 점 C(a, b)에 대하여 삼각형
ABC의 무게중심의 y좌표가 1일 때, $a+b$의 값은?

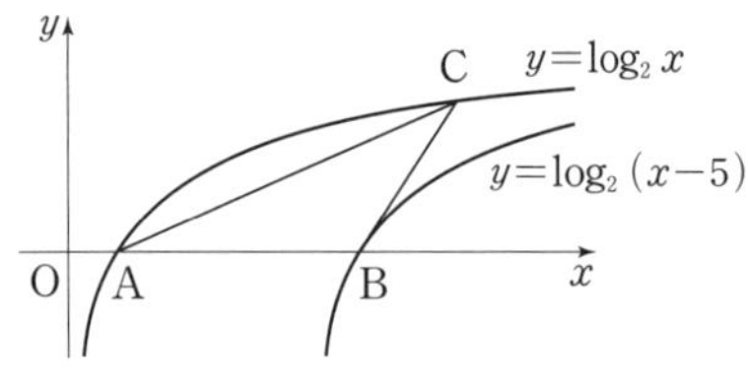

① 8　　　　② 9　　　　③ 10

④ 11　　　　⑤ 12

7　① ② ③

그림과 같이 두 곡선
$y=3^{x+1}-2$,
$y=\log_2(x+1)-1$이
y축과 만나는 점을 각
각 A, B라 하자. 점 A
를 지나고 x축에 평행
한 직선이 곡선 $y=\log_2(x+1)-1$과 만나는 점을 C,
점 B를 지나고 x축에 평행한 직선이 곡선 $y=3^{x+1}-2$
와 만나는 점을 D라 할 때, 사각형 ADBC의 넓이는?

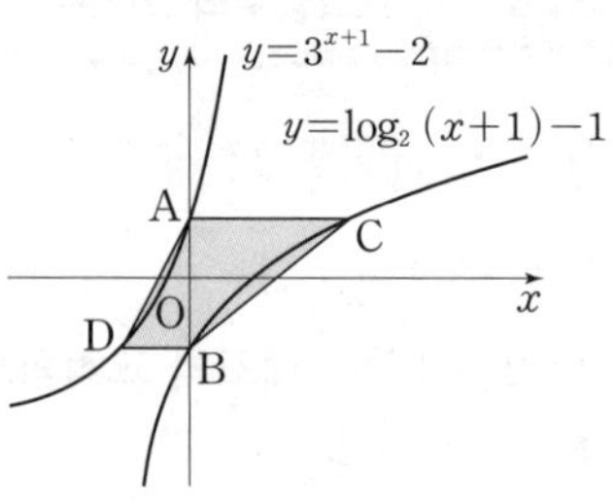

① 3　　　　② $\dfrac{13}{4}$　　　　③ $\dfrac{7}{2}$

④ $\dfrac{15}{4}$　　　　⑤ 4

8　① ② ③

곡선
$y=\log_2(-x+1)-1$과
x축, y축이 만나는 점을
각각 A, B라 하고, 곡선
$y=a\times 2^{-x}+b$와 x축, y
축이 만나는 점을 각각 C,
D라 하자. 두 직선 AB,
CD의 기울기가 서로 같고 삼각형 OCD의 넓이가 삼각
형 OAB의 넓이의 4배일 때, $a-b$의 값은?

　　　　　　　　　　　　　（단, a, b는 상수이다.）

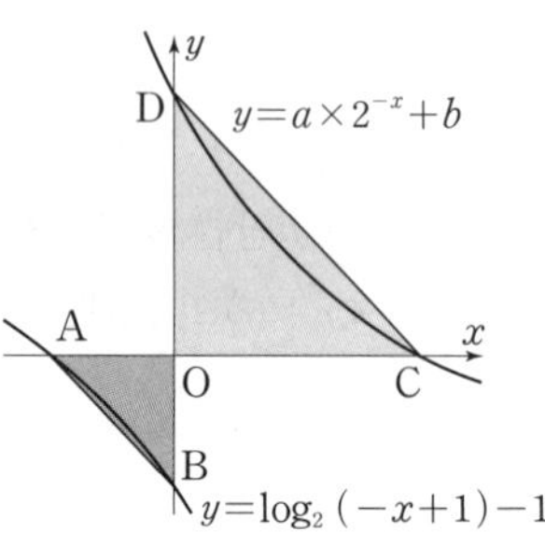

① $\dfrac{10}{3}$　　　　② $\dfrac{11}{3}$　　　　③ 4

④ $\dfrac{13}{3}$　　　　⑤ $\dfrac{14}{3}$

필수 예제 3 **지수함수와 로그함수의 관계**

▶ 평가원

9 ① ② ③

함수 $y=\log_3 x$의 그래프를 x축의 방향으로 a만큼, y축의 방향으로 2만큼 평행이동한 그래프를 나타내는 함수를 $y=f(x)$라 하자. 함수 $f(x)$의 역함수가 $f^{-1}(x)=3^{x-2}+4$일 때, 상수 a의 값은?

① 1 ② 2 ③ 3
④ 4 ⑤ 5

10 ① ② ③

함수 $f(x)=3^{2x-2}+4$에 대하여 함수 $g(x)$가 $(g\circ f)(x)=x$를 만족시킬 때, $g(5)$의 값은?

① 1 ② 2 ③ 3
④ 4 ⑤ 5

11 ① ② ③

그림과 같이 함수 $y=2^x-1$의 그래프와 직선 $y=ax$가 만나는 점 중 원점이 아닌 점을 A, 함수 $y=\log_2(x+1)$의 그래프와 직선 $y=bx$가 만나는

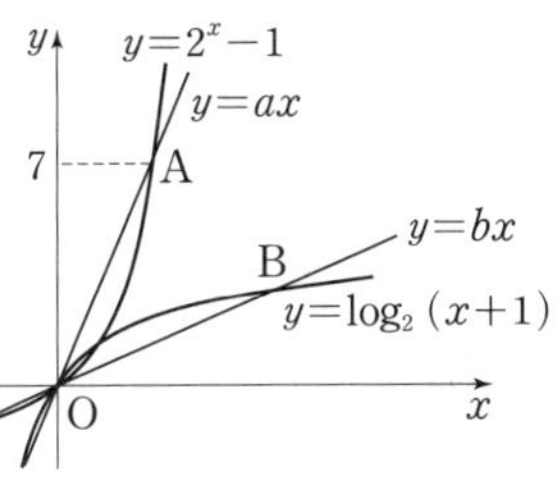

점 중 원점이 아닌 점을 B라 하자. 점 A의 y좌표가 7이고 $\overline{OA}=\overline{OB}$일 때, 두 상수 a, b에 대하여 $a+b$의 값은? (단, O는 원점이다.)

① $\dfrac{52}{21}$ ② $\dfrac{18}{7}$ ③ $\dfrac{8}{3}$
④ $\dfrac{58}{21}$ ⑤ $\dfrac{20}{7}$

12 ① ② ③

그림과 같이 함수 $y=\log_3 x$의 그래프와 직선 $x=9$의 교점을 A라 하고, 점 A를 지나고 기울기가 -1인 직선이 함수 $y=3^x$의 그래프와 만나는 점을 B라 할 때, 삼각형 OAB의 넓이는? (단, O는 원점이다.)

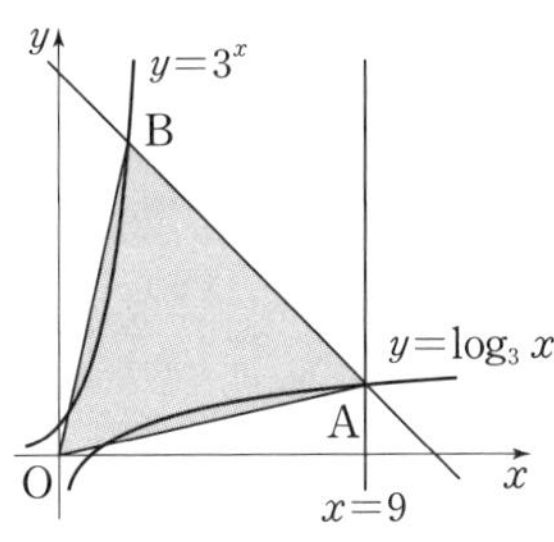

① $\dfrac{73}{2}$ ② 37 ③ $\dfrac{75}{2}$
④ 38 ⑤ $\dfrac{77}{2}$

13 1 2 3

정의역이 $\{x \mid 0 \leq x \leq 3\}$인 함수 $f(x) = \log_3 (2x+3)$의 최댓값과 최솟값의 합은?

① 1   ② 2   ③ 3

④ 4   ⑤ 5

14 1 2 3

정의역이 $\{x \mid -4 \leq x \leq 4\}$인 함수 $y = \log_{\frac{1}{2}} (|x|+4)$의 최댓값과 최솟값의 곱은?

① 2   ② 4   ③ 6

④ 8   ⑤ 10

15 1 2 3

두 함수
$$f(x) = \log_4 (6-x), \quad g(x) = \log_{\frac{1}{4}} (x+2)$$
에 대하여 $-2 < x < 6$에서 정의된 함수 $y = f(x) - g(x)$는 $x=a$에서 최댓값 M을 갖는다. $a+M$의 값은?

① 2   ② $\dfrac{5}{2}$ ③ 3

④ $\dfrac{7}{2}$ ⑤ 4

16 1 2 3

정의역이 $\{x \mid 3 \leq x \leq k\}$인 함수 $y = \log_5 (x^2 - 2x + 5)$의 최댓값과 최솟값의 차가 1일 때, 실수 k의 값은?

(단, $k > 3$)

① 4   ② 5   ③ 6

④ 7   ⑤ 8

필수 예제 5 **로그함수의 최대·최소; 치환**

17 ① ② ③

정의역이 $\{x \mid 1 \leq x \leq 125\}$인 함수
$$y=-(\log_5 x)^2+2\log_5 x+1$$
의 최댓값과 최솟값의 합은?

① -2 　　② -1 　　③ 0

④ 1 　　⑤ 2

18 ① ② ③

정의역이 $\left\{x \,\middle|\, \dfrac{1}{9} \leq x \leq 1\right\}$인 함수
$$y=(\log_{\frac{1}{3}} x)^2+\log_{\frac{1}{3}} x^2+k$$
의 최솟값이 -4일 때, 최댓값은? (단, k는 상수이다.)

① 3 　　② 4 　　③ 5

④ 6 　　⑤ 7

19 ① ② ③

함수
$$y=(\log_{\frac{1}{2}} x)(\log_{\frac{1}{4}} x)-a\log_2 x+7$$
의 최솟값이 -1일 때, 양수 a의 값은?

① 1 　　② 2 　　③ 4

④ 8 　　⑤ 16

20 ① ② ③

정의역이 $\{x \mid x>1\}$인 함수
$$y=3\log_2 x+\log_x 8+4$$
의 최솟값을 구하시오.

필수 예제 **6** 로그방정식

21 ① ② ③

방정식 $2\log_9(x-1)=\log_3 2$를 만족시키는 실수 x의 값은?

① 1   ② 2   ③ 3

④ 4   ⑤ 5

▶ 평가원

22 ① ② ③

로그방정식 $\log_2(4+x)+\log_2(4-x)=3$을 만족시키는 모든 실수 x의 값의 곱은?

① -10 ② -8 ③ -6

④ -4 ⑤ -2

23 ① ② ③

방정식 $\log_2(x+1)=\log_{\frac{1}{2}}(3x-2)+3$의 실근을 $x=\alpha$라 할 때, 30α의 값을 구하시오.

24 ① ② ③

방정식 $\log_8(x^3+3)=\log_8 x+1$의 두 실근을 α, β라 할 때, $\alpha^2+\beta^2$의 값은?

① 6   ② 7   ③ 8

④ 9   ⑤ 10

필수
예제 **7** 로그방정식; 치환

25 ⟨ 1 2 3 ⟩

방정식 $(\log_2 x-3)^2-\log_2 x^2+7=0$의 해를 구하시오.

26 ⟨ 1 2 3 ⟩

방정식 $\log_3 x-\log_x 9=-1$의 모든 실근의 합은?

① $\dfrac{25}{9}$ ② $\dfrac{28}{9}$ ③ $\dfrac{31}{9}$

④ $\dfrac{34}{9}$ ⑤ $\dfrac{37}{9}$

27 ⟨ 1 2 3 ⟩

방정식 $\log x \times \log \dfrac{x}{10}=3$의 두 실근을 α, β라 할 때, $\alpha\beta$의 값은?

① 2 ② 4 ③ 6

④ 8 ⑤ 10

28 ⟨ 1 2 3 ⟩

방정식 $\left(\log_2 \dfrac{x}{4}\right)\left(\log_2 \dfrac{32}{x}\right)=2$를 만족시키는 모든 실수 x의 값의 합은?

① 21 ② 22 ③ 23

④ 24 ⑤ 25

필수예제 8 로그부등식

29 ① ② ③

부등식 $\log_2(x+2)<\log_2(-x^2+4)$를 만족시키는 정수 x의 개수는?

① 1   ② 2   ③ 3

④ 4   ⑤ 5

▶ 교육청

30 ① ② ③

부등식 $\log_{18}(n^2-9n+18)<1$을 만족시키는 모든 자연수 n의 값의 합은?

① 14   ② 15   ③ 16

④ 17   ⑤ 18

31 ① ② ③

x에 대한 부등식

$$\log_3\left(\frac{1}{2}x+1\right)\geq\log_3(x-k)$$

를 만족시키는 정수 x의 개수가 5가 되도록 하는 자연수 k의 값은?

① 3   ② 4   ③ 5

④ 6   ⑤ 7

32 ① ② ③

부등식 $\log_{\frac{1}{5}}|x-2|\leq\log_{\frac{1}{5}}x-1$을 만족시키는 실수 x의 최댓값은?

① $\dfrac{1}{6}$ ② $\dfrac{1}{3}$ ③ $\dfrac{1}{2}$

④ $\dfrac{2}{3}$ ⑤ 1

33 ⟨ 1 2 3 ⟩

부등식 $(\log_2 x)^2 - \log_2 x^3 + 2 \geq 0$의 해가 $\alpha < x \leq \beta$ 또는 $x \geq \gamma$일 때, $\alpha + \beta + \gamma$의 값은?

① 6 ② 7 ③ 8

④ 9 ⑤ 10

34 ⟨ 1 2 3 ⟩

부등식 $\left(\log_{\frac{1}{4}} x\right)^2 - \log_{\frac{1}{2}} x < 3$을 만족시키는 자연수 x의 개수는?

① 1 ② 2 ③ 3

④ 4 ⑤ 5

35 ⟨ 1 2 3 ⟩

부등식 $(\log_5 5x)^2 + \log_{25} x^4 < 6$의 해가 $\alpha < x < \beta$일 때, $\log_{25} \alpha\beta$의 값은?

① -5 ② -4 ③ -3

④ -2 ⑤ -1

36 ⟨ 1 2 3 ⟩

부등식 $\left(\log_3 \dfrac{27}{x}\right)(\log_3 x + k) > 7$의 해가 $\dfrac{1}{81} < x < 9$일 때, 상수 k의 값은?

① 3 ② 4 ③ 5

④ 6 ⑤ 7

37 ① ② ③

두 함수 $y=\log_2 x$, $y=-\log_2(9-2x)+2$의 그래프가 서로 다른 두 점 A, B에서 만날 때, 선분 AB의 길이는?

① $\dfrac{9}{2}$ ② $\dfrac{\sqrt{83}}{2}$ ③ $\dfrac{\sqrt{85}}{2}$

④ $\dfrac{\sqrt{87}}{2}$ ⑤ $\dfrac{\sqrt{89}}{2}$

▶ 평가원

38 ① ② ③

그림과 같이 두 함수 $y=\log_2 x$, $y=\log_2(x-2)$의 그래프가 x축과 만나는 점을 각각 A, B라 하자. 직선 $x=k\ (k>3)$이 두 함수 $y=\log_2 x$, $y=\log_2(x-2)$의 그래프와 만나는 점을 각각 P, Q라 하고, x축과 만나는 점을 R라 하자. 점 Q가 선분 PR의 중점일 때, 사각형 ABQP의 넓이는?

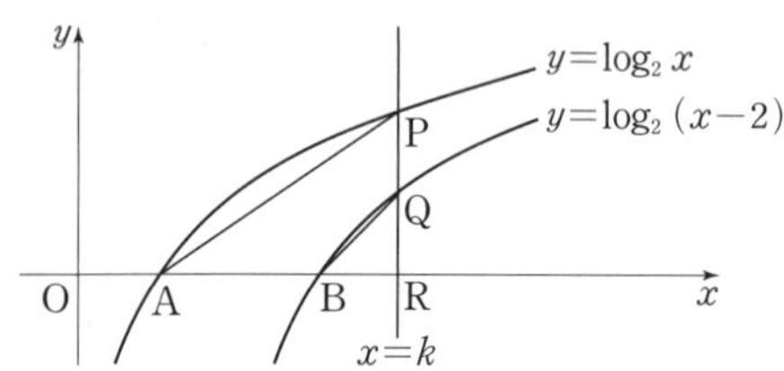

① $\dfrac{3}{2}$ ② 2 ③ $\dfrac{5}{2}$

④ 3 ⑤ $\dfrac{7}{2}$

39 ① ② ③

일차함수 $y=f(x)$의 그래프가 그림과 같고 $f(0)=8$, $f(3)=0$이다. 부등식
$$\log_3\{|f(x)|+1\}\leq 2$$
를 만족시키는 정수 x의 개수를 구하시오.

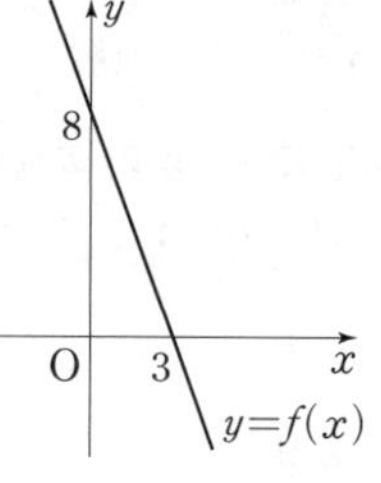

40 ① ② ③

이차함수 $y=f(x)$의 그래프와 두 직선 $y=x$, $y=\dfrac{1}{2}x+3$이 그림과 같을 때, 부등식
$$\log_{\frac{1}{2}}\{f(x)-x\}\geq \log_{\frac{1}{2}}(6-x)+1$$
을 만족시키는 모든 정수 x의 값의 합은?

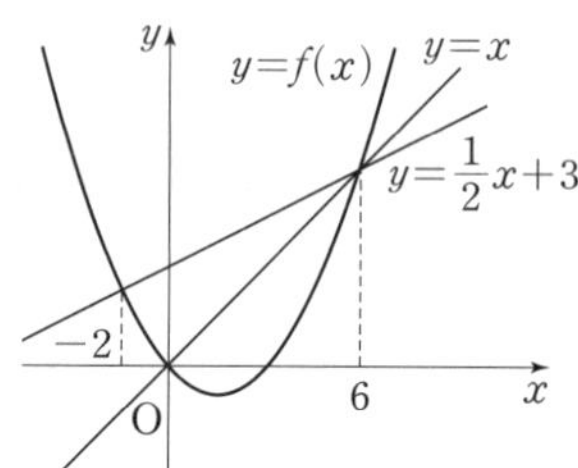

① -3 ② -1 ③ 1

④ 3 ⑤ 5

01 삼각함수

필수예제 1 육십분법과 호도법

1 (1 2 3)

다음 중 옳지 <u>않은</u> 것은?

① $\dfrac{2}{5}\pi = 72°$ ② $\dfrac{9}{4}\pi = 405°$

③ $75° = \dfrac{5}{12}\pi$ ④ $105° = \dfrac{7}{10}\pi$

⑤ $-210° = -\dfrac{7}{6}\pi$

2 (1 2 3)

다음 중 각을 나타내는 동경이 존재하는 사분면이 나머지 넷과 <u>다른</u> 하나는?

① $152°$ ② $495°$ ③ $\dfrac{2}{3}\pi$

④ $\dfrac{14}{5}\pi$ ⑤ $-\dfrac{15}{4}\pi$

3 (1 2 3)

〈보기〉에서 옳은 것만을 있는 대로 고른 것은?

〈보기〉

ㄱ. $200° = \dfrac{11}{10}\pi$

ㄴ. $\dfrac{4}{3}\pi$는 제3사분면의 각이다.

ㄷ. $140°$와 $\dfrac{25}{9}\pi$가 나타내는 동경은 일치한다.

① ㄱ ② ㄴ ③ ㄷ

④ ㄴ, ㄷ ⑤ ㄱ, ㄴ, ㄷ

4 (1 2 3)

두 실수 a, b에 대하여 $\left(\dfrac{a}{6}+\dfrac{1}{5}\right)\pi = 6b°$, $45a° = \dfrac{b}{32}\pi$일 때, $a+b$의 값은?

① 16 ② 17 ③ 18

④ 19 ⑤ 20

 부채꼴의 호의 길이와 넓이

5 (1 2 3)

중심각의 크기가 $\dfrac{4}{5}\pi$이고, 넓이가 10π인 부채꼴의 호의 길이는?

① π　　　　② 2π　　　　③ 3π

④ 4π　　　　⑤ 5π

6 (1 2 3)

호의 길이가 6이고 넓이가 6인 부채꼴의 중심각의 크기는?

① 1　　　　② 2　　　　③ 3

④ 4　　　　⑤ 5

7 (1 2 3)

중심각의 크기가 2, 호의 길이가 6인 부채꼴의 둘레의 길이는?

① 8　　　　② 9　　　　③ 10

④ 11　　　　⑤ 12

8 (1 2 3)

밑면의 반지름의 길이가 4이고 모선의 길이가 10인 원뿔의 겉넓이는?

① 52π　　　　② 53π　　　　③ 54π

④ 55π　　　　⑤ 56π

 삼각함수의 정의

9 〔1 2 3〕

원점 O와 점 P(12, −5)를 지나는 동경 OP가 나타내는
각의 크기를 θ라 할 때, $2\sin\theta+\cos\theta$의 값은?

① $\dfrac{1}{13}$ ② $\dfrac{2}{13}$ ③ $\dfrac{3}{13}$

④ $\dfrac{4}{13}$ ⑤ $\dfrac{5}{13}$

10 〔1 2 3〕

원점 O와 제4사분면 위의 점 P(x, y)에 대하여 점 P는
중심이 원점이고 반지름의 길이가 4인 원 위의 점이다.
동경 OP가 나타내는 각의 크기를 θ라 할 때,
$\cos\theta=\dfrac{\sqrt{7}}{4}$이다. xy의 값은?

① $-5\sqrt{7}$ ② $-3\sqrt{7}$ ③ $-\sqrt{7}$

④ $\sqrt{7}$ ⑤ $3\sqrt{7}$

11 〔1 2 3〕

직선 $3x+4y=0$ 위의 점 P에 대하여 원점 O와 점 P를
지나는 동경 OP가 나타내는 각의 크기를 θ라 할 때,
$\sin\theta-\cos\theta$의 값은?

(단, 점 P는 제2사분면 위의 점이다.)

① $\dfrac{3}{5}$ ② $\dfrac{4}{5}$ ③ 1

④ $\dfrac{6}{5}$ ⑤ $\dfrac{7}{5}$

12 〔1 2 3〕

그림과 같이 가로의 길이와
세로의 길이의 비가 3 : 2이고
각 변이 좌표축과 평행한 직
사각형 ABCD가 중심이 원
점 O인 원에 내접한다. 두 동
경 OB, OC가 나타내는 각의
크기를 각각 α, β라 할 때, $\sin\alpha+\cos\beta$의 값은?

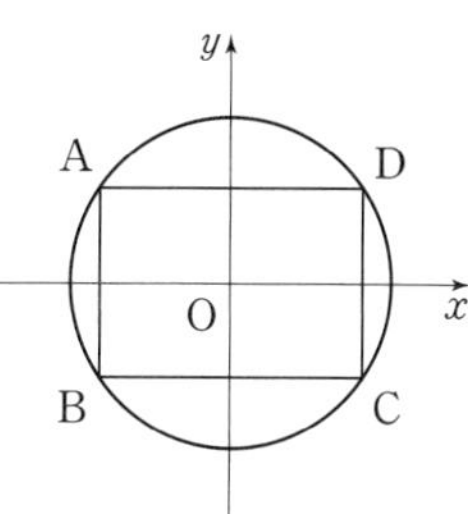

① $\dfrac{\sqrt{11}}{13}$ ② $\dfrac{2\sqrt{3}}{13}$ ③ $\dfrac{\sqrt{13}}{13}$

④ $\dfrac{\sqrt{14}}{13}$ ⑤ $\dfrac{\sqrt{15}}{13}$

13 [1 2 3]

$\dfrac{\pi}{2} < \theta < \pi$인 θ에 대하여

$$\dfrac{1}{1+\cos\theta} + \dfrac{1}{1-\cos\theta} = \dfrac{9}{2}$$

일 때, $\sin\theta$의 값은?

① $\dfrac{\sqrt{2}}{3}$　　　② $\dfrac{\sqrt{3}}{3}$　　　③ $\dfrac{2}{3}$

④ $\dfrac{\sqrt{5}}{3}$　　　⑤ $\dfrac{\sqrt{6}}{3}$

14 [1 2 3]

각 θ가 제2사분면의 각이고

$$\dfrac{2\cos^2\theta - 4\sin^2\theta + 1}{2\sin^2\theta - \cos^2\theta} = -1$$

일 때, $\sin\theta\cos\theta$의 값은?

① $-\dfrac{1}{3}$　　　② $-\dfrac{\sqrt{2}}{3}$　　　③ $-\dfrac{\sqrt{3}}{3}$

④ $-\dfrac{2}{3}$　　　⑤ $-\dfrac{\sqrt{5}}{3}$

15 [1 2 3]

각 θ가 제4사분면의 각이고

$$\tan\theta - \dfrac{3}{\tan\theta} + 2 = 0$$

을 만족시킬 때, $\sin\theta + 3\cos\theta$의 값은?

① -1　　　② $-\dfrac{1}{2}$　　　③ 0

④ $\dfrac{1}{2}$　　　⑤ 1

▶ 교육청

16 [1 2 3]

$\pi < \theta < 2\pi$인 θ에 대하여

$$\dfrac{\sin\theta\cos\theta}{1-\cos\theta} + \dfrac{1-\cos\theta}{\tan\theta} = 1$$

일 때, $\cos\theta$의 값은?

① $-\dfrac{2\sqrt{5}}{5}$　　　② $-\dfrac{\sqrt{5}}{5}$　　　③ $\dfrac{1}{5}$

④ $\dfrac{\sqrt{5}}{5}$　　　⑤ $\dfrac{2\sqrt{5}}{5}$

필수
예제 5 **삼각함수 사이의 관계; $\sin\theta\pm\cos\theta=k$ 꼴**

17 (1 2 3)

$\sin\theta+\cos\theta=\dfrac{1}{3}$일 때, $\sin\theta\cos\theta$의 값은?

① $-\dfrac{1}{9}$ ② $-\dfrac{2}{9}$ ③ $-\dfrac{1}{3}$

④ $-\dfrac{4}{9}$ ⑤ $-\dfrac{5}{9}$

18 (1 2 3)

$0<\theta<\dfrac{\pi}{2}$인 θ에 대하여

$$\log_2(\sin\theta)+\log_2(\cos\theta)=-1$$

일 때, $\sin\theta+\cos\theta$의 값은?

① $\dfrac{\sqrt{2}}{5}$ ② $\dfrac{2\sqrt{2}}{5}$ ③ $\dfrac{3\sqrt{2}}{5}$

④ $\dfrac{4\sqrt{2}}{5}$ ⑤ $\sqrt{2}$

▶ 교육청

19 (1 2 3)

$\sin\theta+\cos\theta=\dfrac{1}{2}$일 때, $\dfrac{1+\tan\theta}{\sin\theta}$의 값은?

① $-\dfrac{7}{3}$ ② $-\dfrac{4}{3}$ ③ $-\dfrac{1}{3}$

④ $\dfrac{2}{3}$ ⑤ $\dfrac{5}{3}$

20 (1 2 3)

$0<\theta<\dfrac{\pi}{2}$인 θ에 대하여 직선 $\dfrac{x}{\cos\theta}+\dfrac{y}{\sin\theta}=\sqrt{15}$가

점 $(1,\ 1)$을 지날 때, $\sin\theta\cos\theta$의 값은?

① $\dfrac{1}{2}$ ② $\dfrac{1}{3}$ ③ $\dfrac{1}{4}$

④ $\dfrac{1}{5}$ ⑤ $\dfrac{1}{6}$

21 ①②③

x에 대한 이차방정식 $3x^2-kx+1=0$의 두 근이 $\sin\theta$, $\cos\theta$일 때, k^2의 값을 구하시오. (단, k는 상수이다.)

22 ①②③

x에 대한 이차방정식 $x^2-8x+a=0$의 두 근이

$\dfrac{1}{1-\cos\theta}$, $\dfrac{1}{1+\cos\theta}$일 때, $a\sin\theta$의 값은?

$$\left(\text{단, } a\text{는 상수이고, } 0<\theta<\frac{\pi}{2}\right)$$

① $\dfrac{1}{8}$ ② $\dfrac{1}{4}$ ③ $\dfrac{1}{2}$

④ 1 ⑤ 2

23 ①②③

x에 대한 이차방정식 $2x^2+ax+1=0$의 두 근이 $\sin\theta$, $\cos\theta$일 때, $\dfrac{1}{\sin\theta}$, $\dfrac{1}{\cos\theta}$을 두 근으로 하는 x에 대한 이차방정식은 $x^2+bx+c=0$이다. abc의 값은?

$$\left(\text{단, } a,\ b,\ c\text{는 상수이고, } \pi<\theta<\frac{3}{2}\pi\right)$$

① 10 ② 12 ③ 14

④ 16 ⑤ 18

24 ①②③

x에 대한 이차방정식

$$x^2-x\cos\theta-\sin^2\theta+\frac{3}{4}=0$$

이 중근을 가질 때, $\sin\theta+\cos\theta$의 값은?

$$\left(\text{단, } 0<\theta<\frac{\pi}{2}\right)$$

① $\dfrac{\sqrt{5}-2}{3}$ ② $\dfrac{\sqrt{5}+2}{3}$ ③ $\dfrac{\sqrt{6}-\sqrt{3}}{3}$

④ $\dfrac{\sqrt{6}+\sqrt{3}}{3}$ ⑤ $\dfrac{\sqrt{7}+\sqrt{2}}{3}$

O2 삼각함수의 그래프

필수예제 1 사인함수의 그래프

▶ 평가원

1 ①②③

함수 $f(x)=5\sin x+1$의 최댓값을 구하시오.

2 ①②③

함수 $y=3\sin \pi x+4$의 주기를 p, 최댓값을 M, 최솟값을 m이라 할 때, $p+M-m$의 값은?

① 8   ② 9   ③ 10

④ 11   ⑤ 12

정답 및 해설 69쪽

3 ①②③

함수 $y=-2\sin \dfrac{x}{2}$의 그래프를 x축의 방향으로 π만큼, y축의 방향으로 4만큼 평행이동한 것을 그래프로 하는 함수의 최댓값은 M, 최솟값은 m, 주기는 p이다. $M\times m\times p$의 값은?

① 42π ② 44π ③ 46π

④ 48π ⑤ 50π

4 (1 2 3)

함수 $f(x)=4\cos x-3$의 최댓값을 M, 최솟값을 m이라 할 때, M^2+m^2의 값을 구하시오.

6 (1 2 3)

함수 $y=\cos(2x-4)+1$의 그래프는 함수 $y=\cos 2x$의 그래프를 x축의 방향으로 m만큼, y축의 방향으로 n만큼 평행이동한 것이다. $m+n$의 값은?

① 1　　　　② 2　　　　③ 3

④ 4　　　　⑤ 5

5 (1 2 3)

함수 $y=3\cos 2x+2$는 주기가 $a\pi$이고 치역은 $\{y\,|\,b\le y\le c\}$이다. $a+b+c$의 값은?

① 1　　　　② 2　　　　③ 3

④ 4　　　　⑤ 5

필수예제 3 탄젠트함수의 그래프

7 ☐ 1 2 3

함수 $y=2\tan(-4\pi x)+3$의 주기는?

① $\dfrac{1}{4}$ ② $\dfrac{1}{2}$ ③ 1

④ 2 ⑤ 4

8 ☐ 1 2 3

함수 $y=3\tan 2\pi x$의 그래프를 y축에 대하여 대칭이동한 후 x축의 방향으로 m만큼, y축의 방향으로 n만큼 평행이동하였더니 함수 $y=3\tan(-2\pi x+4\pi)-4$의 그래프와 일치하였다. $m+n$의 값은? $\left(\text{단, } \dfrac{3}{2}<m<\dfrac{5}{2}\right)$

① -10 ② -6 ③ -2

④ 2 ⑤ 6

9 ☐ 1 2 3

$0\le x\le\pi$에서 정의된 함수 $y=\tan 2x+4$의 그래프는 점 $\left(\dfrac{\pi}{8},\ a\right)$를 지나고 점근선의 방정식은 $x=b\pi$, $x=c\pi$이다. $a+b-c$의 값은? (단, $b<c$)

① 3 ② $\dfrac{7}{2}$ ③ 4

④ $\dfrac{9}{2}$ ⑤ 5

10 1 2 3

양수 a에 대하여 함수 $f(x)=\sin\left(ax-\dfrac{\pi}{6}\right)$의 주기가 4π일 때, $f(\pi)$의 값은?

① 0 ② $\dfrac{1}{2}$ ③ $\dfrac{\sqrt{2}}{2}$

④ $\dfrac{\sqrt{3}}{2}$ ⑤ 1

11 1 2 3

함수 $y=a\cos bx+c$의 최댓값이 8, 최솟값이 2이고 주기는 $\dfrac{\pi}{2}$이다. 세 상수 a, b, c에 대하여 abc의 값은?

(단, $a>0$, $b>0$)

① 30 ② 40 ③ 50

④ 60 ⑤ 70

12 1 2 3

함수 $y=\tan(ax-b)+1$의 주기가 2π이고 그래프가 점 $(2,\,1)$을 지날 때, 두 상수 a, b에 대하여 $a+b$의 값은? (단, $a>0$, $0<b<2$)

① $\dfrac{1}{2}$ ② 1 ③ $\dfrac{3}{2}$

④ 2 ⑤ $\dfrac{5}{2}$

▶ 교육청

13 1 2 3

두 함수 $f(x)=\cos(ax)+1$, $g(x)=|\sin 3x|$의 주기가 서로 같을 때, 양수 a의 값은?

① 5 ② 6 ③ 7

④ 8 ⑤ 9

14 (1 2 3)

함수 $y=\sin\left(ax-\dfrac{\pi}{2}\right)+b$ 의 그래프가 그림과 같을 때, 두 상수 a, b에 대하여 $a+b$의 값은? (단, $a>0$)

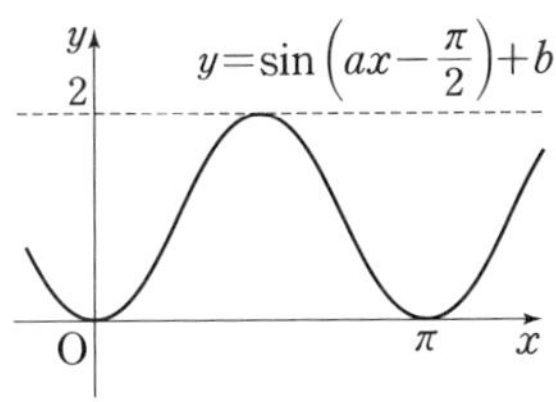

① 1 　　　② 2 　　　③ 3

④ 4 　　　⑤ 5

15 (1 2 3)

함수 $y=a\cos bx+c$의 그래프가 그림과 같을 때, 세 상수 a, b, c에 대하여 $2a+b+4c$의 값을 구하시오.

(단, $a>0$, $b>0$)

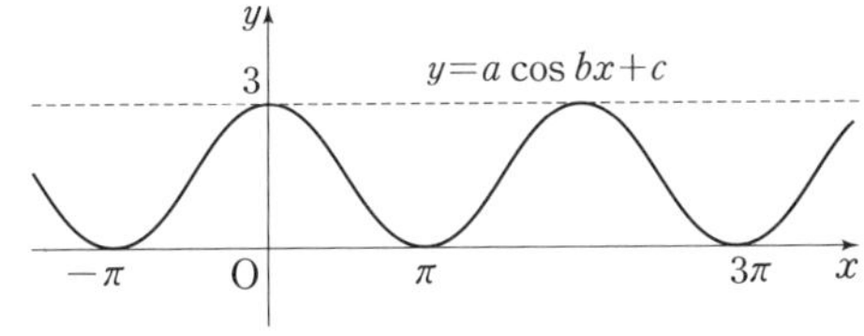

16 (1 2 3)

함수 $y=a\cos(bx+c\pi)$의 그래프가 그림과 같을 때, 세 상수 a, b, c에 대하여 abc의 값은?

(단, $a<0$, $b>0$, $0<c<1$)

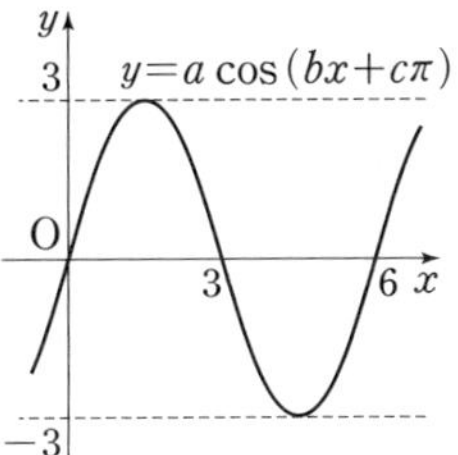

① $-\dfrac{\pi}{6}$ 　　　② $-\dfrac{\pi}{3}$

③ $-\dfrac{\pi}{2}$ 　　　④ $-\dfrac{2}{3}\pi$

⑤ $-\dfrac{5}{6}\pi$

17 (1 2 3)

함수 $y=\tan(ax-b)$의 그래프가 그림과 같을 때, 두 상수 a, b에 대하여 ab의 값은? $\left(\text{단, } a>0,\ 0<b<\dfrac{\pi}{2}\right)$

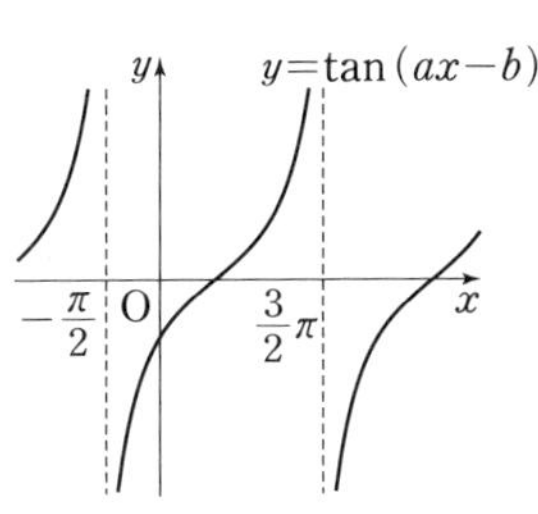

① $\dfrac{\pi}{8}$ 　　　② $\dfrac{\pi}{4}$

③ $\dfrac{3}{8}\pi$ 　　　④ $\dfrac{\pi}{2}$

⑤ $\dfrac{5}{8}\pi$

18 123

그림과 같이 $-2\pi \leq x \leq 2\pi$에서 정의된 함수 $y=\sin\dfrac{x}{2}$

의 그래프와 직선 $y=\dfrac{2}{3}$의 교점의 x좌표를 각각 a, b라

하고, 직선 $y=-\dfrac{2}{3}$의 교점의 x좌표를 각각 c, d라 하

자. $a+b-c-d$의 값은?

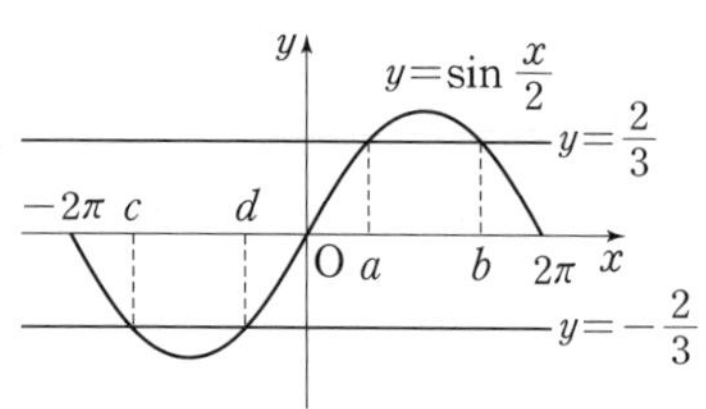

① π ② 2π ③ 3π

④ 4π ⑤ 5π

19 123

그림과 같이 $0 \leq x \leq \dfrac{\pi}{2}$에서

정의된 함수

$f(x)=3\cos 4x$의 그래프

와 직선 $y=k\,(0<k<3)$의

교점의 x좌표를 각각 a, b

라 하자. $f\left(\dfrac{a+b}{4}\right)$의 값은?

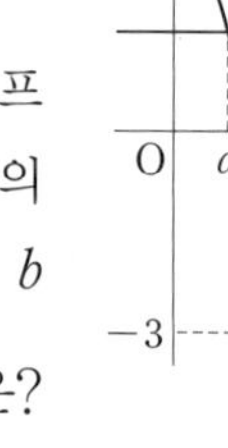

① -3 ② $-\dfrac{3}{2}$ ③ 0

④ $\dfrac{3}{2}$ ⑤ 3

20 123

그림과 같이 $0 \leq x < \dfrac{9}{2}$에서

함수 $y=\tan\dfrac{\pi}{3}x$의 그래프

와 두 직선 $y=k$, $y=3k$로

둘러싸인 부분의 넓이가 12

일 때, 양수 k의 값은?

$$\left(\text{단, } x \neq \dfrac{3}{2}\right)$$

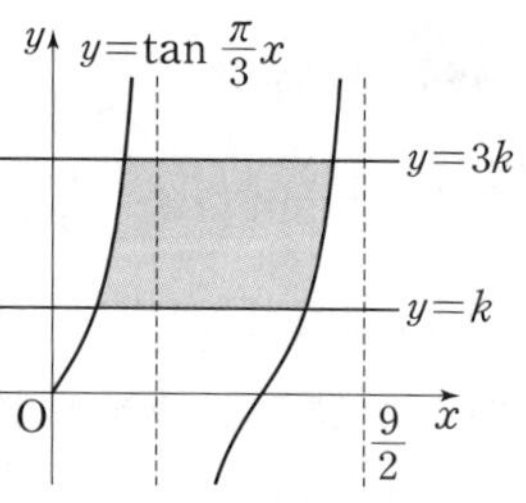

① 1 ② 2 ③ 3

④ 4 ⑤ 5

21 123

그림과 같이 $x \geq 0$에서 정의된 함수 $y=2\sin 2x$의 그래

프와 직선 $y=k\,(0<k<2)$의 교점의 x좌표를 작은 수부

터 크기순으로 x_1, x_2, x_3, $\cdots$이라 하자. $x_{19}-x_1$의 값은?

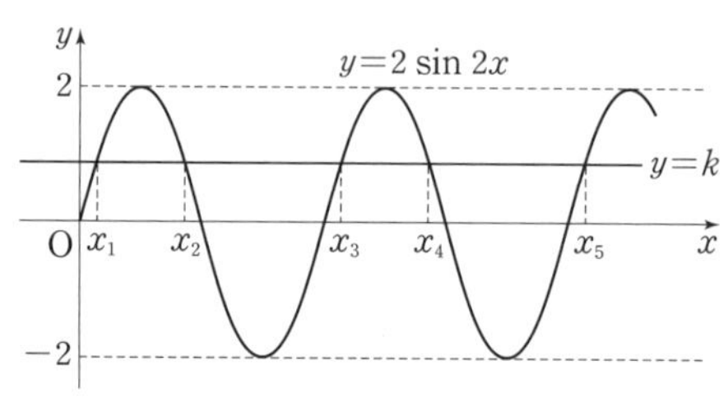

① 5π ② 6π ③ 7π

④ 8π ⑤ 9π

필수 예제 7 삼각함수의 식의 값

22 `1 2 3`

$\sin \dfrac{\pi}{4} + \cos \dfrac{3}{4}\pi + \tan \dfrac{5}{4}\pi$의 값은?

① -1 ② $-\dfrac{\sqrt{2}}{2}$ ③ 0

④ $\dfrac{\sqrt{2}}{2}$ ⑤ 1

23 `1 2 3`

$\sin(3\pi+\theta) + \cos\left(\dfrac{\pi}{2}-\theta\right) + \sin(\pi-\theta)$를 간단히 하면?

① $-\sin\theta$ ② $-\cos\theta$ ③ $\cos\theta$

④ $\sin\theta$ ⑤ $3\sin\theta$

▶ 교육청

24 `1 2 3`

$\cos(-\theta) + \sin(\pi+\theta) = \dfrac{3}{5}$일 때, $\sin\theta\cos\theta$의 값은?

① $\dfrac{1}{5}$ ② $\dfrac{6}{25}$ ③ $\dfrac{7}{25}$

④ $\dfrac{8}{25}$ ⑤ $\dfrac{9}{25}$

25 `1 2 3`

$\overline{AB}=\overline{AC}$인 이등변삼각형 ABC에서 $\angle A=\alpha$, $\angle B=\beta$라 하자. $\tan(\alpha+\beta)=-3$일 때, $\tan\beta$의 값은?

① 1 ② 2 ③ 3

④ 4 ⑤ 5

26 ① ② ③

$\sin^2 1° + \sin^2 3° + \sin^2 5° + \cdots + \sin^2 89°$의 값은?

① 22
② $\dfrac{45}{2}$
③ 23
④ $\dfrac{47}{2}$
⑤ 24

27 ① ② ③

$\cos 1° + \cos 2° + \cos 3° + \cdots + \cos 179°$의 값은?

① -45
② $-\dfrac{45}{2}$
③ 0
④ $\dfrac{45}{2}$
⑤ 45

28 ① ② ③

함수

$$f(x) = \log_2(\tan^2 x) + \log_2(\tan^2 2x) + \cdots + \log_2(\tan^2 7x)$$

에 대하여 $f\!\left(\dfrac{\pi}{16}\right)$의 값은?

① -1
② $-\dfrac{1}{2}$
③ 0
④ $\dfrac{1}{2}$
⑤ 1

29 ① ② ③

그림과 같이 점 O를 중심으로 하고 중심각의 크기가 $\dfrac{\pi}{2}$인 부채꼴 OAB의 호 AB를 30등분하는 29개의 점을 점 A에 가까운 것부터 순서대로 A_1, A_2, A_3, $\cdots$, A_{29}라 할 때,

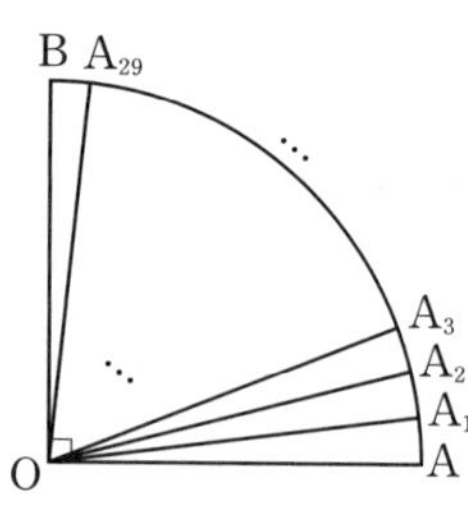

$$\cos^2(\angle A_1 OA) + \cos^2(\angle A_2 OA) + \cos^2(\angle A_3 OA) + \cdots + \cos^2(\angle A_{29} OA) = \frac{q}{p}$$

이다. $p+q$의 값을 구하시오.

(단, p와 q는 서로소인 자연수이다.)

필수예제 9 삼각함수를 포함한 식의 최대·최소; 일차식 꼴

30 〔1 2 3〕

함수 $y=\sin x-\cos\left(x+\dfrac{\pi}{2}\right)+3$의 최솟값은?

① 1　　　　② 2　　　　③ 3

④ 4　　　　⑤ 5

31 〔1 2 3〕

함수 $y=\sin\left(\dfrac{\pi}{2}+x\right)+k\cos(\pi+x)+2$의 최댓값과 최솟값의 차가 8일 때, 양수 k의 값은?

① 3　　　　② 4　　　　③ 5

④ 6　　　　⑤ 7

32 〔1 2 3〕

$0\leq x\leq\dfrac{\pi}{2}$에서 정의된 함수

$$f(x)=2\sin(\pi-x)+\cos\left(\dfrac{3}{2}\pi+x\right)-1$$

의 최댓값을 M, 최솟값을 m이라 할 때, Mm의 값은?

① -5　　　　② -4　　　　③ -3

④ -2　　　　⑤ -1

33 〔1 2 3〕

함수 $y=|2\sin x+1|-1$의 최댓값과 최솟값의 합은?

① 1　　　　② $\dfrac{3}{2}$　　　　③ 2

④ $\dfrac{5}{2}$　　　　⑤ 3

필수예제 10 삼각함수를 포함한 식의 최대·최소; 이차식 꼴

34 (1 2 3)

함수 $y=4\sin^2 x+2\cos x+3$의 최댓값과 최솟값의 합은?

① $\dfrac{29}{4}$　　② $\dfrac{33}{4}$　　③ $\dfrac{37}{4}$

④ $\dfrac{41}{4}$　　⑤ $\dfrac{45}{4}$

▶ 교육청

35 (1 2 3)

함수 $f(x)=\sin^2 x+\sin\left(x+\dfrac{\pi}{2}\right)+1$의 최댓값을 M이라 할 때, $4M$의 값을 구하시오.

36 (1 2 3)

상수 a에 대하여 함수 $y=a\cos^2 x+2a\sin x-a$의 최댓값이 4일 때 최솟값은? (단, $a>0$)

① -12　　② -10　　③ -8

④ -6　　⑤ -4

37 (1 2 3)

두 함수
$$f(x)=-\sin^2\left(\dfrac{\pi}{2}-x\right)+2\cos(x+\pi)+7,$$
$$g(x)=\log_2 x$$
에 대하여 합성함수 $(g\circ f)(x)$의 최댓값을 M, 최솟값을 m이라 할 때, $M+m$의 값을 구하시오.

필수
예제 11 삼각방정식; 일차식 꼴

38 1 2 3

$0 \leq x < \pi$일 때, 방정식 $\sin 3x = \dfrac{1}{3}$의 서로 다른 실근의 개수는?

① 2   ② 4   ③ 6

④ 8   ⑤ 10

39 1 2 3

$-\pi \leq x < \pi$일 때, 방정식 $3\tan\left(x+\dfrac{\pi}{3}\right)-\sqrt{3}=0$의 모든 해의 합은?

① $\dfrac{\pi}{6}$ ② $\dfrac{\pi}{3}$ ③ $\dfrac{\pi}{2}$

④ $\dfrac{2}{3}\pi$ ⑤ $\dfrac{5}{6}\pi$

40 1 2 3

$0 \leq x < 4\pi$일 때, 두 함수

$$y = \sin\left(\dfrac{\pi}{2}+\dfrac{x}{2}\right), \; y = \cos\left(\pi-\dfrac{x}{2}\right)+1$$

의 그래프가 만나는 모든 점의 x좌표의 합은?

① 2π ② $\dfrac{5}{2}\pi$ ③ 3π

④ $\dfrac{7}{2}\pi$ ⑤ 4π

41 1 2 3

방정식 $\sin \pi x = \dfrac{1}{4}x$의 서로 다른 실근의 개수는?

① 3   ② 4   ③ 5

④ 6   ⑤ 7

필수예제 12　삼각방정식; 이차식 꼴

42　1 2 3

$0 \leq x < 2\pi$에서 정의된 두 함수

$$f(x) = \cos^2 x,\ g(x) = -3\sin x - 3$$

의 그래프의 교점의 개수는?

① 1　　　　　② 2　　　　　③ 3

④ 4　　　　　⑤ 5

43　1 2 3

$0 \leq x < 2\pi$일 때, 방정식 $\sin^2 x + \sin\left(\dfrac{\pi}{2} + x\right) - 1 = 0$의 모든 해의 합은?

① π　　　　② $\dfrac{3}{2}\pi$　　　　③ 2π

④ $\dfrac{5}{2}\pi$　　　　⑤ 3π

44　1 2 3

$0 \leq x < 2\pi$일 때, 방정식 $3\cos^2 x + 5\sin x - 1 = 0$의 모든 해의 합은?

① π　　　　② $\dfrac{3}{2}\pi$　　　　③ 2π

④ $\dfrac{5}{2}\pi$　　　　⑤ 3π

▶ 교육청

45　1 2 3

$0 \leq x < 2\pi$일 때, 방정식 $\sin x = \sqrt{3}(1 + \cos x)$의 모든 해의 합은?

① $\dfrac{\pi}{3}$　　　　② $\dfrac{2}{3}\pi$　　　　③ π

④ $\dfrac{4}{3}\pi$　　　　⑤ $\dfrac{5}{3}\pi$

46 ①②③

$-\dfrac{\pi}{2}<x<\dfrac{\pi}{2}$일 때, 부등식 $-\sqrt{3}<\sqrt{3}\tan x<3$의 해는 $\alpha<x<\beta$이다. $\beta-\alpha$의 값은?

① $\dfrac{\pi}{2}$ ② $\dfrac{7}{12}\pi$ ③ $\dfrac{2}{3}\pi$

④ $\dfrac{3}{4}\pi$ ⑤ $\dfrac{5}{6}\pi$

47 ①②③

$0\le x<2\pi$일 때, 부등식 $2\sin\left(x-\dfrac{\pi}{4}\right)+1\ge 0$의 해는 $\alpha\le x\le\beta$이다. $\dfrac{\beta}{\alpha}$의 값을 구하시오.

48 ①②③

$0\le x<2\pi$일 때, 부등식 $\sin x\ge\cos x$를 만족시키는 x의 최댓값을 M, 최솟값을 m이라 하자. $M+m$의 값은?

① $\dfrac{\pi}{2}$ ② π ③ $\dfrac{3}{2}\pi$

④ 2π ⑤ $\dfrac{5}{2}\pi$

49 ①②③

$0\le x<2\pi$일 때, 부등식 $|2\sin x-3|\le 2$를 만족시키는 x의 최댓값을 M, 최솟값을 m이라 하자. $M-m$의 값은?

① $\dfrac{\pi}{6}$ ② $\dfrac{\pi}{3}$ ③ $\dfrac{\pi}{2}$

④ $\dfrac{2}{3}\pi$ ⑤ $\dfrac{5}{6}\pi$

필수 예제 14 삼각부등식; 이차식 꼴

50 〔1 2 3〕

$0 \leq x < 2\pi$일 때, 부등식 $4 \sin^2 x \geq 3$을 만족시키는 x의 최댓값을 M, 최솟값을 m이라 하자. $M+m$의 값은?

① π　　　　② $\dfrac{3}{2}\pi$　　　　③ 2π

④ $\dfrac{5}{2}\pi$　　　　⑤ 3π

51 〔1 2 3〕

$0 \leq x < \pi$일 때, 부등식
$$\tan^2 x - (\sqrt{3}-1)\tan x - \sqrt{3} \leq 0$$
을 만족시키는 x의 값의 범위가 $a \leq x \leq b$ 또는 $c \leq x < d$ 이다. $c-b$의 값은?

① $\dfrac{\pi}{4}$　　　　② $\dfrac{\pi}{3}$　　　　③ $\dfrac{5}{12}\pi$

④ $\dfrac{\pi}{2}$　　　　⑤ $\dfrac{7}{12}\pi$

52 〔1 2 3〕

$0 \leq x < \pi$일 때, 부등식 $2 \sin^2 2x \geq 3 \cos 2x + 3$의 해는 $\alpha \leq x \leq \beta$이다. $\alpha + \beta$의 값은?

① π　　　　② 2π　　　　③ 3π

④ 4π　　　　⑤ 5π

53 〔1 2 3〕

$0 \leq x < 2\pi$일 때, 부등식 $2 \cos^2 x - 7|\sin x| + 2 \geq 0$을 만족시키는 x의 값이 <u>아닌</u> 것은?

① $\dfrac{11}{12}\pi$　　　　② π　　　　③ $\dfrac{13}{12}\pi$

④ $\dfrac{7}{6}\pi$　　　　⑤ $\dfrac{5}{4}\pi$

필수예제 15 삼각방정식과 삼각부등식의 이차방정식에의 활용

54 (1 2 3)

x에 대한 이차방정식

$$x^2-(2\sin\theta-2)x+\sin^2\theta-\frac{2}{\pi}\theta+1=0$$

이 중근을 갖기 위한 실수 θ의 개수는?

① 1 　　　　② 2 　　　　③ 3

④ 4 　　　　⑤ 5

55 (1 2 3)

$0\le\theta<2\pi$에서 이차함수 $y=x^2-(2\sin\theta)x-4\sin\theta$의 그래프와 직선 $y=(2\sin\theta)x+4\sin\theta+3$이 접할 때, 모든 θ의 값의 합은?

① $\dfrac{9}{4}\pi$ 　　　　② $\dfrac{5}{2}\pi$ 　　　　③ $\dfrac{11}{4}\pi$

④ 3π 　　　　⑤ $\dfrac{13}{4}\pi$

56 (1 2 3)

$-\pi\le\theta\le\pi$일 때, x에 대한 이차방정식

$$x^2-(2\cos\theta)x+1=0$$

이 실근을 갖기 위한 모든 θ의 값의 합은?

① $-\pi$ 　　　　② $-\dfrac{\pi}{2}$ 　　　　③ 0

④ $\dfrac{\pi}{2}$ 　　　　⑤ π

▶ 수능

57 (1 2 3)

$0\le\theta<2\pi$일 때, x에 대한 이차방정식

$$6x^2+(4\cos\theta)x+\sin\theta=0$$

이 실근을 갖지 않도록 하는 모든 θ의 값의 범위는 $\alpha<\theta<\beta$이다. $3\alpha+\beta$의 값은?

① $\dfrac{5}{6}\pi$ 　　　　② π 　　　　③ $\dfrac{7}{6}\pi$

④ $\dfrac{4}{3}\pi$ 　　　　⑤ $\dfrac{3}{2}\pi$

03 삼각함수의 활용

✎ 정답 및 해설 77쪽

필수예제 1 사인법칙

▶ 교육청

1 ①②③

그림과 같이 반지름의 길이가 4인 원에 내접하고 변 AC의 길이가 5인 삼각형 ABC가 있다. $\angle ABC = \theta$라 할 때, $\sin\theta$의 값은? (단, $0 < \theta < \pi$)

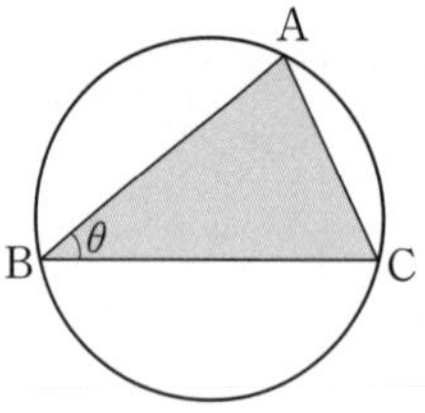

① $\dfrac{1}{4}$　　② $\dfrac{3}{8}$　　③ $\dfrac{1}{2}$

④ $\dfrac{5}{8}$　　⑤ $\dfrac{3}{4}$

2 ①②③

삼각형 ABC에서 $\overline{AC}=3$, $\overline{BC}=4$, $\angle A=\dfrac{\pi}{6}$일 때, $\cos^2 B$의 값은?

① $\dfrac{35}{64}$　　② $\dfrac{5}{8}$　　③ $\dfrac{45}{64}$

④ $\dfrac{25}{32}$　　⑤ $\dfrac{55}{64}$

3 ①②③

반지름의 길이가 6인 원에 내접하는 삼각형 ABC의 둘레의 길이가 18일 때, $\sin A + \sin B + \sin C$의 값은?

① 1　　② $\dfrac{5}{4}$　　③ $\dfrac{3}{2}$

④ $\dfrac{7}{4}$　　⑤ 2

4 ①②③

삼각형 ABC에 대하여
$$\sin(A+B) : \sin(B+C) = 3 : 2$$
일 때, $\dfrac{\overline{BC}}{\overline{AB}}$의 값은?

① $\dfrac{1}{3}$　　② $\dfrac{2}{3}$　　③ 1

④ $\dfrac{4}{3}$　　⑤ $\dfrac{5}{3}$

5 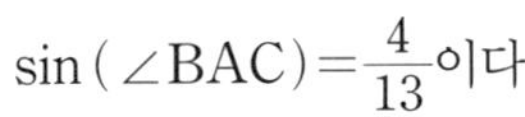

그림과 같은 삼각형 ABC에서 $\overline{AC}=5$, $\overline{BC}=4$, $\sin(\angle BAC)=\dfrac{4}{13}$이다.

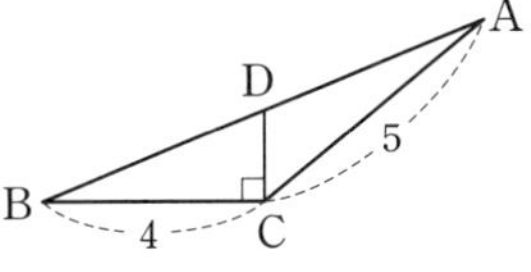

선분 AB 위의 점 D에 대하여 $\angle BCD=\dfrac{\pi}{2}$일 때, 선분 BD의 길이는?

① $\dfrac{11}{3}$ ② 4 ③ $\dfrac{13}{3}$

④ $\dfrac{14}{3}$ ⑤ 5

6 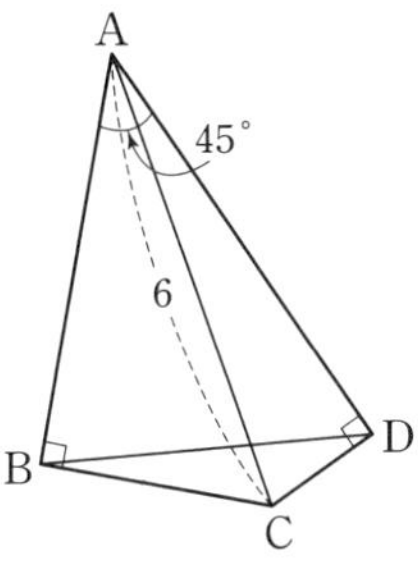

그림과 같이 사각형 ABCD에 대하여 $\angle ABC=\angle ADC=90°$, $\angle BAD=45°$, $\overline{AC}=6$이다. 선분 BD의 길이는?

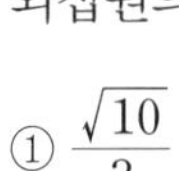

① $\sqrt{2}$ ② $2\sqrt{2}$
③ $3\sqrt{2}$ ④ $4\sqrt{2}$
⑤ $5\sqrt{2}$

7 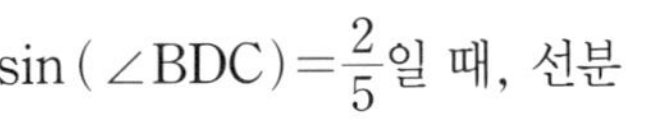

그림과 같이 원 위의 네 점 A, B, C, D에 대하여 $\overline{AD}=4$, $\sin(\angle ACD)=\dfrac{2}{3}$, $\sin(\angle BDC)=\dfrac{2}{5}$일 때, 선분 BC의 길이는?

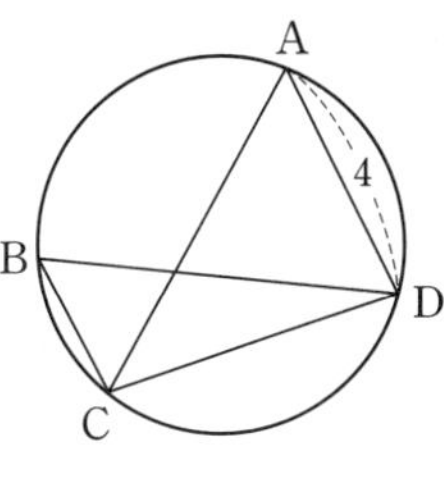

① $\dfrac{8}{5}$ ② $\dfrac{9}{5}$ ③ 2

④ $\dfrac{11}{5}$ ⑤ $\dfrac{12}{5}$

8 

그림과 같이 $\overline{AC}=3$, $\overline{BC}=4$, $C=\dfrac{\pi}{2}$인 삼각형 ABC가 있다. 변 BC 위의 점 D에 대하여 $\overline{BD}=3$일 때, 삼각형 ABD의 외접원의 반지름의 길이는?

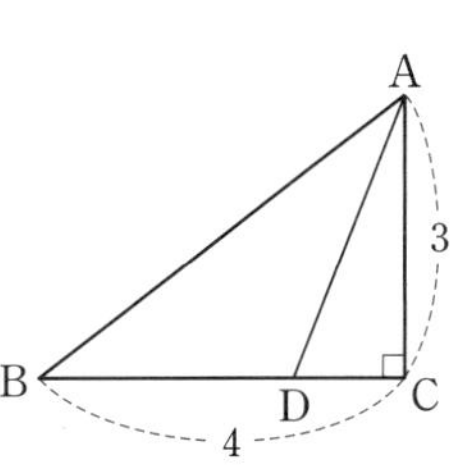

① $\dfrac{\sqrt{10}}{3}$ ② $\dfrac{\sqrt{10}}{2}$ ③ $\dfrac{2\sqrt{10}}{3}$

④ $\dfrac{5\sqrt{10}}{6}$ ⑤ $\sqrt{10}$

9 (1 2 3)

삼각형 ABC에서 $\overline{AB}=6$, $\overline{BC}=4$, $\overline{CA}=5$일 때, $\sin A$의 값은?

① $\dfrac{\sqrt{6}}{4}$ ② $\dfrac{\sqrt{7}}{4}$ ③ $\dfrac{\sqrt{2}}{2}$

④ $\dfrac{3}{4}$ ⑤ $\dfrac{\sqrt{10}}{4}$

10 (1 2 3)

$\overline{AC}=1$, $\overline{BC}=2$, $\angle C=120°$인 삼각형 ABC의 외접원의 반지름의 길이는?

① $\dfrac{\sqrt{21}}{3}$ ② $\dfrac{\sqrt{22}}{3}$ ③ $\dfrac{\sqrt{23}}{3}$

④ $\dfrac{2\sqrt{6}}{3}$ ⑤ $\dfrac{\sqrt{25}}{3}$

11 (1 2 3)

삼각형 ABC에 대하여
$$3(a-b)^2=3c^2-2ab$$
를 만족시킬 때, $\cos C$의 값은?
$$(단, \overline{BC}=a, \overline{CA}=b, \overline{AB}=c)$$

① $\dfrac{1}{3}$ ② $\dfrac{\sqrt{2}}{3}$ ③ $\dfrac{\sqrt{3}}{3}$

④ $\dfrac{2}{3}$ ⑤ $\dfrac{\sqrt{5}}{3}$

▶ 교육청

12 (1 2 3)

$\overline{AB} : \overline{BC} : \overline{CA}=1 : 2 : \sqrt{2}$인 삼각형 ABC가 있다. 삼각형 ABC의 외접원의 넓이가 28π일 때, 선분 CA의 길이를 구하시오.

필수
예제 **4** **코사인법칙; 2개의 삼각형이 주어진 경우**

▸ **평가원**

13

$\overline{AB}=6$, $\overline{AC}=10$인 삼각형 ABC가 있다. 선분 AC 위에 점 D를 $\overline{AB}=\overline{AD}$가 되도록 잡는다. $\overline{BD}=\sqrt{15}$일 때, 선분 BC의 길이는?

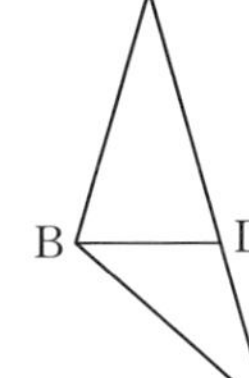

① $\sqrt{37}$ ② $\sqrt{38}$
③ $\sqrt{39}$ ④ $2\sqrt{10}$
⑤ $\sqrt{41}$

14

그림과 같이 원에 내접하는 사각형 ABCD에 대하여 $\overline{AB}=4$, $\overline{BD}=6$, $\overline{DA}=5$일 때, $\sin(\angle BCD)$의 값은?

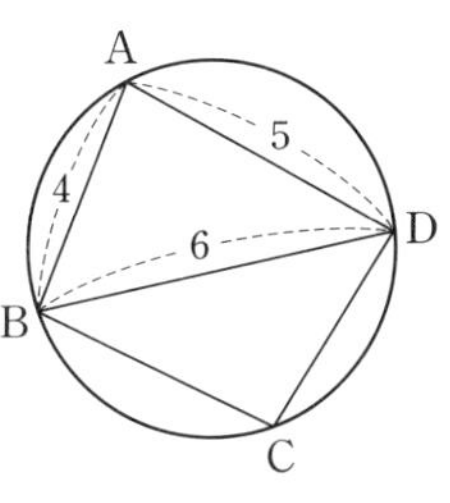

① $\dfrac{\sqrt{51}}{8}$ ② $\dfrac{3\sqrt{6}}{8}$
③ $\dfrac{\sqrt{57}}{8}$ ④ $\dfrac{\sqrt{15}}{4}$
⑤ $\dfrac{3\sqrt{7}}{8}$

15

그림과 같이 원에 내접하는 사각형 ABCD에 대하여 $\overline{AB}=\overline{CD}=4$, $\overline{BC}=3$이다. $\cos(\angle BAD)=\dfrac{3}{8}$일 때, 선분 AD의 길이는?

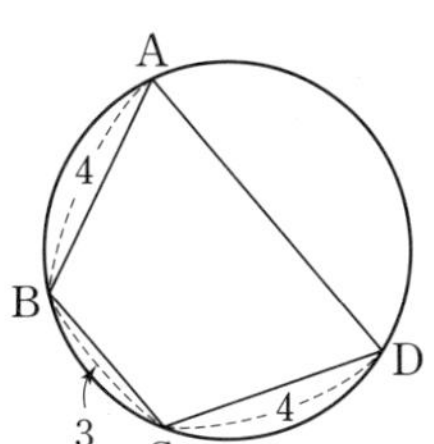

① 3 ② 4 ③ 5
④ 6 ⑤ 7

16

그림과 같이 선분 AB를 지름으로 하는 원 위의 점 C에 대하여 $\overline{BC}=5\sqrt{7}$, $\cos(\angle CAB)=\dfrac{3}{4}$ 이다. 선분 AB를 3 : 2로 내분하는 점을 D라 할 때, 선분 CD의 길이는?

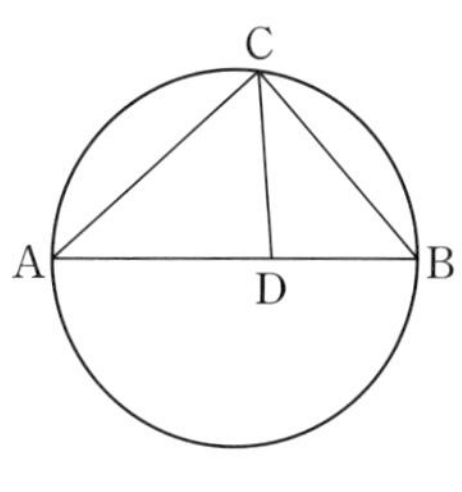

① $3\sqrt{11}$ ② $6\sqrt{3}$ ③ $3\sqrt{13}$
④ $3\sqrt{14}$ ⑤ $3\sqrt{15}$

17 ①②③

삼각형 ABC에서

$$\overline{AC}=4\sqrt{3},\ \overline{BC}=4,\ \angle A+\angle B=\frac{\pi}{3}$$

일 때, 삼각형 ABC의 넓이는?

① 3　　　　② 6　　　　③ 9

④ 12　　　　⑤ 15

18 ①②③

$\overline{AB}=1$, $\overline{BC}=3$, $\overline{CA}=2\sqrt{3}$일 때, 삼각형 ABC의 넓이는?

① 1　　　　② $\sqrt{2}$　　　　③ $\sqrt{3}$

④ 2　　　　⑤ $\sqrt{5}$

19 ①②③

$\angle A=120°$, $\overline{AB}=\overline{AC}$인 삼각형 ABC의 외접원의 반지름의 길이가 5일 때, 삼각형 ABC의 넓이는?

① $\dfrac{21\sqrt{3}}{4}$　　　② $\dfrac{11\sqrt{2}}{2}$　　　③ $\dfrac{23\sqrt{3}}{4}$

④ $6\sqrt{3}$　　　⑤ $\dfrac{25\sqrt{3}}{4}$

20 ①②③

삼각형 ABC에서 $\sin A : \sin B : \sin C=2:3:4$이고 삼각형 ABC에 내접하는 원의 넓이가 15π일 때, 삼각형 ABC의 넓이는?

① $25\sqrt{15}$　　　② $27\sqrt{15}$　　　③ $29\sqrt{15}$

④ $31\sqrt{15}$　　　⑤ $33\sqrt{15}$

21 ①②③

그림과 같이 $\overline{AB}=2\sqrt{2}$,

$\overline{BC}=3$, $\sin(\angle BAD)=\dfrac{\sqrt{2}}{3}$

인 평행사변형 ABCD의 넓이는?

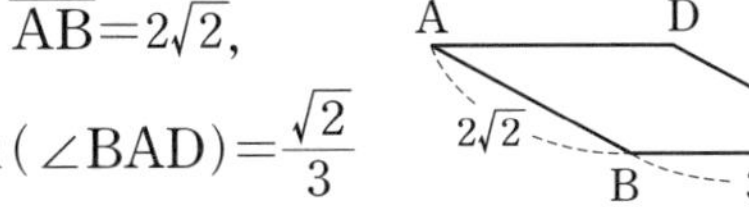

① 1   ② 2   ③ 3

④ 4   ⑤ 5

22 ①②③

그림과 같이 $\overline{AB}=3$,

$\overline{BC}=\overline{CD}=2$, $\overline{AD}=5$,

$\angle ABC=90°$인 사각형 ABCD

의 넓이는?

① 6   ② 7

③ 8   ④ 9

⑤ 10

23 ①②③

그림과 같이 $\overline{AC}=13$,

$\overline{BD}=5$인 사각형 ABCD에

대하여 두 직선 AC, BD가

이루는 예각의 크기를 θ라

할 때, $\cos\theta=\dfrac{5}{13}$이다. 사각형 ABCD의 넓이는?

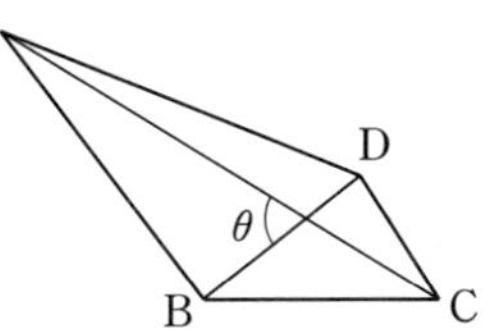

① 22   ② 24   ③ 26

④ 28   ⑤ 30

24 ①②③

그림과 같이 $\overline{AC}=4$, $\overline{BD}=6$,

$\cos(\angle ABC)=\dfrac{3}{5}$인 평행사변

형 ABCD의 넓이는?

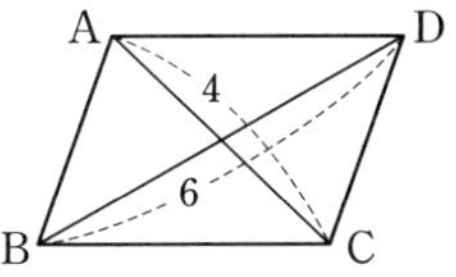

① $\dfrac{16}{3}$ ② $\dfrac{17}{3}$ ③ 6

④ $\dfrac{19}{3}$ ⑤ $\dfrac{20}{3}$

01 등차수열

| 필수 예제 | **1** | 등차수열의 항; 관계식이 주어진 경우 |

1 ⟨1 2 3⟩

첫째항이 5인 등차수열 $\{a_n\}$에 대하여

$$a_6 - a_3 = 21$$

일 때, a_9의 값은?

① 61　　　　② 62　　　　③ 63

④ 64　　　　⑤ 65

2 ⟨1 2 3⟩

공차가 3인 등차수열 $\{a_n\}$에 대하여

$$a_1 + a_6 + a_{11} = 60$$

일 때, $a_1 + a_{20}$의 값은?

① 66　　　　② 67　　　　③ 68

④ 69　　　　⑤ 70

3 ⟨1 2 3⟩

첫째항과 공차가 같은 등차수열 $\{a_n\}$이

$$a_3 = 27 - a_6$$

을 만족시킬 때, a_{30}의 값은?

① 84　　　　② 86　　　　③ 88

④ 90　　　　⑤ 92

▶ 평가원

4 ⟨1 2 3⟩

등차수열 $\{a_n\}$에 대하여

$$a_1 = -15, \ |a_3| - a_4 = 0$$

일 때, a_7의 값은?

① 21　　　　② 23　　　　③ 25

④ 27　　　　⑤ 29

 등차수열의 항; 범위를 만족시키는 경우

5 ①②③

첫째항이 $\dfrac{5}{2}$인 등차수열 $\{a_n\}$에 대하여

$$a_2+a_4=3$$

일 때, $a_k<0$을 만족시키는 자연수 k의 최솟값을 구하시오.

6 ①②③

등차수열 $\{a_n\}$에 대하여

$$a_1-a_3=6,\ 3a_4+2=4a_6$$

일 때, $a_k\geq 20$을 만족시키는 자연수 k의 최댓값은?

① 6   ② 7   ③ 8

④ 9   ⑤ 10

7 ①②③

등차수열 $\{a_n\}$에 대하여

$$a_1+a_3+a_5=0,\ a_7\leq 20$$

일 때, a_{10}의 최댓값은?

① 33   ② 34   ③ 35

④ 36   ⑤ 37

8 ①②③

공차가 -2인 등차수열 $\{a_n\}$에 대하여

$$a_3 a_8=75,\ a_{10}>0$$

일 때, a_7의 값은?

① -5 ② -2 ③ 1

④ 4   ⑤ 7

필수예제 3 두 수 사이에 수를 넣어 만든 등차수열

9 ①②③

10과 30 사이에 n개의 수 a_1, a_2, a_3, $\cdots$, a_n을 넣어 만든 수열

$$10,\ a_1,\ a_2,\ a_3,\ \cdots,\ a_n,\ 30$$

이 이 순서대로 공차가 $\dfrac{1}{3}$인 등차수열을 이룰 때, n의 값은?

① 56   ② 59   ③ 62

④ 65   ⑤ 68

10 ①②③

2와 65 사이에 20개의 수 a_1, a_2, a_3, $\cdots$, a_{20}을 넣어 만든 수열

$$2,\ a_1,\ a_2,\ a_3,\ \cdots,\ a_{20},\ 65$$

가 이 순서대로 등차수열을 이룰 때, a_{14}의 값은?

① 41   ② 42   ③ 43

④ 44   ⑤ 45

11 ①②③

수열

$$-1,\ a_1,\ a_2,\ \cdots,\ a_5,\ 9,\ a_6,\ a_7,\ \cdots,\ a_n,\ 34$$

가 이 순서대로 등차수열을 이룰 때, n의 값은?

① 18   ② 19   ③ 20

④ 21   ⑤ 22

12 ①②③

3과 68 사이에 38개의 수 a_1, a_2, a_3, $\cdots$, a_{38}을 넣어 만든 수열

$$3,\ a_1,\ a_2,\ a_3,\ \cdots,\ a_{38},\ 68$$

이 이 순서대로 등차수열을 이룰 때, 자연수인 항의 개수는?

① 10   ② 11   ③ 12

④ 13   ⑤ 14

필수예제 **4** 등차중항

13 ①②③

서로 다른 세 수 1, a^2, a가 이 순서대로 등차수열을 이룰 때, $30|a|$의 값을 구하시오.

14 ①②③

세 수 a, 3, b가 이 순서대로 등차수열을 이루고, 세 수 $\dfrac{1}{a}$, $\dfrac{3}{5}$, $\dfrac{1}{b}$도 이 순서대로 등차수열을 이룰 때, ab의 값은?

① $\dfrac{9}{2}$　　　② 5　　　③ $\dfrac{11}{2}$

④ 6　　　⑤ $\dfrac{13}{2}$

15 ①②③

등차수열 $\{a_n\}$에 대하여 세 수 a_1, a_1+a_2, a_2+a_3이 이 순서대로 등차수열을 이룰 때, $\dfrac{a_3}{a_2}$의 값은? (단, $a_1\neq 0$)

① $\dfrac{1}{2}$　　　② 1　　　③ $\dfrac{3}{2}$

④ 2　　　⑤ $\dfrac{5}{2}$

16 ①②③

서로 다른 두 정수 a, b에 대하여 세 수 5, a, b가 이 순서대로 등차수열을 이루고, 세 수 a^2, 25, b^2도 이 순서대로 등차수열을 이룰 때, $a-b$의 값은?

① 2　　　② 4　　　③ 6

④ 8　　　⑤ 10

17 ①②③

세 수 x, y, z는 이 순서대로 등차수열을 이루고
$$x+y+z=12, \quad x=7z$$
이다. $x^2+y^2+z^2$의 값은?

① 66 ② 67 ③ 68

④ 69 ⑤ 70

18 ①②③

세 수 x, y, z는 이 순서대로 등차수열을 이루고
$$x+y+z=3, \quad x^2+y^2+z^2=35$$
이다. $|x|+|y|+|z|$의 값은?

① 6 ② 7 ③ 8

④ 9 ⑤ 10

19 ①②③

세 수 x, y, z가 다음 조건을 만족시킬 때, y의 값은?

> (가) x, y, z는 이 순서대로 등차수열을 이룬다.
> (나) $z-x=8$
> (다) $xyz=45$

① 1 ② 2 ③ 3

④ 4 ⑤ 5

20 ①②③

서로 다른 세 정수 x, y, z에 대하여 다음 조건을 만족시키는 모든 x의 값의 합은?

> (가) 세 수 x, y, z가 이 순서대로 등차수열을 이룬다.
> (나) 세 수 x^2, z^2, y^2은 이 순서대로 등차수열을 이룬다.
> (다) $0<y<5$

① 61 ② 64 ③ 67

④ 70 ⑤ 73

필수
예제 6 등차수열의 합

21 ⎡1 2 3⎤

등차수열 $\{a_n\}$에 대하여 $a_{n-1}=4n-1\ (n\geq2)$일 때, $a_1+a_2+a_3+\cdots+a_{10}$의 값은?

① 230　　② 240　　③ 250

④ 260　　⑤ 270

22 ⎡1 2 3⎤

$a_3=11$, $a_5=19$인 등차수열 $\{a_n\}$의 첫째항부터 제k항까지의 합이 171일 때, k의 값은?

① 8　　② 9　　③ 10

④ 11　　⑤ 12

23 ⎡1 2 3⎤

첫째항이 10, 공차가 -4인 등차수열 $\{a_n\}$에 대하여 $|a_1|+|a_2|+|a_3|+\cdots+|a_{10}|$의 값은?

① 116　　② 118　　③ 120

④ 122　　⑤ 124

▶ 교육청

24 ⎡1 2 3⎤

첫째항과 공차가 같은 등차수열 $\{a_n\}$의 첫째항부터 제n항까지의 합을 S_n이라 할 때, $S_n=ka_n$을 만족시키는 k가 두 자리 자연수가 되게 하는 n의 최댓값은? (단, $a_1\neq0$)

① 191　　② 193　　③ 195

④ 197　　⑤ 199

25 (1 2 3)

등차수열 $\{a_n\}$의 첫째항부터 제n항까지의 합을 S_n이라 하자.

$$a_3 + a_{19} = 5a_{11}, \quad S_{23} = \frac{23}{2}$$

일 때, a_5의 값은?

① -5 ② -3 ③ -1

④ 1 ⑤ 3

26 (1 2 3)

공차가 0이 아닌 등차수열 $\{a_n\}$의 첫째항부터 제n항까지의 합을 S_n이라 하자. $S_{10} = 3S_5$일 때, $\dfrac{a_8}{a_3}$의 값은?

① $\dfrac{1}{4}$ ② $\dfrac{1}{2}$ ③ 2

④ 4 ⑤ 8

27 (1 2 3)

등차수열 $\{a_n\}$에 대하여

$$a_1 + a_3 + a_5 + \cdots + a_{19} = 70,$$
$$a_2 + a_4 + a_6 + \cdots + a_{20} = 80$$

이다. 수열 $\{a_n\}$의 첫째항부터 제n항까지의 합을 S_n이라 할 때, S_{10}의 값은?

① 21 ② 22 ③ 23

④ 24 ⑤ 25

28 (1 2 3)

등차수열 $\{a_n\}$의 첫째항부터 제n항까지의 합을 S_n이라 하자.

$$a_1 + a_3 + a_5 + \cdots + a_k = 175, \quad S_k = 315$$

일 때, 자연수 k의 값을 구하시오. (단, k는 홀수이다.)

필수예제 8 등차수열의 합의 최대·최소

29 (1 2 3)

등차수열 $\{a_n\}$의 첫째항부터 제n항까지의 합을 S_n이라 하자.

$$a_1=35,\ S_{10}=215$$

일 때, S_n의 값이 최대가 되도록 하는 자연수 n의 값은?

① 11 　　　② 12 　　　③ 13

④ 14 　　　⑤ 15

30 (1 2 3)

등차수열 $\{a_n\}$의 첫째항부터 제n항까지의 합을 S_n이라 하자.

$$a_1=-22,\ S_3=S_9$$

일 때, S_n의 최솟값은?

① -70 　　　② -72 　　　③ -74

④ -76 　　　⑤ -78

31 (1 2 3)

첫째항이 53이고 공차가 정수인 등차수열 $\{a_n\}$의 첫째항부터 제n항까지의 합을 S_n이라 할 때, S_n은 $n=18$에서 최댓값을 갖는다. S_{18}의 값은?

① 489 　　　② 491 　　　③ 493

④ 495 　　　⑤ 497

32 (1 2 3)

등차수열 $\{a_n\}$에 대하여

$$a_6=-38,\ a_{10}=-30$$

일 때, 첫째항부터 제n항까지의 합이 최소가 되도록 하는 모든 자연수 n의 값의 합은?

① 41 　　　② 43 　　　③ 45

④ 47 　　　⑤ 49

▶ 수능

33 ①②③

수열 $\{a_n\}$의 첫째항부터 제n항까지의 합 S_n이

$S_n=\dfrac{n}{n+1}$일 때, a_4의 값은?

① $\dfrac{1}{22}$ ② $\dfrac{1}{20}$ ③ $\dfrac{1}{18}$

④ $\dfrac{1}{16}$ ⑤ $\dfrac{1}{14}$

34 ①②③

수열 $\{a_n\}$의 첫째항부터 제n항까지의 합 S_n이
$S_n=n^2-7n$일 때, $a_n<0$을 만족시키는 모든 자연수 n의 값의 합은?

① 6 ② 7 ③ 8

④ 9 ⑤ 10

35 ①②③

등차수열 $\{a_n\}$에 대하여

$$a_2+a_4+a_6+\cdots+a_{2n}=2n^2+5n$$

일 때, a_{10}의 값은?

① 21 ② 23 ③ 25

④ 27 ⑤ 29

36 ①②③

수열 $\{a_n\}$의 첫째항부터 제n항까지의 합 S_n이

$$S_n=-\frac{n(n+1)}{2}$$

일 때, $S_1-S_2+S_3-S_4+S_5-S_6+\cdots+S_{19}-S_{20}$의 값은?

① 110 ② 120 ③ 130

④ 140 ⑤ 150

02 등비수열

✎ 정답 및 해설 85쪽

필수예제 1 등비수열의 항; 관계식이 주어진 경우

1 [1][2][3]

공비가 3인 등비수열 $\{a_n\}$에 대하여 $a_3+a_4=180$일 때, a_2의 값은?

① 13   ② 14   ③ 15

④ 16   ⑤ 17

2 [1][2][3]

등비수열 $\{a_n\}$에 대하여 $a_2=2$, $a_3=3a_1$일 때, a_8의 값은?

① 48   ② 50   ③ 52

④ 54   ⑤ 56

▶ 교육청

3 [1][2][3]

첫째항이 $\dfrac{1}{4}$이고 공비가 양수인 등비수열 $\{a_n\}$에 대하여

$$a_3+a_5=\dfrac{1}{a_3}+\dfrac{1}{a_5}$$

일 때, a_{10}의 값을 구하시오.

4 [1][2][3]

모든 항이 양수인 등비수열 $\{a_n\}$에 대하여

$$a_4=27,\ a_6=81$$

일 때, $a_k=3^{10}$을 만족시키는 자연수 k의 값은?

① 18   ② 19   ③ 20

④ 21   ⑤ 22

5 1 2 3

첫째항이 100, 공비가 $\dfrac{1}{3}$인 등비수열 $\{a_n\}$에 대하여
$a_k < 1$을 만족시키는 자연수 k의 최솟값은?

① 3 ② 4 ③ 5
④ 6 ⑤ 7

6 1 2 3

모든 항이 양수인 등비수열 $\{a_n\}$에 대하여
$$a_1 + a_2 = 12,\ a_3 + a_4 = 48$$
일 때, $a_k < 1000$을 만족시키는 자연수 k의 개수를 구하시오.

7 1 2 3

공비가 $\dfrac{1}{2}$인 등비수열 $\{a_n\}$에 대하여 $a_5 = 8$일 때,
$a_k \geq 1$을 만족시키는 모든 자연수 k의 값의 합은?

① 24 ② 27 ③ 30
④ 33 ⑤ 36

8 1 2 3

공차가 2인 등차수열 $\{a_n\}$과 첫째항이 8인 등비수열 $\{b_n\}$이 $b_n = 2^{a_n}$을 만족시킨다. $b_k > 500$을 만족시키는 자연수 k의 최솟값은?

① 1 ② 2 ③ 3
④ 4 ⑤ 5

 두 수 사이에 수를 넣어 만든 등비수열

9 ①②③

162와 2 사이에 세 개의 수 a_1, a_2, a_3을 넣어 만든 수열

$$162,\ a_1,\ a_2,\ a_3,\ 2$$

가 이 순서대로 등비수열을 이루도록 하는 모든 공비의 곱은?

① -9 ② -4 ③ -1

④ $-\dfrac{1}{4}$ ⑤ $-\dfrac{1}{9}$

10 ①②③

2와 -54 사이에 두 개의 수 a_1, a_2를 넣어 만든 수열

$$2,\ a_1,\ a_2,\ -54$$

가 이 순서대로 등비수열을 이룰 때, a_1+a_2의 값은?

① 11 ② 12 ③ 13

④ 14 ⑤ 15

11 ①②③

수열

$$a_1,\ a_2,\ a_3,\ a_4,\ -48,\ a_5,\ a_6,\ 384$$

가 이 순서대로 등비수열을 이룰 때, a_1의 값은?

① -5 ② -3 ③ -1

④ 1 ⑤ 3

12 ①②③

4와 $-\dfrac{1}{128}$ 사이에 8개의 수 a_1, a_2, a_3, $\cdots$, a_8을 넣어 만든 수열

$$4,\ a_1,\ a_2,\ a_3,\ \cdots,\ a_8,\ -\dfrac{1}{128}$$

이 이 순서대로 등비수열을 이룰 때, $|a_k|<\dfrac{1}{10}$을 만족시키는 자연수 k의 최솟값은?

① 3 ② 4 ③ 5

④ 6 ⑤ 7

필수예제 4 등비중항

13 1 2 3

세 수 $\sin\theta$, $\dfrac{\sqrt{3}}{3}$, $\cos\theta$가 이 순서대로 등비수열을 이룰 때, $\tan\theta+\dfrac{1}{\tan\theta}$의 값은?

① 3
② $\dfrac{10}{3}$
③ $\dfrac{11}{3}$
④ 4
⑤ $\dfrac{13}{3}$

14 1 2 3

등비수열 $\{a_n\}$에 대하여 $a_6=\sqrt{7}$일 때, $a_1\times a_3\times a_5\times a_7\times a_9\times a_{11}$의 값은?

① 336
② 343
③ 350
④ 357
⑤ 364

15 1 2 3

다섯 개의 수 2, a, b, c, 32가 이 순서대로 등비수열을 이룰 때, $a+b+c$의 최댓값을 M, 최솟값을 m이라 하자. $M-m$의 값은?

① 25
② 30
③ 35
④ 40
⑤ 45

▶ 평가원

16 1 2 3

공차가 6인 등차수열 $\{a_n\}$에 대하여 세 항 a_2, a_k, a_8은 이 순서대로 등차수열을 이루고, 세 항 a_1, a_2, a_k는 이 순서대로 등비수열을 이룬다. $k+a_1$의 값은?

① 7
② 8
③ 9
④ 10
⑤ 11

17 · 1 2 3

서로 다른 세 수 x, y, z는 이 순서대로 등비수열을 이루고 $3y=2x+z$를 만족시킨다. $\dfrac{z}{x}$의 값은?

① $\dfrac{1}{4}$ ② $\dfrac{1}{2}$ ③ 1

④ 2 ⑤ 4

18 · 1 2 3

공비가 정수이고 등비수열을 이루는 네 수 x, y, z, w가 있다. $y+z=5$, $y+w=17$일 때, x의 값은?

① $\dfrac{1}{5}$ ② $\dfrac{1}{4}$ ③ $\dfrac{1}{3}$

④ $\dfrac{1}{2}$ ⑤ 1

19 · 1 2 3

세 수 x, y, z는 이 순서대로 등비수열을 이루고
$$xyz=8, \quad xy+yz+zx=14$$
를 만족시킨다. $x+y+z$의 값을 구하시오.

20 ① ② ③

모든 항이 양수인 등비수열 $\{a_n\}$에 대하여

$$a_1=3, \ \frac{a_7}{a_5}=4$$

일 때, $a_1+a_2+a_3+a_4+a_5$의 값은?

① 93 　　　　② 97 　　　　③ 101

④ 105 　　　　⑤ 109

21 ① ② ③

등비수열 $\{a_n\}$에 대하여

$$a_3=2, \ a_8=-\frac{1}{16}$$

이다. 등비수열 $\{a_n\}$의 첫째항부터 제n항까지의 합을 S_n이라 할 때, $S_k=\dfrac{85}{16}$를 만족시키는 자연수 k의 값은?

① 8 　　　　② 9 　　　　③ 10

④ 11 　　　　⑤ 12

22 ① ② ③

공비가 음수인 등비수열 $\{a_n\}$에 대하여

$$4a_2a_3=5a_6, \ \frac{a_7-a_3}{a_5-a_1}=4$$

일 때, $a_1+a_2+a_3+\cdots+a_7$의 값은?

① 200 　　　　② 205 　　　　③ 210

④ 215 　　　　⑤ 220

▶ 교육청

23 ① ② ③

함수 $f(x)=(1+x^4+x^8+x^{12})(1+x+x^2+x^3)$일 때, $\dfrac{f(2)}{\{f(1)-1\}\{f(1)+1\}}$의 값을 구하시오.

24 1 2 3

공비가 r인 등비수열 $\{a_n\}$의 첫째항부터 제n항까지의 합을 S_n이라 하자. $S_6=7$, $S_{12}=882$일 때, r^2의 값은?

① 1   ② 2   ③ 3

④ 4   ⑤ 5

25 1 2 3

첫째항이 0이 아니고, 공비가 -1, 1이 아닌 등비수열 $\{a_n\}$의 첫째항부터 제n항까지의 합을 S_n이라 하자.

$S_{20}=3S_{10}$일 때, $\dfrac{S_{30}}{S_{10}}$의 값은?

① 6   ② 7   ③ 8

④ 9   ⑤ 10

▸ 교육청

26 1 2 3

첫째항이 a $(a>0)$이고, 공비가 r인 등비수열 $\{a_n\}$의 첫째항부터 제n항까지의 합을 S_n이라 하자.

$$2a=S_2+S_3,\ r^2=64a^2$$

일 때, a_5의 값은?

① 2   ② 4   ③ 6

④ 8   ⑤ 10

27 1 2 3

모든 항이 양수인 등비수열 $\{a_n\}$의 첫째항부터 제n항까지의 합을 S_n이라 하자.

$$S_n=4,\ a_{2n+1}+a_{2n+2}+a_{2n+3}+\cdots+a_{3n}=36$$

일 때, S_{3n}의 값은?

① 50   ② 52   ③ 54

④ 56   ⑤ 58

○3 수열의 합

필수예제 **1** ∑의 정의

1 ⎯ 1 2 3

수열 $\{a_n\}$에 대하여

$$\sum_{k=1}^{30} a_k = 30, \quad \sum_{k=1}^{15} a_{2k} = 5$$

일 때, $\displaystyle\sum_{k=1}^{15} a_{2k-1}$의 값은?

① 20   ② 25   ③ 30

④ 35   ⑤ 40

2 ⎯ 1 2 3

수열 $\{a_n\}$에 대하여

$$\sum_{k=1}^{n} (a_{2k-1} + a_{2k}) = 6n^2 + 5n$$

일 때, $\displaystyle\sum_{k=1}^{10} a_k$의 값은?

① 175   ② 180   ③ 185

④ 190   ⑤ 195

3 ⎯ 1 2 3

수열 $\{a_n\}$에 대하여

$$\sum_{k=1}^{14} a_k = 50, \quad a_{15} = 3$$

일 때, $\displaystyle\sum_{k=1}^{14} k(a_k - a_{k+1})$의 값은?

① 6   ② 7   ③ 8

④ 9   ⑤ 10

4 ⎯ 1 2 3

수열 $\{a_n\}$의 일반항이 $a_n = n^2 + n$일 때,

$$\sum_{k=1}^{n} a_{k+1} - \sum_{k=3}^{n+1} a_{k-2} = 720$$

을 만족시키는 자연수 n의 값은?

① 16   ② 18   ③ 20

④ 22   ⑤ 24

5 ⬚123

수열 $\{a_n\}$에 대하여

$$\sum_{k=1}^{10} a_k = 3, \quad \sum_{k=1}^{10} a_k^2 = 10$$

일 때, $\sum_{k=1}^{10} (a_k + 1)^2$의 값은?

① 26　　　② 28　　　③ 30

④ 32　　　⑤ 34

6 ⬚123

두 수열 $\{a_n\}$, $\{b_n\}$에 대하여

$$\sum_{k=1}^{n} a_k = n^2, \quad \sum_{k=1}^{n} b_k = n, \quad \sum_{k=1}^{n} (a_k - 5b_k + 3) = 120$$

일 때, 자연수 n의 값은?

① 8　　　② 10　　　③ 12

④ 14　　　⑤ 16

7 ⬚123

수열 $\{a_n\}$에 대하여

$$\sum_{k=1}^{8} a_k = 5, \quad \sum_{k=1}^{8} (a_k + 1)^2 = 50$$

일 때, $\sum_{k=1}^{8} a_k^2$의 값은?

① 26　　　② 28　　　③ 30

④ 32　　　⑤ 34

▶ 평가원

8 ⬚123

두 수열 $\{a_n\}$, $\{b_n\}$에 대하여

$$\sum_{k=1}^{10} (a_k + 2b_k) = 45, \quad \sum_{k=1}^{10} (a_k - b_k) = 3$$

일 때, $\sum_{k=1}^{10} \left(b_k - \dfrac{1}{2} \right)$의 값을 구하시오.

9 ①②③

$\displaystyle\sum_{k=1}^{6}(k+1)^3-3\sum_{k=1}^{6}k(k+1)$의 값은?

① 441   ② 444   ③ 447

④ 450   ⑤ 453

10 ①②③

$\displaystyle\sum_{k=1}^{5}(k^2-2k+a)=50$일 때, 상수 a의 값은?

① 3   ② 5   ③ 7

④ 9   ⑤ 11

11 ①②③

수열 $\{a_n\}$이 모든 자연수 n에 대하여 $a_n=\displaystyle\sum_{k=1}^{n}k$일 때, $\displaystyle\sum_{k=1}^{10}a_k$의 값은?

① 210   ② 220   ③ 230

④ 240   ⑤ 250

▶ 수능

12 ①②③

자연수 n에 대하여 다항식 $2x^2-3x+1$을 $x-n$으로 나누었을 때의 나머지를 a_n이라 할 때, $\displaystyle\sum_{n=1}^{7}(a_n-n^2+n)$의 값을 구하시오.

필수
예제 4 ∑로 표현된 수열의 합

▶ 수능

13 ◖1 2 3◗

등차수열 $\{a_n\}$이

$$a_5+a_{13}=3a_9,\quad \sum_{k=1}^{18} a_k=\frac{9}{2}$$

를 만족시킬 때, a_{13}의 값은?

① 2 ② 1 ③ 0

④ -1 ⑤ -2

14 ◖1 2 3◗

등차수열 $\{a_n\}$이 $a_7=10$을 만족시킬 때, $\sum_{k=2}^{12} a_k$의 값은?

① 110 ② 120 ③ 130

④ 140 ⑤ 150

15 ◖1 2 3◗

공비가 정수인 등비수열 $\{a_n\}$에 대하여

$$a_4-8a_2-8a_1=0,\quad \sum_{k=1}^{5} a_k=33$$

일 때, $\sum_{k=1}^{7} a_k$의 값은?

① 126 ② 127 ③ 128

④ 129 ⑤ 130

16 ◖1 2 3◗

등비수열 $\{a_n\}$에 대하여

$$\sum_{k=1}^{20} a_{2k-1}=51,\quad \sum_{k=1}^{20} a_{2k}=153$$

일 때, 수열 $\{a_n\}$의 공비는?

① $\dfrac{1}{9}$ ② $\dfrac{1}{3}$ ③ 1

④ 3 ⑤ 9

필수
예제 5 ∑로 표현된 수열의 합과 일반항 사이의 관계

17  1 2 3

수열 $\{a_n\}$에 대하여

$$\sum_{k=1}^{n} a_k = n^2 + n$$

일 때, a_{10}의 값은?

① 5   ② 10   ③ 15
④ 20   ⑤ 25

18 1 2 3

수열 $\{a_n\}$에 대하여

$$\sum_{k=1}^{n} a_k = n(n+1)$$

일 때, $\sum_{k=1}^{6} a_k^2$의 값은?

① 361   ② 362   ③ 363
④ 364   ⑤ 365

19 1 2 3

수열 $\{a_n\}$에 대하여

$$\sum_{k=1}^{n} a_k = 3^n - 1$$

일 때, $\sum_{k=1}^{10} a_{2k-1}$의 값은?

① $\dfrac{3^{10}-1}{4}$ ② $\dfrac{3^{20}-1}{4}$ ③ $\dfrac{3^{30}-1}{4}$

④ $\dfrac{3^{40}-1}{4}$ ⑤ $\dfrac{3^{50}-1}{4}$

20 1 2 3

수열 $\{a_n\}$에 대하여

$$\sum_{k=1}^{n} \frac{a_1 + a_2 + a_3 + \cdots + a_k}{k} = (n+3)^2$$

일 때, a_{10}의 값은?

① 43   ② 45   ③ 47
④ 49   ⑤ 51

필수 예제 6 　**분모가 곱으로 표현된 수열의 합**

21 　①②③

수열 $\{a_n\}$의 일반항이 $a_n=2n-3$일 때,

$\displaystyle\sum_{k=1}^{8}\dfrac{1}{a_k a_{k+2}}$의 값은?

① $-\dfrac{14}{255}$ 　　② $-\dfrac{4}{85}$ 　　③ $-\dfrac{2}{51}$

④ $-\dfrac{8}{255}$ 　　⑤ $-\dfrac{2}{85}$

22 　①②③

수열 $\{a_n\}$의 일반항이 $a_n=3n-1$일 때,

$\displaystyle\sum_{k=1}^{n}\dfrac{1}{a_k a_{k+1}}=\dfrac{2}{13}$를 만족시키는 자연수 n의 값은?

① 8 　　② 9 　　③ 10

④ 11 　　⑤ 12

23 　①②③

수열 $\{a_n\}$의 일반항이 $a_n=\dfrac{1}{2+4+6+\cdots+2n}$일 때,

$\displaystyle\sum_{k=1}^{10}a_k$의 값은?

① $\dfrac{8}{9}$ 　　② $\dfrac{9}{10}$ 　　③ $\dfrac{10}{11}$

④ $\dfrac{11}{12}$ 　　⑤ $\dfrac{12}{13}$

▸ **교육청**

24 　①②③

공차가 0이 아닌 등차수열 $\{a_n\}$에 대하여 $a_9=2a_3$일 때,

$\displaystyle\sum_{n=1}^{24}\dfrac{(a_{n+1}-a_n)^2}{a_n a_{n+1}}$의 값은?

① $\dfrac{3}{14}$ 　　② $\dfrac{2}{7}$ 　　③ $\dfrac{5}{14}$

④ $\dfrac{3}{7}$ 　　⑤ $\dfrac{1}{2}$

25 (1 2 3)

$\displaystyle\sum_{k=1}^{24} \dfrac{4}{\sqrt{2k-1}+\sqrt{2k+1}}$ 의 값은?

① 4 　　② 6 　　③ 8

④ 10 　　⑤ 12

26 (1 2 3)

$\displaystyle\sum_{k=1}^{15} \dfrac{1}{k\sqrt{k+1}+(k+1)\sqrt{k}}$ 의 값은?

① $\dfrac{1}{2}$ 　　② $\dfrac{2}{3}$ 　　③ $\dfrac{3}{4}$

④ $\dfrac{4}{5}$ 　　⑤ $\dfrac{5}{6}$

▶ 평가원

27 (1 2 3)

n이 자연수일 때, x에 대한 이차방정식
$$x^2-(2n-1)x+n(n-1)=0$$
의 두 근을 α_n, β_n이라 하자. $\displaystyle\sum_{n=1}^{81} \dfrac{1}{\sqrt{\alpha_n}+\sqrt{\beta_n}}$ 의 값을 구하시오.

28 (1 2 3)

모든 항이 양수인 수열 $\{a_n\}$에 대하여
$$a_1^2+a_2^2+a_3^2+\cdots+a_n^2=n(2n-1)$$
일 때, $\displaystyle\sum_{k=1}^{20} \dfrac{1}{a_k+a_{k+1}}$ 의 값은?

① $\dfrac{1}{2}$ 　　② 1 　　③ $\dfrac{3}{2}$

④ 2 　　⑤ $\dfrac{5}{2}$

29   1 2 3

$\displaystyle\sum_{k=2}^{25} \log_5 \left(1-\dfrac{1}{k}\right)$ 의 값은?

① -5 ② -2 ③ 1

④ 4 ⑤ 7

30   1 2 3

$\displaystyle\sum_{k=1}^{n} \log_7 \left(1+\dfrac{2}{2k+1}\right)=2$ 일 때, 자연수 n의 값은?

① 72 ② 74 ③ 76

④ 78 ⑤ 80

31   1 2 3

첫째항이 -1, 공차가 2인 등차수열 $\{a_n\}$에 대하여

$\displaystyle\sum_{k=2}^{14} \log_3 \dfrac{a_{k+1}}{a_k}$ 의 값은?

① $\dfrac{1}{3}$ ② 1 ③ 3

④ 9 ⑤ 27

32   1 2 3

$\displaystyle\sum_{k=1}^{30} \log_5 \{\log_{k+1}(k+2)\}$ 의 값은?

① $\dfrac{1}{25}$ ② $\dfrac{1}{5}$ ③ 1

④ 5 ⑤ 25

04 수학적 귀납법

필수예제 1 귀납적으로 정의된 수열

1 〔1 2 3〕

수열 $\{a_n\}$은 $a_1=1$이고, 모든 자연수 n에 대하여

$$a_{n+1}=\begin{cases} \dfrac{a_n+3}{2} & (a_n\text{이 홀수인 경우}) \\[2mm] a_n+3 & (a_n\text{이 짝수인 경우}) \end{cases}$$

를 만족시킨다. a_5의 값은?

① 6 ② 7 ③ 8
④ 9 ⑤ 10

2 〔1 2 3〕

수열 $\{a_n\}$은 $a_1=1$, $a_2=2$이고, 모든 자연수 n에 대하여

$$a_{n+2}=2a_n+a_{n+1}$$

을 만족시킨다. a_6의 값은?

① 31 ② 32 ③ 33
④ 34 ⑤ 35

3 〔1 2 3〕

수열 $\{a_n\}$이 모든 자연수 n에 대하여

$$a_1=1,\ a_n+a_{n+1}=(-1)^{n+1}$$

을 만족시킨다. a_{10}의 값은?

① 8 ② 9 ③ 10
④ 11 ⑤ 12

▶ 평가원

4 〔1 2 3〕

수열 $\{a_n\}$은 $a_1=9$, $a_2=3$이고, 모든 자연수 n에 대하여

$$a_{n+2}=a_{n+1}-a_n$$

을 만족시킨다. $|a_k|=3$을 만족시키는 100 이하의 자연수 k의 개수를 구하시오.

필수
예제 2 등차수열의 귀납적 정의

5 (1 2 3)

수열 $\{a_n\}$이 모든 자연수 n에 대하여
$$a_{n+1}-a_n=2$$
를 만족시킨다. $a_2=7$일 때, a_{100}의 값은?

① 201　　　② 202　　　③ 203

④ 204　　　⑤ 205

7 (1 2 3)

수열 $\{a_n\}$이 모든 자연수 n에 대하여
$$2(a_{n+1}+a_n)=a_{n+2}+3a_n$$
을 만족시킨다. $a_4=11$, $a_6=17$일 때, 수열 $\{a_n\}$의 첫째 항부터 제5항까지의 합은?

① 32　　　② 34　　　③ 36

④ 38　　　⑤ 40

6 (1 2 3)

수열 $\{a_n\}$이 모든 자연수 n에 대하여
$$a_{n+1}-4=a_n$$
을 만족시킨다. $a_3=11$일 때, $a_k=35$를 만족시키는 자연수 k의 값은?

① 6　　　② 7　　　③ 8

④ 9　　　⑤ 10

8 (1 2 3)

수열 $\{a_n\}$이 모든 자연수 n에 대하여
$$a_{2n+1}=a_{2n-1}+3, \quad a_{2n+2}=a_{2n}+5$$
를 만족시킨다. $a_1=2$, $a_2=3$일 때, $\sum_{k=1}^{20} a_k$의 값은?

① 400　　　② 410　　　③ 420

④ 430　　　⑤ 440

필수 예제 3 등비수열의 귀납적 정의

9 ① ② ③

수열 $\{a_n\}$이 모든 자연수 n에 대하여

$$4a_{n+1}=3a_n$$

을 만족시킨다. $a_4=27$일 때, a_1의 값은?

① 1 ② 4 ③ 16

④ 64 ⑤ 256

▶ 수능

10 ① ② ③

수열 $\{a_n\}$이 다음 조건을 만족시킨다.

> (가) $a_1=a_2+3$
> (나) $a_{n+1}=-2a_n$ $(n\geq1)$

a_9의 값을 구하시오.

11 ① ② ③

수열 $\{a_n\}$이 모든 자연수 n에 대하여

$$a_{n+1}{}^2-2a_n{}^2=0$$

을 만족시킨다. $a_1a_2=\sqrt{2}$일 때, $a_k=32\sqrt{2}$를 만족시키는 자연수 k의 값은? (단, $a_n>0$)

① 11 ② 12 ③ 13

④ 14 ⑤ 15

12 ① ② ③

수열 $\{a_n\}$에 대하여

$$a_1=12,\ \log_2 a_{n+1}=\log_2 a_n-1$$

일 때, a_8의 값은?

① $\dfrac{1}{32}$ ② $\dfrac{1}{16}$ ③ $\dfrac{3}{32}$

④ $\dfrac{1}{8}$ ⑤ $\dfrac{5}{32}$

13 ①②③

다음은 모든 자연수 n에 대하여

$$1+2+3+\cdots+n=\frac{n(n+1)}{2} \qquad \cdots\cdots\ (\ast)$$

이 성립함을 수학적 귀납법을 이용하여 증명한 것이다.

> (i) $n=1$일 때,
>
> $$(좌변)=(우변)=1$$
>
> 이므로 $(\ast)$이 성립한다.
> (ii) $n=k$일 때, $(\ast)$이 성립한다고 가정하면
>
> $$1+2+3+\cdots+k=\frac{k(k+1)}{2}$$
>
> $n=k+1$일 때,
>
> $$1+2+3+\cdots+k+(k+1)$$
> $$=\boxed{\ (가)\ }+k+1$$
> $$=(k+1)\left(\boxed{\ (나)\ }+1\right)$$
> $$=\frac{(k+1)(k+2)}{2}$$
>
> 따라서 $n=k+1$일 때도 $(\ast)$이 성립한다.
> (i), (ii)에 의하여 모든 자연수 n에 대하여 $(\ast)$이 성립한다.

위의 (가), (나)에 알맞은 식을 각각 $f(k)$, $g(k)$라 할 때, $\dfrac{f(6)}{g(7)}$의 값은?

① 6 ② 7 ③ 8
④ 9 ⑤ 10

14 ①②③

다음은 모든 자연수 n에 대하여

$$1+2+2^2+\cdots+2^{n-1}=2^n-1 \qquad \cdots\cdots\ (\ast)$$

이 성립함을 수학적 귀납법을 이용하여 증명한 것이다.

> (i) $n=1$일 때,
>
> $$(좌변)=(우변)=1$$
>
> 이므로 $(\ast)$이 성립한다.
> (ii) $n=k$일 때, $(\ast)$이 성립한다고 가정하면
>
> $$1+2+2^2+\cdots+2^{k-1}=2^k-1$$
>
> $n=k+1$일 때,
>
> $$1+2+2^2+\cdots+2^{k-1}+\boxed{\ (가)\ }$$
> $$=2^k-1+\boxed{\ (가)\ }$$
> $$=\boxed{\ (나)\ }$$
>
> 따라서 $n=k+1$일 때도 $(\ast)$이 성립한다.
> (i), (ii)에 의하여 모든 자연수 n에 대하여 $(\ast)$이 성립한다.

위의 (가), (나)에 알맞은 식을 각각 $f(k)$, $g(k)$라 할 때, $f(3)+g(2)$의 값은?

① 11 ② 12 ③ 13
④ 14 ⑤ 15

메가스터디 수능 수학

메가스터디 **수능 수학**

KICK

메가스터디BOOKS

내용 문의 02-6984-6901 | **구입 문의** 02-6984-6868,9 | www.megastudybooks.com

값 20,500원

53410

ISBN 979-11-297-0808-3

메가스터디 수능 수학

KICK

수학 Ⅰ

정답 및 해설

메가스터디 수능 수학

수학 I

빠른 정답

I. 지수함수와 로그함수

01 지수

1 (1) 2 (2) 1 **2** (1) 3 (2) 2 **3** (1) 6 (2) 1 **4** (1) 15 (2) 9
5 (1) 9 (2) 64

① ①	①-1 ③	② ①	②-1 ③
③ ②	③-1 ③	④ ④	④-1 ③
⑤ 4	⑤-1 ③		

1 ②	2 ①	3 243	4 ④
5 ④	6 ④	7 ⑤	8 ②
9 ③	10 ①	11 ④	

02 로그

1 81   **2** 3   **3** (1) 1 (2) 3   **4** 2
5 (1) 1 (2) 4

① ⑤	①-1 ⑤	② ⑤	②-1 ④
③ ③	③-1 ③	④ ②	④-1 ⑤
⑤ ①	⑤-1 ②	⑥ ④	⑥-1 ⑤

1 ②	2 ④	3 ②	4 ②
5 ④	6 6	7 ①	8 ③
9 ②	10 ③	11 ①	12 ③

03 지수함수

1 (1) 최댓값: 2, 최솟값: $\dfrac{1}{4}$ (2) 최댓값: 4, 최솟값: $\dfrac{1}{2}$
2 (1) $x=5$ (2) $x=2$ **3** (1) $x>2$ (2) $x \geq 1$

① ③	①-1 60	② ②	②-1 ⑤
③ ①	③-1 ②	④ ⑤	④-1 ②
⑤ ④	⑤-1 ①	⑥ ②	⑥-1 ③
⑦ ⑤	⑦-1 ④	⑧ ①	⑧-1 ②
⑨ ①	⑨-1 ④		

1 ③	2 ③	3 ①	4 ④
5 ③	6 4	7 ②	8 ②
9 ①	10 6	11 ⑤	12 ②

04 로그함수

1 (1) 최댓값: 5, 최솟값: 4 (2) 최댓값: 4, 최솟값: 2
2 (1) $x=5$ (2) $x=\dfrac{1}{8}$ 또는 $x=16$
3 (1) $4<x<12$ (2) $\dfrac{1}{81} \leq x \leq 9$

① ⑤	①-1 ②	② ④	②-1 6
③ ③	③-1 ②	④ ④	④-1 ④
⑤ ④	⑤-1 13	⑥ 12	⑥-1 ③
⑦ ④	⑦-1 ⑤	⑧ ②	⑧-1 ⑤
⑨ ⑤	⑨-1 ③	⑩ ⑤	⑩-1 15

1 ②	2 ③	3 ③	4 ②
5 1	6 ⑤	7 ④	8 ④
9 ②	10 1	11 ⑤	12 6

메가스터디 수능 수학

KICK

Ⅱ. 삼각함수

01 삼각함수

개념 **Check**　　　　　　　　73~74쪽

1 $l=2\pi$, $S=6\pi$

2 $\sin\theta=-\dfrac{3}{5}$, $\cos\theta=\dfrac{4}{5}$, $\tan\theta=-\dfrac{3}{4}$

3 1

필수 예제　　　　　　　　76~81쪽

1 ④	1-1 ③	2 ②	2-1 ③
3 ④	3-1 ①	4 ②	4-1 ①
5 ①	5-1 40	6 ③	6-1 ①

단원 마무리　　　　　　　　82~83쪽

| 1 ③ | 2 ⑤ | 3 2 | 4 ⑤ |
| 5 ④ | 6 ④ | 7 ① | 8 27 |

02 삼각함수의 그래프

개념 **Check**　　　　　　　　90~91쪽

1 (1) $-\dfrac{1}{2}$　(2) $-\dfrac{1}{2}$　(3) $-\dfrac{\sqrt{3}}{3}$

2 6

3 (1) $x=\dfrac{\pi}{3}$ 또는 $x=\dfrac{2}{3}\pi$　(2) $x=\dfrac{2}{3}\pi$ 또는 $x=\dfrac{4}{3}\pi$

(3) $x=\dfrac{\pi}{4}$ 또는 $x=\dfrac{5}{4}\pi$

4 (1) $0\le x<\dfrac{4}{3}\pi$ 또는 $\dfrac{5}{3}\pi<x<2\pi$

(2) $\dfrac{\pi}{3}\le x\le\dfrac{5}{3}\pi$

(3) $\dfrac{\pi}{3}\le x<\dfrac{\pi}{2}$ 또는 $\dfrac{4}{3}\pi\le x<\dfrac{3}{2}\pi$

필수 예제　　　　　　　　93~107쪽

1 ⑤	1-1 ④	2 ④	2-1 ①
3 ③	3-1 ①	4 ⑤	4-1 ①
5 ①	5-1 ④	6 ②	6-1 ④
7 ②	7-1 48	8 ④	8-1 ④
9 ③	9-1 ①	10 ①	10-1 ④
11 ②	11-1 ③	12 ②	12-1 ④
13 ②	13-1 ④	14 ②	14-1 ③
15 ④	15-1 ②		

단원 마무리　　　　　　　　108~111쪽

1 ③	2 ④	3 ①	4 40
5 ⑤	6 12	7 ③	8 ②
9 ⑤	10 ⑤	11 ④	12 ⑤
13 ③	14 ⑤	15 ②	16 ①

03 삼각함수의 활용

개념 **Check**　　　　　　　　112~115쪽

1 $\overline{BC}=\sqrt{6}$, $R=\sqrt{3}$　　2 6　　3 5

4 12

필수 예제　　　　　　　　116~121쪽

1 ③	1-1 ③	2 ④	2-1 ⑤
3 ⑤	3-1 ④	4 ①	4-1 ⑤
5 ④	5-1 ⑤	6 ②	6-1 ③

단원 마무리　　　　　　　　122~123쪽

| 1 ⑤ | 2 ⑤ | 3 ④ | 4 ② |
| 5 ④ | 6 ④ | 7 ⑤ | 8 ④ |

Ⅱ. 삼각함수

01 삼각함수
33~38쪽

1 ④	2 ⑤	3 ④	4 ③
5 ④	6 ③	7 ⑤	8 ⑤
9 ②	10 ②	11 ⑤	12 ②
13 ③	14 ②	15 ③	16 ②
17 ④	18 ⑤	19 ②	20 ②
21 15	22 ⑤	23 ④	24 ④

02 삼각함수의 그래프
39~53쪽

1 6	2 ①	3 ④	
4 50	5 ⑤	6 ③	
7 ①	8 ③	9 ④	
10 ④	11 ④	12 ③	13 ②
14 ③	15 10	16 ③	17 ①
18 ④	19 ③	20 ②	21 ⑤
22 ⑤	23 ④	24 ④	25 ③
26 ②	27 ③	28 ③	29 31
30 ①	31 ③	32 ④	33 ①
34 ②	35 9	36 ①	37 5
38 ②	39 ④	40 ⑤	41 ⑤
42 ①	43 ③	44 ⑤	45 ⑤
46 ②	47 17	48 ③	49 ④
50 ③	51 ③	52 ①	53 ⑤
54 ③	55 ④	56 ③	57 ④

03 삼각함수의 활용
54~59쪽

1 ④	2 ⑤	3 ③	4 ②
5 ③	6 ③	7 ⑤	8 ④
9 ②	10 ①	11 ④	12 7
13 ⑤	14 ⑤	15 ④	16 ①
17 ④	18 ②	19 ⑤	20 ②
21 ④	22 ①	23 ⑤	24 ⑤

Ⅲ. 수열

01 등차수열
60~68쪽

1 ①	2 ②	3 ④	4 ①
5 7	6 ①	7 ③	8 ⑤
9 ②	10 ④	11 ②	12 ⑤
13 15	14 ②	15 ③	16 ③
17 ①	18 ④	19 ⑤	20 ④
21 ③	22 ②	23 ①	24 ④
25 ②	26 ③	27 ⑤	28 9
29 ②	30 ②	31 ④	32 ⑤
33 ②	34 ①	35 ②	36 ①

02 등비수열
69~75쪽

1 ③	2 ④	3 16	4 ①
5 ④	6 8	7 ⑤	8 ④
9 ⑤	10 ②	11 ②	12 ④
13 ①	14 ②	15 ④	16 ②
17 ⑤	18 ②	19 7	
20 ①	21 ①	22 ④	23 257
24 ⑤	25 ②	26 ②	27 ②

03 수열의 합
76~83쪽

1 ②	2 ①	3 ③	4 ②
5 ①	6 ③	7 ④	8 9
9 ③	10 ②	11 ②	12 91
13 ①	14 ①	15 ④	16 ④
17 ④	18 ④	19 ②	20 ①
21 ④	22 ①	23 ③	24 ①
25 ⑤	26 ③	27 9	28 ④
29 ②	30 ①	31 ③	32 ③

04 수학적 귀납법
84~87쪽

1 ②	2 ②	3 ①	4 33
5 ③	6 ④	7 ⑤	8 ②
9 ④	10 256	11 ②	12 ③
13 ①	14 ⑤		

메가스터디
수능 수학 **KICK**

수학 I

Workbook 빠른 정답

I. 지수함수와 로그함수

01 지수

3~7쪽

1 ②	2 30	3 ④	4 ③
5 ③	6 ③	7 ④	8 17
9 ②	10 ⑤	11 ③	12 ⑤
13 ②	14 ②	15 ⑤	16 ③
17 ③	18 ②	19 ②	

02 로그

8~13쪽

1 ⑤	2 ②	3 ⑤	4 ①
5 ③	6 ④	7 9	8 ③
9 3	10 ④	11 ②	12 ①
13 ⑤	14 ④	15 15	16 ④
17 ②	18 ③	19 ⑤	20 ⑤
21 ③	22 ④	23 54	24 ④

03 지수함수

14~22쪽

1 ①	2 ④	3 ①	4 ①
5 ①	6 ②	7 ③	8 ⑤
9 128	10 ④	11 ⑤	12 ⑤
13 ④	14 ④	15 ②	16 ②
17 1	18 ②	19 ①	20 ③
21 ④	22 ①	23 27	24 ④
25 ③	26 9	27 ②	28 ⑤
29 ①	30 ④	31 ②	32 32
33 ①	34 9	35 ④	36 15

04 로그함수

23~32쪽

1 ⑤	2 ⑤	3 20	4 ⑤
5 ⑤	6 ④	7 ⑤	8 ①
9 ④	10 ①	11 ④	12 ⑤
13 ③	14 ③	15 ⑤	16 ④
17 ③	18 ②	19 ③	20 10
21 ③	22 ②	23 50	24 ①
25 16	26 ②	27 ⑤	28 ④
29 ②	30 ⑤	31 ①	32 ②
33 ①	34 ③	35 ④	36 ③
37 ③	38 ③	39 7	40 ①

Ⅲ. 수열

01 등차수열

개념 Check   127~128쪽

1 23   **2** 4   **3** 120

4 (1) $a_n=2n+1$ (2) $a_1=2$, $a_n=2n+1$ $(n\geq2)$

필수 예제   131~139쪽

① ⑤	①-1 ②	② ②	②-1 ①
③ ⑤	③-1 ②	④ ③	④-1 ①
⑤ ①	⑤-1 ③	⑥ ⑤	⑥-1 ③
⑦ ③	⑦-1 ④	⑧ ①	⑧-1 ②
⑨ ②	⑨-1 26		

단원 마무리   140~143쪽

1 ②	**2** ⑤	**3** ⑤	**4** ①
5 18	**6** ②	**7** ①	**8** ⑤
9 ④	**10** ①	**11** ①	**12** ②

02 등비수열

개념 Check   144~145쪽

1 16   **2** 3   **3** 255

필수 예제   148~154쪽

① ④	①-1 36	② ④	②-1 ①
③ ⑤	③-1 5	④ 6	④-1 10
⑤ ①	⑤-1 ③	⑥ ①	⑥-1 ②
⑦ ⑤	⑦-1 ⑤		

단원 마무리   155~157쪽

1 ⑤	**2** ③	**3** 3	**4** ③
5 ②	**6** ①	**7** ④	**8** ②
9 ③	**10** ①	**11** ②	**12** 64

03 수열의 합

개념 Check   158~161쪽

1 25   **2** 86   **3** 330   **4** 10

5 3

필수 예제   162~169쪽

① ③	①-1 ①	② ②	②-1 ①
③ ①	③-1 ②	④ ②	④-1 ②
⑤ ④	⑤-1 ①	⑥ ⑤	⑥-1 ②
⑦ ②	⑦-1 ③	⑧ ②	⑧-1 ④

단원 마무리   170~173쪽

1 ③	**2** ④	**3** ②	**4** ②
5 ②	**6** ③	**7** ①	**8** ⑤
9 ④	**10** ②	**11** 160	**12** ④

04 수학적 귀납법

개념 Check   174~175쪽

1 15   **2** 58   **3** 8

필수 예제   177~181쪽

① ⑤	①-1 ①	② ④	②-1 ②
③ ②	③-1 ②	④ ①	④-1 ②

단원 마무리   182~183쪽

1 ②	**2** ⑤	**3** ③	**4** ⑤
5 10	**6** ⑤	**7** ③	

메가스터디 수능 수학

KICK

수학 I

정답 및 해설

I. 지수함수와 로그함수

01 지수

1 (1) 2　(2) 1　**2** (1) 3　(2) 2　**3** (1) 6　(2) 1　**4** (1) 15　(2) 9
5 (1) 9　(2) 64

1 답 (1) 2　(2) 1

(1) 4는 짝수이므로 구하는 개수는 $-\sqrt[4]{16}$, $\sqrt[4]{16}$의 2

(2) 3은 홀수이므로 구하는 개수는 $\sqrt[3]{-8}$의 1

2 답 (1) 3　(2) 2

(1) $\sqrt[5]{9} \times \sqrt[5]{27} = \sqrt[5]{243} = \sqrt[5]{3^5} = 3$

(2) $\dfrac{\sqrt[6]{256}}{\sqrt[3]{2}} = \dfrac{\sqrt[6]{2^8}}{\sqrt[3]{2}} = \dfrac{\sqrt[3]{2^4}}{\sqrt[3]{2}} = \sqrt[3]{2^3} = 2$

3 답 (1) 6　(2) 1

(1) $\left(\dfrac{1}{5}\right)^{-1} + 5^0 = 5 + 1 = 6$

(2) $4^4 \times 2^{-2} \div (2^2)^3 = 2^8 \times 2^{-2} \div 2^6 = 2^{8-2-6} = 2^0 = 1$

4 답 (1) 15　(2) 9

(1) $16^{\frac{3}{4}} + 49^{0.5} = \sqrt[4]{16^3} + \sqrt[2]{49} = \sqrt[4]{2^{12}} + \sqrt{7^2}$
$\qquad = 2^3 + 7 = 15$

(2) $3^{\frac{3}{2}} \times 9^{\frac{1}{4}} = 3^{\frac{3}{2}} \times 3^{\frac{1}{2}} = 3^{\frac{3}{2}+\frac{1}{2}} = 3^2 = 9$

5 답 (1) 9　(2) 64

(1) $3^{1-\sqrt{3}} \times 3^{1+\sqrt{3}} = 3^{(1-\sqrt{3})+(1+\sqrt{3})} = 3^2 = 9$

(2) $(4^{2\sqrt{2}} \div 2^{\sqrt{2}})^{\sqrt{2}} = 4^4 \div 2^2 = 2^8 \div 2^2 = 2^{8-2} = 2^6 = 64$

1 ①	1-1 ③	2 ①	2-1 ③
3 ②	3-1 ③	4 ④	4-1 ③
5 4	5-1 ③		

1 답 ①

$a^3 = -8$에서 $a^3 + 8 = 0$, $(a+2)(a^2 - 2a + 4) = 0$
$\therefore a = -2$ ($\because a$는 실수)

4는 짝수이므로 10의 네제곱근 중 실수인 것의 개수는
$-\sqrt[4]{10}$, $\sqrt[4]{10}$의 2　$\therefore b = 2$

3은 홀수이므로 5의 세제곱근 중 실수인 것의 개수는
$\sqrt[3]{5}$의 1　$\therefore c = 1$
$\therefore a + b + c = -2 + 2 + 1 = 1$

다른 풀이

$a = \sqrt[3]{-8} = \sqrt[3]{(-2)^3} = -2$

1-1 답 ③

2, 4는 짝수이므로 $f(2) = f(4) = 2$
3은 홀수이므로 $f(3) = 1$
$\therefore f(2) + f(3) + f(4) = 2 + 1 + 2 = 5$

2 답 ①

$(a^{\frac{2}{3}} \times a^{2k})^3 \div (a^{4k})^{\frac{1}{2}} = (a^2 \times a^{6k}) \div a^{2k}$
$\qquad\qquad = a^{2+6k-2k} = a^{2+4k}$
$\qquad\qquad = a^6$

에서 $2 + 4k = 6$, $4k = 4$
$\therefore k = 1$

2-1 답 ③

$(a^{\frac{2}{3}})^{\frac{1}{2}} = a^{\frac{1}{3}}$

이때 $a^{\frac{1}{3}}$의 값이 자연수가 되려면 $a = k^3$ (k는 자연수) 꼴이어야 한다.
$1^3 = 1$, $2^3 = 8$, $3^3 = 27$, …이므로 $a^{\frac{1}{3}}$이 자연수가 되도록 하는 a의 값은 1, 8이다.
따라서 구하는 모든 a의 값의 합은
$1 + 8 = 9$

3 답 ②

$\sqrt[3]{-64} \times \sqrt[4]{\left(\dfrac{1}{2}\right)^8} + \sqrt{\sqrt[3]{729}} = -\sqrt[3]{2^6} \times \sqrt[4]{2^{-8}} + \sqrt{\sqrt[3]{3^6}}$
$\qquad\qquad = -2^{\frac{6}{3}} \times 2^{-\frac{8}{4}} + (3^{\frac{6}{3}})^{\frac{1}{2}}$
$\qquad\qquad = -2^{2-2} + 3$
$\qquad\qquad = -1 + 3 = 2$

다른 풀이

$\sqrt[3]{-64} \times \sqrt[4]{\left(\dfrac{1}{2}\right)^8} + \sqrt{\sqrt[3]{729}} = -\sqrt[3]{2^6} \times \sqrt[4]{\left(\dfrac{1}{2}\right)^8} + \sqrt[6]{3^6}$
$\qquad\qquad = -2^2 \times \left(\dfrac{1}{2}\right)^2 + 3$
$\qquad\qquad = -1 + 3 = 2$

3-1 답 ③

$\sqrt[3]{4} \times \sqrt[3]{16} \div \dfrac{\sqrt[4]{8}}{\sqrt[4]{k}} = \sqrt[3]{2^2} \times \sqrt[3]{2^4} \times \dfrac{\sqrt[4]{k}}{\sqrt[4]{2^3}} = 2^{\frac{2}{3}} \times 2^{\frac{4}{3}} \times k^{\frac{1}{4}} \times 2^{-\frac{3}{4}}$
$\qquad\qquad = k^{\frac{1}{4}} \times 2^{\frac{2}{3}+\frac{4}{3}-\frac{3}{4}}$
$\qquad\qquad = k^{\frac{1}{4}} \times 2^{\frac{5}{4}} = 2^2$

에서 $k^{\frac{1}{4}}=2^{2-\frac{5}{4}}=2^{\frac{3}{4}}=8^{\frac{1}{4}}$

$\therefore k=8$

$\sqrt[3]{4}\times\sqrt[3]{16}\div\dfrac{\sqrt[4]{8}}{\sqrt[4]{k}}=\sqrt[3]{64}\div\sqrt[4]{\dfrac{8}{k}}$

$\qquad\qquad=\sqrt[3]{2^6}\div\sqrt[4]{\dfrac{8}{k}}$

$\qquad\qquad=4\div\sqrt[4]{\dfrac{8}{k}}$

$\qquad\qquad=4$

에서 $\sqrt[4]{\dfrac{8}{k}}=1$, $\dfrac{8}{k}=1$

$\therefore k=8$

4 답 ④

$a^{\frac{1}{3}}-a^{-\frac{1}{3}}=2$의 양변을 세제곱하면

$a-3a^{\frac{1}{3}}+3a^{-\frac{1}{3}}-a^{-1}=8$

$a-3(a^{\frac{1}{3}}-a^{-\frac{1}{3}})-a^{-1}=8$

$\therefore a-a^{-1}=8+3(a^{\frac{1}{3}}-a^{-\frac{1}{3}})$

$\qquad\qquad=8+3\times2=14$

4-1 답 ③

$4^{\frac{a}{2}}-4^{\frac{b}{2}}=5$의 양변을 제곱하면

$4^a-2\times4^{\frac{a}{2}}\times4^{\frac{b}{2}}+4^b=25$

$4^a-2\times4^{\frac{a+b}{2}}+4^b=25$

$4^a-2\times4+4^b=25 \ (\because a+b=2)$

$\therefore 4^a+4^b=25+8=33$

5 답 4

$\dfrac{4^x-4^{-x}}{4^x+4^{-x}}$의 분모, 분자에 4^x을 각각 곱하면

$\dfrac{4^x-4^{-x}}{4^x+4^{-x}}=\dfrac{(4^x-4^{-x})4^x}{(4^x+4^{-x})4^x}=\dfrac{4^{2x}-1}{4^{2x}+1}$

즉, $\dfrac{4^{2x}-1}{4^{2x}+1}=\dfrac{3}{5}$에서

$5(4^{2x}-1)=3(4^{2x}+1)$

$5\times4^{2x}-5=3\times4^{2x}+3$

$2\times4^{2x}=8$, $4^{2x}=4$

$\therefore 16^x=4$

5-1 답 ③

$3^x-1=\dfrac{4}{3^x+1}$에서

$(3^x-1)(3^x+1)=4$

$3^{2x}-1=4$

$\therefore 3^{2x}=5$

한편, $\dfrac{3^x+3^{-x}}{3^x-3^{-x}}$의 분모, 분자에 3^x을 각각 곱하면

$\dfrac{3^x+3^{-x}}{3^x-3^{-x}}=\dfrac{(3^x+3^{-x})3^x}{(3^x-3^{-x})3^x}=\dfrac{3^{2x}+1}{3^{2x}-1}$

$\qquad\qquad\quad=\dfrac{5+1}{5-1}=\dfrac{3}{2}$

1 ②	**2** ①	**3** 243	**4** ④
5 ④	**6** ④	**7** ⑤	**8** ②
9 ③	**10** ①	**11** ④	

1 답 ②

$a^4=81$에서 $a^4-81=0$

$(a+3)(a-3)(a^2+9)=0$

$\therefore a=-3$ 또는 $a=3$ $(\because a$는 실수$)$

$b^3=-64$에서 $b^3+64=0$

$(b+4)(b^2-4b+16)=0$

$\therefore b=-4$ $(\because b$는 실수$)$

따라서 $a+b$의 최댓값은

$3+(-4)=-1$

$a=\pm\sqrt[4]{81}=\pm\sqrt[4]{3^4}=\pm3$,

$b=\sqrt[3]{-64}=\sqrt[3]{(-4)^3}=-4$

2 답 ①

n의 제곱근 중 실수인 것의 개수가 2가 되려면 n은 양수이어야 하므로 n의 개수는

$1, 2, 3, \cdots, 10$의 10 $\qquad\therefore a=10$

한편, 모든 정수 n에 대하여 n의 세제곱근 중 실수인 것의 개수는 1이므로 n의 개수는

$-10, -9, -8, \cdots, 10$의 21 $\qquad\therefore b=21$

$\therefore a+b=10+21=31$

3 답 243

$8^{-a}=3$에서 $(2^3)^{-a}=2^{-3a}=3$이므로

$\left(\dfrac{1}{32}\right)^{3a}=\{(32)^{-1}\}^{3a}=32^{-3a}=(2^5)^{-3a}=(2^{-3a})^5=3^5=243$

4 답 ④

$\left(\dfrac{1}{9}\right)^{-\frac{n}{4}}=9^{\frac{n}{4}}=(3^2)^{\frac{n}{4}}=3^{\frac{n}{2}}$

즉, $3^{\frac{n}{2}}$의 값이 정수가 되려면 n은 0 또는 2의 배수이어야 한다.

이때 n은 30 이하의 자연수이므로 n의 값은

$2, 4, 6, \cdots, 30$

따라서 n의 최댓값은 30, 최솟값은 2이므로 그 합은

$30+2=32$

5 답 ④

$$\sqrt{125}\times\sqrt[4]{25}+\frac{\sqrt[3]{-32}}{\sqrt[6]{16}}-\sqrt{\sqrt[3]{64}}=\sqrt{5^3}\times\sqrt[4]{5^2}-\frac{\sqrt[3]{2^5}}{\sqrt[6]{2^4}}-\sqrt{\sqrt[3]{2^6}}$$

$$=5^{\frac{3}{2}+\frac{2}{4}}-2^{\frac{5}{3}-\frac{4}{6}}-(2^{\frac{6}{3}})^{\frac{1}{2}}$$

$$=5^2-2-2=21$$

6 답 ④

$$\sqrt[3]{3^a}\times(\sqrt[4]{8})^b=\sqrt[3]{3^a}\times(\sqrt[4]{2^3})^b=3^{\frac{a}{3}}\times2^{\frac{3}{4}b}$$

이때 2와 3은 서로소이므로 $3^{\frac{a}{3}}\times2^{\frac{3}{4}b}$이 자연수가 되려면

$3^{\frac{a}{3}}$, $2^{\frac{3}{4}b}$은 각각 자연수이어야 한다.

즉, a는 3의 배수, b는 4의 배수이어야 한다.

a, b는 모두 100 이하의 자연수이므로 a의 최댓값은 99, b의

최댓값은 100이다.

따라서 $a+b$의 최댓값은

$99+100=199$

7 답 ⑤

$a^{\frac{1}{2}}+a^{-\frac{1}{2}}=4$의 양변을 제곱하면

$a+2+a^{-1}=16$　　$\therefore a+a^{-1}=14$

$(a-a^{-1})^2=(a+a^{-1})^2-4=14^2-4=192$

$\therefore a-a^{-1}=8\sqrt{3}\ (\because a>1)$

8 답 ②

$2^x+2^{1-x}=3$의 양변을 제곱하면

$2^{2x}+4+2^{2(1-x)}=9$, $4^x+4+4^{1-x}=9$

$\therefore 4^x+4^{1-x}=5$

위의 식의 양변을 제곱하면

$4^{2x}+8+4^{2(1-x)}=25$, $16^x+8+16^{1-x}=25$

$\therefore 16^x+16^{1-x}=17$

9 답 ③

$\dfrac{a^{2x}-a^{-2x}}{a^{2x}+a^{-2x}}$의 분모, 분자에 a^{2x}을 각각 곱하면

$$\frac{a^{2x}-a^{-2x}}{a^{2x}+a^{-2x}}=\frac{(a^{2x}-a^{-2x})a^{2x}}{(a^{2x}+a^{-2x})a^{2x}}$$

$$=\frac{a^{4x}-1}{a^{4x}+1}=\frac{1}{2}$$

에서 $2(a^{4x}-1)=a^{4x}+1$　　$\therefore a^{4x}=3$

이때 $a^{2x}>0$이므로 $(a^{4x})^{\frac{1}{2}}=3^{\frac{1}{2}}$에서 $a^{2x}=\sqrt{3}$

한편, $\dfrac{a^x-a^{-x}}{a^x+a^{-x}}$의 분모, 분자에 a^x을 각각 곱하면

$$\frac{a^x-a^{-x}}{a^x+a^{-x}}=\frac{(a^x-a^{-x})a^x}{(a^x+a^{-x})a^x}=\frac{a^{2x}-1}{a^{2x}+1}$$

$$=\frac{\sqrt{3}-1}{\sqrt{3}+1}=\frac{(\sqrt{3}-1)^2}{(\sqrt{3}+1)(\sqrt{3}-1)}$$

$$=\frac{4-2\sqrt{3}}{2}=2-\sqrt{3}$$

10 답 ①

$-n^2+9n-18=-(n-3)(n-6)$이므로

$-n^2+9n-18$의 n제곱근 중에서 음의 실수가 존재하려면

(ⅰ) $-n^2+9n-18<0$, 즉 $2\leq n<3$ 또는 $6<n\leq11$일 때

n이 홀수이어야 하므로 7, 9, 11

(ⅱ) $-n^2+9n-18>0$, 즉 $3<n<6$일 때

n이 짝수이어야 하므로 4

(ⅰ), (ⅱ)에서 구하는 모든 n의 값의 합은

$4+7+9+11=31$

11 답 ④

이차방정식의 근과 계수의 관계에 의하여

$\sqrt[3]{3}+b=\sqrt[3]{81}$, $\sqrt[3]{3}\,b=a$

$\sqrt[3]{3}+b=\sqrt[3]{81}$에서

$b=\sqrt[3]{81}-\sqrt[3]{3}=\sqrt[3]{3^4}-\sqrt[3]{3}=3\sqrt[3]{3}-\sqrt[3]{3}=2\sqrt[3]{3}$

$\therefore a=\sqrt[3]{3}\,b=\sqrt[3]{3}\times2\sqrt[3]{3}=2\sqrt[3]{3^2}$

$\therefore ab=2\sqrt[3]{3^2}\times2\sqrt[3]{3}=4\sqrt[3]{3^3}=4\times3=12$

02 로그

1 81   **2** 3   **3** (1) 1 (2) 3   **4** 2

5 (1) 1 (2) 4

---

1 답 81

로그의 정의에 의하여

$a=3^4=81$

2 답 3

밑의 조건에서

$a>0,\ a\neq1$ ...... ㉠

진수의 조건에서

$5-a>0$ $\therefore\ a<5$ ...... ㉡

㉠, ㉡의 공통부분을 구하면

$0<a<1$ 또는 $1<a<5$

따라서 구하는 정수 a의 개수는

2, 3, 4의 3

3 답 (1) 1 (2) 3

(1) $\log_3 4+\log_3 \dfrac{3}{4}=\log_3\left(4\times\dfrac{3}{4}\right)$
$=\log_3 3=1$

(2) $\log_2 24-\log_2 3=\log_2\dfrac{24}{3}=\log_2 8$
$=\log_2 2^3=3$

4 답 2

$\dfrac{\log_5 4}{\log_5 3}\times\log_2 3=\log_3 4\times\log_2 3=2\log_3 2\times\dfrac{1}{\log_3 2}=2$

5 답 (1) 1 (2) 4

(1) $\log_2 3\times\log_{27} 8=\log_2 3\times\log_{3^3} 2^3=\log_2 3\times\log_3 2=1$

(2) $3^{\log_{15} 4}\times 5^{\log_{15} 4}=4^{\log_{15} 3}\times 4^{\log_{15} 5}=4^{\log_{15} 3+\log_{15} 5}$
$=4^{\log_{15}(3\times5)}=4^{\log_{15} 15}$
$=4^1=4$

1 ⑤	1-1 ⑤	2 ⑤	2-1 ④
3 ③	3-1 ③	4 ②	4-1 ⑤
5 ①	5-1 ②	6 ④	6-1 ⑤

1 답 ⑤

$x=\log_2 9$에서 $2^x=9$

$\therefore\ 4^x=(2^x)^2=9^2=81$

1-1 답 ⑤

$\log_3 5a=b$에서 $3^b=5a$

$\therefore\ \dfrac{9^b}{a^2}=\dfrac{(3^b)^2}{a^2}=\dfrac{(5a)^2}{a^2}=\dfrac{25a^2}{a^2}=25$

2 답 ⑤

밑의 조건에서

$a+1>0,\ a+1\neq1$ $\therefore\ a>-1,\ a\neq0$ ...... ㉠

진수의 조건에서

$15-3a>0,\ 3a<15$ $\therefore\ a<5$ ...... ㉡

㉠, ㉡의 공통부분을 구하면

$-1<a<0$ 또는 $0<a<5$

따라서 정수 a는 1, 2, 3, 4이므로 그 합은

$1+2+3+4=10$

2-1 답 ④

밑의 조건에서

$a-3>0,\ a-3\neq1$

$\therefore\ a>3,\ a\neq4$ ...... ㉠

진수의 조건에서

$a^2-3a-10>0,\ (a+2)(a-5)>0$

$\therefore\ a<-2$ 또는 $a>5$ ...... ㉡

㉠, ㉡의 공통부분을 구하면

$a>5$

따라서 정수 a의 최솟값은 6이다.

3 답 ③

$\log_2 5+\dfrac{1}{2}\log_2 9-\log_2 15=\log_2 5+\log_2 3-\log_2 15$
$=\log_2\dfrac{5\times3}{15}=\log_2 1=0$

3-1 답 ③

ㄱ. $\log(4+\sqrt{6})+\log(4-\sqrt{6})=\log\{(4+\sqrt{6})(4-\sqrt{6})\}$
$=\log(16-6)$
$=\log 10=1\ (참)$

ㄴ. $(\log_2 9+\log_4 27)(\log_3 4+\log_{\sqrt{3}} 2)$
$=\left(2\log_2 3+\dfrac{3}{2}\log_2 3\right)(2\log_3 2+2\log_3 2)$
$=\dfrac{7}{2}\log_2 3\times4\log_3 2$
$=\dfrac{7}{2}\times4=14\ (참)$

ㄷ. $2\log_3 2-\log_{\sqrt{3}} 2+\log_3 \sqrt{2}=\log_3 2^2-\log_3 2^2+\log_3 \sqrt{2}$
$=\log_3 \sqrt{2}$
$\therefore\ 3^{2\log_3 2-\log_{\sqrt{3}} 2+\log_3 \sqrt{2}}=3^{\log_3 \sqrt{2}}=\sqrt{2}\ (거짓)$

따라서 옳은 것은 ㄱ, ㄴ이다.

$\boxed{4}$ 답 ②

$$\begin{aligned}
\log_5 12 &= \log_5 4 + \log_5 3 = \log_5 2^2 + \log_5 3 \\
&= 2\log_5 2 + \log_5 3 = \frac{2}{\log_2 5} + \log_5 3 \\
&= \frac{2}{a} + b
\end{aligned}$$

$\boxed{4}$-1 답 ⑤

$\log_b ab^2 = 5$에서 $\log_b a + \log_b b^2 = 5$

$\log_b a + 2 = 5$ $\quad \therefore \log_b a = 3$

$$\begin{aligned}
\therefore \log_b a^2 + \log_a \sqrt{b} &= \log_b a^2 + \log_a b^{\frac{1}{2}} \\
&= 2\log_b a + \frac{1}{2}\log_a b \\
&= 2\log_b a + \frac{1}{2\log_b a} \\
&= 2 \times 3 + \frac{1}{2 \times 3} = \frac{37}{6}
\end{aligned}$$

$\boxed{5}$ 답 ①

$3^x = 5$에서 $x = \log_3 5$

$15^y = 3$에서 $y = \log_{15} 3$

$$\begin{aligned}
\therefore xy + y &= \log_3 5 \times \log_{15} 3 + \log_{15} 3 \\
&= \frac{\log_{15} 5}{\log_{15} 3} \times \log_{15} 3 + \log_{15} 3 \\
&= \log_{15} 5 + \log_{15} 3 \\
&= \log_{15} 15 = 1
\end{aligned}$$

다른 풀이

$3^x = 5$에서 $3^{xy} = 5^y$ $\quad \cdots\cdots \text{㉠}$

$15^y = 3$에서

$$\begin{aligned}
(3 \times 5)^y &= 3^y \times 5^y \\
&= 3^y \times 3^{xy} \ (\because \text{㉠}) \\
&= 3^{xy+y} \\
&= 3
\end{aligned}$$

$\therefore xy + y = 1$

$\boxed{5}$-1 답 ②

$35^x = \dfrac{1}{49}$에서 $x = \log_{35} \dfrac{1}{49} = \log_{35} 7^{-2} = -2\log_{35} 7$

$5^y = 7$에서 $y = \log_5 7$

$$\begin{aligned}
\therefore \frac{2}{x} + \frac{1}{y} &= \frac{2}{-2\log_{35} 7} + \frac{1}{\log_5 7} \\
&= -\log_7 35 + \log_7 5 \\
&= -(\log_7 35 - \log_7 5) \\
&= -\log_7 7 = -1
\end{aligned}$$

다른 풀이

$35^x = \dfrac{1}{49}$에서 $35 = \left(\dfrac{1}{49}\right)^{\frac{1}{x}} = \left(\dfrac{1}{7}\right)^{\frac{2}{x}}$

$\therefore 7^{\frac{2}{x}} = \dfrac{1}{35}$

$5^y = 7$에서 $7^{\frac{1}{y}} = 5$

$\therefore 7^{\frac{2}{x} + \frac{1}{y}} = 7^{\frac{2}{x}} \times 7^{\frac{1}{y}} = \dfrac{1}{35} \times 5 = \dfrac{1}{7} = 7^{-1}$

$\therefore \dfrac{2}{x} + \dfrac{1}{y} = -1$

$\boxed{6}$ 답 ④

이차방정식의 근과 계수의 관계에 의하여

$\log_5 \alpha + \log_5 \beta = 1$이므로

$\log_5 \alpha\beta = 1$

$\therefore \alpha\beta = 5$

$\boxed{6}$-1 답 ⑤

이차방정식의 근과 계수의 관계에 의하여

$\alpha + \beta = 18$, $\alpha\beta = 6$

$$\begin{aligned}
\therefore \log_2(\alpha+\beta) - 2\log_2 \alpha\beta &= \log_2 18 - 2\log_2 6 \\
&= \log_2 18 - \log_2 36 \\
&= \log_2 \frac{18}{36} = \log_2 \frac{1}{2} \\
&= -1
\end{aligned}$$

단원 마무리 31~33쪽

1 ②	2 ④	3 ②	4 ②
5 ④	6 6	7 ①	8 ③
9 ②	10 ③	11 ①	12 ③

1 답 ②

$\dfrac{\log_2 n}{3} = k$ (k는 자연수)라 하면

$\dfrac{\log_2 n}{3} = k$, $\log_2 n = 3k$

$\therefore n = 2^{3k}$

위의 식에 $k = 1, 2, 3, \cdots$을 차례대로 대입하면

$2^3 = 8$, $2^6 = 64$, $2^9 = 512$, $\cdots$

이고, n은 100 이하의 자연수이므로 구하는 자연수 n의 개수는

8, 64의 2

2 답 ④

진수의 조건에서

$5x^2 + 2kx + k > 0$

위의 부등식이 모든 실수 x에서 항상 성립하려면 이차방정식

$5x^2 + 2kx + k = 0$의 판별식을 D라 할 때

$\dfrac{D}{4} = k^2 - 5k < 0$

$k(k-5) < 0$ $\quad \therefore 0 < k < 5$

따라서 정수 k의 개수는

1, 2, 3, 4의 4

3 답 ②

$$\frac{1}{\log_8 5}+\frac{1}{\log_9 5}-\frac{1}{\log_6 5}=\log_5 8+\log_5 9-\log_5 6$$
$$=\log_5 \frac{8\times 9}{6}=\log_5 12$$
$$=\log_{25} 144$$

$$\therefore k=144$$

4 답 ②

$$\log_2(\log_2 3)+\log_2(\log_3 4)+\log_2(\log_4 5)+\cdots$$
$$+\log_2(\log_{15} 16)$$
$$=\log_2(\log_2 3\times\log_3 4\times\log_4 5\times\cdots\times\log_{15} 16)$$
$$=\log_2\left(\frac{\log 3}{\log 2}\times\frac{\log 4}{\log 3}\times\frac{\log 5}{\log 4}\times\cdots\times\frac{\log 16}{\log 15}\right)$$
$$=\log_2\frac{\log 16}{\log 2}=\log_2(\log_2 16)$$
$$=\log_2 4=2$$

5 답 ④

$$\log_b a^2=4 \text{에서 } 2\log_b a=4$$
$$\therefore \log_b a=2 \qquad\cdots\cdots \text{㉠}$$
$$\frac{\log_a b}{2b}=4 \text{에서 } \log_a b=8b$$
$$\frac{1}{\log_b a}=8b, \ \frac{1}{2}=8b \ (\because \text{㉠}) \qquad \therefore b=\frac{1}{16}$$

$$b=\frac{1}{16} \text{ 을 ㉠에 대입하면}$$

$$\log_{\frac{1}{16}} a=2 \qquad \therefore a=\left(\frac{1}{16}\right)^2$$

$$\therefore \frac{b}{a}=\frac{\frac{1}{16}}{\left(\frac{1}{16}\right)^2}=16$$

㉠에서 $a=b^2$

$$\frac{b}{a}=\frac{b}{b^2}=\frac{1}{b}=16$$

6 답 6

$$\log_2\sqrt{a}+\log_4 2a^3=\log_4 a+\log_4 2a^3$$
$$=\log_4 2a^4$$
$$=\log_4 2+\log_4 a^4$$
$$=\frac{1}{2}+4\log_4 a$$
$$=2\log_2 a+\frac{1}{2}$$

$$2\log_2 a+\frac{1}{2}=k \ (k\text{는 자연수})\text{라 하면}$$

$$\log_2 a=\frac{1}{2}\left(k-\frac{1}{2}\right)$$

이때 $\log_2 a\leq 3$이므로

$$\frac{1}{2}\left(k-\frac{1}{2}\right)\leq 3, \ k-\frac{1}{2}\leq 6 \qquad \therefore k\leq\frac{13}{2}$$

따라서 자연수 k의 개수는
1, 2, 3, 4, 5, 6의 6
이므로 구하는 a의 개수도 6이다.

7 답 ①

$$3^x=5\text{에서 } x=\log_3 5$$
$$5^y=\sqrt{27}\text{에서 } y=\log_5\sqrt{27}=\log_5 3^{\frac{3}{2}}=\frac{3}{2}\log_5 3$$
$$\therefore xy=\log_3 5\times\frac{3}{2}\log_5 3=\frac{3}{2}$$

$$3^x=5\text{에서 } 3=5^{\frac{1}{x}} \qquad \cdots\cdots \text{㉠}$$
$$5^y=\sqrt{27}\text{에서}$$
$$5=(\sqrt{27})^{\frac{1}{y}}=3^{\frac{3}{2y}}$$
$$=\left(5^{\frac{1}{x}}\right)^{\frac{3}{2y}} \ (\because \text{㉠})$$
$$=5^{\frac{3}{2xy}}$$

$$\text{이므로 } 1=\frac{3}{2xy}$$

$$2xy=3 \qquad \therefore xy=\frac{3}{2}$$

8 답 ③

$$a^x=5\text{에서 } x=\log_a 5$$
$$b^{2y}=5\text{에서 } 2y=\log_b 5 \qquad \therefore y=\frac{1}{2}\log_b 5$$
$$c^{4z}=5\text{에서 } 4z=\log_c 5 \qquad \therefore z=\frac{1}{4}\log_c 5$$
$$\frac{4}{x}+\frac{2}{y}+\frac{1}{z}=\frac{4}{\log_a 5}+\frac{4}{\log_b 5}+\frac{4}{\log_c 5}$$
$$=4(\log_5 a+\log_5 b+\log_5 c)$$
$$=4\log_5 abc=8$$

에서 $\log_5 abc=2$

$$\therefore abc=5^2=25$$

$$a^x=5\text{에서 } a=5^{\frac{1}{x}}$$
$$b^{2y}=5\text{에서 } b=5^{\frac{1}{2y}}$$
$$c^{4z}=5\text{에서 } c=5^{\frac{1}{4z}}$$
$$\therefore abc=5^{\frac{1}{x}}\times 5^{\frac{1}{2y}}\times 5^{\frac{1}{4z}}=5^{\frac{1}{x}+\frac{1}{2y}+\frac{1}{4z}}$$
$$=5^{\frac{1}{4}\times\left(\frac{4}{x}+\frac{2}{y}+\frac{1}{z}\right)}=5^{\frac{1}{4}\times 8}$$
$$=5^2=25$$

9 답 ②

이차방정식의 근과 계수의 관계에 의하여
$$\alpha+\beta=\sqrt{\log_3 144}, \ \alpha\beta=\log_3 2$$

$$\therefore (\alpha-\beta)^2=(\alpha+\beta)^2-4\alpha\beta$$
$$=(\sqrt{\log_3 144}\,)^2-4\log_3 2$$
$$=\log_3 144-\log_3 16$$
$$=\log_3 \frac{144}{16}$$
$$=\log_3 9$$
$$=2$$
$$\therefore \alpha-\beta=\sqrt{2}\ (\because \alpha>\beta)$$

10 답 ③

이차방정식의 근과 계수의 관계에 의하여
$$\log_2 \alpha+\log_2 \beta=6,\ \log_2 \alpha\times\log_2 \beta=1$$
$$\therefore \log_\alpha \beta+\log_\beta \alpha=\frac{\log_2 \beta}{\log_2 \alpha}+\frac{\log_2 \alpha}{\log_2 \beta}$$
$$=\frac{(\log_2 \alpha)^2+(\log_2 \beta)^2}{\log_2 \alpha\times\log_2 \beta}$$
$$=\frac{(\log_2 \alpha+\log_2 \beta)^2-2\log_2 \alpha\times\log_2 \beta}{\log_2 \alpha\times\log_2 \beta}$$
$$=\frac{6^2-2\times 1}{1}$$
$$=34$$

11 답 ①

$\log_a b=\dfrac{\log_b c}{2}=\dfrac{\log_c a}{4}=k\ (k$는 실수)라 하면
$$\log_a b=k,\ \log_b c=2k,\ \log_c a=4k$$
위의 세 식을 변끼리 곱하면
$$\log_a b\times\log_b c\times\log_c a=8k^3$$
$$1=8k^3,\ k^3=\frac{1}{8}=\left(\frac{1}{2}\right)^3 \qquad \therefore k=\frac{1}{2}$$
$$\therefore \log_a b+\log_b c+\log_c a=k+2k+4k=7k$$
$$=7\times\frac{1}{2}=\frac{7}{2}$$

12 답 ③

두 점 $(2,\ \log_4 a)$, $(3,\ \log_2 b)$를 지나는 직선이 원점을 지나므로 원점과 각각의 점을 잇는 직선의 기울기는 서로 같아야 한다.
즉, $\dfrac{\log_4 a}{2}=\dfrac{\log_2 b}{3}$에서
$$\frac{1}{4}\log_2 a=\frac{1}{3}\log_2 b \qquad \therefore \frac{\log_2 b}{\log_2 a}=\frac{3}{4}$$
$$\therefore \log_a b=\frac{\log_2 b}{\log_2 a}=\frac{3}{4}$$

○3 지수함수

1 (1) 최댓값: 2, 최솟값: $\dfrac{1}{4}$　(2) 최댓값: 4, 최솟값: $\dfrac{1}{2}$

2 (1) $x=5$　(2) $x=2$　　**3** (1) $x>2$　(2) $x\geq 1$

1 답 (1) 최댓값: 2, 최솟값: $\dfrac{1}{4}$　(2) 최댓값: 4, 최솟값: $\dfrac{1}{2}$

(1) 밑 2가 $2>1$이므로

최댓값: $2^1=2$, 최솟값: $2^{-2}=\dfrac{1}{4}$

(2) 밑 $\dfrac{1}{2}$이 $\dfrac{1}{2}<1$이므로

최댓값: $\left(\dfrac{1}{2}\right)^{-2}=4$, 최솟값: $\left(\dfrac{1}{2}\right)^1=\dfrac{1}{2}$

2 답 (1) $x=5$　(2) $x=2$

(1) $2x+1=x+6$　　$\therefore x=5$

(2) $2^{2x}-2^x-12=0$에서 $(2^x)^2-2^x-12=0$

이때 $2^x=t\ (t>0)$이라 하면

$t^2-t-12=0,\ (t+3)(t-4)=0$

$\therefore t=4\ (\because t>0)$

따라서 $2^x=4=2^2$에서 $x=2$

3 답 (1) $x>2$　(2) $x\geq 1$

(1) $3^{x+1}>27$에서 $3^{x+1}>3^3$

이때 밑 3이 $3>1$이므로

$x+1>3$　　$\therefore x>2$

(2) 밑 $\dfrac{1}{2}$이 $0<\dfrac{1}{2}<1$이므로

$2x+1\geq -x+4,\ 3x\geq 3$　　$\therefore x\geq 1$

① ③	①-1 60	② ②	②-1 ⑤
③ ①	③-1 ②	④ ⑤	④-1 ②
⑤ ④	⑤-1 ①	⑥ ②	⑥-1 ③
⑦ ⑤	⑦-1 ④	⑧ ①	⑧-1 ②
⑨ ①	⑨-1 ④		

1 답 ③

ㄱ. $x=0$을 대입하면 $9\times 1+4=13$
　　즉, 함수의 그래프는 점 $(0,\ 13)$을 지난다. (참)
ㄴ. $9\times 3^{2x}+4>4$
　　즉, 함수의 그래프의 점근선의 방정식은 $y=4$이다. (참)
ㄷ. $y=9\times 3^{2x}+4=3^{2x+2}+4=3^{2(x+1)}+4$
　　즉, 함수 $y=3^{2x}$의 그래프를 x축의 방향으로 -1만큼, y축의 방향으로 4만큼 평행이동한 것이다. (거짓)

따라서 옳은 것은 ㄱ, ㄴ이다.

$\boxed{1}$ -1 $\boxed{답}$ 60

함수 $f(x)=2^{x+p}+q$의 그래프의 점근선이 직선 $y=-4$이므로
$q=-4$
$f(0)=0$에서
$2^p-4=0$, $2^p=2^2$
$\therefore p=2$
따라서 $f(x)=2^{x+2}-4$이므로
$f(4)=64-4=60$

$\boxed{2}$ $\boxed{답}$ ②

점 $A(1, 2)$를 지나고 기울기가 -1인 직선의 방정식은
$y-2=-(x-1)$ $\qquad \therefore y=-x+3$
$\therefore C(3, 0)$, $D(0, 3)$
오른쪽 그림과 같이 점 B에서 x축,
y축에 내린 수선의 발을 각각 H_1, H_2
라 하면 $\overline{DA}=\overline{AB}=\overline{BC}$이므로
$\overline{OH_1}:\overline{H_1C}=2:1$에서 $H_1(2, 0)$
$\overline{OH_2}:\overline{H_2D}=1:2$에서 $H_2(0, 1)$
따라서 $B(2, 1)$이므로
$1=2^{2-a}$ $\qquad \therefore a=2$

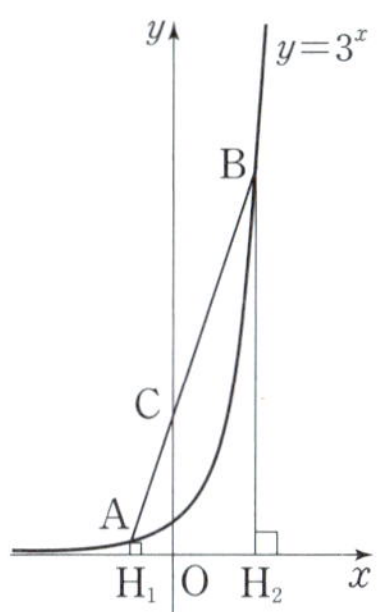

$\boxed{2}$ -1 $\boxed{답}$ ⑤

$A\left(-1, \dfrac{1}{3}\right)$이고, 오른쪽 그림과 같이
두 점 A, B에서 x축에 내린 수선의 발
을 각각 H_1, H_2라 하자.
이때 $H_1(-1, 0)$이므로
$\overline{AC}:\overline{CB}=1:2$에서
$\overline{H_1O}:\overline{OH_2}=1:2$ $\qquad \therefore H_2(2, 0)$
따라서 점 B의 x좌표가 2이므로 y좌표는
$3^2=9$

다른 풀이

$A\left(-1, \dfrac{1}{3}\right)$이고, $B(b, 3^b)$이라 하면 선분 AB를 $1:2$로 내

분하는 점의 좌표는
$$\left(\dfrac{b-2}{3}, \dfrac{3^b+\dfrac{2}{3}}{3}\right)$$
이때 점 C는 y축 위에 있으므로
$\dfrac{b-2}{3}=0$에서 $b=2$
따라서 점 B의 y좌표는
$3^2=9$

$\boxed{3}$ $\boxed{답}$ ①

함수 $f(x)=5^{x+1}-1$에서 밑 5가 $5>1$이므로
$M=5^2-1=24$

함수 $g(x)=\left(\dfrac{1}{2}\right)^{2x}$에서 밑 $\dfrac{1}{2}$이 $0<\dfrac{1}{2}<1$이므로
$m=\left(\dfrac{1}{2}\right)^2=\dfrac{1}{4}$
$\therefore Mm=24\times\dfrac{1}{4}=6$

$\boxed{3}$ -1 $\boxed{답}$ ②

밑 $\dfrac{1}{3}$이 $0<\dfrac{1}{3}<1$이므로 함수 $f(x)$의 최솟값은
$f(3)=\left(\dfrac{1}{3}\right)^{3-a}=\dfrac{1}{3}$ $\qquad \therefore a=2$
따라서 $f(x)=\left(\dfrac{1}{3}\right)^{x-2}$이므로 함수 $f(x)$의 최댓값은
$f(-1)=\left(\dfrac{1}{3}\right)^{-3}=27$

$\boxed{4}$ $\boxed{답}$ ⑤

$y=16^x-4^{x+1}+8=(4^x)^2-4\times4^x+8$
이때 $4^x=t\ (t>0)$이라 하면
$y=t^2-4t+8=(t-2)^2+4$
즉, $t=2$일 때 최솟값 4를 갖는다.
이때 $4^x=2$에서 $x=\dfrac{1}{2}$
따라서 $p=\dfrac{1}{2}$, $m=4$이므로
$p\times m=\dfrac{1}{2}\times4=2$

$\boxed{4}$ -1 $\boxed{답}$ ②

$y=-2^{2x}+2^{x+1}+6=-(2^x)^2+2\times2^x+6$
이때 $2^x=t\ (t>0)$이라 하면 $-2\leq x\leq3$에서 $\dfrac{1}{4}\leq t\leq8$이고
$y=-t^2+2t+6=-(t-1)^2+7$
즉, $t=1$일 때 최댓값 7을 갖고,
$t=8$일 때 최솟값 -42를 갖는다.
따라서 구하는 최댓값과 최솟값의 합은
$7+(-42)=-35$

$\boxed{5}$ $\boxed{답}$ ④

$\dfrac{16^x}{2}=2^{x+3}$에서 $16^x=2^{x+3}\times2$
$2^{4x}=2^{x+4}$, $4x=x+4$
$3x=4$ $\qquad \therefore x=\dfrac{4}{3}$

$\boxed{5}$ -1 $\boxed{답}$ ①

$\left(\dfrac{1}{4}\right)^{x^2}=2^{x-3}$에서 $2^{-2x^2}=2^{x-3}$
$-2x^2=x-3$, $2x^2+x-3=0$
$(2x+3)(x-1)=0$ $\qquad \therefore x=-\dfrac{3}{2}$ 또는 $x=1$

따라서 구하는 모든 실수 x의 값의 합은
$$-\frac{3}{2}+1=-\frac{1}{2}$$

[6] 답 ②

$9^x-3^{x+3}=3^{x+1}-81$에서
$(3^2)^x-27\times3^x-3\times3^x+81=0$
$(3^x)^2-30\times3^x+81=0$
이때 $3^x=t\ (t>0)$이라 하면
$t^2-30t+81=0,\ (t-3)(t-27)=0$
$\therefore t=3$ 또는 $t=27$
즉, $3^x=3$ 또는 $3^x=27=3^3$에서
$x=1$ 또는 $x=3$
따라서 $\alpha=3,\ \beta=1$이므로
$\alpha-\beta=3-1=2$

[6]-1 답 ③

$\dfrac{3^{2x+1}}{4}=3^x+1$에서 $3^{2x+1}=4(3^x+1)$
$3\times(3^x)^2-4\times3^x-4=0$
이때 $3^x=t\ (t>0)$이라 하면
$3t^2-4t-4=0,\ (3t+2)(t-2)=0$
$\therefore t=2\ (\because t>0)$
따라서 $3^\alpha=2$이므로
$3^{3\alpha}=(3^\alpha)^3=2^3=8$

[7] 답 ⑤

$\left(\dfrac{1}{9}\right)^x<3^{21-4x}$에서 $3^{-2x}<3^{21-4x}$
이때 밑 3이 $3>1$이므로
$$-2x<21-4x,\ 2x<21\qquad\therefore x<\frac{21}{2}$$
따라서 구하는 자연수 x의 개수는
$1,\ 2,\ 3,\ \cdots,\ 10$의 10

[7]-1 답 ④

$\left(\dfrac{1}{2}\right)^{10-x^2}\leq8^{3x-8}$에서 $2^{x^2-10}\leq2^{9x-24}$
이때 밑 2가 $2>1$이므로
$x^2-10\leq9x-24,\ x^2-9x+14\leq0$
$(x-2)(x-7)\leq0\qquad\therefore 2\leq x\leq7$
따라서 구하는 자연수 x의 최댓값은 7이다.

[8] 답 ①

$2^{2x}+8\leq3\times2^{x+1}$에서 $(2^x)^2+8\leq6\times2^x$
이때 $2^x=t\ (t>0)$이라 하면
$t^2+8\leq6t,\ t^2-6t+8\leq0$
$(t-2)(t-4)\leq0\qquad\therefore 2\leq t\leq4$

즉, $2\leq2^x\leq4$에서 $1\leq x\leq2$
따라서 $\alpha=1,\ \beta=2$이므로
$\alpha+\beta=1+2=3$

[8]-1 답 ②

$2\times3^x-3^{2-x}\geq17$에서 $2\times3^x-\dfrac{9}{3^x}\geq17$
이때 $3^x=t\ (t>0)$이라 하면
$2t-\dfrac{9}{t}\geq17,\ 2t^2-17t-9\geq0$
$(2t+1)(t-9)\geq0\qquad\therefore t\leq-\dfrac{1}{2}$ 또는 $t\geq9$
그런데 $t>0$이므로 $t\geq9$
즉, $3^x\geq9$이므로 $x\geq2$
따라서 자연수 x의 최솟값은 2이다.

[9] 답 ①

$A(k,\ 5^k),\ B(k+1,\ 5^{k+1}),$
$C(k,\ -5^{-k+3}+5),\ D(k+1,\ -5^{-k+2}+5)$
이므로 $\overline{AC}=\overline{BD}$에서
$5^k+5^{-k+3}-5=5^{k+1}+5^{-k+2}-5$
$5^{k+1}-5^k=5^{-k+3}-5^{-k+2}$
$5\times5^k-5^k=125\times5^{-k}-25\times5^{-k}$
$4\times5^k=100\times5^{-k},\ 5^k=5^{-k+2}$
$k=-k+2,\ 2k=2\qquad\therefore k=1$

[9]-1 답 ④

$A(k,\ 4^k),\ B(k,\ 2^k),\ C(0,\ 1),\ D(k,\ 0)$이므로
$\triangle ACB=\dfrac{1}{2}\times\overline{AB}\times\overline{OD}=\dfrac{1}{2}\times(4^k-2^k)\times k,$
$\triangle BCD=\dfrac{1}{2}\times\overline{BD}\times\overline{OD}=\dfrac{1}{2}\times2^k\times k$
이때 삼각형 ACB의 넓이가 삼각형 BCD의 넓이의 3배 이상이 되려면
$$\dfrac{1}{2}\times(4^k-2^k)\times k\geq3\left(\dfrac{1}{2}\times2^k\times k\right)$$
$2^k(2^k-1)\geq3\times2^k\ (\because k>0)$
$2^k-1\geq3\ (\because 2^k>0)$
$2^k\geq4,\ 2^k\geq2^2$
이때 밑 2가 $2>1$이므로 $k\geq2$
따라서 구하는 양수 k의 최솟값은 2이다.

1 ③	2 ③	3 ①	4 ④
5 ③	6 4	7 ②	8 ②
9 ①	10 6	11 ⑤	12 ②

1 답 ③

함수 $y=2^x$의 그래프를 y축에 대하여 대칭이동한 그래프의 식은
$y=2^{-x}$

위의 그래프를 x축의 방향으로 p만큼 평행이동한 그래프의 식은
$y=2^{-(x-p)}=2^{-x+p}$

위의 그래프가 점 $\left(1, \dfrac{1}{16}\right)$을 지나므로

$\dfrac{1}{16}=2^{-1+p}$, $2^{-4}=2^{-1+p}$

$-4=-1+p$ $\qquad \therefore p=-3$

2 답 ③

$\mathrm{A}\left(k, \left(\dfrac{1}{2}\right)^k\right)$, $\mathrm{B}\left(k, -\left(\dfrac{1}{2}\right)^k-\dfrac{7}{2}\right)$, $\mathrm{C}(k, 0)$이고,

$\overline{\mathrm{AC}} : \overline{\mathrm{CB}}=1 : 8$이므로

$\left(\dfrac{1}{2}\right)^k : \left\{\left(\dfrac{1}{2}\right)^k+\dfrac{7}{2}\right\}=1 : 8$

$\left(\dfrac{1}{2}\right)^k+\dfrac{7}{2}=8\times\left(\dfrac{1}{2}\right)^k$

$7\times\left(\dfrac{1}{2}\right)^k=\dfrac{7}{2}$, $\left(\dfrac{1}{2}\right)^k=\dfrac{1}{2}$

$\therefore k=1$

3 답 ①

$f(x)=3^{x^2}\times\left(\dfrac{1}{9}\right)^{x+1}=3^{x^2}\times 3^{-2(x+1)}$
$\qquad =3^{x^2-2x-2}=3^{(x-1)^2-3}$

$0\leq x\leq 3$에서 함수 $y=(x-1)^2-3$은
$x=3$일 때 최댓값 1을 갖고, $x=1$일 때 최솟값 -3을 갖는다.
즉, 함수 $f(x)$의 밑 3이 $3>1$이므로 함수 $f(x)$는
$x=3$일 때 최댓값 $f(3)=3^1=3$을 갖고,

$x=1$일 때 최솟값 $f(1)=3^{-3}=\dfrac{1}{27}$을 갖는다.

따라서 최댓값과 최솟값의 곱은

$3\times\dfrac{1}{27}=\dfrac{1}{9}$

4 답 ④

$y=\left(\dfrac{1}{9}\right)^x-2\times\left(\dfrac{1}{3}\right)^x+a=\left\{\left(\dfrac{1}{3}\right)^x\right\}^2-2\times\left(\dfrac{1}{3}\right)^x+a$

이때 $\left(\dfrac{1}{3}\right)^x=t$ $(t>0)$이라 하면 $-1\leq x\leq 1$에서 $\dfrac{1}{3}\leq t\leq 3$이고

$y=t^2-2t+a=(t-1)^2+a-1$
즉, $t=3$일 때 최댓값 $a+3$을 갖고,
$t=1$일 때 최솟값 $a-1$을 갖는다.
따라서 최댓값과 최솟값의 합이 10이므로
$(a+3)+(a-1)=10$
$2a=8$ $\qquad \therefore a=4$

5 답 ③

2의 세제곱근 중 실수인 것은 $\sqrt[3]{2}$이므로
$a=\sqrt[3]{2}=2^{\frac{1}{3}}$

이때 $2^{x^2}=a^{x+2}$에서 $2^{x^2}=\left(2^{\frac{1}{3}}\right)^{x+2}$

$2^{x^2}=2^{\frac{1}{3}x+\frac{2}{3}}$, $x^2=\dfrac{1}{3}x+\dfrac{2}{3}$, $3x^2-x-2=0$

$(3x+2)(x-1)=0$ $\qquad \therefore x=-\dfrac{2}{3}$ 또는 $x=1$

따라서 구하는 모든 실수 x의 값의 합은

$-\dfrac{2}{3}+1=\dfrac{1}{3}$

6 답 4

$2^x-2^{6-x}=12$에서 $2^x-\dfrac{64}{2^x}=12$

이때 $2^x=t$ $(t>0)$이라 하면

$t-\dfrac{64}{t}=12$, $t^2-12t-64=0$

$(t+4)(t-16)=0$ $\qquad \therefore t=16$ $(\because t>0)$
따라서 $2^x=16=2^4$이므로
$x=4$

7 답 ②

$4^x-6\times 2^x+15=2^{x+1}$에서
$(2^2)^x-6\times 2^x+15=2\times 2^x$
$(2^x)^2-8\times 2^x+15=0$
이때 $2^x=t$ $(t>0)$이라 하면
$t^2-8t+15=0$, $(t-3)(t-5)=0$
$\therefore t=3$ 또는 $t=5$
이때 $2^\alpha=3$, $2^\beta=5$라 하면
$8^\alpha+8^\beta=(2^\alpha)^3+(2^\beta)^3=3^3+5^3=152$

8 답 ②

$(f\circ g)(x)=2^{(x^2-9x+9)+1}=2^{x^2-9x+10}$
이므로 $(f\circ g)(x)<f(x)$에서
$2^{x^2-9x+10}<2^{x+1}$
이때 밑 2가 $2>1$이므로
$x^2-9x+10<x+1$, $x^2-10x+9<0$
$(x-1)(x-9)<0$ $\qquad \therefore 1<x<9$
따라서 구하는 자연수 x의 개수는
$2, 3, 4, \cdots, 8$의 7

다른 풀이

x의 값이 증가하면 $f(x)$의 값도 증가하므로
$(f\circ g)(x)<f(x)$, 즉 $f(g(x))<f(x)$에서
$g(x)<x$
$x^2-9x+9<x$, $x^2-10x+9<0$
$(x-1)(x-9)<0$
$\therefore 1<x<9$

9 답 ①

$21 \times 3^{-2x} - 10 \times 3^{-x} + 1 \geq 0$에서
$21 \times (3^{-x})^2 - 10 \times 3^{-x} + 1 \geq 0$
이때 $3^{-x} = t \ (t > 0)$이라 하면
$21t^2 - 10t + 1 \geq 0$, $(7t - 1)(3t - 1) \geq 0$
$\therefore\ 0 < t \leq \dfrac{1}{7}$ 또는 $t \geq \dfrac{1}{3}$

즉, $0 < 3^{-x} \leq \dfrac{1}{7}$ 또는 $3^{-x} \geq \dfrac{1}{3}$이므로

$3^x \geq 7$ 또는 $3^x \leq 3$
따라서 $3^\alpha = 3$, $3^\beta = 7$이므로
$3^\alpha \times 3^\beta = 3 \times 7 = 21$

10 답 6

$A(a, 3^a)$, $B(a, 3^{3-a})$이라 하면
선분 AB의 중점의 y좌표가 6이므로
$\dfrac{3^a + 3^{3-a}}{2} = 6$에서 $3^a + 3^{3-a} = 12$

$3^a + \dfrac{27}{3^a} = 12$

이때 $3^a = t \ (t > 0)$이라 하면

$t + \dfrac{27}{t} = 12$, $t^2 - 12t + 27 = 0$

$(t - 3)(t - 9) = 0 \qquad \therefore\ t = 3$ 또는 $t = 9$
즉, $3^a = 3$ 또는 $3^a = 9 = 3^2$에서
$a = 1$ 또는 $a = 2$
같은 방법으로 선분 CD의 중점의 y좌표도 6이므로
$b = 1$ 또는 $b = 2$
이때 $a < b$이므로
$a = 1$, $b = 2$
$\therefore\ A(1, 3)$, $B(1, 9)$, $C(2, 9)$, $D(2, 3)$
따라서 사각형 ADCB의 넓이는
$\overline{AD} \times \overline{AB} = 1 \times 6 = 6$

11 답 ⑤

$f(0) = 1 + 1 = 2$, $g(0) = -2^{-1} + 7 = \dfrac{13}{2}$

이므로

$\overline{AB} = \dfrac{13}{2} - 2 = \dfrac{9}{2}$

한편, 점 C의 x좌표는
$2^x + 1 = -2^{x-1} + 7$에서

$2^x + \dfrac{1}{2} \times 2^x = 6$

$\dfrac{3}{2} \times 2^x = 6$, $2^x = 4 \qquad \therefore\ x = 2$

따라서 구하는 삼각형 ACB의 넓이는
$\dfrac{1}{2} \times \dfrac{9}{2} \times 2 = \dfrac{9}{2}$

12 답 ②

(i) $\dfrac{3}{a} > 1$, 즉 $0 < a < 3$일 때

(밑) > 1이므로 $x = 2$에서 최댓값을 갖는다.

즉, $f(2) = 4$에서 $\left(\dfrac{3}{a}\right)^2 = 4$

$a^2 = \dfrac{9}{4} \qquad \therefore\ a = \dfrac{3}{2} \ (\because\ 0 < a < 3)$

(ii) $\dfrac{3}{a} = 1$, 즉 $a = 3$일 때

$f(x) = 1$이므로 주어진 조건을 만족시키지 않는다.

(iii) $0 < \dfrac{3}{a} < 1$, 즉 $a > 3$일 때

$0 < $ (밑) $ < 1$이므로 $x = -1$에서 최댓값을 갖는다.

즉, $f(-1) = 4$에서 $\left(\dfrac{3}{a}\right)^{-1} = 4$

$\dfrac{a}{3} = 4 \qquad \therefore\ a = 12$

(i), (ii), (iii)에서 $a = \dfrac{3}{2}$ 또는 $a = 12$

따라서 구하는 모든 양수 a의 값의 곱은
$\dfrac{3}{2} \times 12 = 18$

1 (1) 최댓값: 5, 최솟값: 4　(2) 최댓값: 4, 최솟값: 2

2 (1) $x=5$　(2) $x=\dfrac{1}{8}$ 또는 $x=16$

3 (1) $4<x<12$　(2) $\dfrac{1}{81}\le x\le 9$

---

1 답 (1) 최댓값: 5, 최솟값: 4　(2) 최댓값: 4, 최솟값: 2

(1) 밑 2가 $2>1$이므로

최댓값: $\log_2(7+1)+2=\log_2 2^3+2=3+2=5$,

최솟값: $\log_2(3+1)+2=\log_2 2^2+2=2+2=4$

(2) 밑 $\dfrac{1}{2}$이 $0<\dfrac{1}{2}<1$이므로

최댓값: $\log_{\frac{1}{2}}(9-5)+6=\log_{\frac{1}{2}}\left(\dfrac{1}{2}\right)^{-2}+6=-2+6=4$,

최솟값: $\log_{\frac{1}{2}}(21-5)+6=\log_{\frac{1}{2}}\left(\dfrac{1}{2}\right)^{-4}+6=-4+6=2$

2 답 (1) $x=5$　(2) $x=\dfrac{1}{8}$ 또는 $x=16$

(1) 진수의 조건에서

$3x-6>0,\ 2x-1>0$　∴ $x>2$

$\log_3(3x-6)=\log_3(2x-1)$에서

$3x-6=2x-1$　∴ $x=5$

(2) $\log_{\frac{1}{2}}x=t$라 하면

$t^2+t-12=0,\ (t+4)(t-3)=0$

∴ $t=-4$ 또는 $t=3$

따라서 $\log_{\frac{1}{2}}x=-4=\log_{\frac{1}{2}}\left(\dfrac{1}{2}\right)^{-4}=\log_{\frac{1}{2}}16$ 또는

$\log_{\frac{1}{2}}x=3=\log_{\frac{1}{2}}\left(\dfrac{1}{2}\right)^{3}=\log_{\frac{1}{2}}\dfrac{1}{8}$에서

$x=16$ 또는 $x=\dfrac{1}{8}$

3 답 (1) $4<x<12$　(2) $\dfrac{1}{81}\le x\le 9$

(1) 진수의 조건에서

$x-4>0$　∴ $x>4$　　……㉠

$\log_2(x-4)<3$에서

$\log_2(x-4)<\log_2 2^3,\ \log_2(x-4)<\log_2 8$

밑 2가 $2>1$이므로

$x-4<8$　∴ $x<12$　　……㉡

㉠, ㉡의 공통부분을 구하면

$4<x<12$

(2) $\log_{\frac{1}{3}}x=t$라 하면

$t^2-2t-8\le 0,\ (t+2)(t-4)\le 0$　∴ $-2\le t\le 4$

즉, $-2\le\log_{\frac{1}{3}}x\le 4$에서

$\log_{\frac{1}{3}}\left(\dfrac{1}{3}\right)^{-2}\le\log_{\frac{1}{3}}x\le\log_{\frac{1}{3}}\left(\dfrac{1}{3}\right)^{4}$

$\log_{\frac{1}{3}}9\le\log_{\frac{1}{3}}x\le\log_{\frac{1}{3}}\dfrac{1}{81}$

이때 밑 $\dfrac{1}{3}$이 $0<\dfrac{1}{3}<1$이므로

$\dfrac{1}{81}\le x\le 9$

1 ⑤	1-1 ②	2 ④	2-1 6
3 ②	3-1 ②	4 ④	4-1 ④
5 ④	5-1 13	6 12	6-1 ③
7 ④	7-1 ⑤	8 ②	8-1 ⑤
9 ⑤	9-1 ③	10 ⑤	10-1 15

1 답 ⑤

ㄱ. 진수의 조건에서 $x-2>0$, 즉 $x>2$이므로 함수의 그래프의 점근선의 방정식은 $x=2$이다. (참)

ㄴ. 함수 $y=\log_2 x$의 그래프를 x축의 방향으로 2만큼, y축의 방향으로 3만큼 평행이동한 그래프의 식은

$y-3=\log_2(x-2)$　∴ $y=\log_2(x-2)+3$ (참)

ㄷ. 함수 $y=\log_{\frac{1}{2}}(x-2)-3$의 그래프를 x축에 대하여 대칭이동한 그래프의 식은

$-y=\log_{\frac{1}{2}}(x-2)-3,\ y=-\log_{\frac{1}{2}}(x-2)+3$

∴ $y=\log_2(x-2)+3$ (참)

따라서 옳은 것은 ㄱ, ㄴ, ㄷ이다.

1-1 답 ②

함수 $y=\log_3 x$의 그래프를 x축의 방향으로 a만큼, y축의 방향으로 b만큼 평행이동한 그래프의 식은

$y-b=\log_3(x-a)$　∴ $y=\log_3(x-a)+b$

한편,

$y=\log_3\left(\dfrac{x}{3}+1\right)=\log_3\dfrac{x+3}{3}$

$=\log_3(x+3)-\log_3 3=\log_3(x+3)-1$

이므로 $a=-3,\ b=-1$

∴ $a+b=(-3)+(-1)=-4$

2 답 ④

점 C는 선분 AB를 $1:2$로 내분하는 점이므로

$\left(\dfrac{b+2a}{1+2},\ \dfrac{\log_3 b+2\log_3 a}{1+2}\right)$, 즉 $\left(\dfrac{2a+b}{3},\ \dfrac{\log_3 a^2 b}{3}\right)$

이때 y좌표가 0이므로

$\dfrac{\log_3 a^2 b}{3}=0$에서 $\log_3 a^2 b=0$

$a^2 b=1$　∴ $b=\dfrac{1}{a^2}$

∴ $\log_a b=\log_a\dfrac{1}{a^2}=\log_a a^{-2}=-2$

$\boxed{2}$-1 $\blacksquare$ 6

A$(1, 0)$, B$(k, \log_2 k)$, C$(k, \log_{\frac{1}{2}} k)$이므로 삼각형 ACB의 무게중심의 좌표는

$$\left(\frac{2k+1}{3},\ 0\right)$$

이때 삼각형 ACB의 무게중심의 좌표가 $(3,\ 0)$이므로

$\dfrac{2k+1}{3}=3$에서 $2k+1=9$

$2k=8$ $\therefore k=4$

즉, B$(4, \log_2 4)$, C$(4, \log_{\frac{1}{2}} 4)$에서

B$(4, 2)$, C$(4, -2)$

따라서 구하는 삼각형 ACB의 넓이는

$\dfrac{1}{2} \times \{2-(-2)\} \times (4-1)=6$

$\boxed{3}$ $\blacksquare$ ③

$y=3 \log_2 (x+1)-5$에서

$y+5=3 \log_2 (x+1)$

$\dfrac{1}{3}(y+5)=\log_2(x+1)$, $x+1=2^{\frac{1}{3}(y+5)}$

$x=2^{\frac{1}{3}y+\frac{5}{3}}-1$

x와 y를 서로 바꾸면

$y=2^{\frac{1}{3}x+\frac{5}{3}}-1$

따라서 $a=\dfrac{1}{3}$, $b=\dfrac{5}{3}$, $c=-1$이므로

$a+b+c=\dfrac{1}{3}+\dfrac{5}{3}+(-1)=1$

$\boxed{3}$-1 $\blacksquare$ ②

함수 $y=5^x+1$의 그래프를 x축의 방향으로 m만큼 평행이동한 그래프의 식은

$y=5^{x-m}+1$ $\cdots\cdots$ ㉠

함수 $y=\log_5 \dfrac{x}{25}$의 그래프를 x축의 방향으로 n만큼 평행이동한 그래프의 식은

$y=\log_5 \dfrac{x}{25}=\log_5 x-\log_5 25=\log_5 x-2$에서

$y=\log_5 (x-n)-2$ $\cdots\cdots$ ㉡

이때 두 함수 ㉠, ㉡의 그래프가 직선 $y=x$에 대하여 대칭이므로 ㉠에서

$y-1=5^{x-m}$, $\log_5 (y-1)=x-m$

$x=\log_5 (y-1)+m$

x와 y를 서로 바꾸면

$y=\log_5 (x-1)+m$

위의 식이 ㉡과 일치해야 하므로

$m=-2$, $n=1$

$\therefore m+n=-2+1=-1$

$\boxed{4}$ $\blacksquare$ ④

함수 $y=\log_3 (x+2)-1$의 밑 3이 $3>1$이므로 최댓값은

$\log_3 9-1=2-1=1$

함수 $y=\log_{\frac{1}{3}} x+3$의 밑 $\dfrac{1}{3}$이 $0<\dfrac{1}{3}<1$이므로 최댓값은

$\log_{\frac{1}{3}} 1+3=3$

따라서 구하는 두 함수의 최댓값의 합은

$1+3=4$

$\boxed{4}$-1 $\blacksquare$ ④

밑 $\dfrac{1}{2}$이 $0<\dfrac{1}{2}<1$이므로 함수 $f(x)$의 최댓값은

$f(0)=2 \log_{\frac{1}{2}} k=-2 \log_2 k=-4$에서

$\log_2 k=2$ $\therefore k=4$

따라서 $f(x)=2 \log_{\frac{1}{2}} (x+4)$이므로 함수 $f(x)$의 최솟값은

$m=f(12)=2 \log_{\frac{1}{2}} 16$

$\quad =2 \times (-4)=-8$

$\therefore k+m=4+(-8)=-4$

$\boxed{5}$ $\blacksquare$ ④

$\log_2 x=t$라 하면 $1 \le x \le 8$에서 $0 \le t \le 3$이고

$y=t^2+4t-7=(t+2)^2-11$

따라서 $t=3$일 때 최댓값 14를 갖는다.

$\boxed{5}$-1 $\blacksquare$ 13

$y=(\log_3 x)(\log_{\frac{1}{3}} x)+2 \log_3 x+10$

$\quad =(\log_3 x)(-\log_3 x)+2 \log_3 x+10$

$\quad =-(\log_3 x)^2+2 \log_3 x+10$

$\log_3 x=t$라 하면 $1 \le x \le 81$에서 $0 \le t \le 4$이고

$y=-t^2+2t+10=-(t-1)^2+11$

즉, $t=1$일 때 최댓값 11을 갖고, $t=4$일 때 최솟값 2를 갖는다.

따라서 $M=11$, $m=2$이므로

$M+m=11+2=13$

$\boxed{6}$ $\blacksquare$ 12

진수의 조건에서

$x>0$, $2x-3>0$ $\therefore x>\dfrac{3}{2}$

$\log_2 x=1+\log_4 (2x-3)$에서

$\log_4 x^2=\log_4 4+\log_4 (2x-3)$

$\log_4 x^2=\log_4 4(2x-3)$

$x^2=4(2x-3)$, $x^2-8x+12=0$

$(x-2)(x-6)=0$ $\therefore x=2$ 또는 $x=6$

따라서 구하는 모든 실수 x의 값의 곱은

$2 \times 6=12$

$\boxed{6}$-1 **답** ③

진수의 조건에서

$x-4>0,\ 2x>0 \quad \therefore\ x>4 \quad \cdots\cdots\ \text{㉠}$

$\log_9(x-4)=\dfrac{1}{4}\log_3 2x$에서

$\dfrac{1}{2}\log_3(x-4)=\dfrac{1}{4}\log_3 2x$

$2\log_3(x-4)=\log_3 2x,\ \log_3(x-4)^2=\log_3 2x$

$(x-4)^2=2x,\ x^2-10x+16=0$

$(x-2)(x-8)=0 \quad \therefore\ x=8\ (\because\ \text{㉠})$

따라서 $a=8$이므로

$\log_2 a=\log_2 8=3$

$\boxed{7}$ **답** ④

$(\log_2 x)^2-8\log_2 8x+39=0$에서

$(\log_2 x)^2-8(\log_2 8+\log_2 x)+39=0$

$(\log_2 x)^2-8(3+\log_2 x)+39=0$

$(\log_2 x)^2-8\log_2 x+15=0$

$\log_2 x=t$라 하면

$t^2-8t+15=0,\ (t-3)(t-5)=0$

$\therefore\ t=3\ \text{또는}\ t=5$

즉, $\log_2 x=3$ 또는 $\log_2 x=5$이므로

$x=8$ 또는 $x=32$

따라서 구하는 모든 실근의 합은

$8+32=40$

$\boxed{7}$-1 **답** ⑤

$(\log_9 x)^2-\log_3 x-3=0$에서

$(\log_9 x)^2-2\log_9 x-3=0$

$\log_9 x=t$라 하면

$t^2-2t-3=0,\ (t+1)(t-3)=0$

$\therefore\ t=-1\ \text{또는}\ t=3$

즉, $\log_9 x=-1$ 또는 $\log_9 x=3$이므로

$x=9^{-1}$ 또는 $x=9^3$

따라서 구하는 모든 실수 x의 값의 곱은

$9^{-1}\times 9^3=9^2=81$

$\boxed{8}$ **답** ②

진수의 조건에서

$2x+3>0,\ 4-x>0 \quad \therefore\ -\dfrac{3}{2}<x<4 \quad \cdots\cdots\ \text{㉠}$

$\log_2(2x+3)>\log_2(4-x)+1$에서

$\log_2(2x+3)>\log_2(4-x)+\log_2 2$

$\log_2(2x+3)>\log_2 2(4-x)$

밑 2가 $2>1$이므로

$2x+3>2(4-x),\ 2x+3>8-2x$

$4x>5 \quad \therefore\ x>\dfrac{5}{4} \quad \cdots\cdots\ \text{㉡}$

㉠, ㉡의 공통부분을 구하면

$\dfrac{5}{4}<x<4$

따라서 구하는 자연수 x의 개수는

2, 3의 2

$\boxed{8}$-1 **답** ⑤

진수의 조건에서

$x^2-7x>0,\ x-3>0,\ \text{즉}\ x<0\ \text{또는}\ x>7,\ x>3$

$\therefore\ x>7 \quad \cdots\cdots\ \text{㉠}$

$\log_{\frac{1}{3}}(x^2-7x)-\log_{\frac{1}{3}}(x-3)\geq -1$에서

$\log_{\frac{1}{3}}\dfrac{x^2-7x}{x-3}\geq \log_{\frac{1}{3}}3$

밑 $\dfrac{1}{3}$이 $0<\dfrac{1}{3}<1$이므로

$\dfrac{x^2-7x}{x-3}\leq 3,\ x^2-7x\leq 3x-9\ (\because\ \text{㉠})$

$x^2-10x+9\leq 0,\ (x-1)(x-9)\leq 0$

$\therefore\ 1\leq x\leq 9 \quad \cdots\cdots\ \text{㉡}$

㉠, ㉡의 공통부분을 구하면

$7<x\leq 9$

따라서 정수 x는 8, 9이므로 그 합은

$8+9=17$

$\boxed{9}$ **답** ⑤

$(\log_2 x)^2\leq 4\log_2 x^2+20$에서 $(\log_2 x)^2\leq 8\log_2 x+20$

$\log_2 x=t$라 하면

$t^2\leq 8t+20,\ t^2-8t-20\leq 0$

$(t+2)(t-10)\leq 0 \quad \therefore\ -2\leq t\leq 10$

즉, $-2\leq \log_2 x\leq 10$이므로 $2^{-2}\leq x\leq 2^{10}$

따라서 $a=2^{-2},\ \beta=2^{10}$이므로

$a\beta=2^{-2}\times 2^{10}=2^8=256$

$\boxed{9}$-1 **답** ③

$(\log_3 x)\left(\log_3 \dfrac{27}{x}\right)>2$에서

$(\log_3 x)(\log_3 27-\log_3 x)>2$

$(\log_3 x)(3-\log_3 x)>2$

$(\log_3 x)^2-3\log_3 x+2<0$

$\log_3 x=t$라 하면

$t^2-3t+2<0,\ (t-1)(t-2)<0 \quad \therefore\ 1<t<2$

즉, $1<\log_3 x<2$이므로 $3<x<9$

따라서 구하는 자연수 x의 개수는

4, 5, 6, 7, 8의 5

$\boxed{10}$ **답** ⑤

점 A의 x좌표가 -1이므로 y좌표는

$y=\log_2 8=3 \quad \therefore\ \text{A}(-1,\ 3)$

이때 곡선 $y=\log_2 x^2+a$도 점 $A(-1, 3)$을 지나므로
$3=\log_2 1+a$ $\therefore a=3$
즉, 두 곡선 $y=\log_2 (6-2x)$, $y=\log_2 x^2+3$의 교점의 x좌표
는 방정식 $\log_2 (6-2x)=\log_2 x^2+3$의 근이므로
진수의 조건에서
$6-2x>0$, $x^2>0$ $\therefore x<0$ 또는 $0<x<3$
$\log_2 (6-2x)=\log_2 x^2+3$에서
$\log_2 (6-2x)=\log_2 x^2+\log_2 8$
$\log_2 (6-2x)=\log_2 8x^2$
$6-2x=8x^2$, $4x^2+x-3=0$, $(x+1)(4x-3)=0$
$\therefore x=-1$ 또는 $x=\dfrac{3}{4}$

따라서 점 B의 x좌표는 $\dfrac{3}{4}$이다.

10 -1 답 15

진수의 조건에서
$f(x)>0$, $x-1>0$ $\therefore 1<x<7$ ······ ㉠
$\log_3 f(x)+\log_{\frac{1}{3}} (x-1)\leq 0$에서
$\log_3 f(x)-\log_3 (x-1)\leq 0$
$\log_3 f(x)\leq \log_3 (x-1)$
밑 3이 $3>1$이므로
$f(x)\leq x-1$ $\therefore x\geq 4$ ······ ㉡
㉠, ㉡의 공통부분을 구하면
$4\leq x<7$
따라서 주어진 부등식을 만족시키는 자연수 x는 4, 5, 6이므
로 그 합은
$4+5+6=15$

단원 마무리 65~67쪽

1 ②	2 ③	3 ③	4 ②
5 1	6 ⑤	7 ④	8 ④
9 ②	10 1	11 ⑤	12 6

1 답 ②

함수 $y=\log_5 x$의 그래프를 x축의 방향으로 a만큼, y축의 방
향으로 b만큼 평행이동한 그래프의 식은
$y-b=\log_5 (x-a)$ $\therefore y=\log_5 (x-a)+b$
위의 함수의 그래프의 점근선이 직선 $x=3$이므로 $a=3$
또한, 점 (b, b)를 지나므로
$b=\log_5 (b-3)+b$, $\log_5 (b-3)=0$, $b-3=1$ $\therefore b=4$
$\therefore a+b=3+4=7$

2 답 ③

점 A의 x좌표는 $\log_a x=2$에서 $x=a^2$
점 B의 x좌표는 $\log_b x=2$에서 $x=b^2$

즉, $A(a^2, 2)$, $B(b^2, 2)$, $C(0, 2)$, $P(1, 0)$이므로
$\triangle PAC=\dfrac{1}{2}\times \overline{AC}\times \overline{OC}$
$\qquad\quad =\dfrac{1}{2}\times a^2\times 2$
$\qquad\quad =a^2,$
$\triangle PBA=\dfrac{1}{2}\times \overline{AB}\times \overline{OC}$
$\qquad\quad =\dfrac{1}{2}\times (b^2-a^2)\times 2$
$\qquad\quad =b^2-a^2$
이때 $\triangle PAC=12$이므로
$a^2=12$ $\therefore a=2\sqrt{3}$ $(\because a>1)$
또한, $\triangle PBA=12$이므로
$b^2-12=12$, $b^2=24$ $\therefore b=2\sqrt{6}$ $(\because b>1)$
$\therefore ab=2\sqrt{3}\times 2\sqrt{6}=12\sqrt{2}$

3 답 ③

$y=\log_{\frac{1}{3}} (x^2-4x+a)=\log_{\frac{1}{3}} \{(x-2)^2+a-4\}$
$0\leq x\leq 4$에서 함수 $y=(x-2)^2+a-4$는
$x=0$ 또는 $x=4$일 때 최댓값 a를 갖고,
$x=2$일 때 최솟값 $a-4$를 갖는다.
즉, 주어진 함수의 밑 $\dfrac{1}{3}$은 $0<\dfrac{1}{3}<1$이므로
$x=2$일 때 최댓값 -2를 갖는다.
$\log_{\frac{1}{3}} (a-4)=-2$에서
$a-4=9$ $\therefore a=13$

4 답 ②

$(f\circ g)(x)=f(g(x))$
$\qquad\qquad =\{\log_a (x+1)\}^2+2\log_a (x+1)+2$
$\log_a (x+1)=t$라 하고 함수 $(f\circ g)(x)$를 t에 대한 함수 $h(t)$
로 나타내면
$h(t)=t^2+2t+2=(t+1)^2+1$
즉, 함수 $h(t)$는 $t=-1$일 때 최솟값 1을 가지므로
함수 $(f\circ g)(x)$는 $x=4$에서 최솟값 1을 갖는다.
따라서 $m=1$이고
$\log_a (4+1)=-1$에서 $\log_a 5=-1$
$a^{-1}=5$ $\therefore a=\dfrac{1}{5}$
$\therefore a+m=\dfrac{1}{5}+1=\dfrac{6}{5}$

5 답 1

$\log_4 (x+1)=\log_{16} (2x^2+a)$에서
$\log_{16} (x+1)^2=\log_{16} (2x^2+a)$
$(x+1)^2=2x^2+a$
$\therefore x^2-2x+a-1=0$

이차방정식의 근과 계수의 관계에 의하여
$\alpha+\beta=2$, $\alpha\beta=a-1$
$\alpha^2+\beta^2=4$에서
$(\alpha+\beta)^2-2\alpha\beta=4$
$4-2(a-1)=4$, $a-1=0$
$\therefore a=1$

6 답 ⑤

$\log_2\dfrac{x}{16}=\log_2 x-\log_2 16=\log_2 x-4$, $\log_4 x=\dfrac{1}{2}\log_2 x$

이므로 $\left(\log_2\dfrac{x}{16}\right)^2=4\log_4 x$에서

$(\log_2 x-4)^2=4\times\dfrac{1}{2}\log_2 x$

$(\log_2 x-4)^2=2\log_2 x$

$\log_2 x=t$라 하면

$(t-4)^2=2t$, $t^2-10t+16=0$, $(t-2)(t-8)=0$

$\therefore t=2$ 또는 $t=8$

즉, $\log_2 x=2$ 또는 $\log_2 x=8$이므로

$x=2^2$ 또는 $x=2^8$

$\therefore k=2^2\times 2^8=2^{10}$

$\therefore \log_2 k=\log_2 2^{10}=10$

다른 풀이

주어진 방정식의 두 근을 α, β $(\alpha<\beta)$라 하면

$\log_2 \alpha=2$, $\log_2 \beta=8$

$\log_2 \alpha+\log_2 \beta=10$에서

$\log_2 \alpha\beta=10$ $\therefore \log_2 k=10$

7 답 ④

진수의 조건에서

$x-3>0$, $x-1>0$

$\therefore x>3$ ······ ㉠

$\log_2(x-3)\leq\log_4(x-1)$에서

$\log_4(x-3)^2\leq\log_4(x-1)$

밑 4가 $4>1$이므로

$(x-3)^2\leq x-1$, $x^2-6x+9\leq x-1$

$x^2-7x+10\leq 0$, $(x-2)(x-5)\leq 0$

$\therefore 2\leq x\leq 5$ ······ ㉡

㉠, ㉡의 공통부분을 구하면

$3<x\leq 5$

따라서 주어진 부등식을 만족시키는 정수 x는 4, 5이므로 그 합은

$4+5=9$

8 답 ④

$(\log_{\frac{1}{5}} x+2)(\log_{\frac{1}{5}} x-3)<a$

$(\log_{\frac{1}{5}} x)^2-\log_{\frac{1}{5}} x-a-6<0$

$\log_{\frac{1}{5}} x=t$라 하면

$t^2-t-a-6<0$ ······ ㉠

이때 $\dfrac{1}{25}<x<5$에서 $-1<t<2$이므로 부등식 ㉠의 해는

$-1<t<2$이다.

따라서 $(t+1)(t-2)<0$에서 $t^2-t-2<0$이므로

$-a-6=-2$ $\therefore a=-4$

9 답 ②

$f(3)=1$이므로

$1=\log_2 3+a$ $\therefore a=1-\log_2 3=\log_2\dfrac{2}{3}$

$\therefore f(x)=\log_2 x+\log_2\dfrac{2}{3}=\log_2\dfrac{2}{3}x$

$|f(x)|\leq 1$에서 $-1\leq f(x)\leq 1$이므로

$-1\leq\log_2\dfrac{2}{3}x\leq 1$, $\dfrac{1}{2}\leq\dfrac{2}{3}x\leq 2$

$\therefore \dfrac{3}{4}\leq x\leq 3$

따라서 $\alpha=\dfrac{3}{4}$, $\beta=3$이므로

$\alpha+\beta=\dfrac{3}{4}+3=\dfrac{15}{4}$

10 답 1

$A(k, \log_2 k)$, $B(k, 2^k)$이므로

$\overline{AB}=2^k-\log_2 k$

또한, $C(k+1, \log_2(k+1))$, $D(k+1, 2^{k+1})$이므로

$\overline{CD}=2^{k+1}-\log_2(k+1)$

이때 $2\overline{AB}=\overline{CD}$에서

$2(2^k-\log_2 k)=2^{k+1}-\log_2(k+1)$

$2^{k+1}-2\log_2 k=2^{k+1}-\log_2(k+1)$

$\log_2 k^2=\log_2(k+1)$

$k^2=k+1$, $k^2-k-1=0$

$\therefore k=\dfrac{1+\sqrt{5}}{2}$ $(\because k>1)$

따라서 $p=\dfrac{1}{2}$, $q=\dfrac{1}{2}$이므로

$p+q=\dfrac{1}{2}+\dfrac{1}{2}=1$

11 답 ⑤

점 D의 x좌표가 1이므로 y좌표는

$y=2$ $\therefore D(1, 2)$

점 B의 y좌표가 2이므로 x좌표는

$2=\log_2 x$에서 $x=4$ $\therefore B(4, 2)$

이때 두 함수 $f(x)$, $g(x)$는 서로 역함수 관계이므로

$A(2, 1)$, $C(2, 4)$

$$\therefore \overline{AD}=\sqrt{(1-2)^2+(2-1)^2}=\sqrt{2},$$
$$\overline{BC}=\sqrt{(2-4)^2+(4-2)^2}=2\sqrt{2}$$

한편, 직선 l은 점 $A(2, 1)$을 지나고 기울기가 -1이므로
$$l:y-1=-(x-2) \qquad \therefore l:x+y-3=0$$
두 직선 l, m 사이의 거리는 점 $C(2, 4)$와 직선 l 사이의 거리와 같으므로
$$\frac{|2+4-3|}{\sqrt{1^2+1^2}}=\frac{3\sqrt{2}}{2}$$
따라서 사각형 ABCD의 넓이는
$$\frac{1}{2}\times(\sqrt{2}+2\sqrt{2})\times\frac{3\sqrt{2}}{2}=\frac{9}{2}$$

12 답 6

이차방정식 $3x^2-2(\log_2 n)x+\log_2 n=0$의 판별식을 D라 하면
$$\frac{D}{4}=(\log_2 n)^2-3\log_2 n<0$$
$\log_2 n=t$라 하면
$$t^2-3t<0, \ t(t-3)<0 \qquad \therefore 0<t<3$$
즉, $0<\log_2 n<3$이므로 $1<n<8$
따라서 구하는 자연수 n의 개수는
$2, 3, 4, 5, 6, 7$의 6

Ⅱ. 삼각함수

01 삼각함수

1 $l=2\pi$, $S=6\pi$

2 $\sin\theta=-\dfrac{3}{5}$, $\cos\theta=\dfrac{4}{5}$, $\tan\theta=-\dfrac{3}{4}$

3 1

---

1 답 $l=2\pi$, $S=6\pi$

$$l=6\times\frac{\pi}{3}=2\pi$$
$$S=\frac{1}{2}\times6^2\times\frac{\pi}{3}=6\pi$$

다른 풀이

$$S=\frac{1}{2}\times6\times2\pi=6\pi$$

2 답 $\sin\theta=-\dfrac{3}{5}$, $\cos\theta=\dfrac{4}{5}$, $\tan\theta=-\dfrac{3}{4}$

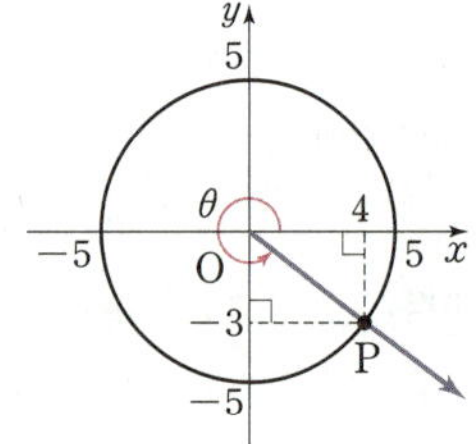

$\overline{OP}=\sqrt{4^2+(-3)^2}=5$이므로
$$\sin\theta=\frac{-3}{5}=-\frac{3}{5},$$
$$\cos\theta=\frac{4}{5},$$
$$\tan\theta=\frac{-3}{4}=-\frac{3}{4}$$

3 답 1

$\sin^2\theta+\cos^2\theta=1$에서 $\left(\dfrac{4}{5}\right)^2+\cos^2\theta=1$
$$\cos^2\theta=\frac{9}{25} \qquad \therefore \cos\theta=-\frac{3}{5}\ \left(\because \frac{\pi}{2}<\theta<\pi\right)$$
또한, $\tan\theta=\dfrac{\sin\theta}{\cos\theta}$에서
$$\tan\theta=\frac{\frac{4}{5}}{-\frac{3}{5}}=-\frac{4}{3}$$
$$\therefore 5\cos\theta-3\tan\theta=5\times\left(-\frac{3}{5}\right)-3\times\left(-\frac{4}{3}\right)=1$$

다른 풀이

θ를 예각 x로 생각하면 $\sin x=\dfrac{4}{5}$를 만족시키는 직각삼각형은 오른쪽 그림과 같다.

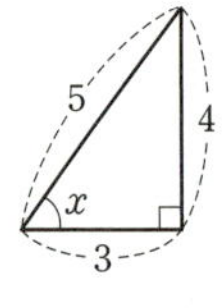

$$\therefore \cos x=\frac{3}{5}, \ \tan x=\frac{4}{3}$$
그런데 $\dfrac{\pi}{2}<\theta<\pi$이므로
$$\cos\theta=-\frac{3}{5}, \ \tan\theta=-\frac{4}{3}$$

$\boxed{1}$ ④	$\boxed{1}$-1 ③	$\boxed{2}$ ②	$\boxed{2}$-1 ③
$\boxed{3}$ ④	$\boxed{3}$-1 ①	$\boxed{4}$ ②	$\boxed{4}$-1 ①
$\boxed{5}$ ①	$\boxed{5}$-1 40	$\boxed{6}$ ③	$\boxed{6}$-1 ①

$\boxed{1}$ 답 ④

$$30°=30\times\frac{\pi}{180}=\frac{\pi}{6}\qquad\therefore a=6$$

$$\frac{2}{3}\pi=\frac{2}{3}\pi\times\frac{180°}{\pi}=120°\qquad\therefore b=120$$

$$-c°=-c\times\frac{\pi}{180}=-\frac{3}{2}\pi\qquad\therefore c=\frac{180}{\pi}\times\frac{3}{2}\pi=270$$

$$\therefore a+b+c=6+120+270=396$$

$\boxed{1}$-1 답 ③

ㄱ. $\dfrac{5}{6}\pi=\dfrac{5}{6}\pi\times\dfrac{180°}{\pi}=150°$ (거짓)

ㄴ. $-\dfrac{\pi}{5}=-\dfrac{\pi}{5}\times\dfrac{180°}{\pi}=-36°$ (참)

ㄷ. $75°=75\times\dfrac{\pi}{180}=\dfrac{5}{12}\pi$ (거짓)

ㄹ. $315°=315\times\dfrac{\pi}{180}=\dfrac{7}{4}\pi$ (참)

따라서 옳은 것은 ㄴ, ㄹ이다.

$\boxed{2}$ 답 ②

$\dfrac{1}{2}\times a^2\times\dfrac{2}{3}\pi=12\pi$에서

$a^2=36\qquad\therefore a=6\ (\because a>0)$

또한, $b\pi=6\times\dfrac{2}{3}\pi=4\pi$에서 $b=4$

$\therefore a+b=6+4=10$

$\boxed{2}$-1 답 ③

부채꼴의 반지름의 길이를 r라 하면

$10\pi=r\times\dfrac{5}{6}\pi\qquad\therefore r=12$

따라서 구하는 부채꼴의 넓이는

$\dfrac{1}{2}\times12^2\times\dfrac{5}{6}\pi=60\pi$

구하는 부채꼴의 넓이는

$\dfrac{1}{2}\times12\times10\pi=60\pi$

$\boxed{3}$ 답 ④

$\overline{\mathrm{OP}}=\sqrt{(-8)^2+6^2}=10$이므로

$\sin\theta=\dfrac{6}{10}=\dfrac{3}{5}$, $\cos\theta=\dfrac{-8}{10}=-\dfrac{4}{5}$, $\tan\theta=\dfrac{6}{-8}=-\dfrac{3}{4}$

$\therefore \tan\theta\times(\cos\theta-\sin\theta)=-\dfrac{3}{4}\times\left(-\dfrac{4}{5}-\dfrac{3}{5}\right)=\dfrac{21}{20}$

$\boxed{3}$-1 답 ①

$\pi<\theta<\dfrac{3}{2}\pi$이고 $\tan\theta=\dfrac{12}{5}$이므로 오른쪽 그림과 같이 각 θ를 나타내는 동경 위의 점 $\mathrm{P}(-5,\ -12)$를 잡으면

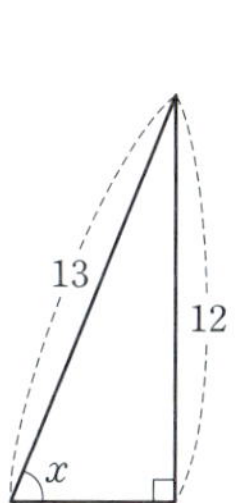

$\overline{\mathrm{OP}}=\sqrt{(-5)^2+(-12)^2}=13$

$\therefore \sin\theta=\dfrac{-12}{13}=-\dfrac{12}{13}$,

$\qquad \cos\theta=\dfrac{-5}{13}=-\dfrac{5}{13}$

$\therefore \sin\theta+\cos\theta=-\dfrac{12}{13}+\left(-\dfrac{5}{13}\right)=-\dfrac{17}{13}$

θ를 예각 x라 생각하면 $\tan x=\dfrac{12}{5}$를 만족시키는 직각삼각형은 오른쪽 그림과 같다.

$\therefore \sin x=\dfrac{12}{13}$, $\cos x=\dfrac{5}{13}$

그런데 $\pi<\theta<\dfrac{3}{2}\pi$이므로

$\sin\theta=-\dfrac{12}{13}$, $\cos\theta=-\dfrac{5}{13}$

$\therefore \sin\theta+\cos\theta=-\dfrac{12}{13}+\left(-\dfrac{5}{13}\right)=-\dfrac{17}{13}$

$\boxed{4}$ 답 ②

$$\tan\theta+\frac{1}{\tan\theta}=\frac{\sin\theta}{\cos\theta}+\frac{\cos\theta}{\sin\theta}$$
$$=\frac{\sin^2\theta+\cos^2\theta}{\sin\theta\cos\theta}$$
$$=\frac{1}{\sin\theta\cos\theta}$$
$$=\frac{3}{\cos\theta}$$

에서 $\dfrac{1}{\sin\theta}=3\ (\because \cos\theta\neq0)$

$\therefore \sin\theta=\dfrac{1}{3}$

$\boxed{4}$-1 답 ①

$$\frac{\sin\theta}{1-\sin\theta}-\frac{\sin\theta}{1+\sin\theta}=\frac{\sin\theta(1+\sin\theta)-\sin\theta(1-\sin\theta)}{(1-\sin\theta)(1+\sin\theta)}$$
$$=\frac{2\sin^2\theta}{1-\sin^2\theta}$$
$$=4$$

에서

$2-2\sin^2\theta=\sin^2\theta\qquad\therefore \sin^2\theta=\dfrac{2}{3}$

이때 $\sin^2\theta+\cos^2\theta=1$에서

$\dfrac{2}{3}+\cos^2\theta=1\qquad\therefore \cos^2\theta=\dfrac{1}{3}$

$\therefore \cos\theta=-\dfrac{\sqrt{3}}{3}\ \left(\because \dfrac{\pi}{2}<\theta<\pi\right)$

5 답 ①

$\sin\theta-\cos\theta=-\dfrac{2}{5}$의 양변을 제곱하면

$\sin^2\theta-2\sin\theta\cos\theta+\cos^2\theta=\dfrac{4}{25}$

$1-2\sin\theta\cos\theta=\dfrac{4}{25}$, $2\sin\theta\cos\theta=\dfrac{21}{25}$

$\therefore\ \sin\theta\cos\theta=\dfrac{21}{50}$

5-1 답 40

$0<\theta<\dfrac{\pi}{2}$에서 $\sin\theta>0$, $\cos\theta>0$이므로

$\sin\theta+\cos\theta=k\ (k>0)$이라 하고 양변을 제곱하면
$\sin^2\theta+2\sin\theta\cos\theta+\cos^2\theta=k^2$

$\therefore\ k^2=1+2\times\dfrac{7}{18}=\dfrac{16}{9}$

$\therefore\ k=\dfrac{4}{3}\ (\because\ k>0)$

$\therefore\ 30(\sin\theta+\cos\theta)=30\times\dfrac{4}{3}=40$

6 답 ③

이차방정식의 근과 계수의 관계에 의하여
$\sin\theta+\cos\theta=\dfrac{1}{2}$, $\sin\theta\cos\theta=\dfrac{k}{2}$

$\sin\theta+\cos\theta=\dfrac{1}{2}$의 양변을 제곱하면

$\sin^2\theta+2\sin\theta\cos\theta+\cos^2\theta=\dfrac{1}{4}$

$1+2\times\dfrac{k}{2}=\dfrac{1}{4}$, $1+k=\dfrac{1}{4}$

$\therefore\ k=-\dfrac{3}{4}$

6-1 답 ①

이차방정식의 근과 계수의 관계에 의하여
$(\sin\theta+\cos\theta)+(\sin\theta-\cos\theta)=2\sin\theta=-\dfrac{k}{4}$

$\therefore\ \sin\theta=-\dfrac{k}{8}$ ...... ㉠

$(\sin\theta+\cos\theta)(\sin\theta-\cos\theta)=\sin^2\theta-\cos^2\theta=\dfrac{1}{4}$

$\sin^2\theta-\cos^2\theta=\dfrac{1}{4}$에서

$\sin^2\theta-(1-\sin^2\theta)=\dfrac{1}{4}$, $2\sin^2\theta=\dfrac{5}{4}$, $\sin^2\theta=\dfrac{5}{8}$

$\therefore\ \sin\theta=-\dfrac{\sqrt{10}}{4}\ \left(\because\ \pi<\theta<\dfrac{3}{2}\pi\right)$

㉠에서

$-\dfrac{k}{8}=-\dfrac{\sqrt{10}}{4}$ $\therefore\ k=2\sqrt{10}$

| 1 ③ | 2 ⑤ | 3 2 | 4 ⑤ |
| 5 ④ | 6 ④ | 7 ① | 8 27 |

1 답 ③

$870°=360°\times2+150°$

$\qquad=2\pi\times2+\dfrac{5}{6}\pi\ \left(\because\ 150°=150\times\dfrac{\pi}{180}=\dfrac{5}{6}\pi\right)$

$\therefore\ n_1=2,\ \theta_1=\dfrac{5}{6}\pi$

$-240°=360°\times(-1)+120°$

$\qquad=2\pi\times(-1)+\dfrac{2}{3}\pi\ \left(\because\ 120°=120\times\dfrac{\pi}{180}=\dfrac{2}{3}\pi\right)$

$\therefore\ n_2=-1,\ \theta_2=\dfrac{2}{3}\pi$

$\therefore\ (n_1-n_2)\times(\theta_1-\theta_2)=\{2-(-1)\}\times\left(\dfrac{5}{6}\pi-\dfrac{2}{3}\pi\right)=\dfrac{\pi}{2}$

2 답 ⑤

부채꼴의 반지름의 길이를 r라 하면 중심각의 크기가 $\dfrac{3}{5}$이므로

호의 길이는 $\dfrac{3}{5}r$이다.

이때 둘레의 길이가 13이므로

$2r+\dfrac{3}{5}r=13$, $\dfrac{13}{5}r=13$

$\therefore\ r=5$

따라서 구하는 부채꼴의 넓이는

$\dfrac{1}{2}\times5^2\times\dfrac{3}{5}=\dfrac{15}{2}$

3 답 2

$\cos\theta=-\sqrt{1-\sin^2\theta}$

$\qquad=-\sqrt{1-\left(\dfrac{5}{13}\right)^2}$

$\qquad=-\dfrac{12}{13}\ \left(\because\ \dfrac{\pi}{2}<\theta<\pi\right)$

즉, $\dfrac{1}{\cos\theta}=-\dfrac{13}{12}$, $\tan\theta=-\dfrac{5}{12}$이므로

$n\times\left(\dfrac{1}{\cos\theta}+\tan\theta\right)=n\left\{-\dfrac{13}{12}+\left(-\dfrac{5}{12}\right)\right\}=-\dfrac{3}{2}n$

따라서 구하는 자연수 n의 최솟값은 2이다.

다른 풀이

θ를 예각 x라 생각하면 $\sin x=\dfrac{5}{13}$

를 만족시키는 직각삼각형은 오른쪽
그림과 같다.

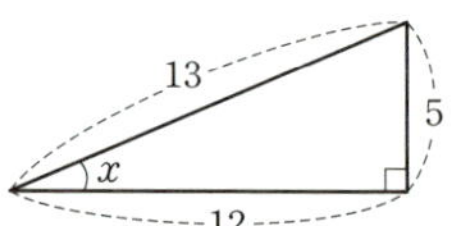

$\therefore\ \cos x=\dfrac{12}{13}$, $\tan x=\dfrac{5}{12}$

그런데 $\dfrac{\pi}{2}<\theta<\pi$이므로

$\cos\theta=-\dfrac{12}{13}$, $\tan\theta=-\dfrac{5}{12}$

4 답 ⑤

$$\frac{\sin\theta+1}{\sin^2\theta-\cos^2\theta+3\sin\theta+2}$$

$$=\frac{\sin\theta+1}{\sin^2\theta-(1-\sin^2\theta)+3\sin\theta+2}$$

$$=\frac{\sin\theta+1}{2\sin^2\theta+3\sin\theta+1}$$

$$=\frac{\sin\theta+1}{(2\sin\theta+1)(\sin\theta+1)}$$

$$=\frac{1}{2\sin\theta+1}=\frac{3}{5}$$

에서 $6\sin\theta+3=5$

$6\sin\theta=2$

$$\therefore\ \sin\theta=\frac{1}{3}$$

$$\therefore\ \cos\theta=\sqrt{1-\sin^2\theta}$$

$$=\sqrt{1-\left(\frac{1}{3}\right)^2}$$

$$=\frac{2\sqrt{2}}{3}\left(\because\ 0<\theta<\frac{\pi}{2}\right)$$

5 답 ④

$\sin\theta-\cos\theta=\dfrac{2}{3}$ 의 양변을 제곱하면

$$\sin^2\theta-2\sin\theta\cos\theta+\cos^2\theta=\frac{4}{9}$$

$$1-2\sin\theta\cos\theta=\frac{4}{9},\ 2\sin\theta\cos\theta=\frac{5}{9}$$

$$\therefore\ \sin\theta\cos\theta=\frac{5}{18}$$

이때 $0<\theta<\dfrac{\pi}{2}$ 에서 $\sin\theta>0,\ \cos\theta>0$ 이므로

$\sin\theta+\cos\theta=k\ (k>0)$ 이라 하고 양변을 제곱하면

$$\sin^2\theta+2\sin\theta\cos\theta+\cos^2\theta=k^2$$

$$\therefore\ k^2=1+2\times\frac{5}{18}=\frac{14}{9}$$

$$\therefore\ k=\frac{\sqrt{14}}{3}\ (\because\ k>0)$$

6 답 ④

$\sin\theta+\cos\theta=\dfrac{1}{2}$ 의 양변을 제곱하면

$$\sin^2\theta+2\sin\theta\cos\theta+\cos^2\theta=\frac{1}{4}$$

$$1+2\sin\theta\cos\theta=\frac{1}{4},\ 2\sin\theta\cos\theta=-\frac{3}{4}$$

$$\therefore\ \sin\theta\cos\theta=-\frac{3}{8}$$

$$\therefore\ \sin^3\theta+\cos^3\theta$$

$$=(\sin\theta+\cos\theta)(\sin^2\theta-\sin\theta\cos\theta+\cos^2\theta)$$

$$=\frac{1}{2}\times\left\{1-\left(-\frac{3}{8}\right)\right\}=\frac{11}{16}$$

7 답 ①

이차방정식 $5x^2-3x+k=0$ 에서 근과 계수의 관계에 의하여

$$\sin\theta+\cos\theta=\frac{3}{5},\ \sin\theta\cos\theta=\frac{k}{5}$$

$\sin\theta+\cos\theta=\dfrac{3}{5}$ 의 양변을 제곱하면

$$\sin^2\theta+2\sin\theta\cos\theta+\cos^2\theta=\frac{9}{25}$$

$$1+2\times\frac{k}{5}=\frac{9}{25},\ \frac{2}{5}k=-\frac{16}{25}\qquad\therefore\ k=-\frac{8}{5}$$

한편, 이차방정식 $f(x)=0$의 두 근이 $\tan\theta,\ \dfrac{1}{\tan\theta}$ 이므로

$$f(x)=\left(x-\tan\theta\right)\left(x-\frac{1}{\tan\theta}\right)$$

$$\therefore\ f(1)=\left(1-\tan\theta\right)\left(1-\frac{1}{\tan\theta}\right)$$

$$=\left(1-\frac{\sin\theta}{\cos\theta}\right)\left(1-\frac{\cos\theta}{\sin\theta}\right)$$

$$=1-\left(\frac{\cos\theta}{\sin\theta}+\frac{\sin\theta}{\cos\theta}\right)+1$$

$$=2-\frac{\cos^2\theta+\sin^2\theta}{\sin\theta\cos\theta}$$

$$=2-\frac{1}{\frac{1}{5}\times\left(-\frac{8}{5}\right)}=\frac{41}{8}$$

8 답 27

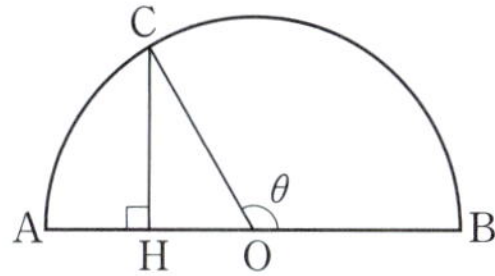

오른쪽 그림과 같이 반원의 중심을 O라 하면 반원의 지름인 선분 AB의 길이가 12이므로

$$\overline{OB}=6$$

$\angle COB=\theta$라 하면 부채꼴 OBC의 호의 길이는 6θ이고, 호 BC의 길이가 4π이므로

$$6\theta=4\pi\qquad\therefore\ \theta=\frac{2}{3}\pi$$

$$\therefore\ \angle COH=\pi-\theta=\pi-\frac{2}{3}\pi=\frac{\pi}{3}$$

삼각형 CHO는 직각삼각형이고 $\overline{OC}=6$이므로

$$\overline{CH}=\overline{OC}\times\sin\frac{\pi}{3}=6\times\frac{\sqrt{3}}{2}=3\sqrt{3}$$

$$\therefore\ \overline{CH}^2=(3\sqrt{3})^2=27$$

1 (1) $-\dfrac{1}{2}$ (2) $-\dfrac{1}{2}$ (3) $-\dfrac{\sqrt{3}}{3}$

2 6

3 (1) $x=\dfrac{\pi}{3}$ 또는 $x=\dfrac{2}{3}\pi$ (2) $x=\dfrac{2}{3}\pi$ 또는 $x=\dfrac{4}{3}\pi$

(3) $x=\dfrac{\pi}{4}$ 또는 $x=\dfrac{5}{4}\pi$

4 (1) $0\le x<\dfrac{4}{3}\pi$ 또는 $\dfrac{5}{3}\pi<x<2\pi$

(2) $\dfrac{\pi}{3}\le x\le\dfrac{5}{3}\pi$

(3) $\dfrac{\pi}{3}\le x<\dfrac{\pi}{2}$ 또는 $\dfrac{4}{3}\pi\le x<\dfrac{3}{2}\pi$

---

1 답 (1) $-\dfrac{1}{2}$ (2) $-\dfrac{1}{2}$ (3) $-\dfrac{\sqrt{3}}{3}$

(1) $\sin 330°=\sin(360°-30°)=\sin(-30°)$
$$=-\sin 30°=-\dfrac{1}{2}$$

(2) $\cos\left(-\dfrac{14}{3}\pi\right)=\cos\dfrac{14}{3}\pi=\cos\left(4\pi+\dfrac{2}{3}\pi\right)=\cos\dfrac{2}{3}\pi$
$$=\cos\left(\pi-\dfrac{\pi}{3}\right)=-\cos\dfrac{\pi}{3}=-\dfrac{1}{2}$$

(3) $\tan\dfrac{5}{6}\pi=\tan\left(\dfrac{\pi}{2}+\dfrac{\pi}{3}\right)=-\dfrac{1}{\tan\dfrac{\pi}{3}}=-\dfrac{\sqrt{3}}{3}$

다른 풀이

(1) $\sin 330°=\sin(90°\times 4-30°)=-\sin 30°$

(2) $\cos\left(-\dfrac{14}{3}\pi\right)=\cos\left\{\dfrac{\pi}{2}\times(-10)+\dfrac{\pi}{3}\right\}=-\cos\dfrac{\pi}{3}$

(3) $\tan\dfrac{5}{6}\pi=\tan\left(\dfrac{\pi}{2}\times 1+\dfrac{\pi}{3}\right)=-\dfrac{1}{\tan\dfrac{\pi}{3}}$

2 답 6

$\sin x=t$라 하면 $-1\le t\le 1$이고 주어진 식에서
$y=t^2+2t+2=(t+1)^2+1$
따라서 $t=1$일 때 최댓값 5를 갖고, $t=-1$일 때 최솟값 1을 가지므로 최댓값과 최솟값의 합은
$5+1=6$

3 답 (1) $x=\dfrac{\pi}{3}$ 또는 $x=\dfrac{2}{3}\pi$ (2) $x=\dfrac{2}{3}\pi$ 또는 $x=\dfrac{4}{3}\pi$

(3) $x=\dfrac{\pi}{4}$ 또는 $x=\dfrac{5}{4}\pi$

(1) 함수 $y=\sin x$의 그래프와 직
선 $y=\dfrac{\sqrt{3}}{2}$의 교점의 x좌표이
므로
$x=\dfrac{\pi}{3}$ 또는 $x=\dfrac{2}{3}\pi$

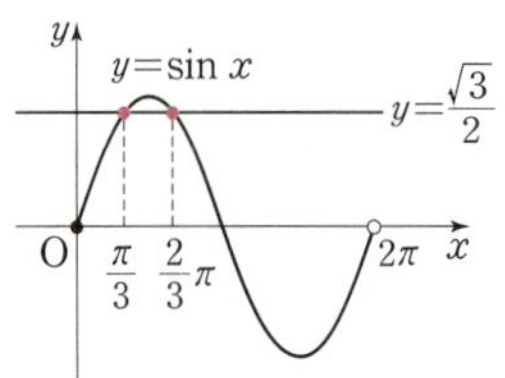

(2) 함수 $y=\cos x$의 그래프와 직
선 $y=-\dfrac{1}{2}$의 교점의 x좌표이
므로
$x=\dfrac{2}{3}\pi$ 또는 $x=\dfrac{4}{3}\pi$

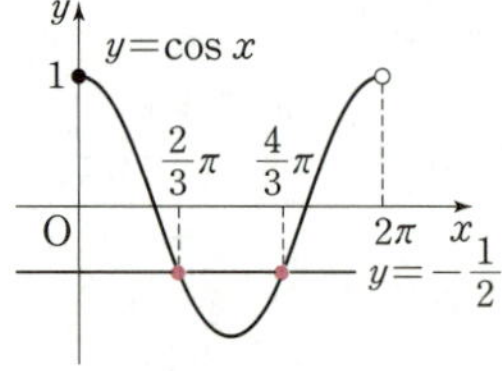

(3) 함수 $y=\tan x$의 그래프와 직
선 $y=1$의 교점의 x좌표이므로
$x=\dfrac{\pi}{4}$ 또는 $x=\dfrac{5}{4}\pi$

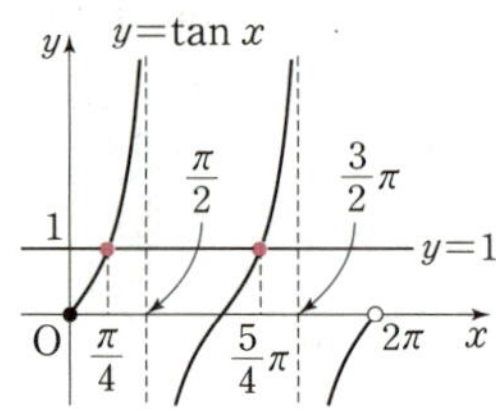

4 답 (1) $0\le x<\dfrac{4}{3}\pi$ 또는 $\dfrac{5}{3}\pi<x<2\pi$

(2) $\dfrac{\pi}{3}\le x\le\dfrac{5}{3}\pi$

(3) $\dfrac{\pi}{3}\le x<\dfrac{\pi}{2}$ 또는 $\dfrac{4}{3}\pi\le x<\dfrac{3}{2}\pi$

(1) 함수 $y=\sin x$의 그래프가 직
선 $y=-\dfrac{\sqrt{3}}{2}$보다 위쪽에 있
는 x의 값의 범위이므로
$0\le x<\dfrac{4}{3}\pi$ 또는
$\dfrac{5}{3}\pi<x<2\pi$

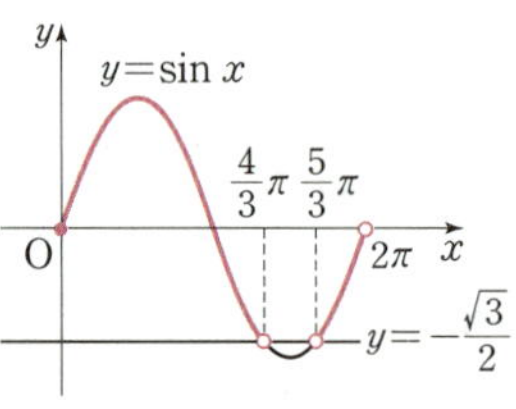

(2) 함수 $y=\cos x$의 그래프가 직
선 $y=\dfrac{1}{2}$과 만나거나 아래쪽
에 있는 x의 값의 범위이므로
$\dfrac{\pi}{3}\le x\le\dfrac{5}{3}\pi$

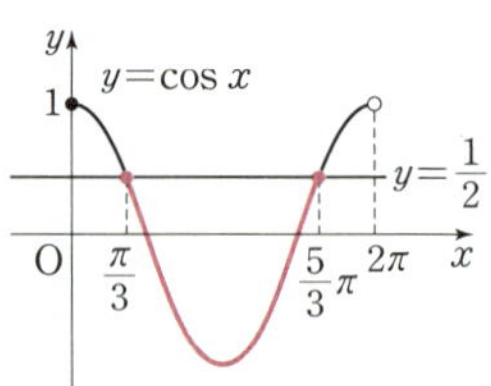

(3) 함수 $y=\tan x$의 그래프가 직
선 $y=\sqrt{3}$과 만나거나 위쪽에
있는 x의 값의 범위이므로
$\dfrac{\pi}{3}\le x<\dfrac{\pi}{2}$ 또는
$\dfrac{4}{3}\pi\le x<\dfrac{3}{2}\pi$

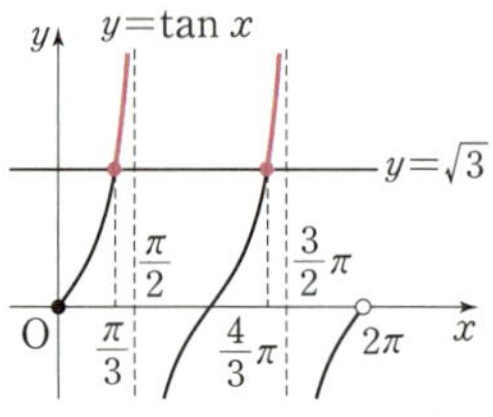

1 ⑤	1-1 ④	2 ④	2-1 ①
3 ③	3-1 ①	4 ⑤	4-1 ①
5 ①	5-1 ④	6 ②	6-1 ④
7 ②	7-1 48	8 ④	8-1 ④
9 ④	9-1 ①	10 ①	10-1 ④
11 ②	11-1 ③	12 ②	12-1 ④
13 ②	13-1 ④	14 ②	14-1 ③
15 ④	15-1 ②		

$\boxed{1}$ 답 ⑤

ㄱ. $\dfrac{2\pi}{4}=\dfrac{\pi}{2}$ (참)

ㄴ. $2+3=5$ (참)

ㄷ. 함수 $y=2\sin 4x$의 그래프는 점 $(0,\,0)$에 대하여 대칭이
고, 함수 $y=2\sin 4x+3$의 그래프는 함수 $y=2\sin 4x$의
그래프를 y축의 방향으로 3만큼 평행이동한 것이므로 점
$(0,\,3)$에 대하여 대칭이다. (참)

따라서 옳은 것은 ㄱ, ㄴ, ㄷ이다.

$\boxed{1}$-1 답 ④

$y=-3\sin\left(\dfrac{x}{2}+1\right)-1=-3\sin\dfrac{1}{2}(x+2)-1$

즉, 함수 $y=-3\sin\left(\dfrac{x}{2}+1\right)-1$의 그래프는 함수

$y=-3\sin\dfrac{x}{2}$의 그래프를 x축의 방향으로 -2만큼, y축의 방

향으로 -1만큼 평행이동한 것이다.

따라서 $m=-2$, $n=-1$이므로

$mn=(-2)\times(-1)=2$

$\boxed{2}$ 답 ④

① $f(0)=4\times 1-1=3$이므로 함수의 그래프는 점 $(0,\,3)$을
지난다. (참)

② 최댓값은 $4-1=3$, 최솟값은 $-4-1=-5$이므로
최댓값과 최솟값의 합은
$3+(-5)=-2$ (참)

③ 주기가 $\dfrac{2\pi}{\pi}=2$이므로 $f(x+2)=f(x)$ (참)

④ 함수의 그래프는 함수 $y=4\cos\pi x$의 그래프를 y축의 방향
으로 -1만큼 평행이동한 것이다. (거짓)

⑤ $f(-x)=4\cos\pi(-x)-1=4\cos\pi x-1=f(x)$ (참)

따라서 옳지 않은 것은 ④이다.

$\boxed{2}$-1 답 ①

ㄱ. $\dfrac{1}{3}+3=\dfrac{10}{3}$ (참)

ㄴ. $\dfrac{2\pi}{2}=\pi$ (거짓)

ㄷ. $y=\dfrac{1}{3}\cos(2x-1)+3=\dfrac{1}{3}\cos 2\left(x-\dfrac{1}{2}\right)+3$

즉, 함수의 그래프는 함수 $y=\dfrac{1}{3}\cos 2x$의 그래프를 x축

의 방향으로 $\dfrac{1}{2}$만큼, y축의 방향으로 3만큼 평행이동한 것

이다. (거짓)

따라서 옳은 것은 ㄱ이다.

$\boxed{3}$ 답 ③

ㄱ. $x=0$일 때, $y=2\times 0-1=-1$
즉, 함수의 그래프는 점 $(0,\,-1)$을 지난다. (참)

ㄴ. $\dfrac{\pi}{|-3|}=\dfrac{\pi}{3}$ (참)

ㄷ. 정의역은 $x\neq\dfrac{n}{3}\pi+\dfrac{\pi}{6}$ (n은 정수)인 모든 실수의 집합이
다. (거짓)

따라서 옳은 것은 ㄱ, ㄴ이다.

$\boxed{3}$-1 답 ①

함수 $y=5\tan\dfrac{\pi}{8}x$의 그래프를 x축의 방향으로 2만큼, y축의

방향으로 -4만큼 평행이동한 그래프의 식은

$y-(-4)=5\tan\dfrac{\pi}{8}(x-2)$ $\therefore\ y=5\tan\dfrac{\pi}{8}(x-2)-4$

$\therefore f(x)=5\tan\dfrac{\pi}{8}(x-2)-4$

$\therefore f(4)=5\tan\dfrac{\pi}{4}-4=5\times 1-4=1$

$\boxed{4}$ 답 ⑤

함수 $y=2\sin a\pi x+b$의

주기가 $\dfrac{1}{8}$이므로 $\dfrac{2\pi}{a\pi}=\dfrac{1}{8}$ ($\because a>0$) $\therefore a=16$

최댓값이 5이므로 $2+b=5$ $\therefore b=3$

$\therefore a+b=16+3=19$

$\boxed{4}$-1 답 ①

함수 $f(x)=a\cos bx+3$의

주기가 4π이므로 $\dfrac{2\pi}{b}=4\pi$ ($\because b>0$) $\therefore b=\dfrac{1}{2}$

최솟값이 -1이므로 $-a+3=-1$ ($\because a>0$) $\therefore a=4$

$\therefore a+b=4+\dfrac{1}{2}=\dfrac{9}{2}$

$\boxed{5}$ 답 ①

함수 $y=a\cos bx$의 그래프에서
최댓값은 4, 최솟값은 -4이므로
$a=4$ ($\because a>0$)
주기는 π이므로
$\dfrac{2\pi}{b}=\pi$ ($\because b>0$) $\therefore b=2$
$\therefore a+b=4+2=6$

$\boxed{5}$-1 답 ④

함수 $y=a\sin bx+c$의 그래프에서
점 $(0,\,3)$을 지나므로
$3=a\times 0+c$ $\therefore c=3$

최댓값이 6이므로

$a+3=6$ $(\because a>0)$ $\quad\therefore a=3$

주기가 4이므로

$\dfrac{2\pi}{b}=4$ $(\because b>0)$ $\quad\therefore b=\dfrac{\pi}{2}$

$\therefore abc=3\times\dfrac{\pi}{2}\times 3=\dfrac{9}{2}\pi$

다른 풀이

최댓값이 6, 최솟값이 0이므로

$a+c=6,\ -a+c=0$ $(\because a>0)$

위의 두 식을 연립하여 풀면

$a=3,\ c=3$

6 **답** ②

함수 $y=\sin 2x$의 그래프는

직선 $x=\dfrac{\pi}{4}$에 대하여 대칭이므로

$\dfrac{a+b}{2}=\dfrac{\pi}{4}$ $\quad\therefore a+b=\dfrac{\pi}{4}\times 2=\dfrac{\pi}{2}$

직선 $x=\dfrac{3}{4}\pi$에 대하여 대칭이므로

$\dfrac{c+d}{2}=\dfrac{3}{4}\pi$ $\quad\therefore c+d=\dfrac{3}{4}\pi\times 2=\dfrac{3}{2}\pi$

$\therefore a+b+c+d=(a+b)+(c+d)=\dfrac{\pi}{2}+\dfrac{3}{2}\pi=2\pi$

6-1 **답** ④

함수 $y=\cos x$의 그래프는 직선 $x=2\pi$에 대하여 대칭이므로

$\dfrac{a+d}{2}=2\pi$ $\quad\therefore a+d=4\pi$

$\dfrac{b+c}{2}=2\pi$ $\quad\therefore b+c=4\pi$

$\therefore a+b+c+d=(a+d)+(b+c)=4\pi+4\pi=8\pi$

7 **답** ②

$\sin\dfrac{2}{3}\pi+\cos\dfrac{7}{6}\pi+\tan\dfrac{3}{4}\pi$

$=\sin\left(\dfrac{\pi}{2}\times 2-\dfrac{\pi}{3}\right)+\cos\left(\dfrac{\pi}{2}\times 2+\dfrac{\pi}{6}\right)+\tan\left(\dfrac{\pi}{2}\times 2-\dfrac{\pi}{4}\right)$

$=\sin\dfrac{\pi}{3}-\cos\dfrac{\pi}{6}-\tan\dfrac{\pi}{4}$

$=\dfrac{\sqrt{3}}{2}-\dfrac{\sqrt{3}}{2}-1=-1$

7-1 **답** 48

$\sin\left(\dfrac{\pi}{2}\times 1+\theta\right)\tan\left(\dfrac{\pi}{2}\times 2-\theta\right)=\cos\theta\times(-\tan\theta)$

$\qquad\qquad\qquad\qquad\qquad =-\sin\theta=\dfrac{3}{5}$

$\therefore \sin\theta=-\dfrac{3}{5}$

$\therefore 30(1-\sin\theta)=30\times\dfrac{8}{5}=48$

8 **답** ④

$\cos^2 89°=\cos^2(90°\times 1-1°)=\sin^2 1°$

$\cos^2 88°=\cos^2(90°\times 1-2°)=\sin^2 2°$

$\cos^2 87°=\cos^2(90°\times 1-3°)=\sin^2 3°$

$\qquad\qquad\vdots$

$\cos^2 46°=\cos^2(90°\times 1-44°)=\sin^2 44°$

$\therefore \cos^2 1°+\cos^2 2°+\cos^2 3°+\cdots+\cos^2 90°$

$\quad=\cos^2 1°+\cos^2 2°+\cdots+\cos^2 44°+\cos^2 45°$

$\qquad\qquad\qquad +\sin^2 44°+\cdots+\sin^2 2°+\sin^2 1°+\cos^2 90°$

$\quad=(\cos^2 1°+\sin^2 1°)+(\cos^2 2°+\sin^2 2°)+\cdots$

$\qquad\qquad +(\cos^2 44°+\sin^2 44°)+\cos^2 45°+\cos^2 90°$

$\quad=1\times 44+\dfrac{1}{2}+0=\dfrac{89}{2}$

8-1 **답** ④

$\sin^2\dfrac{8}{18}\pi=\sin^2\left(\dfrac{\pi}{2}\times 1-\dfrac{\pi}{18}\right)=\cos^2\dfrac{\pi}{18}$

$\sin^2\dfrac{7}{18}\pi=\sin^2\left(\dfrac{\pi}{2}\times 1-\dfrac{2}{18}\pi\right)=\cos^2\dfrac{2}{18}\pi$

$\sin^2\dfrac{6}{18}\pi=\sin^2\left(\dfrac{\pi}{2}\times 1-\dfrac{3}{18}\pi\right)=\cos^2\dfrac{3}{18}\pi$

$\sin^2\dfrac{5}{18}\pi=\sin^2\left(\dfrac{\pi}{2}\times 1-\dfrac{4}{18}\pi\right)=\cos^2\dfrac{4}{18}\pi$

$\therefore \sin^2\dfrac{\pi}{18}+\sin^2\dfrac{2}{18}\pi+\sin^2\dfrac{3}{18}\pi+\cdots+\sin^2\dfrac{8}{18}\pi$

$\quad=\left(\sin^2\dfrac{\pi}{18}+\cos^2\dfrac{\pi}{18}\right)+\left(\sin^2\dfrac{2}{18}\pi+\cos^2\dfrac{2}{18}\pi\right)$

$\qquad +\left(\sin^2\dfrac{3}{18}\pi+\cos^2\dfrac{3}{18}\pi\right)+\left(\sin^2\dfrac{4}{18}\pi+\cos^2\dfrac{4}{18}\pi\right)$

$\quad=4$

9 **답** ④

$y=4\sin(\pi-x)+\cos\left(\dfrac{\pi}{2}+x\right)+4$

$\quad=4\sin x-\sin x+4$

$\quad=3\sin x+4$

따라서 구하는 최댓값은

$3+4=7$

9-1 **답** ①

$y=\sin\left(\dfrac{\pi}{2}+x\right)-3\cos(2\pi-x)+k$

$\quad=\cos x-3\cos x+k$

$\quad=-2\cos x+k$

이때 주어진 함수의 최솟값이 -1이므로

$-|-2|+k=-1$

$-2+k=-1$ $\quad\therefore k=1$

$\boxed{10}$ **답** ①

$y=\cos^2 x+2\sin x-3$
$\quad=1-\sin^2 x+2\sin x-3$
$\quad=-\sin^2 x+2\sin x-2$

이때 $\sin x=t$라 하면 $-1\le t\le 1$이고

$y=-t^2+2t-2=-(t-1)^2-1$

따라서 $t=1$일 때 최댓값 -1을 갖고, $t=-1$일 때 최솟값 -5를 가지므로 최댓값과 최솟값의 합은

$-1+(-5)=-6$

$\boxed{10}$-1 **답** ④

$y=\sin^2 x+\sin\left(x+\dfrac{\pi}{2}\right)+\dfrac{3}{4}=1-\cos^2 x+\cos x+\dfrac{3}{4}$

$\quad=-\cos^2 x+\cos x+\dfrac{7}{4}$

이때 $\cos x=t$라 하면 $-1\le t\le 1$이고

$y=-t^2+t+\dfrac{7}{4}=-\left(t-\dfrac{1}{2}\right)^2+2$

따라서 $t=\dfrac{1}{2}$일 때 최댓값 2를 갖는다.

$\boxed{11}$ **답** ②

$\sqrt{3}-2\sin 2x=0$에서 $\sin 2x=\dfrac{\sqrt{3}}{2}$

이때 $2x=t$라 하면 $0\le x<\pi$에서 $0\le t<2\pi$이고

$\sin t=\dfrac{\sqrt{3}}{2}$

$\therefore t=\dfrac{\pi}{3}$ 또는 $t=\dfrac{2}{3}\pi$

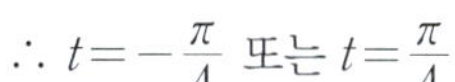

즉, $2x=\dfrac{\pi}{3}$ 또는 $2x=\dfrac{2}{3}\pi$에서

$x=\dfrac{\pi}{6}$ 또는 $x=\dfrac{\pi}{3}$

따라서 구하는 모든 해의 합은

$\dfrac{\pi}{6}+\dfrac{\pi}{3}=\dfrac{\pi}{2}$

$\boxed{11}$-1 **답** ③

$2\cos\left(x-\dfrac{\pi}{3}\right)=\sqrt{2}$에서 $\cos\left(x-\dfrac{\pi}{3}\right)=\dfrac{\sqrt{2}}{2}$

이때 $x-\dfrac{\pi}{3}=t$라 하면 $0\le x<2\pi$에서 $-\dfrac{\pi}{3}\le t<\dfrac{5}{3}\pi$이고

$\cos t=\dfrac{\sqrt{2}}{2}$

$\therefore t=-\dfrac{\pi}{4}$ 또는 $t=\dfrac{\pi}{4}$

즉, $x-\dfrac{\pi}{3}=-\dfrac{\pi}{4}$ 또는

$x-\dfrac{\pi}{3}=\dfrac{\pi}{4}$에서

$x=\dfrac{\pi}{12}$ 또는 $x=\dfrac{7}{12}\pi$

따라서 $\alpha=\dfrac{\pi}{12}$, $\beta=\dfrac{7}{12}\pi$이므로

$\beta-\alpha=\dfrac{7}{12}\pi-\dfrac{\pi}{12}=\dfrac{\pi}{2}$

$\boxed{12}$ **답** ②

$\cos^2 x-\sin x+1=0$에서
$1-\sin^2 x-\sin x+1=0$
$\sin^2 x+\sin x-2=0$
$(\sin x+2)(\sin x-1)=0$
$\therefore \sin x=1 \ (\because -1\le\sin x\le 1)$
$\therefore x=\dfrac{\pi}{2}$

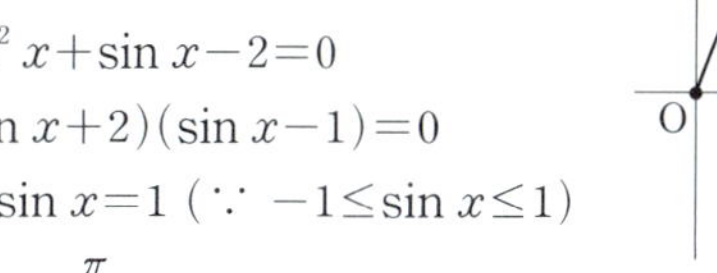
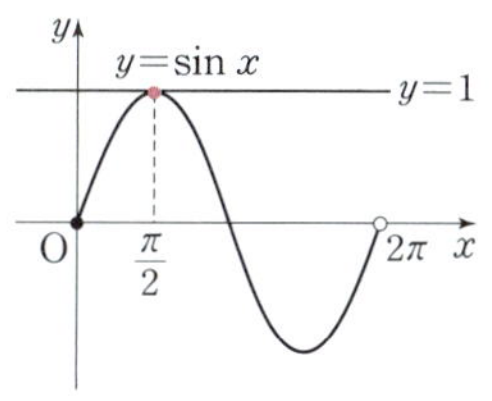

$\boxed{12}$-1 **답** ④

$2\sin^2 x+3\cos x=3$에서 $2(1-\cos^2 x)+3\cos x-3=0$

$2\cos^2 x-3\cos x+1=0,\ (2\cos x-1)(\cos x-1)=0$

$\therefore \cos x=\dfrac{1}{2}$ 또는 $\cos x=1$

(ⅰ) $\cos x=\dfrac{1}{2}$일 때

$\quad x=\dfrac{\pi}{3}$ 또는 $x=\dfrac{5}{3}\pi$

(ⅱ) $\cos x=1$일 때

$\quad x=0$

(ⅰ), (ⅱ)에서 $x=0$ 또는 $x=\dfrac{\pi}{3}$ 또는 $x=\dfrac{5}{3}\pi$

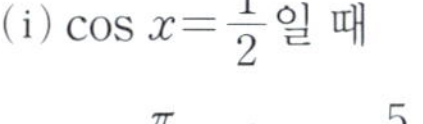
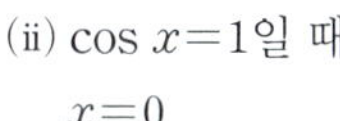

따라서 구하는 모든 해의 합은

$0+\dfrac{\pi}{3}+\dfrac{5}{3}\pi=2\pi$

$\boxed{13}$ **답** ②

$2\sin x+1<0$에서

$\sin x<-\dfrac{1}{2}$

$\therefore \dfrac{7}{6}\pi<x<\dfrac{11}{6}\pi$

따라서 $\alpha=\dfrac{7}{6}\pi$, $\beta=\dfrac{11}{6}\pi$

이므로

$\cos(\beta-\alpha)=\cos\dfrac{2}{3}\pi=-\dfrac{1}{2}$

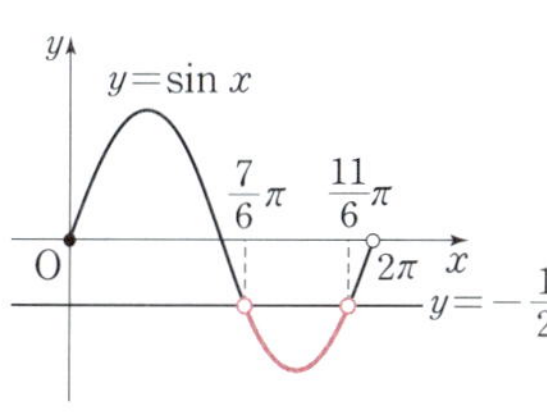

$\boxed{13}$-1 **답** ④

$x+\dfrac{\pi}{3}=t$라 하면 $0\le x<2\pi$에서

$\dfrac{\pi}{3}\le t<\dfrac{7}{3}\pi$이고

$\cos t<\dfrac{1}{2}$

$\therefore \dfrac{\pi}{3}<t<\dfrac{5}{3}\pi$

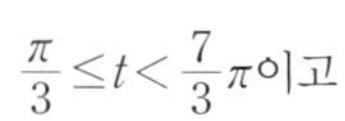
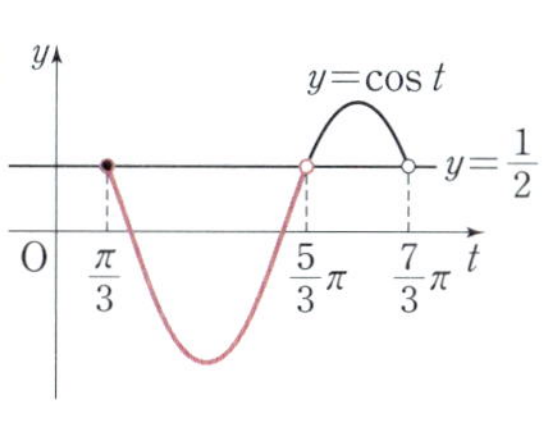

즉, $\dfrac{\pi}{3}<x+\dfrac{\pi}{3}<\dfrac{5}{3}\pi$에서 $0<x<\dfrac{4}{3}\pi$

따라서 $\alpha=0$, $\beta=\dfrac{4}{3}\pi$이므로

$\beta-\alpha=\dfrac{4}{3}\pi-0=\dfrac{4}{3}\pi$

14 답 ②

$2\cos^2 x-3\sin x-3\geq 0$에서
$2(1-\sin^2 x)-3\sin x-3\geq 0$, $2\sin^2 x+3\sin x+1\leq 0$
$(\sin x+1)(2\sin x+1)\leq 0$

$\therefore -1\leq \sin x\leq -\dfrac{1}{2}$

$\therefore \dfrac{7}{6}\pi\leq x\leq \dfrac{11}{6}\pi$

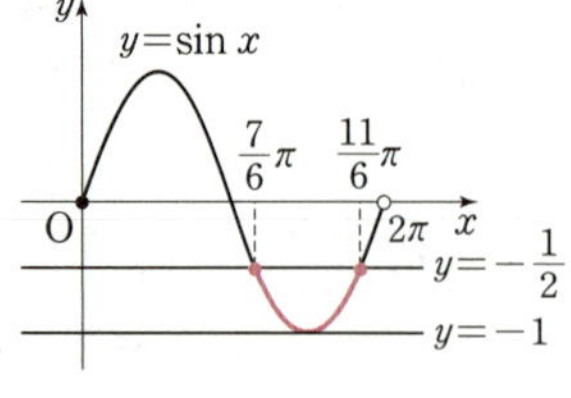

따라서 $\alpha=\dfrac{7}{6}\pi$, $\beta=\dfrac{11}{6}\pi$이므로

$\beta-\alpha=\dfrac{11}{6}\pi-\dfrac{7}{6}\pi=\dfrac{2}{3}\pi$

14 -1 답 ③

$\cos^2 x-\sin^2 x+3\cos x-1>0$에서
$\cos^2 x-(1-\cos^2 x)+3\cos x-1>0$
$2\cos^2 x+3\cos x-2>0$, $(\cos x+2)(2\cos x-1)>0$
$2\cos x-1>0$ $(\because \cos x+2>0)$

$\therefore \cos x>\dfrac{1}{2}$

$\therefore -\dfrac{\pi}{3}<x<\dfrac{\pi}{3}$

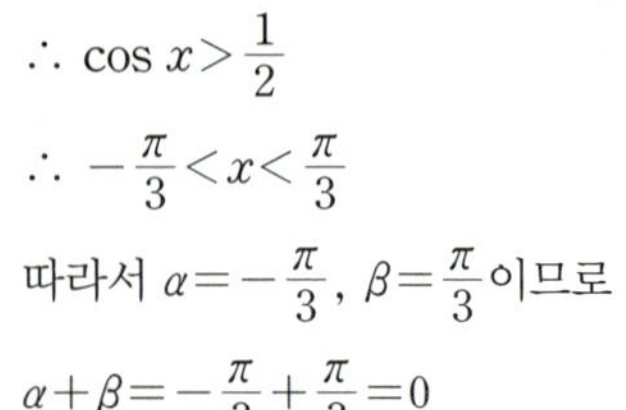

따라서 $\alpha=-\dfrac{\pi}{3}$, $\beta=\dfrac{\pi}{3}$이므로

$\alpha+\beta=-\dfrac{\pi}{3}+\dfrac{\pi}{3}=0$

15 답 ④

주어진 이차방정식의 판별식을 D라 하면

$\dfrac{D}{4}=4\sin^2 \theta-1=0$에서 $(2\sin \theta+1)(2\sin \theta-1)=0$

$\therefore \sin \theta=-\dfrac{1}{2}$ 또는 $\sin \theta=\dfrac{1}{2}$

(i) $\sin \theta=-\dfrac{1}{2}$일 때

$\theta=\dfrac{7}{6}\pi$ 또는 $\theta=\dfrac{11}{6}\pi$

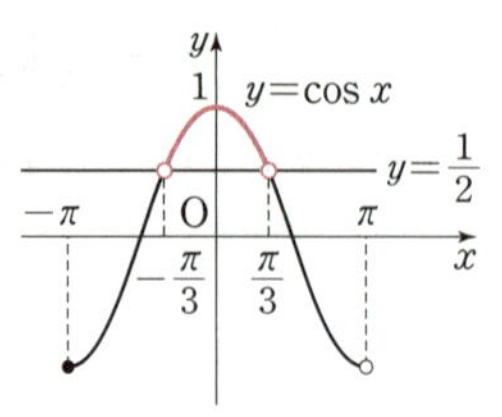

(ii) $\sin \theta=\dfrac{1}{2}$일 때

$\theta=\dfrac{\pi}{6}$ 또는 $\theta=\dfrac{5}{6}\pi$

(i), (ii)에서 $\theta=\dfrac{\pi}{6}$ 또는 $\theta=\dfrac{5}{6}\pi$ 또는 $\theta=\dfrac{7}{6}\pi$ 또는 $\theta=\dfrac{11}{6}\pi$

따라서 $M=\dfrac{11}{6}\pi$, $m=\dfrac{\pi}{6}$이므로

$M-m=\dfrac{11}{6}\pi-\dfrac{\pi}{6}=\dfrac{5}{3}\pi$

15 -1 답 ②

주어진 이차방정식의 판별식을 D라 하면

$\dfrac{D}{4}=\tan^2 \theta-3>0$에서 $(\tan \theta+\sqrt{3})(\tan \theta-\sqrt{3})>0$

$\therefore \tan \theta<-\sqrt{3}$ 또는 $\tan \theta>\sqrt{3}$

$\therefore \dfrac{\pi}{3}<\theta<\dfrac{\pi}{2}$ 또는 $\dfrac{\pi}{2}<\theta<\dfrac{2}{3}\pi$

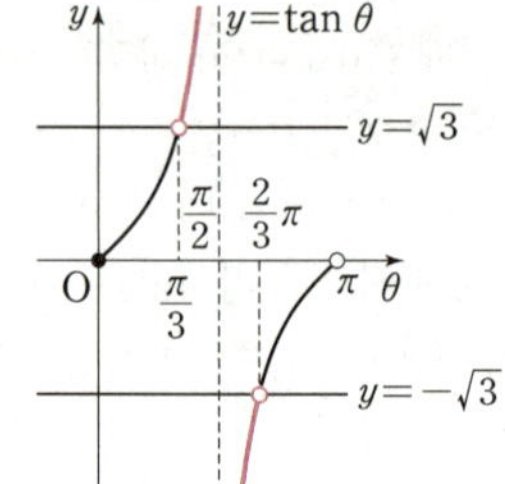

따라서 $a=\dfrac{\pi}{3}$, $d=\dfrac{2}{3}\pi$이므로

$d-a=\dfrac{2}{3}\pi-\dfrac{\pi}{3}=\dfrac{\pi}{3}$

1 ③	2 ④	3 ①	4 40
5 ⑤	6 12	7 ③	8 ②
9 ⑤	10 ⑤	11 ④	12 ⑤
13 ③	14 ⑤	15 ②	16 ①

1 답 ③

$M=3+1=4$, $m=-3+1=-2$, $p=\dfrac{2\pi}{\pi}=2$

$\therefore M-m+p=4-(-2)+2=8$

2 답 ④

주어진 함수의
최댓값과 최솟값의 차가 6이므로
$(a+1)-(-a+1)=6$ $(\because a>0)$, $2a=6$ $\quad \therefore a=3$
주기가 4이므로

$\dfrac{2\pi}{\dfrac{\pi}{2b}}=4$ $(\because b>0)$, $4b=4$ $\quad \therefore b=1$

$\therefore a+b=3+1=4$

3 답 ①

주어진 함수 $f(x)=a\sin\left(x-\dfrac{\pi}{2}\right)+b$의 그래프에서

최댓값은 4, 최솟값은 -2이므로
$a+b=4$, $-a+b=-2$ $(\because a>0)$
위의 두 식을 연립하여 풀면
$a=3$, $b=1$

따라서 $f(x)=3\sin\left(x-\dfrac{\pi}{2}\right)+1$이므로

$f\left(\dfrac{2}{3}\pi\right)=3\sin \dfrac{\pi}{6}+1=3\times \dfrac{1}{2}+1=\dfrac{5}{2}$

4 답 40

함수 $y=\tan \dfrac{\pi}{5}x$의 주기는 $\dfrac{\pi}{\dfrac{\pi}{5}}=5$

이때 오른쪽 그림과 같이 함수 $y=\tan\dfrac{\pi}{5}x$의 그래프는 두 점 $(0,0)$, $(5,0)$에 대하여 각각 대칭이므로 빗금친 부분의 넓이가 서로 같다.

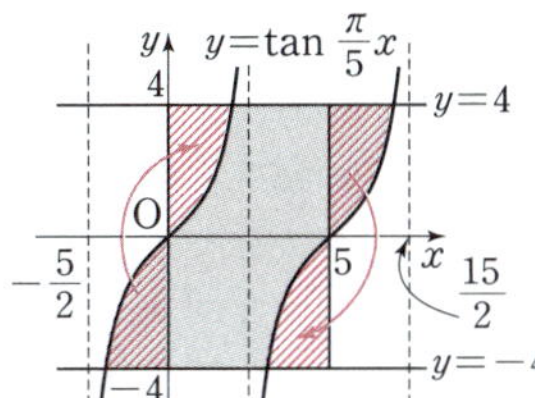

따라서 구하는 부분의 넓이는 가로의 길이가 5, 세로의 길이가 8인 직사각형의 넓이와 같으므로

$5\times8=40$

5 탭 ⑤

$\sin\dfrac{5}{6}\pi\cos\dfrac{5}{3}\pi+\sin\left(-\dfrac{\pi}{3}\right)\cos\left(-\dfrac{7}{6}\pi\right)$
$\qquad\qquad\qquad\qquad+\tan\left(-\dfrac{3}{4}\pi\right)\tan\dfrac{5}{4}\pi$

$=\sin\left(\dfrac{\pi}{2}\times2-\dfrac{\pi}{6}\right)\cos\left(\dfrac{\pi}{2}\times4-\dfrac{\pi}{3}\right)$

$\qquad\qquad\qquad-\sin\dfrac{\pi}{3}\cos\left(\dfrac{\pi}{2}\times2+\dfrac{\pi}{6}\right)$

$\qquad\qquad-\tan\left(\dfrac{\pi}{2}\times2-\dfrac{\pi}{4}\right)\tan\left(\dfrac{\pi}{2}\times2+\dfrac{\pi}{4}\right)$

$=\sin\dfrac{\pi}{6}\cos\dfrac{\pi}{3}-\sin\dfrac{\pi}{3}\times\left(-\cos\dfrac{\pi}{6}\right)+\tan\dfrac{\pi}{4}\tan\dfrac{\pi}{4}$

$=\dfrac{1}{2}\times\dfrac{1}{2}-\dfrac{\sqrt{3}}{2}\times\left(-\dfrac{\sqrt{3}}{2}\right)+1\times1=2$

6 탭 12

$\sin\left(\dfrac{\pi}{2}-\theta\right)\cos(\pi+\theta)\tan(\pi-\theta)$
$\qquad\qquad+\cos\left(\dfrac{\pi}{2}+\theta\right)\sin(\pi-\theta)\tan(-\theta)$

$=\sin\left(\dfrac{\pi}{2}\times1-\theta\right)\cos\left(\dfrac{\pi}{2}\times2+\theta\right)\tan\left(\dfrac{\pi}{2}\times2-\theta\right)$

$\qquad\qquad+\cos\left(\dfrac{\pi}{2}\times1+\theta\right)\sin\left(\dfrac{\pi}{2}\times2-\theta\right)\tan(-\theta)$

$=\cos\theta(-\cos\theta)(-\tan\theta)+(-\sin\theta)\sin\theta(-\tan\theta)$
$=\tan\theta(\sin^2\theta+\cos^2\theta)$
$=\tan\theta=\dfrac{3}{4}$

즉, $\sin\theta=\dfrac{3}{5}$, $\cos\theta=\dfrac{4}{5}\left(\because 0<\theta<\dfrac{\pi}{2}\right)$이므로

$\sin\theta+\cos\theta=\dfrac{3}{5}+\dfrac{4}{5}=\dfrac{7}{5}$

따라서 $p=5$, $q=7$이므로

$p+q=5+7=12$

7 탭 ③

$\tan80°=\tan(90°\times1-10°)=\dfrac{1}{\tan10°}$

$\tan70°=\tan(90°\times1-20°)=\dfrac{1}{\tan20°}$

$\tan60°=\tan(90°\times1-30°)=\dfrac{1}{\tan30°}$

$\tan50°=\tan(90°\times1-40°)=\dfrac{1}{\tan40°}$

$\therefore\ \tan10°\times\tan20°\times\tan30°\times\cdots\times\tan80°$

$\qquad=\tan10°\times\tan20°\times\cdots\times\dfrac{1}{\tan20°}\times\dfrac{1}{\tan10°}$

$\qquad=1$

8 탭 ②

$f(x)=\sin\left(\dfrac{\pi}{2}-x\right)-\cos(\pi+x)+2$
$\qquad=\cos x+\cos x+2$
$\qquad=2\cos x+2$

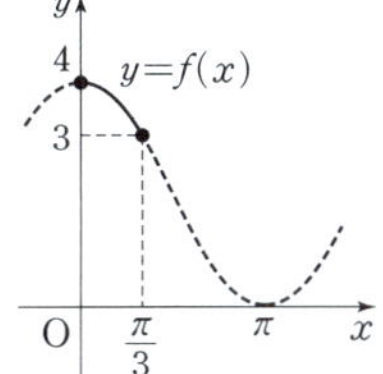

$\therefore\ M=f(0)=4$, $m=f\left(\dfrac{\pi}{3}\right)=3$

$\therefore\ M+m=4+3=7$

9 탭 ⑤

$-\dfrac{\pi}{4}\leq x\leq\dfrac{\pi}{4}$에서 $-1\leq\tan x\leq1$이므로

$-\pi\leq\pi\tan x\leq\pi$

따라서 함수 $y=2\cos(\pi\tan x)$의 최댓값은 $\pi\tan x=0$, 즉 $x=0$일 때 2이다.

10 탭 ⑤

$y=\sin^2 x+2k\cos x+3=1-\cos^2 x+2k\cos x+3$
$\qquad=-\cos^2 x+2k\cos x+4$

이때 $\cos x=t$라 하면 $-1\leq t\leq1$이고

$y=-t^2+2kt+4=-(t-k)^2+k^2+4$

주어진 함수가 $x=\dfrac{\pi}{3}$, 즉 $t=\cos\dfrac{\pi}{3}=\dfrac{1}{2}$일 때 최댓값 M을 가지므로

$k=\dfrac{1}{2}$, $M=\left(\dfrac{1}{2}\right)^2+4=\dfrac{17}{4}$

$\therefore\ k+M=\dfrac{1}{2}+\dfrac{17}{4}=\dfrac{19}{4}$

11 탭 ④

$2x=t$라 하면 $0\leq x<\pi$에서 $0\leq t<2\pi$이고

$|\tan t|=1$

$\therefore\ \tan t=-1$ 또는 $\tan t=1$

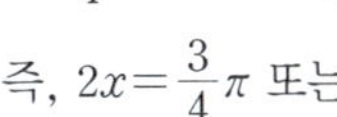

(i) $\tan t=-1$일 때

$t=\dfrac{3}{4}\pi$ 또는 $t=\dfrac{7}{4}\pi$

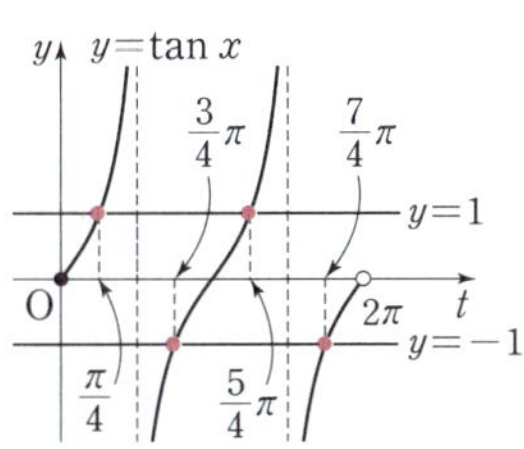

즉, $2x=\dfrac{3}{4}\pi$ 또는

$2x=\dfrac{7}{4}\pi$에서

$$x=\frac{3}{8}\pi \ \text{또는} \ x=\frac{7}{8}\pi$$

(ii) $\tan t=1$일 때

$$t=\frac{\pi}{4} \ \text{또는} \ t=\frac{5}{4}\pi$$

즉, $2x=\frac{\pi}{4}$ 또는 $2x=\frac{5}{4}\pi$에서

$$x=\frac{\pi}{8} \ \text{또는} \ x=\frac{5}{8}\pi$$

(i), (ii)에서

$$x=\frac{\pi}{8} \ \text{또는} \ x=\frac{3}{8}\pi \ \text{또는} \ x=\frac{5}{8}\pi \ \text{또는} \ x=\frac{7}{8}\pi$$

따라서 구하는 모든 해의 합은

$$\frac{\pi}{8}+\frac{3}{8}\pi+\frac{5}{8}\pi+\frac{7}{8}\pi=2\pi$$

12 답 ⑤

$\sin^2 x+\sin x\cos x=1$에서

$1-\cos^2 x+\sin x\cos x=1$

$\cos x(\sin x-\cos x)=0$

$\therefore \cos x=0$ 또는

$\quad \sin x-\cos x=0$

(i) $\cos x=0$일 때

$$x=\frac{\pi}{2} \ \text{또는} \ x=\frac{3}{2}\pi$$

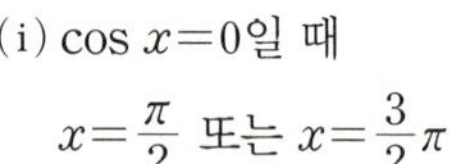

(ii) $\sin x-\cos x=0$일 때

$\cos x=\sin x$

이때 $\cos x=0$이면 위의 방정
식을 만족시키지 않으므로
$\cos x\neq 0$

$\therefore \tan x=1$

$$\therefore x=\frac{\pi}{4} \ \text{또는} \ x=\frac{5}{4}\pi$$

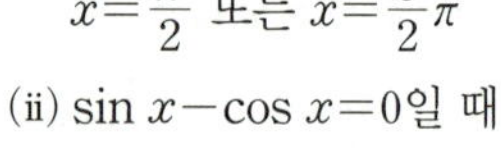

(i), (ii)에서 $x=\frac{\pi}{4}$ 또는 $x=\frac{\pi}{2}$ 또는 $x=\frac{5}{4}\pi$ 또는 $x=\frac{3}{2}\pi$

따라서 구하는 모든 해의 합은

$$\frac{\pi}{4}+\frac{\pi}{2}+\frac{5}{4}\pi+\frac{3}{2}\pi=\frac{7}{2}\pi$$

13 답 ③

$\frac{\pi}{3}x=t$라 하면 $0\leq x<12$에서 $0\leq t<4\pi$이고

$0\leq 2\sin t\leq\sqrt{3}$ $\qquad \therefore 0\leq\sin t\leq\frac{\sqrt{3}}{2}$

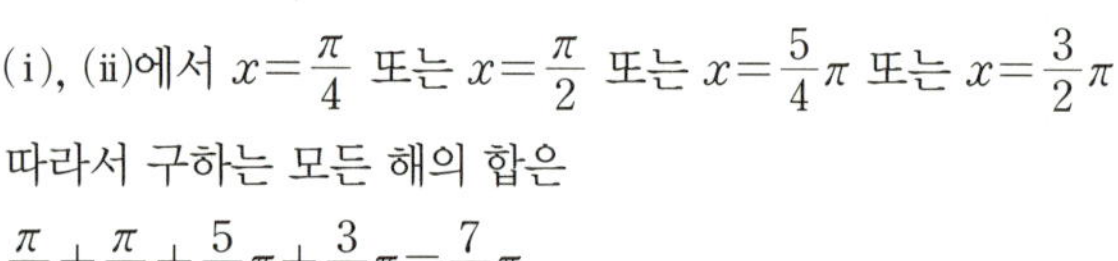

$\therefore 0\leq t\leq\frac{\pi}{3}$ 또는 $\frac{2}{3}\pi\leq t\leq\pi$ 또는

$\quad 2\pi\leq t\leq\frac{7}{3}\pi$ 또는 $\frac{8}{3}\pi\leq t\leq 3\pi$

즉, $0\leq\frac{\pi}{3}x\leq\frac{\pi}{3}$ 또는 $\frac{2}{3}\pi\leq\frac{\pi}{3}x\leq\pi$ 또는

$2\pi\leq\frac{\pi}{3}x\leq\frac{7}{3}\pi$ 또는 $\frac{8}{3}\pi\leq\frac{\pi}{3}x\leq 3\pi$에서

$0\leq x\leq 1$ 또는 $2\leq x\leq 3$ 또는 $6\leq x\leq 7$ 또는 $8\leq x\leq 9$

따라서 구하는 정수 x의 개수는

$0, 1, 2, 3, 6, 7, 8, 9$의 8

14 답 ⑤

$$\tan^2(\pi-x)+\frac{\sqrt{3}-1}{\tan\left(\frac{\pi}{2}-x\right)}-\sqrt{3}>0$$에서

$\tan^2 x+(\sqrt{3}-1)\tan x-\sqrt{3}>0$

$(\tan x+\sqrt{3})(\tan x-1)>0$

$\therefore \tan x<-\sqrt{3}$ 또는 $\tan x>1$

$\therefore \frac{\pi}{4}<x<\frac{\pi}{2}$ 또는 $\frac{\pi}{2}<x<\frac{2}{3}\pi$

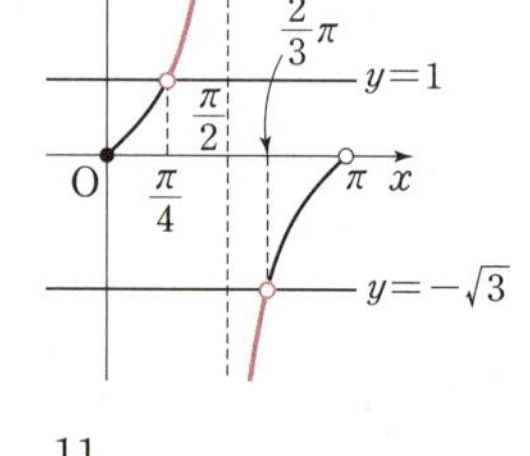

따라서

$a=\frac{\pi}{4}$, $b=\frac{\pi}{2}$, $c=\frac{\pi}{2}$, $d=\frac{2}{3}\pi$

이므로

$$a+b-c+d=\frac{\pi}{4}+\frac{\pi}{2}-\frac{\pi}{2}+\frac{2}{3}\pi=\frac{11}{12}\pi$$

15 답 ②

$4\sin^2 x-4\cos\left(\frac{\pi}{2}+x\right)-3=0$에서

$4\sin^2 x+4\sin x-3=0$, $(2\sin x+3)(2\sin x-1)=0$

$\therefore \sin x=\frac{1}{2}$ $(\because -1\leq\sin x\leq 1)$

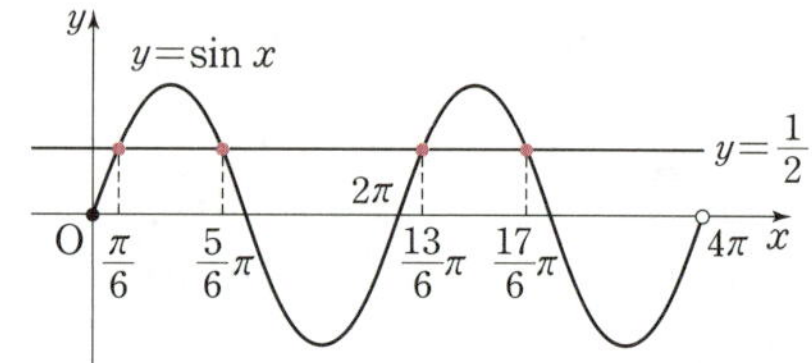

$\therefore x=\frac{\pi}{6}$ 또는 $x=\frac{5}{6}\pi$ 또는 $x=\frac{13}{6}\pi$ 또는 $x=\frac{17}{6}\pi$

따라서 구하는 모든 해의 합은

$$\frac{\pi}{6}+\frac{5}{6}\pi+\frac{13}{6}\pi+\frac{17}{6}\pi=6\pi$$

16 답 ①

$x^2-(2\sin\theta)x-3\cos^2\theta-5\sin\theta+5=0$에서

$x^2-(2\sin\theta)x-3(1-\sin^2\theta)-5\sin\theta+5=0$

$x^2-(2\sin\theta)x+3\sin^2\theta-5\sin\theta+2=0$

위의 이차방정식의 판별식을 D라 하면

$\dfrac{D}{4} = \sin^2\theta - (3\sin^2\theta - 5\sin\theta + 2) \geq 0$에서

$2\sin^2\theta - 5\sin\theta + 2 \leq 0$

$(2\sin\theta - 1)(\sin\theta - 2) \leq 0$

$2\sin\theta - 1 \geq 0 \ (\because \sin\theta - 2 < 0)$

$\therefore \sin\theta \geq \dfrac{1}{2}$

$\therefore \dfrac{\pi}{6} \leq \theta \leq \dfrac{5}{6}\pi$

따라서 $\alpha = \dfrac{\pi}{6}$, $\beta = \dfrac{5}{6}\pi$이므로

$4\beta - 2\alpha = 4 \times \dfrac{5}{6}\pi - 2 \times \dfrac{\pi}{6} = 3\pi$

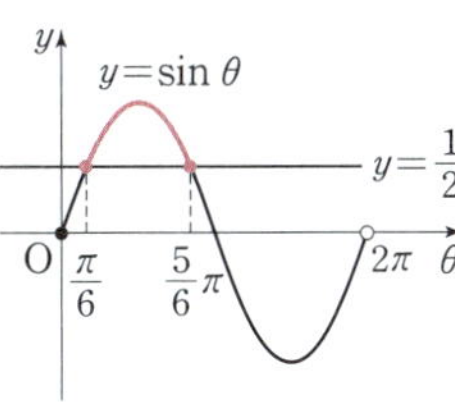

03 삼각함수의 활용

1 $\overline{BC} = \sqrt{6}$, $R = \sqrt{3}$ **2** 6   **3** 5

4 12

---

1 답 $\overline{BC} = \sqrt{6}$, $R = \sqrt{3}$

사인법칙에 의하여

$\dfrac{\overline{BC}}{\sin 45^\circ} = \dfrac{3}{\sin 60^\circ}$에서 $\overline{BC} = 3 \times \dfrac{2}{\sqrt{3}} \times \dfrac{\sqrt{2}}{2} = \sqrt{6}$

$\dfrac{3}{\sin 60^\circ} = 2R$에서 $R = 3 \times \dfrac{2}{\sqrt{3}} \times \dfrac{1}{2} = \sqrt{3}$

2 답 6

코사인법칙에 의하여

$\overline{BC}^2 = (2\sqrt{3})^2 + (4\sqrt{3})^2 - 2 \times 2\sqrt{3} \times 4\sqrt{3} \times \cos 60^\circ$

$\qquad = 12 + 48 - 24 = 36$

$\therefore \overline{BC} = 6 \ (\because \overline{BC} > 0)$

3 답 5

$\dfrac{1}{2} \times 4 \times 5 \times \sin 150^\circ = \dfrac{1}{2} \times 4 \times 5 \times \dfrac{1}{2} = 5$

4 답 12

$3 \times 4\sqrt{2} \times \sin 45^\circ = 3 \times 4\sqrt{2} \times \dfrac{\sqrt{2}}{2} = 12$

1 ③	1-1 ③	2 ④	2-1 ⑤
3 ⑤	3-1 ④	4 ①	4-1 ⑤
5 ④	5-1 ⑤	6 ②	6-1 ③

1 답 ③

$\angle C = \pi - \angle A - \angle B = \pi - \dfrac{2}{3}\pi - \dfrac{\pi}{12} = \dfrac{\pi}{4}$

이때 사인법칙에 의하여

$\dfrac{\overline{BC}}{\sin \dfrac{2}{3}\pi} = \dfrac{4}{\sin \dfrac{\pi}{4}}$

$\therefore \overline{BC} = 4 \times \sqrt{2} \times \dfrac{\sqrt{3}}{2} = 2\sqrt{6}$

1-1 답 ③

사인법칙에 의하여

$\dfrac{\overline{AC}}{\sin B} = 2 \times 15$

$\therefore \overline{AC} = 2 \times 15 \times \sin B = 2 \times 15 \times \dfrac{7}{10} = 21$

$\boxed{2}$ **답** ④

$9\sin A\sin(B+C)=4$에서

$\sin A\sin(\pi-A)=\dfrac{4}{9}$ $(\because A+B+C=\pi)$

$\sin^2 A=\dfrac{4}{9}$ $\qquad\therefore \sin A=\dfrac{2}{3}$ $(\because 0<A<\pi)$

한편, $\angle BCD=\dfrac{\pi}{2}$이므로 선분 BD는 원의 지름이다.

따라서 삼각형 ABC에서 사인법칙에 의하여

$\dfrac{\overline{BC}}{\sin A}=12$

$\therefore \overline{BC}=12\times\dfrac{2}{3}=8$

$\boxed{2}\text{-}1$ **답** ⑤

주어진 원의 반지름의 길이를 R라 하면
삼각형 ABD에서 사인법칙에 의하여

$\dfrac{\overline{AB}}{\sin(\angle ADB)}=2R$ $\qquad\therefore R=2\times 2\times\dfrac{1}{2}=2$

삼각형 ACD에서 사인법칙에 의하여

$\dfrac{\overline{AD}}{\sin(\angle ACD)}=2R,\ \dfrac{3}{\sin(\angle ACD)}=2\times 2$

$\therefore \sin(\angle ACD)=\dfrac{3}{4}$

$\boxed{3}$ **답** ⑤

코사인법칙에 의하여

$\cos C=\dfrac{2^2+3^2-(\sqrt{7})^2}{2\times 2\times 3}=\dfrac{6}{12}=\dfrac{1}{2}$

$\therefore \sin C=\sqrt{1-\cos^2 C}$

$\qquad\quad =\sqrt{1-\left(\dfrac{1}{2}\right)^2}=\dfrac{\sqrt{3}}{2}$ $(\because 0<C<\pi)$

$\boxed{3}\text{-}1$ **답** ④

코사인법칙에 의하여

$\overline{AB}^2=4^2+3^2-2\times 4\times 3\times\cos\dfrac{\pi}{3}$

$\qquad\quad =16+9-12=13$

$\therefore \overline{AB}=\sqrt{13}$ $(\because \overline{AB}>0)$

삼각형 ABC의 외접원의 반지름의 길이를 R라 하면 사인법칙에 의하여

$\dfrac{\overline{AB}}{\sin C}=2R$ $\qquad\therefore R=\sqrt{13}\times\dfrac{2}{\sqrt{3}}\times\dfrac{1}{2}=\dfrac{\sqrt{39}}{3}$

따라서 구하는 외접원의 둘레의 길이는

$2\pi R=2\pi\times\dfrac{\sqrt{39}}{3}=\dfrac{2\sqrt{39}}{3}\pi$

$\boxed{4}$ **답** ①

삼각형 ABC에서 코사인법칙에 의하여

$\cos B=\dfrac{4^2+5^2-4^2}{2\times 4\times 5}=\dfrac{25}{40}=\dfrac{5}{8}$

삼각형 ABD에서 코사인법칙에 의하여

$\overline{AD}^2=4^2+3^2-2\times 4\times 3\times\cos B$

$\qquad\quad =16+9-15=10$

$\therefore \overline{AD}=\sqrt{10}$ $(\because \overline{AD}>0)$

$\boxed{4}\text{-}1$ **답** ⑤

삼각형 ABC에서 코사인법칙에 의하여

$\cos(\angle CAB)=\dfrac{3^2+4^2-2^2}{2\times 3\times 4}=\dfrac{21}{24}=\dfrac{7}{8}$

$\overline{BC}=\overline{CD},\ \angle CAB=\angle CAD$이므로 $\overline{AD}=x\ (0<x<4)$라
하면 삼각형 ACD에서 코사인법칙에 의하여

$2^2=x^2+3^2-2\times x\times 3\times\dfrac{7}{8}$

$4=x^2+9-\dfrac{21}{4}x$

$4x^2-21x+20=0$

$(4x-5)(x-4)=0$ $\qquad\therefore x=\dfrac{5}{4}$ $(\because 0<x<4)$

$\therefore \overline{AD}=\dfrac{5}{4}$

$\boxed{5}$ **답** ④

$\overline{AB}=x\ (x>0)$이라 하면 코사인법칙에 의하여

$6^2=4^2+x^2-2\times 4\times x\times\cos\dfrac{\pi}{3}$

$36=16+x^2-4x$

$x^2-4x-20=0$

$\therefore x=2+2\sqrt{6}$ $(\because x>0)$

따라서 구하는 삼각형 ABC의 넓이는

$\dfrac{1}{2}\times\overline{AB}\times\overline{AC}\times\sin\dfrac{\pi}{3}=\dfrac{1}{2}\times(2+2\sqrt{6})\times 4\times\dfrac{\sqrt{3}}{2}$

$\qquad\qquad\qquad\qquad =6\sqrt{2}+2\sqrt{3}$

$\boxed{5}\text{-}1$ **답** ⑤

삼각형 ABC의 넓이가 $\sqrt{6}$이므로

$\dfrac{1}{2}\times 2\times\sqrt{7}\times\sin\theta=\sqrt{6}$

$\therefore \sin\theta=\dfrac{\sqrt{42}}{7}$

$\therefore \sin\left(\dfrac{\pi}{2}+\theta\right)=\cos\theta=\sqrt{1-\sin^2\theta}$

$\qquad\qquad\qquad\quad =\sqrt{1-\dfrac{6}{7}}=\dfrac{\sqrt{7}}{7}\left(\because 0<\theta<\dfrac{\pi}{2}\right)$

$\boxed{6}$ **답** ②

$\cos(\angle ABC)=\dfrac{\sqrt{7}}{4}$이므로

$\sin(\angle ABC)=\sqrt{1-\cos^2(\angle ABC)}$

$\qquad\qquad\quad =\sqrt{1-\dfrac{7}{16}}=\dfrac{3}{4}$ $(\because 0<\angle ABC<\pi)$

평행사변형의 성질에 의하여

$\overline{BC}=\overline{AD}=4$

따라서 구하는 평행사변형 ABCD의 넓이는

$3\times4\times\dfrac{3}{4}=9$

$\boxed{6}$ -1 답 ③

삼각형 BCD에서 코사인법칙에 의하여

$\overline{BD}^2=3^2+2^2-2\times3\times2\times\cos\dfrac{2}{3}\pi$

$\qquad=9+4-(-6)=19$

$\therefore \overline{BD}=\sqrt{19}\ (\because \overline{BD}>0)$

한편, 사각형 ABCD가 원에 내접하므로

$\angle BAD=\pi-\angle BCD=\pi-\dfrac{2}{3}\pi=\dfrac{\pi}{3}$

$\overline{AD}=x\ (x>0)$이라 하면 삼각형 ABD에서 코사인법칙에 의하여

$(\sqrt{19})^2=x^2+3^2-2\times x\times3\times\cos\dfrac{\pi}{3}$

$19=x^2+9-3x,\ x^2-3x-10=0$

$(x+2)(x-5)=0 \quad \therefore x=5\ (\because x>0)$

$\therefore \overline{AD}=5$

$\therefore \square ABCD=\triangle ABD+\triangle BCD$

$\qquad=\dfrac{1}{2}\times5\times3\times\sin\dfrac{\pi}{3}+\dfrac{1}{2}\times3\times2\times\sin\dfrac{2}{3}\pi$

$\qquad=\dfrac{15\sqrt{3}}{4}+\dfrac{3\sqrt{3}}{2}=\dfrac{21\sqrt{3}}{4}$

단원 마무리 122~123쪽

| 1 ⑤ | 2 ⑤ | 3 ④ | 4 ② |
| 5 ④ | 6 ④ | 7 ⑤ | 8 ④ |

1 답 ⑤

사인법칙에 의하여

$\dfrac{\overline{BC}}{\sin A}=\dfrac{\overline{CA}}{\sin B}=\dfrac{\overline{AB}}{\sin C}=2\times5$

따라서 $\overline{AB}=10\sin C,\ \overline{BC}=10\sin A,\ \overline{CA}=10\sin B$이므로

$\overline{AB}+\overline{BC}+\overline{CA}=10\sin C+10\sin A+10\sin B$

$\qquad=10(\sin A+\sin B+\sin C)$

$\qquad=10\times2=20$

2 답 ⑤

주어진 원의 반지름의 길이를 R라 하면
삼각형 ABD에서 사인법칙에 의하여

$\dfrac{4}{\sin\theta}=2R \quad \therefore R=4\times\dfrac{3}{2}\times\dfrac{1}{2}=3$

원에 내접하는 사각형의 성질에 의하여

$\angle ADC=\pi-\angle ABC=\pi-\dfrac{\pi}{2}=\dfrac{\pi}{2}$

즉, 선분 AC는 원의 지름이고 삼각형 ACD는 직각삼각형이다.

이때 $\overline{AC}=2R=6$이므로

$\overline{CD}=\sqrt{\overline{AC}^2-\overline{AD}^2}=\sqrt{6^2-4^2}=2\sqrt{5}$

3 답 ④

사인법칙에 의하여

$\dfrac{\overline{BC}}{\sin A}=2\times2 \quad \therefore \sin A=2\sqrt{3}\times\dfrac{1}{4}=\dfrac{\sqrt{3}}{2}$

$\therefore \cos A=\sqrt{1-\sin^2 A}=\sqrt{1-\dfrac{3}{4}}=\dfrac{1}{2}\ \left(\because 0<A<\dfrac{\pi}{2}\right)$

$\overline{AB}=x\ (x>0)$이라 하면 코사인법칙에 의하여

$(2\sqrt{3})^2=2^2+x^2-2\times2\times x\times\dfrac{1}{2}$

$12=4+x^2-2x,\ x^2-2x-8=0$

$(x+2)(x-4)=0 \quad \therefore x=4\ (\because x>0)$

$\therefore \overline{AB}=4$

4 답 ②

원에 내접하는 사각형의 성질에 의하여

$\angle BAD=\pi-\angle BCD=\pi-\dfrac{\pi}{3}=\dfrac{2}{3}\pi$

삼각형 ABD에서 코사인법칙에 의하여

$\overline{BD}^2=4^2+2^2-2\times4\times2\times\cos\dfrac{2}{3}\pi$

$\qquad=16+4-(-8)=28$

$\therefore \overline{BD}=2\sqrt{7}\ (\because \overline{BD}>0)$

이때 $\overline{BC}=x\ (x>0)$이라 하면 삼각형 BCD에서 코사인법칙에 의하여

$(2\sqrt{7})^2=x^2+4^2-2\times x\times4\times\cos\dfrac{\pi}{3}$

$28=x^2+16-4x,\ x^2-4x-12=0$

$(x+2)(x-6)=0 \quad \therefore x=6\ (\because x>0)$

$\therefore \overline{BC}=6$

5 답 ④

삼각형 ACD에서 코사인법칙에 의하여

$\cos(\angle ACD)=\dfrac{4^2+3^2-2^2}{2\times4\times3}=\dfrac{21}{24}=\dfrac{7}{8}$

$\therefore \sin(\angle ACD)=\sqrt{1-\cos^2(\angle ACD)}$

$\qquad=\sqrt{1-\dfrac{49}{64}}=\dfrac{\sqrt{15}}{8}\ (\because 0<\angle ACD<\pi)$

주어진 원의 반지름의 길이를 R라 하면 삼각형 ACD에서 사인법칙에 의하여

$\dfrac{2}{\sin(\angle ACD)}=2R \quad \therefore R=\dfrac{8\sqrt{15}}{15}$

$\therefore \overline{AB}=2R=2\times\dfrac{8\sqrt{15}}{15}=\dfrac{16\sqrt{15}}{15}$

이때 원주각의 성질에 의하여 $\angle ABD=\angle ACD$이고,

삼각형 ABD는 $\angle ADB=\dfrac{\pi}{2}$인 직각삼각형이므로

$$\overline{BD}=\overline{AB}\cos(\angle ABD)$$
$$=\overline{AB}\cos(\angle ACD)$$
$$=\frac{16\sqrt{15}}{15}\times\frac{7}{8}=\frac{14\sqrt{15}}{15}$$

따라서 구하는 삼각형 ABD의 넓이는

$$\frac{1}{2}\times\overline{AD}\times\overline{BD}=\frac{1}{2}\times2\times\frac{14\sqrt{15}}{15}=\frac{14\sqrt{15}}{15}$$

6 답 ④

삼각형 ABC의 넓이가 $\dfrac{9\sqrt{3}}{4}$이므로

$$\frac{1}{2}\times\overline{AB}\times\overline{CA}\times\sin60°=\frac{9\sqrt{3}}{4}$$

$$\therefore \overline{AB}\times\overline{CA}=9 \quad\cdots\cdots\ \bigcirc$$

코사인법칙에 의하여

$$3^2=\overline{AB}^2+\overline{CA}^2-2\times\overline{AB}\times\overline{CA}\times\frac{1}{2}$$

$$9=(\overline{AB}+\overline{CA})^2-3\times\overline{AB}\times\overline{CA}$$

$$9=(\overline{AB}+\overline{CA})^2-27\ (\because\ \bigcirc)$$

$$(\overline{AB}+\overline{CA})^2=36 \quad\therefore \overline{AB}+\overline{CA}=6\ (\because\ \overline{AB}+\overline{CA}>0)$$

따라서 구하는 삼각형 ABC의 둘레의 길이는

$$\overline{AB}+\overline{BC}+\overline{CA}=\overline{BC}+(\overline{AB}+\overline{CA})=3+6=9$$

7 답 ⑤

평행사변형의 성질에 의하여
$$\overline{AD}=\overline{BC}=4$$

평행사변형 ABCD의 넓이가 7이므로

$$7=2\times4\times\sin(\angle BAD) \quad\therefore \sin(\angle BAD)=\frac{7}{8}$$

8 답 ④

부채꼴 OAB의 반지름의 길이를 $r\ (r>0)$이라 하면

$$\overline{OP}=\frac{3}{4}r,\ \overline{OQ}=\frac{r}{3}$$

삼각형 OPQ의 넓이가 $4\sqrt{3}$이므로

$$\frac{1}{2}\times\frac{3}{4}r\times\frac{r}{3}\times\sin\frac{\pi}{3}=4\sqrt{3}$$

$$\frac{\sqrt{3}}{16}r^2=4\sqrt{3},\ r^2=64 \quad\therefore r=8\ (\because\ r>0)$$

따라서 구하는 호 AB의 길이는

$$r\times\frac{\pi}{3}=8\times\frac{\pi}{3}=\frac{8}{3}\pi$$

Ⅲ. 수열

01 등차수열

1 23　　　　**2** 4　　　　**3** 120

4 (1) $a_n=2n+1$ (2) $a_1=2,\ a_n=2n+1\ (n\geq2)$

1 답 23

등차수열 $\{a_n\}$의 첫째항을 a, 공차를 d라 하면

$a_4=9$에서 $a+3d=9$ $\quad\cdots\cdots\ \bigcirc$

$a_7=15$에서 $a+6d=15$ $\quad\cdots\cdots\ \bigcirc$

$\bigcirc$, $\bigcirc$을 연립하여 풀면

$a=3,\ d=2$

$$\therefore a_{11}=3+10\times2=23$$

다른 풀이

$a_7=a_4+3d$이므로

$15=9+3d,\ 3d=6 \quad\therefore d=2$

$$\therefore a_{11}=a_7+4d=15+4\times2=23$$

2 답 4

x는 -4와 $3x$의 등차중항이므로

$x=\dfrac{-4+3x}{2}$에서

$2x=-4+3x \quad\therefore x=4$

3 답 120

$a_1=2+1=3$, $a_{10}=20+1=21$이므로 구하는 합은

$$\frac{10\times(3+21)}{2}=120$$

다른 풀이

첫째항이 $a_1=2+1=3$, 공차가 2이므로 구하는 합은

$$\frac{10\times(2\times3+9\times2)}{2}=120$$

4 답 (1) $a_n=2n+1$ (2) $a_1=2,\ a_n=2n+1\ (n\geq2)$

(1) (i) $n=1$일 때

$\qquad a_1=S_1=1+2=3$

　(ii) $n\geq2$일 때

$\qquad a_n=S_n-S_{n-1}$

$\qquad\quad =n^2+2n-\{(n-1)^2+2(n-1)\}$

$\qquad\quad =n^2+2n-(n^2-1)$

$\qquad\quad =2n+1 \quad\cdots\cdots\ \bigcirc$

이때 $a_1=3$은 $\bigcirc$에 $n=1$을 대입한 것과 같으므로

$a_n=2n+1$

(2) (i) $n=1$일 때

$\qquad a_1=S_1=1+2-1=2$

(ii) $n \geq 2$일 때
$$a_n = S_n - S_{n-1}$$
$$= n^2 + 2n - 1 - \{(n-1)^2 + 2(n-1) - 1\}$$
$$= n^2 + 2n - 1 - (n^2 - 2)$$
$$= 2n + 1 \quad \cdots\cdots\; \bigcirc$$
이때 $a_1 = 2$는 $\bigcirc$에 $n = 1$을 대입한 것과 같지 않으므로
$$a_1 = 2, \; a_n = 2n + 1 \; (n \geq 2)$$

필수 예제 131~139쪽

1 ⑤	1 -1 ②	2 ②	2 -1 ①
3 ⑤	3 -1 ②	4 ③	4 -1 ①
5 ①	5 -1 ③	6 ⑤	6 -1 ③
7 ③	7 -1 ④	8 ①	8 -1 ②
9 ②	9 -1 26		

1 답 ⑤

등차수열 $\{a_n\}$의 첫째항을 a, 공차를 d라 하면
$a_2 = 6$에서 $a + d = 6$ $\quad \cdots\cdots\; \bigcirc$
$a_4 + a_6 = 36$에서 $(a + 3d) + (a + 5d) = 36$
$\therefore a + 4d = 18$ $\quad \cdots\cdots\; \bigcirc$
$\bigcirc$, $\bigcirc$을 연립하여 풀면
$a = 2, \; d = 4$
$\therefore a_{10} = 2 + 9 \times 4 = 38$

1 -1 답 ②

등차수열 $\{a_n\}$의 첫째항을 a, 공차를 d라 하면
$a_3 = 5$에서 $a + 2d = 5$ $\quad \cdots\cdots\; \bigcirc$
$a_{11} = 29$에서 $a + 10d = 29$ $\quad \cdots\cdots\; \bigcirc$
$\bigcirc$, $\bigcirc$을 연립하여 풀면
$a = -1, \; d = 3$
$a_k = 47$에서 $-1 + (k - 1) \times 3 = 47$
$3k - 4 = 47, \; 3k = 51$
$\therefore k = 17$

다른 풀이

$a_{11} - a_3 = 8d$이므로
$29 - 5 = 8d, \; 24 = 8d$
$\therefore d = 3$
$a_k = 47$에서 $a_3 + (k - 3) \times 3 = 47$
$5 + 3k - 9 = 47, \; 3k = 51$
$\therefore k = 17$

2 답 ②

등차수열 $\{a_n\}$의 첫째항을 a, 공차를 d라 하면
$a_1 = a_3 + 8$에서 $a = a + 2d + 8$
$\therefore d = -4$ $\quad \cdots\cdots\; \bigcirc$

$2a_4 - 3a_6 = 3$에서 $2(a + 3d) - 3(a + 5d) = 3$
$-a - 9d = 3$ $\quad \therefore a = 33 \; (\because d = -4)$
$\therefore a_n = 33 + (n - 1) \times (-4) = -4n + 37$
$a_k < 0$에서
$-4k + 37 < 0$ $\quad \therefore k > \dfrac{37}{4} = 9.25$
따라서 구하는 자연수 k의 최솟값은 10이다.

2 -1 답 ①

등차수열 $\{a_n\}$의 첫째항을 a, 공차를 d라 하면
$a_1 + a_2 + a_3 = -12$에서
$a + (a + d) + (a + 2d) = -12$
$3a + 3d = -12$ $\quad \therefore a + d = -4$ $\quad \cdots\cdots\; \bigcirc$
$a_4 + a_5 + a_6 = 51$에서
$(a + 3d) + (a + 4d) + (a + 5d) = 51$
$3a + 12d = 51$ $\quad \therefore a + 4d = 17$ $\quad \cdots\cdots\; \bigcirc$
$\bigcirc$, $\bigcirc$을 연립하여 풀면
$a = -11, \; d = 7$
$\therefore a_n = -11 + (n - 1) \times 7 = 7n - 18$
$a_k < 100$에서
$7k - 18 < 100, \; 7k < 118$
$\therefore k < \dfrac{118}{7} = 16.\times\times\times$
따라서 구하는 자연수 k의 최댓값은 16이다.

3 답 ⑤

새로 만들어진 수열을 $\{b_k\}$라 하면
$b_1 = -5, \; b_{n+2} = 58$
등차수열 $\{b_k\}$의 첫째항이 -5, 공차가 3이므로
$b_{n+2} = 58$에서 $-5 + (n + 1) \times 3 = 58$
$3n - 2 = 58, \; 3n = 60$ $\quad \therefore n = 20$

3 -1 답 ②

새로 만들어진 수열을 $\{b_n\}$이라 하면
$b_1 = -1, \; b_{12} = 43$
등차수열 $\{b_n\}$의 공차를 d라 하면 첫째항이 -1이므로
$b_{12} = 43$에서 $-1 + 11d = 43$
$11d = 44$ $\quad \therefore d = 4$
$\therefore a_7 = b_8 = -1 + 7 \times 4 = 27$

4 답 ③

x는 -3과 y의 등차중항이므로
$x = \dfrac{-3 + y}{2}$에서 $2x - y = -3$ $\quad \cdots\cdots\; \bigcirc$
y는 x와 -12의 등차중항이므로
$y = \dfrac{x + (-12)}{2}$에서 $x - 2y = 12$ $\quad \cdots\cdots\; \bigcirc$

㉠, ㉡을 연립하여 풀면
$x=-6$, $y=-9$
$\therefore x-y=-6-(-9)=3$

$\boxed{4}$-1 답 ①

$\log_9 a$는 1, $2\log_3 4$의 등차중항이므로
$\log_9 a=\dfrac{1+2\log_3 4}{2}$에서
$2\log_9 a=1+2\log_3 4$
$\log_3 a=1+\log_3 16$
$\log_3 a=\log_3 3+\log_3 16$, $\log_3 a=\log_3 48$
$\therefore a=48$

$\boxed{5}$ 답 ①

$x=a-d$, $y=a$, $z=a+d$라 하면
$x+y+z=24$에서
$(a-d)+a+(a+d)=24$
$3a=24$ $\therefore a=8$
$xyz=440$에서
$(8-d)\times 8\times(8+d)=440$ $(\because a=8)$
$64-d^2=55$
$d^2=9$ $\therefore d=\pm 3$
따라서 $x=5$, $y=8$, $z=11$ 또는 $x=11$, $y=8$, $z=5$이므로
$|x-z|=6$

$\boxed{5}$-1 답 ③

$x=a-3d$, $y=a-d$, $z=a+d$, $w=a+3d$라 하면
$x+y+z+w=36$에서
$(a-3d)+(a-d)+(a+d)+(a+3d)=36$
$4a=36$ $\therefore a=9$
$x^2+y^2+z^2+w^2=824$에서
$(a-3d)^2+(a-d)^2+(a+d)^2+(a+3d)^2=824$
$324+20d^2=824$ $(\because a=9)$
$d^2=25$ $\therefore d=\pm 5$
따라서 $y=4$, $z=14$ 또는 $y=14$, $z=4$이므로
$y^2+z^2=212$

$\boxed{6}$ 답 ⑤

등차수열 $\{a_n\}$의 첫째항을 a, 공차를 d라 하면
$a_2=4$에서 $a+d=4$ …… ㉠
$a_6=28$에서 $a+5d=28$ …… ㉡
㉠, ㉡을 연립하여 풀면
$a=-2$, $d=6$
따라서 구하는 합은
$\dfrac{10\times\{2\times(-2)+9\times 6\}}{2}=250$

$\boxed{6}$-1 답 ③

등차수열 $\{a_n\}$의 첫째항을 a, 공차를 d라 하면
$a_3=3a_6$에서 $a+2d=3(a+5d)$
$\therefore 2a+13d=0$ …… ㉠
$a_5=a_{10}+10$에서 $a+4d=(a+9d)+10$
$-5d=10$
$\therefore d=-2$, $a=13$ $(\because ㉠)$
$\therefore S_n=\dfrac{n\{2\times 13+(n-1)\times(-2)\}}{2}$
$\qquad =n(14-n)$
이때 $S_k+95<0$에서
$k(14-k)+95<0$, $k^2-14k-95>0$
$(k+5)(k-19)>0$
$\therefore k>19$ $(\because k+5>0)$
따라서 구하는 자연수 k의 최솟값은 20이다.

$\boxed{7}$ 답 ③

등차수열 $\{a_n\}$의 첫째항을 a, 공차를 d라 하면
$S_{10}=110$에서 $\dfrac{10(2a+9d)}{2}=110$
$\therefore 2a+9d=22$ …… ㉠
$S_{20}=420$에서 $\dfrac{20(2a+19d)}{2}=420$
$\therefore 2a+19d=42$ …… ㉡
㉠, ㉡을 연립하여 풀면
$a=2$, $d=2$
$\therefore S_{30}=\dfrac{30\times(2\times 2+29\times 2)}{2}=930$

다른 풀이

세 수 S_{10}, $S_{20}-S_{10}$, $S_{30}-S_{20}$은 이 순서대로 등차수열을 이룬다.
$S_{10}=110$,
$S_{20}-S_{10}=420-110=310$
에서 이 수열의 공차는
$310-110=200$
이므로
$S_{30}-S_{20}=310+200=510$
$\therefore S_{30}=S_{20}+510$
$\qquad =420+510=930$

$\boxed{7}$-1 답 ④

등차수열 $\{a_n\}$의 첫째항을 a, 공차를 d라 하면
$S_8=80$에서 $\dfrac{8(2a+7d)}{2}=80$
$\therefore 2a+7d=20$ …… ㉠
$S_{12}=168$에서 $\dfrac{12(2a+11d)}{2}=168$
$\therefore 2a+11d=28$ …… ㉡

ⓐ, ⓑ을 연립하여 풀면
$a=3$, $d=2$
따라서
$a_{16}=3+15\times 2=33$, $a_{20}=3+19\times 2=41$
이므로
$$a_{16}+a_{17}+a_{18}+a_{19}+a_{20}=\frac{5\times(33+41)}{2}=185$$

$\boxed{8}$ 답 ①

등차수열 $\{a_n\}$의 첫째항을 a, 공차를 d라 하면
$a_3=26$에서 $a+2d=26$ $\qquad$ …… ⓐ
$a_9=8$에서 $a+8d=8$ $\qquad$ …… ⓑ
ⓐ, ⓑ을 연립하여 풀면
$a=32$, $d=-3$
$\therefore a_n=32+(n-1)\times(-3)=-3n+35$
$a_n\leq 0$에서 $-3n+35\leq 0$
$3n\geq 35$ $\qquad \therefore n\geq \dfrac{35}{3}=11.\times\times\times$

따라서 제12항에서 처음으로 음수가 되므로 구하는 자연수 n의 값은 11이다.

$\boxed{8}$-1 답 ②

$S_1=a_1=-15$
등차수열 $\{a_n\}$의 공차를 d라 하면 첫째항이 -15이므로
$a_{14}=11$에서 $-15+13d=11$
$13d=26$ $\qquad \therefore d=2$
$\therefore a_n=-15+(n-1)\times 2=2n-17$
$a_n\geq 0$에서 $2n-17\geq 0$
$2n\geq 17$ $\qquad \therefore n\geq \dfrac{17}{2}=8.5$

따라서 제9항이 처음으로 양수가 되므로 S_n의 최솟값은
$$S_8=\frac{8\times\{2\times(-15)+7\times 2\}}{2}=-64$$

$\boxed{9}$ 답 ②

$n\geq 2$일 때
$a_n=S_n-S_{n-1}$
$\quad=n+2^n-\{(n-1)+2^{n-1}\}$
$\quad=2^{n-1}+1$
$\therefore a_6=2^5+1=33$

다른 풀이

$a_6=S_6-S_5=6+2^6-(5+2^5)=33$

$\boxed{9}$-1 답 26

(i) $n=1$일 때
$\quad a_1=S_1=-1+12+5=16$

(ii) $n\geq 2$일 때
$\quad a_n=S_n-S_{n-1}$
$\qquad =(-n^2+12n+5)-\{-(n-1)^2+12(n-1)+5\}$
$\qquad =-n^2+12n+5-(-n^2+14n-8)$
$\qquad =-2n+13$
$\quad \therefore a_3=-6+13=7$, $a_5=-10+13=3$
(i), (ii)에서
$a_1+a_3+a_5=16+7+3=26$

다른 풀이

$a_3=S_3-S_2=(-9+36+5)-(-4+24+5)=7$,
$a_5=S_5-S_4=(-25+60+5)-(-16+48+5)=3$

1 ②	2 ⑤	3 ⑤	4 ①
5 18	6 ②	7 ①	8 ⑤
9 ④	10 ①	11 ①	12 ②

$\boxed{1}$ 답 ②

등차수열 $\{a_n\}$의 첫째항을 a, 공차를 d라 하면
$a_4-a_1=9$에서 $a+3d-a=9$
$3d=9$ $\qquad \therefore d=3$
$5a_3=2a_7$에서 $5(a+2d)=2(a+6d)$
$3a=2d$, $3a=6$ ($\because d=3$) $\qquad \therefore a=2$
$\therefore a_{11}=2+10\times 3=32$

$\boxed{2}$ 답 ⑤

등차수열 $\{a_n\}$의 첫째항을 a, 공차를 d라 하면
$a_6=14$에서 $a+5d=14$ $\qquad$ …… ⓐ
$a_{10}=26$에서 $a+9d=26$ $\qquad$ …… ⓑ
ⓐ, ⓑ을 연립하여 풀면
$a=-1$, $d=3$
$\therefore a_n=-1+(n-1)\times 3=3n-4$
$10\leq 3k-4<100$에서
$14\leq 3k<104$
$\therefore \dfrac{14}{3}\leq k<\dfrac{104}{3}$
$\dfrac{14}{3}=4.\times\times\times$, $\dfrac{104}{3}=34.\times\times\times$이므로 구하는 자연수 k의 개수는
$5, 6, 7, \cdots, 34$의 30

$\boxed{3}$ 답 ⑤

다항식 $f(x)$를
$x-1$로 나눈 나머지는 $f(1)=1+k+2=k+3$,
$x-2$로 나눈 나머지는 $f(2)=4+2k+2=2k+6$,
$x-4$로 나눈 나머지는 $f(4)=16+4k+2=4k+18$

이때 $k+3$, $2k+6$, $4k+18$이 이 순서대로 등차수열을 이루므로

$$2k+6=\frac{(k+3)+(4k+18)}{2}$$

$$4k+12=5k+21 \qquad \therefore k=-9$$

따라서 $f(x)=x^2-9x+2$이므로 다항식 $f(x)$를 $x+3$으로 나눈 나머지는

$$f(-3)=9+27+2=38$$

4 답 ①

$x^2-nx+2(n-2)=0$에서

$(x-2)\{x-(n-2)\}=0$

$\therefore x=2$ 또는 $x=n-2$

이때 β는 α와 8의 등차중항이므로

$$\beta=\frac{\alpha+8}{2}$$

(i) $\alpha=2$, $\beta=n-2$일 때

$$n-2=\frac{2+8}{2}$$

$$n-2=5 \qquad \therefore n=7$$

(ii) $\alpha=n-2$, $\beta=2$일 때

$$2=\frac{n-2+8}{2}$$

$$4=n+6 \qquad \therefore n=-2$$

그런데 n은 자연수라는 조건을 만족시키지 않는다.

(i), (ii)에서 $n=7$

5 답 18

새로 만들어진 수열을 $\{b_k\}$라 하면

$b_1=4$, $b_{n+2}=42$

이 등차수열의 합이 460이므로

$$\frac{(n+2)\times(4+42)}{2}=460$$에서

$$n+2=20 \qquad \therefore n=18$$

6 답 ②

$(a_1+a_2+a_3+\cdots+a_{30})+(b_1+b_2+b_3+\cdots+b_{30})$

$=(a_1+b_1)+(a_2+b_2)+(a_3+b_3)+\cdots+(a_{30}+b_{30})$

이때 $c_n=a_n+b_n$이라 하면 수열 $\{c_n\}$은

$c_1=a_1+b_1=2+(-3)=-1$, $c_{30}=a_{30}+b_{30}=35$

인 등차수열이다.

따라서 구하는 값은 등차수열 $\{c_n\}$의 첫째항부터 제30항까지의 합과 같으므로

$$\frac{30\times(-1+35)}{2}=510$$

7 답 ①

등차수열 $\{a_n\}$의 첫째항을 a, 공차를 d라 하면

$a_6+a_{16}+a_{20}+a_{30}$

$=(a+5d)+(a+15d)+(a+19d)+(a+29d)$

$=4a+68d$

$=32$

$\therefore a+17d=8$

$$\therefore S_{35}=\frac{35(2a+34d)}{2}$$

$$=35(a+17d)$$

$$=35\times8$$

$$=280$$

8 답 ⑤

$a_1+2a_2+2a_3+\cdots+2a_{20}+a_{21}$

$=a_1+(a_2+a_2)+(a_3+a_3)+\cdots+(a_{20}+a_{20})+a_{21}$

$=(a_1+a_2+a_3+\cdots+a_{20})+(a_2+a_3+a_4+\cdots+a_{21})$

$$=\frac{20(a_1+a_{20})}{2}+\frac{20(a_2+a_{21})}{2}$$

$=10(a_1+a_{20}+a_2+a_{21})$

$=10\{2+(2+19d)+(2+d)+(2+20d)\}$

$=10(8+40d)$

$=40(2+10d)$

$$=\frac{12}{d}$$

에서 $10d(2+10d)=3$

$100d^2+20d-3=0$

$(10d+3)(10d-1)=0$

$$\therefore d=\frac{1}{10} \ (\because d>0)$$

$$\therefore a_{51}=2+50\times\frac{1}{10}=7$$

9 답 ④

등차수열 $\{a_n\}$의 첫째항을 a, 공차를 d라 하면

$S_4=32$에서 $\dfrac{4(2a+3d)}{2}=32$

$\therefore 2a+3d=16 \qquad \cdots\cdots$ ㉠

$S_{10}=20$에서 $\dfrac{10(2a+9d)}{2}=20$

$\therefore 2a+9d=4 \qquad \cdots\cdots$ ㉡

㉠, ㉡을 연립하여 풀면

$a=11$, $d=-2$

$\therefore a_n=11+(n-1)\times(-2)=-2n+13$

$a_n\leq0$에서 $-2n+13\leq0$

$$2n\geq13 \qquad \therefore n\geq\frac{13}{2}=6.5$$

따라서 제7항에서 처음으로 음수가 되므로 S_n의 최댓값은

$$S_6=\frac{6\times\{2\times11+5\times(-2)\}}{2}=36$$

10 답 ①

(i) $n=1$일 때
$$a_1=S_1=0$$
(ii) $n\geq2$일 때
$$\begin{aligned}a_n&=S_n-S_{n-1}\\&=(n-1)^2-(n-2)^2\\&=n^2-2n+1-(n^2-4n+4)\\&=2n-3\quad\cdots\cdots\;\bigcirc\end{aligned}$$
이때 $a_1=0$은 $\bigcirc$에 $n=1$을 대입한 것과 같지 않으므로
$a_1=0,\ a_n=2n-3\ (n\geq2)$
$$\begin{aligned}\therefore\ a_1+a_3+a_5+\cdots+a_{21}&=a_1+(a_3+a_5+\cdots+a_{21})\\&=0+\frac{10\times(3+39)}{2}=210\end{aligned}$$

11 답 ①

등차수열 $\{a_n\}$의 첫째항을 a, 공차를 $d\ (d>0)$이라 하자.
조건 (가)에서
$(a+5d)+(a+7d)=0\qquad\therefore\ a=-6d\quad\cdots\cdots\;\bigcirc$
조건 (나)에서
$|a+5d|=|a+6d|+3\qquad\qquad\cdots\cdots\;\bigcirc$
$\bigcirc$을 $\bigcirc$에 대입하면
$|-6d+5d|=|-6d+6d|+3$
$|-d|=3$
$\therefore\ d=3\ (\because\ d>0),\ a=-18\ (\because\ \bigcirc)$
$\therefore\ a_2=-18+3=-15$

다른 풀이

$a_7=\dfrac{a_6+a_8}{2}=0\ (\because\ 조건\ (가))$
즉, 조건 (나)에서
$|a_6|=3\qquad\therefore\ a_6=-3\ 또는\ a_6=3$
이때 등차수열 $\{a_n\}$의 공차가 양수이고, $a_7=0$이므로 $a_6=-3$
이고 공차는 3이다.
$\therefore\ a_2=a_7-5d=0-15=-15$

12 답 ②

등차수열 $\{a_n\}$의 공차를 d라 하면 첫째항이 2이므로
$a_6=2(S_3-S_2)$에서
$a_6=2a_3$
$2+5d=2(2+2d)$
$2+5d=4+4d\qquad\therefore\ d=2$
$\therefore\ S_{10}=\dfrac{10\times(2\times2+9\times2)}{2}=110$

02 등비수열

1 16   **2** 3   **3** 255

1 답 16

등비수열 $\{a_n\}$의 첫째항을 a, 공비를 r라 하면
$a_3=2$에서 $ar^2=2\quad\cdots\cdots\;\bigcirc$
$a_5=4$에서 $ar^4=4\quad\cdots\cdots\;\bigcirc$
$\bigcirc\div\bigcirc$을 하면
$r^2=2$
$r^2=2$를 $\bigcirc$에 대입하면
$a=1$
$\therefore\ a_9=ar^8=a(r^2)^4=1\times2^4=16$

다른 풀이

$a_9=ar^8=ar^2\times r^6=ar^2\times(r^2)^3=2\times2^3=16$

2 답 3

$4x$는 4와 $12x$의 등비중항이므로
$(4x)^2=4\times12x$에서
$16x^2=48x\qquad\therefore\ x=3\ (\because\ x>0)$

3 답 255

첫째항이 $a_1=-3\times1=-3$, 공비가 -2이므로 구하는 합은
$$\frac{-3\times\{1-(-2)^8\}}{1-(-2)}=255$$

---

① ④	①-1 36	② ④	②-1 ①
③ ⑤	③-1 5	④ 6	④-1 10
⑤ ①	⑤-1 ③	⑥ ①	⑥-1 ②
⑦ ⑤	⑦-1 ⑤		

1 답 ④

등비수열 $\{a_n\}$의 첫째항을 $a\ (a>0)$, 공비를 $r\ (r>0)$이라
하면
$a_3=3$에서 $ar^2=3\quad\cdots\cdots\;\bigcirc$
$a_8=12$에서 $ar^7=12\quad\cdots\cdots\;\bigcirc$
$\bigcirc\div\bigcirc$을 하면
$r^5=4$
$\therefore\ \dfrac{a_6}{a_1}=\dfrac{ar^5}{a}=r^5=4$

1 -1 답 36

등비수열 $\{a_n\}$의 첫째항을 $a\ (a>0)$, 공비를 $r\ (r>0)$이라
하면

$\dfrac{a_{16}}{a_{14}}+\dfrac{a_8}{a_7}=12$에서

$\dfrac{ar^{15}}{ar^{13}}+\dfrac{ar^7}{ar^6}=12$

$r^2+r=12,\ r^2+r-12=0$

$(r+4)(r-3)=0$ $\therefore r=3\ (\because r>0)$

$\therefore \dfrac{a_3}{a_1}+\dfrac{a_6}{a_3}=\dfrac{ar^2}{a}+\dfrac{ar^5}{ar^2}=r^2+r^3=9+27=36$

$\boxed{2}$ 답 ④

등비수열 $\{a_n\}$의 공비를 r라 하면 첫째항이 1이므로

$\dfrac{a_5}{a_4}=3$에서 $\dfrac{r^4}{r^3}=3$ $\therefore r=3$

$\therefore a_n=1\times 3^{n-1}=3^{n-1}$

$a_{k+1}-a_k<500$에서

$3^k-3^{k-1}=2\times 3^{k-1}<500$ $\therefore 3^{k-1}<250$

이때 $3^5=243$, $3^6=729$이므로 구하는 자연수 k의 최댓값은

$k-1=5$에서 $k=6$

$\boxed{2}$-1 답 ①

등비수열 $\{a_n\}$의 첫째항을 $a\ (a>0)$, 공비를 $r\ (r>0)$이라 하면

$a_5=9$에서 $ar^4=9$ $\cdots\cdots$ ㉠

$a_9=81$에서 $ar^8=81$ $\cdots\cdots$ ㉡

㉡÷㉠을 하면

$r^4=9$ $\therefore r=\sqrt{3}\ (\because r>0)$

$r^4=9$를 ㉠에 대입하면

$9a=9$ $\therefore a=1$

$\therefore a_n=(\sqrt{3})^{n-1}=3^{\frac{n-1}{2}}$

$a_k<3^{10}$에서 $3^{\frac{k-1}{2}}<3^{10}$

$\dfrac{k-1}{2}<10,\ k-1<20$ $\therefore k<21$

따라서 구하는 자연수 k의 최댓값은 20이다.

$\boxed{3}$ 답 ⑤

새로 만들어진 수열을 $\{b_n\}$이라 하면

$b_1=1,\ b_7=1000$

등비수열 $\{b_n\}$의 공비를 $r\ (r>0)$이라 하면 첫째항이 1이므로

$b_7=1000$에서 $r^6=1000$

$r^6=10^3$ $\therefore r=10^{\frac{1}{2}}\ (\because r>0)$

$\therefore a_4=b_5=(10^{\frac{1}{2}})^4=10^2=100$

$\boxed{3}$-1 답 5

주어진 수열을 $\{b_k\}$라 하면

$b_1=3,\ b_4=24,\ b_{n+3}=384$

등비수열 $\{b_k\}$의 공비를 r라 하면 첫째항이 3이므로

$b_4=24$에서 $3\times r^3=24$

$r^3=8=2^3$ $\therefore r=2$

$b_{n+3}=384$에서

$3\times 2^{n+2}=384$

$2^{n+2}=128=2^7$

$n+2=7$ $\therefore n=5$

$\boxed{4}$ 답 6

$a+6$은 $4a$와 a의 등비중항이므로

$(a+6)^2=4a\times a$

$a^2+12a+36=4a^2,\ a^2-4a-12=0$

$(a+2)(a-6)=0$

$\therefore a=6\ (\because a>0)$

$\boxed{4}$-1 답 10

a는 -5와 $2b$의 등비중항이므로

$a^2=(-5)\times 2b$ $\therefore a^2=-10b$ $\cdots\cdots$ ㉠

한편, 서로 다른 두 실수 a, b에 대하여 $|a|=|b|$이므로

$b=-a$ $\cdots\cdots$ ㉡

㉡을 ㉠에 대입하면

$a^2=-10\times(-a)$

$\therefore a=10\ (\because a\neq b)$

$\boxed{5}$ 답 ①

$x=\dfrac{a}{r},\ y=a,\ z=ar$라 하면

$xyz=27$에서 $\dfrac{a}{r}\times a\times ar=27$

$a^3=27=3^3$ $\therefore a=3$

$x+y+z=13$에서 $\dfrac{3}{r}+3+3r=13$

$3r^2-10r+3=0,\ (3r-1)(r-3)=0$

$\therefore r=\dfrac{1}{3}$ 또는 $r=3$

따라서 $x=1,\ y=3,\ z=9$ 또는 $x=9,\ y=3,\ z=1$이므로

$x^2+y^2+z^2=91$

$\boxed{5}$-1 답 ③

$x=a,\ y=ar,\ z=ar^2$이라 하면

$x+y+z=3$에서 $a+ar+ar^2=3$

$\therefore a(1+r+r^2)=3$ $\cdots\cdots$ ㉠

$xy+yz+zx=-6$에서

$a\times ar+ar\times ar^2+ar^2\times a=-6$

$\therefore a^2r(1+r+r^2)=-6$ $\cdots\cdots$ ㉡

㉡÷㉠을 하면

$ar=-2$

$\therefore xyz=a\times ar\times ar^2=(ar)^3=(-2)^3=-8$

$\boxed{6}$ **답** ①

등비수열 $\{a_n\}$의 첫째항을 a, 공비를 r라 하면

$a_3=4$에서 $ar^2=4$　　　……　㉠

$a_6=-32$에서 $ar^5=-32$　　　……　㉡

㉡$\div$㉠을 하면

$r^3=-8=(-2)^3$　　　$\therefore r=-2$

$r=-2$를 ㉠에 대입하면

$4a=4$　　　$\therefore a=1$

따라서 구하는 합은

$$\frac{1\times\{1-(-2)^9\}}{1-(-2)}=171$$

$\boxed{6}$-1 **답** ②

등비수열 $\{a_n\}$의 첫째항을 a라 하면 공비가 $\sqrt{3}$이므로

$a_5=18$에서 $a\times(\sqrt{3})^4=18$　　　$\therefore a=2$

즉, $a_n=2\times(\sqrt{3})^{n-1}$에서

$a_n^2=\{2\times(\sqrt{3})^{n-1}\}^2=4\times(\sqrt{3})^{2(n-1)}=4\times3^{n-1}$

따라서 수열 $\{a_n^2\}$은 첫째항이 4, 공비가 3인 등비수열이므로

$$a_1^2+a_2^2+a_3^2+a_4^2+a_5^2=\frac{4\times(3^5-1)}{3-1}=484$$

$\boxed{7}$ **답** ⑤

등비수열 $\{a_n\}$의 첫째항을 $a\ (a>0)$, 공비를 $r\ (r>0)$이라 하자.

$r=1$이면 $S_4=4a$, $S_2=2a$이므로 $S_4\neq4S_2\ (\because a>0)$

즉, $r\neq1$이다.

$S_4=4S_2$에서

$$\frac{a(r^4-1)}{r-1}=4\times\frac{a(r^2-1)}{r-1},\ (r^2+1)(r^2-1)=4(r^2-1)$$

$r^2+1=4$　　　$\therefore r^2=3$

$$\therefore\frac{a_{20}}{a_{12}}=\frac{ar^{19}}{ar^{11}}=r^8=(r^2)^4=3^4=81$$

$\boxed{7}$-1 **답** ⑤

등비수열 $\{a_n\}$의 첫째항을 $a\ (a>0)$, 공비를 $r\ (r>0)$이라 하자.

$r=1$이면 $S_5=5a=10$에서 $a=2$이지만

$S_{15}=15\times2=30\neq310$

즉, $r\neq1$이다.

$S_5=10$에서 $\dfrac{a(r^5-1)}{r-1}=10$　　　……　㉠

$S_{15}=310$에서 $\dfrac{a(r^{15}-1)}{r-1}=310$

$$\frac{a(r^5-1)(r^{10}+r^5+1)}{r-1}=310　　　……　㉡$$

㉡$\div$㉠을 하면

$r^{10}+r^5+1=31$

$r^{10}+r^5-30=0,\ (r^5+6)(r^5-5)=0$

$\therefore r^5=5\ (\because r>0)$

$$\therefore S_{10}=\frac{a(r^{10}-1)}{r-1}=\frac{a(r^5-1)}{r-1}\times(r^5+1)$$
$$=10\times(5+1)=60\ (\because㉠)$$

다른 풀이

세 수 $S_5,\ S_{10}-S_5,\ S_{15}-S_{10}$은 이 순서대로 공비가 r^5인 등비수열을 이룬다.

즉, $10,\ S_{10}-10,\ 310-S_{10}$에서 $S_{10}-10$은 10과 $310-S_{10}$의 등비중항이므로

$(S_{10}-10)^2=10\times(310-S_{10})$

$S_{10}{}^2-20S_{10}+100=3100-10S_{10}$

$S_{10}{}^2-10S_{10}-3000=0,\ (S_{10}+50)(S_{10}-60)=0$

$\therefore S_{10}=60\ (\because a>0,\ r>0)$

1 ⑤	2 ③	3 3	4 ③
5 ②	6 ①	7 ④	8 ②
9 ③	10 ①	11 ②	12 64

1 **답** ⑤

등비수열 $\{a_n\}$의 첫째항을 $a\ (a>0)$, 공비를 $r\ (r>0)$이라 하면

$$\log_3 a_3+\log_3 a_7-\log_3 a_4=\log_3\frac{a_3 a_7}{a_4}$$
$$=\log_3\frac{ar^2\times ar^6}{ar^3}$$
$$=\log_3 ar^5=5$$

$\therefore ar^5=3^5=243$

$\therefore a_6=ar^5=243$

2 **답** ③

등비수열 $\{a_n\}$의 첫째항을 $a\ (a>0)$, 공비를 $r\ (r>0)$이라 하면

$a_2-a_1=ar-a=a(r-1)=9$　　　……　㉠

$a_5-a_4=ar^4-ar^3=ar^3(r-1)=72$　　　……　㉡

㉡$\div$㉠을 하면

$r^3=8=2^3$　　　$\therefore r=2\ (\because r$는 실수$)$

$r=2$를 ㉠에 대입하면

$a=9$

$\therefore a_5=9\times2^4=144$

3 **답** 3

새로 만들어진 수열을 $\{b_n\}$이라 하면

$b_1=1,\ b_5=100$

등비수열 $\{b_n\}$의 공비를 r라 하면 첫째항이 1이므로

$b_5=100$에서 $r^4=100$　　　$\therefore r^2=10$

$$\therefore a_1a_2a_3=b_2b_3b_4=r\times r^2\times r^3=r^6=(r^2)^3=10^3$$
$$\therefore \log(a_1a_2a_3)=\log 10^3=3$$

다른 풀이

a_2는 1과 100의 등비중항이므로

$$a_2{}^2=1\times 100=100$$

a_2는 a_1과 a_3의 등비중항이므로

$$a_2{}^2=a_1\times a_3 \qquad \therefore a_1a_3=100$$

이때 진수의 조건에서 $a_1a_2a_3>0$이므로

$$a_2=10\ (\because a_1a_3>0)$$
$$\therefore a_1a_2a_3=a_2\times a_1a_3=10\times 100=10^3$$

4 답 ③

다항식 $f(x)$를

$x-1$로 나눈 나머지는 $f(1)=1+k+4=k+5$,

x로 나눈 나머지는 $f(0)=4$,

$x+1$로 나눈 나머지는 $f(-1)=1-k+4=-k+5$

이때 $k+5$, 4, $-k+5$가 이 순서대로 등비수열을 이루므로

$$4^2=(k+5)(-k+5),\ 16=25-k^2$$
$$k^2=9 \qquad \therefore k=3\ (\because k>0)$$

5 답 ②

이차방정식의 근과 계수의 관계에 의하여

$$\alpha+\beta=k,\ \alpha\beta=121$$

α, $\beta-\alpha$, 5β가 이 순서대로 등비수열을 이루므로

$$(\beta-\alpha)^2=5\alpha\beta$$

이때 $(\alpha-\beta)^2=(\alpha+\beta)^2-4\alpha\beta$에서

$$5\alpha\beta=(\alpha+\beta)^2-4\alpha\beta,\ (\alpha+\beta)^2=9\alpha\beta$$
$$k^2=9\times 121=3^2\times 11^2$$
$$\therefore k=3\times 11=33\ (\because k>0)$$

6 답 ①

$S_{11}=2+S_{10}$에서

$$S_{11}-S_{10}=2 \qquad \therefore a_{11}=2$$

$S_{13}=32+S_{12}$에서

$$S_{13}-S_{12}=32 \qquad \therefore a_{13}=32$$

a_{12}는 a_{11}과 a_{13}의 등비중항이므로

$$(a_{12})^2=a_{11}\times a_{13}$$
$$=2\times 32=64$$
$$\therefore a_{12}=8\ (\because a_n>0)$$

7 답 ④

등비수열 $\{a_n\}$의 첫째항을 a라 하면 공비가 2이므로

$a_4+a_5-a_3=4$에서

$$a\times 2^3+a\times 2^4-a\times 2^2=4$$
$$20a=4 \qquad \therefore a=\frac{1}{5}$$

즉, $a_n=\frac{1}{5}\times 2^{n-1}$이므로

$$a_{2n-1}=\frac{1}{5}\times 2^{2n-2}=\frac{1}{5}\times 4^{n-1}$$

따라서 수열 $\{a_{2n-1}\}$은 첫째항이 $\frac{1}{5}$이고, 공비가 4인 등비수열이므로

$$a_1+a_3+a_5+a_7=\frac{\frac{1}{5}\times(4^4-1)}{4-1}=17$$

8 답 ②

등비수열 $\{a_n\}$의 첫째항을 a, 공비를 r라 하면

$9a_1+a_3=6a_2$에서 $9a+ar^2=6ar$

$$ar^2-6ar+9a=0 \qquad \therefore a(r-3)^2=0$$
$$\therefore a=0 \ 또는\ r=3$$

(i) $a=0$일 때

　　$a_n=0$이므로 $S_n=0$이다.

　　즉, $S_5=121$을 만족시키지 않는다.

(ii) $r=3$일 때

　　$S_5=121$에서

$$\frac{a(3^5-1)}{3-1}=121$$
$$121a=121 \qquad \therefore a=1$$

(i), (ii)에서 $a=1$, $r=3$이므로

$$S_6=\frac{1\times(3^6-1)}{3-1}=364$$

9 답 ③

등비수열 $\{a_n\}$의 첫째항을 a, 공비를 r라 하면

$a_1+a_2+a_3+\cdots+a_{10}=8$에서

$$\frac{a(r^{10}-1)}{r-1}=8 \qquad \cdots\cdots \ \text{㉠}$$

$a_{11}+a_{12}+a_{13}+\cdots+a_{20}=16$에서

$$\frac{ar^{10}(r^{10}-1)}{r-1}=16 \qquad \cdots\cdots \ \text{㉡}$$

㉡÷㉠을 하면

$$r^{10}=2$$
$$\therefore a_{21}+a_{22}+a_{23}+\cdots+a_{40}=\frac{ar^{20}(r^{20}-1)}{1-r}$$
$$=\frac{ar^{10}(r^{10}-1)}{1-r}\times r^{10}(r^{10}+1)$$
$$=16\times 2\times(2+1)=96\ (\because \text{㉡})$$

10 답 ①

등비수열 $\{a_n\}$의 첫째항을 $a\ (a>0)$, 공비를 $r\ (r>0)$이라 하자.

$r=1$이면 $S_{20}=20a$, $S_{10}=10a$이므로 $S_{20}\neq 5S_{10}\ (\because a>0)$

즉, $r\neq 1$이다.

$S_{20}=5S_{10}$에서

$$\frac{a(r^{20}-1)}{r-1}=5\times\frac{a(r^{10}-1)}{r-1}$$

$$(r^{10}+1)(r^{10}-1)=5(r^{10}-1)$$

$$r^{10}+1=5 \qquad \therefore r^{10}=4$$

$$\therefore S_{30}=\frac{a(r^{30}-1)}{r-1}=\frac{a(r^{10}-1)}{r-1}\times(r^{20}+r^{10}+1)$$

$$=S_{10}\times\{(r^{10})^2+r^{10}+1\}$$

$$=(4^2+4+1)S_{10}=21S_{10}$$

$$\therefore k=21$$

다른 풀이

세 수 S_{10}, $S_{20}-S_{10}$, $S_{30}-S_{20}$은 이 순서대로 공비가 r^{10}인 등비수열을 이룬다.

즉, S_{10}, $4S_{10}$, $S_{30}-5S_{10}$에서 $4S_{10}$은 S_{10}과 $S_{30}-5S_{10}$의 등비중항이므로

$$(4S_{10})^2=S_{10}\times(S_{30}-5S_{10})$$

$$16S_{10}=S_{30}-5S_{10}\ (\because S_{10}\neq0)$$

$$\therefore S_{30}=21S_{10}$$

11 답 ②

등비수열 $\{a_n\}$의 첫째항을 a, 공비를 $r\ (r>1)$이라 하면

조건 (가)에서

$$ar^2\times ar^4\times ar^6=125,\ a^3r^{12}=125$$

$$(ar^4)^3=5^3 \qquad \therefore ar^4=5$$

조건 (나)에서

$$\frac{ar^3+ar^7}{ar^5}=\frac{13}{6},\ \frac{1}{r^2}+r^2=\frac{13}{6}$$

$$r^4-\frac{13}{6}r^2+1=0,\ 6r^4-13r^2+6=0$$

$$(3r^2-2)(2r^2-3)=0 \qquad \therefore r^2=\frac{3}{2}\ (\because r>1)$$

$$\therefore a_9=ar^8=ar^4\times(r^2)^2=5\times\left(\frac{3}{2}\right)^2=\frac{45}{4}$$

12 답 64

등비수열 $\{a_n\}$의 공비를 r라 하자.

첫째항이 1이므로

$r=1$이면 $a_n=1$, $S_n=n$이고

$$\frac{S_6}{S_3}=\frac{6}{3}=2,\ 2a_4-7=2-7=-5$$

즉, 조건을 만족시키지 않으므로 $r\neq1$이다.

$$\frac{S_6}{S_3}=2a_4-7에서\ \frac{\dfrac{r^6-1}{r-1}}{\dfrac{r^3-1}{r-1}}=2r^3-7$$

$$\frac{(r^3+1)(r^3-1)}{r^3-1}=2r^3-7$$

$$r^3+1=2r^3-7,\ r^3=8=2^3 \qquad \therefore r=2$$

$$\therefore a_7=2^6=64$$

03 수열의 합

1 25   **2** 86   **3** 330   **4** 10

5 3

1 답 25

$$\sum_{k=1}^{20}a_k=a_1+a_2+a_3+a_4+a_5+a_6+\cdots+a_{19}+a_{20}$$

$$=(a_1+a_3+a_5+\cdots+a_{19})+(a_2+a_4+a_6+\cdots+a_{20})$$

$$=\sum_{k=1}^{10}a_{2k-1}+\sum_{k=1}^{10}a_{2k}=20+5=25$$

2 답 86

$$\sum_{k=1}^{20}(3a_k-b_k+4)=\sum_{k=1}^{20}3a_k-\sum_{k=1}^{20}b_k+\sum_{k=1}^{20}4$$

$$=3\sum_{k=1}^{20}a_k-\sum_{k=1}^{20}b_k+\sum_{k=1}^{20}4$$

$$=3\times4-6+4\times20=86$$

3 답 330

$$\sum_{k=1}^{10}(k+1)^2-\sum_{k=1}^{10}(3k+1)=\sum_{k=1}^{10}(k^2+2k+1)-\sum_{k=1}^{10}(3k+1)$$

$$=\sum_{k=1}^{10}(k^2-k)=\sum_{k=1}^{10}k^2-\sum_{k=1}^{10}k$$

$$=\frac{10\times11\times21}{6}-\frac{10\times11}{2}$$

$$=385-55=330$$

4 답 10

$$\sum_{k=1}^{10}\frac{11}{k(k+1)}$$

$$=11\sum_{k=1}^{10}\left(\frac{1}{k}-\frac{1}{k+1}\right)$$

$$=11\times\left\{\left(\frac{1}{1}-\frac{1}{2}\right)+\left(\frac{1}{2}-\frac{1}{3}\right)+\left(\frac{1}{3}-\frac{1}{4}\right)+\cdots\right.$$

$$\left.+\left(\frac{1}{10}-\frac{1}{11}\right)\right\}$$

$$=11\times\left(\frac{1}{1}-\frac{1}{11}\right)=10$$

5 답 3

$$\frac{1}{\sqrt{k}+\sqrt{k+1}}=\frac{\sqrt{k}-\sqrt{k+1}}{(\sqrt{k}+\sqrt{k+1})(\sqrt{k}-\sqrt{k+1})}$$

$$=\frac{\sqrt{k}-\sqrt{k+1}}{k-(k+1)}=\sqrt{k+1}-\sqrt{k}$$

$$\therefore \sum_{k=1}^{15}\frac{1}{\sqrt{k}+\sqrt{k+1}}$$

$$=\sum_{k=1}^{15}(\sqrt{k+1}-\sqrt{k})$$

$$=(\sqrt{2}-\sqrt{1})+(\sqrt{3}-\sqrt{2})+(\sqrt{4}-\sqrt{3})+\cdots+(\sqrt{16}-\sqrt{15})$$

$$=-\sqrt{1}+\sqrt{16}=3$$

1 ③	1-1 ①	2 ②	2-1 ①
3 ①	3-1 ②	4 ②	4-1 ②
5 ④	5-1 ①	6 ⑤	6-1 ②
7 ②	7-1 ③	8 ②	8-1 ④

1 답 ③

ㄱ. 수열 $1, 4, 7, \cdots, 28$은 첫째항이 1, 공차가 3, 항의 개수가 10인 등차수열이므로 일반항 a_n은

$$a_n = 1 + (n-1) \times 3 = 3n - 2$$

$$\therefore 1 + 4 + 7 + \cdots + 28 = \sum_{k=1}^{10} (3k-2) \ (참)$$

ㄴ. $\displaystyle\sum_{k=1}^{10} 2k = 2 + 4 + 6 + \cdots + 20,$

$\displaystyle\sum_{k=2}^{11} 2(k-1) = 2 + 4 + 6 + \cdots + 20$

$$\therefore \sum_{k=1}^{10} 2k = \sum_{k=2}^{11} 2(k-1) \ (참)$$

ㄷ. $\displaystyle\sum_{k=1}^{n} 3^k = 3 + 3^2 + 3^3 + \cdots + 3^n,$

$\displaystyle\sum_{k=0}^{n-1} 3^k = 1 + 3 + 3^2 + \cdots + 3^{n-1}$

$$\therefore \sum_{k=1}^{n} 3^k \neq \sum_{k=0}^{n-1} 3^k \ (거짓)$$

따라서 옳은 것은 ㄱ, ㄴ이다.

1-1 답 ①

$$\sum_{k=1}^{10} \frac{1}{k} = \sum_{k=2}^{9} \frac{1}{k+1} + a = \sum_{k=3}^{10} \frac{1}{k} + a$$

$$\therefore a = \sum_{k=1}^{10} \frac{1}{k} - \sum_{k=3}^{10} \frac{1}{k} = \frac{1}{1} + \frac{1}{2} = \frac{3}{2}$$

2 답 ②

$$\sum_{k=1}^{5} (3a_k - 1)^2 = \sum_{k=1}^{5} (9a_k{}^2 - 6a_k + 1)$$

$$= 9\sum_{k=1}^{5} a_k{}^2 - 6\sum_{k=1}^{5} a_k + \sum_{k=1}^{5} 1$$

$$= 9 \times 9 - 6 \times 2 + 1 \times 5$$

$$= 74$$

2-1 답 ①

$$\sum_{k=1}^{10} (a_k + 2)^2 = \sum_{k=1}^{10} (a_k{}^2 + 4a_k + 4)$$

$$= \sum_{k=1}^{10} a_k{}^2 + 4\sum_{k=1}^{10} a_k + \sum_{k=1}^{10} 4$$

$$= 30 + 4\sum_{k=1}^{10} a_k + 40$$

$$= 100$$

에서 $4\displaystyle\sum_{k=1}^{10} a_k = 30$

$$\therefore \sum_{k=1}^{10} a_k = \frac{15}{2}$$

3 답 ①

$$\sum_{k=1}^{10} \{(k+3)(k-3)\} + \sum_{k=1}^{10} 3k$$

$$= \sum_{k=1}^{10} (k^2 - 9) + \sum_{k=1}^{10} 3k = \sum_{k=1}^{10} k^2 - \sum_{k=1}^{10} 9 + 3\sum_{k=1}^{10} k$$

$$= \frac{10 \times 11 \times 21}{6} - 9 \times 10 + 3 \times \frac{10 \times 11}{2}$$

$$= 385 - 90 + 165 = 460$$

3-1 답 ②

$$\sum_{k=1}^{n} (k^2 + 1) - \sum_{k=1}^{n} (k-2)^2 = \sum_{k=1}^{n} \{(k^2 + 1) - (k^2 - 4k + 4)\}$$

$$= \sum_{k=1}^{n} (4k - 3) = 4\sum_{k=1}^{n} k - \sum_{k=1}^{n} 3$$

$$= 4 \times \frac{n(n+1)}{2} - 3n$$

$$= 2n^2 - n = 45$$

에서 $2n^2 - n - 45 = 0$

$(2n + 9)(n - 5) = 0$　　$\therefore n = 5 \ (\because n$은 자연수$)$

4 답 ②

등차수열 $\{a_n\}$의 공차를 d라 하면 첫째항이 2이므로

$\displaystyle\sum_{k=1}^{10} a_k = 200$에서 $\dfrac{10(2 \times 2 + 9d)}{2} = 200$

$4 + 9d = 40, \ 9d = 36$　　$\therefore d = 4$

즉, $a_n = 2 + (n-1) \times 4 = 4n - 2$이므로

$a_{2n} = 4 \times (2n) - 2 = 8n - 2$

따라서 수열 $\{a_{2n}\}$은 첫째항이 6, 공차가 8인 등차수열이므로

$$\sum_{k=1}^{10} a_{2k} = \frac{10 \times (2 \times 6 + 9 \times 8)}{2} = 420$$

4-1 답 ②

등비수열 $\{a_n\}$의 공비를 $r \ (r > 0)$이라 하면 첫째항이 1이므로

$a_7 = 4a_3$에서 $r^6 = 4r^2$, $r^4 = 4$　　$\therefore r = \sqrt{2} \ (\because r > 0)$

즉, $a_n = (\sqrt{2})^{n-1}$이므로 $a_n{}^2 = (\sqrt{2})^{2n-2} = 2^{n-1}$

따라서 수열 $\{a_k{}^2\}$은 첫째항이 1, 공비가 2인 등비수열이므로

$$\sum_{k=1}^{8} a_k{}^2 = \sum_{k=1}^{8} 2^{k-1} = \frac{2^8 - 1}{2 - 1} = 255$$

5 답 ④

$\displaystyle\sum_{k=1}^{n} a_k = S_n$이라 하면 $S_n = 2n^2 + 7n$이므로

(i) $n = 1$일 때, $a_1 = S_1 = 2 + 7 = 9$

(ii) $n \geq 2$일 때

$$a_n = S_n - S_{n-1}$$

$$= (2n^2 + 7n) - \{2(n-1)^2 + 7(n-1)\}$$

$$= (2n^2 + 7n) - (2n^2 + 3n - 5)$$

$$= 4n + 5 \quad \cdots\cdots \ \text{㉠}$$

이때 $a_1 = 9$는 ㉠에 $n = 1$을 대입한 것과 같으므로

$a_n = 4n + 5$

$$\therefore a_{2k+1}=4(2k+1)+5=8k+9$$

$$\therefore \sum_{k=1}^{5} a_{2k+1}=\sum_{k=1}^{5}(8k+9)=8\sum_{k=1}^{5}k+\sum_{k=1}^{5}9$$
$$=8\times\frac{5\times6}{2}+9\times5=120+45=165$$

다른 풀이

$$\sum_{k=1}^{5} a_{2k+1}=a_3+a_5+a_7+a_9+a_{11}$$
$$=\frac{5(a_3+a_{11})}{2}=\frac{5\times(17+49)}{2}=165$$

$\boxed{5}$ -1 **답** ①

$\sum_{k=1}^{n} a_k=S_n$이라 하면 $S_n=2n^2+3n+1$이므로

(i) $n=1$일 때, $a_1=S_1=2+3+1=6$

(ii) $n\geq2$일 때

$$a_n=S_n-S_{n-1}$$
$$=(2n^2+3n+1)-\{2(n-1)^2+3(n-1)+1\}$$
$$=(2n^2+3n+1)-(2n^2-n)$$
$$=4n+1 \qquad\cdots\cdots \ \text{㉠}$$

이때 $a_1=6$은 ㉠에 $n=1$을 대입한 것과 같지 않으므로

$a_1=6$, $a_n=4n+1 \ (n\geq2)$

$$\therefore \sum_{k=1}^{10} a_{2k-1}=a_1+a_3+a_5+\cdots+a_{19}=a_1+\frac{9(a_3+a_{19})}{2}$$
$$=6+\frac{9\times(13+77)}{2}=411$$

$\boxed{6}$ **답** ⑤

$$\sum_{k=1}^{n}\frac{3}{k(k+1)}=3\sum_{k=1}^{n}\left(\frac{1}{k}-\frac{1}{k+1}\right)$$
$$=3\times\left\{\left(\frac{1}{1}-\frac{1}{2}\right)+\left(\frac{1}{2}-\frac{1}{3}\right)+\left(\frac{1}{3}-\frac{1}{4}\right)+\cdots\right.$$
$$\left.+\left(\frac{1}{n}-\frac{1}{n+1}\right)\right\}$$
$$=3\left(\frac{1}{1}-\frac{1}{n+1}\right)=\frac{20}{7}$$

에서 $\dfrac{3n}{n+1}=\dfrac{20}{7}$, $21n=20n+20 \qquad \therefore n=20$

$\boxed{6}$ -1 **답** ②

$a_n=2n+1$에서 $a_{n+1}=2(n+1)+1=2n+3$

$$\therefore \sum_{n=1}^{12}\frac{1}{a_n a_{n+1}}$$
$$=\sum_{n=1}^{12}\frac{1}{(2n+1)(2n+3)}=\frac{1}{2}\sum_{n=1}^{12}\left(\frac{1}{2n+1}-\frac{1}{2n+3}\right)$$
$$=\frac{1}{2}\times\left\{\left(\frac{1}{3}-\frac{1}{5}\right)+\left(\frac{1}{5}-\frac{1}{7}\right)+\left(\frac{1}{7}-\frac{1}{9}\right)+\cdots\right.$$
$$\left.+\left(\frac{1}{25}-\frac{1}{27}\right)\right\}$$
$$=\frac{1}{2}\times\left(\frac{1}{3}-\frac{1}{27}\right)=\frac{4}{27}$$

$\boxed{7}$ **답** ②

$$\sum_{k=1}^{12}\frac{1}{\sqrt{k+3}+\sqrt{k+4}}$$
$$=\sum_{k=1}^{12}\frac{\sqrt{k+4}-\sqrt{k+3}}{(\sqrt{k+4}+\sqrt{k+3})(\sqrt{k+4}-\sqrt{k+3})}$$
$$=\sum_{k=1}^{12}(\sqrt{k+4}-\sqrt{k+3})$$
$$=(\sqrt{5}-\sqrt{4})+(\sqrt{6}-\sqrt{5})+(\sqrt{7}-\sqrt{6})+\cdots+(\sqrt{16}-\sqrt{15})$$
$$=-\sqrt{4}+\sqrt{16}=2$$

$\boxed{7}$ -1 **답** ③

$$\sum_{k=1}^{n}\frac{1}{\sqrt{k}+\sqrt{k+1}}$$
$$=\sum_{k=1}^{n}\frac{\sqrt{k+1}-\sqrt{k}}{(\sqrt{k+1}+\sqrt{k})(\sqrt{k+1}-\sqrt{k})}$$
$$=\sum_{k=1}^{n}(\sqrt{k+1}-\sqrt{k})$$
$$=(\sqrt{2}-\sqrt{1})+(\sqrt{3}-\sqrt{2})+(\sqrt{4}-\sqrt{3})+\cdots+(\sqrt{n+1}-\sqrt{n})$$
$$=-\sqrt{1}+\sqrt{n+1}=2$$

에서 $\sqrt{n+1}=3$

$n+1=9$

$$\therefore n=8$$

$\boxed{8}$ **답** ②

$$\sum_{k=1}^{30}\left(1+\log_2\frac{k+1}{k+2}\right)$$
$$=\sum_{k=1}^{30}1+\sum_{k=1}^{30}\log_2\frac{k+1}{k+2}$$
$$=1\times30+\left(\log_2\frac{2}{3}+\log_2\frac{3}{4}+\log_2\frac{4}{5}+\cdots+\log_2\frac{31}{32}\right)$$
$$=30+\log_2\left(\frac{2}{3}\times\frac{3}{4}\times\frac{4}{5}\times\cdots\times\frac{31}{32}\right)$$
$$=30+\log_2\frac{2}{32}=30+\log_2\frac{1}{16}$$
$$=30-4=26$$

$\boxed{8}$ -1 **답** ④

$$\sum_{k=1}^{n}\log_3\left(1+\frac{1}{k+2}\right)$$
$$=\sum_{k=1}^{n}\log_3\frac{k+3}{k+2}$$
$$=\log_3\frac{4}{3}+\log_3\frac{5}{4}+\log_3\frac{6}{5}+\cdots+\log_3\frac{n+3}{n+2}$$
$$=\log_3\left(\frac{4}{3}\times\frac{5}{4}\times\frac{6}{5}\times\cdots\times\frac{n+3}{n+2}\right)$$
$$=\log_3\frac{n+3}{3}=4$$

에서 $\dfrac{n+3}{3}=81$

$n+3=243$

$$\therefore n=240$$

1 ③	2 ④	3 ②	4 ②
5 ②	6 ③	7 ①	8 ⑤
9 ④	10 ②	11 160	12 ④

1 답 ③

$$\sum_{k=1}^{30} a_k = a_1+a_2+a_3+a_4+a_5+a_6+\cdots+a_{28}+a_{29}+a_{30}$$
$$=(a_1+a_2+a_3)+(a_4+a_5+a_6)+\cdots+(a_{28}+a_{29}+a_{30})$$
$$=\sum_{k=1}^{10}(a_{3k-2}+a_{3k-1}+a_{3k})$$
$$=3\times 10=30$$

2 답 ④

$$\sum_{k=1}^{n}(2a_k+b_k)=20 \qquad \cdots\cdots ㉠$$
$$\sum_{k=1}^{n}(b_k-a_k)=8 \qquad \cdots\cdots ㉡$$

㉠$-$㉡을 하면

$$\sum_{k=1}^{n}(2a_k+b_k)-\sum_{k=1}^{n}(b_k-a_k)=12$$
$$\sum_{k=1}^{n}\{(2a_k+b_k)-(b_k-a_k)\}=12$$
$$\sum_{k=1}^{n}3a_k=12$$
$$\therefore \sum_{k=1}^{n}a_k=4$$

㉡에서

$$\sum_{k=1}^{n}(b_k-a_k)=\sum_{k=1}^{n}b_k-\sum_{k=1}^{n}a_k$$
$$=\sum_{k=1}^{n}b_k-4=8$$
$$\therefore \sum_{k=1}^{n}b_k=12$$
$$\therefore \sum_{k=1}^{n}(a_k+b_k)=\sum_{k=1}^{n}a_k+\sum_{k=1}^{n}b_k=4+12=16$$

3 답 ②

$$\sum_{k=1}^{n}(k^2+1)-\sum_{k=1}^{n-1}(k^2-1)$$
$$=\sum_{k=1}^{n}(k^2+1)-\left\{\sum_{k=1}^{n}(k^2-1)-(n^2-1)\right\}$$
$$=\sum_{k=1}^{n}\{(k^2+1)-(k^2-1)\}+(n^2-1)$$
$$=\sum_{k=1}^{n}2+(n^2-1)$$
$$=2n+n^2-1=98$$

에서 $n^2+2n-99=0$
$(n+11)(n-9)=0$
$\therefore n=9$ ($\because n$은 자연수)

4 답 ②

$$\sum_{k=3}^{12}3(k+2)=\sum_{k=1}^{10}3(k+4)$$
$$=3\left(\sum_{k=1}^{10}k+\sum_{k=1}^{10}4\right)$$
$$=3\times\left(\frac{10\times 11}{2}+40\right)$$
$$=285$$

다른 풀이

$$\sum_{k=3}^{12}3(k+2)=3\sum_{k=3}^{12}(k+2)$$
$$=3\times(5+6+7+\cdots+14)$$
$$=3\times\frac{10\times(5+14)}{2}$$
$$=285$$

5 답 ②

이차방정식의 근과 계수의 관계에 의하여
$a_n+b_n=2n$, $a_nb_n=1$
$$\therefore \sum_{n=1}^{5}(a_n^2+b_n^2)=\sum_{n=1}^{5}\{(a_n+b_n)^2-2a_nb_n\}$$
$$=\sum_{n=1}^{5}(4n^2-2)$$
$$=4\sum_{n=1}^{5}n^2-\sum_{n=1}^{5}2$$
$$=4\times\frac{5\times 6\times 11}{6}-2\times 5$$
$$=220-10=210$$

6 답 ③

$$\sum_{k=1}^{n}k(n-k+1)=\sum_{k=1}^{n}(nk-k^2+k)$$
$$=\sum_{k=1}^{n}\{(n+1)k-k^2\}$$
$$=(n+1)\sum_{k=1}^{n}k-\sum_{k=1}^{n}k^2$$
$$=(n+1)\times\frac{n(n+1)}{2}-\frac{n(n+1)(2n+1)}{6}$$
$$=\frac{n(n+1)}{6}\{3(n+1)-(2n+1)\}$$
$$=\frac{n(n+1)(n+2)}{6}=120$$

에서 $n(n+1)(n+2)=720=8\times 9\times 10$
$\therefore n=8$ ($\because n$은 자연수)

7 답 ①

자연수 k에 대하여
(i) $n=2k-1$일 때
$$a_n=a_{2k-1}=3(2k-1)=6k-3$$
(ii) $n=2k$일 때
$$a_n=a_{2k}=-2k$$

$$\therefore \sum_{n=1}^{10} a_n = a_1 + a_2 + a_3 + a_4 + \cdots + a_9 + a_{10}$$
$$= (a_1 + a_3 + a_5 + a_7 + a_9) + (a_2 + a_4 + a_6 + a_8 + a_{10})$$
$$= \sum_{k=1}^{5} a_{2k-1} + \sum_{k=1}^{5} a_{2k}$$
$$= \sum_{k=1}^{5} (6k-3) + \sum_{k=1}^{5} (-2k)$$
$$= 6\sum_{k=1}^{5} k - \sum_{k=1}^{5} 3 - 2\sum_{k=1}^{5} k$$
$$= 4\sum_{k=1}^{5} k - 3 \times 5$$
$$= 4 \times \frac{5 \times 6}{2} - 15$$
$$= 60 - 15 = 45$$

8 답 ⑤

$$\sum_{k=1}^{5} k^2 = 1^2 + 2^2 + 3^2 + 4^2 + 5^2,$$
$$\sum_{k=2}^{5} k^2 = 2^2 + 3^2 + 4^2 + 5^2,$$
$$\sum_{k=3}^{5} k^2 = 3^2 + 4^2 + 5^2,$$
$$\sum_{k=4}^{5} k^2 = 4^2 + 5^2,$$
$$\sum_{k=5}^{5} k^2 = 5^2$$
$$\therefore \sum_{k=1}^{5} k^2 + \sum_{k=2}^{5} k^2 + \sum_{k=3}^{5} k^2 + \sum_{k=4}^{5} k^2 + \sum_{k=5}^{5} k^2$$
$$= 1^2 + 2 \times 2^2 + 3 \times 3^2 + 4 \times 4^2 + 5 \times 5^2$$
$$= 1^3 + 2^3 + 3^3 + 4^3 + 5^3$$
$$= \sum_{k=1}^{5} k^3 = \left(\frac{5 \times 6}{2}\right)^2$$
$$= 225$$

9 답 ④

$\sum\limits_{k=1}^{n} ka_k = S_n$ 이라 하면 $S_n = \dfrac{n(n+1)(n+2)}{3}$ 이므로

(i) $n=1$일 때
$$a_1 = S_1 = \frac{1 \times 2 \times 3}{3} = 2$$

(ii) $n \geq 2$일 때
$$na_n = S_n - S_{n-1}$$
$$= \frac{n(n+1)(n+2)}{3} - \frac{(n-1)n(n+1)}{3}$$
$$= \frac{n(n+1)}{3}\{n+2-(n-1)\}$$
$$= n(n+1) \qquad \cdots\cdots \text{㉠}$$

이때 $a_1 = 2$는 ㉠에 $n=1$을 대입한 것과 같으므로
$$na_n = n(n+1)$$
따라서 $a_n = n+1$이므로
$$\sum_{k=1}^{10} a_k = \sum_{k=1}^{10} (k+1) = \sum_{k=1}^{10} k + \sum_{n=1}^{10} 1$$
$$= \frac{10 \times 11}{2} + 10 = 65$$

10 답 ②

$a_n = 1 + (n-1) \times 2 = 2n-1$이므로
$$a_{n+1} = 2(n+1) - 1 = 2n+1$$
$$\therefore \sum_{k=1}^{12} \frac{1}{\sqrt{a_{k+1}} + \sqrt{a_k}}$$
$$= \sum_{k=1}^{12} \frac{1}{\sqrt{2k+1} + \sqrt{2k-1}}$$
$$= \sum_{k=1}^{12} \frac{\sqrt{2k+1} - \sqrt{2k-1}}{(\sqrt{2k+1} + \sqrt{2k-1})(\sqrt{2k+1} - \sqrt{2k-1})}$$
$$= \frac{1}{2} \sum_{k=1}^{12} (\sqrt{2k+1} - \sqrt{2k-1})$$
$$= \frac{1}{2}\{(\sqrt{3} - \sqrt{1}) + (\sqrt{5} - \sqrt{3}) + (\sqrt{7} - \sqrt{5}) + \cdots$$
$$+ (\sqrt{25} - \sqrt{23})\}$$
$$= \frac{1}{2} \times (-\sqrt{1} + \sqrt{25}) = 2$$

11 답 160

등차수열 $\{a_n\}$의 공차를 d라 하면 첫째항이 3이므로
$\sum\limits_{k=1}^{5} a_k = 55$에서
$$\frac{5(2 \times 3 + 4d)}{2} = 55, \quad 6 + 4d = 22$$
$$4d = 16 \qquad \therefore d = 4$$
따라서 $a_n = 3 + (n-1) \times 4 = 4n-1$이므로
$$\sum_{k=1}^{5} k(a_k - 3) = \sum_{k=1}^{5} k(4k-1-3)$$
$$= 4\sum_{k=1}^{5} (k^2 - k)$$
$$= 4 \times \left(\frac{5 \times 6 \times 11}{6} - \frac{5 \times 6}{2}\right)$$
$$= 4 \times (55 - 15) = 160$$

12 답 ④

$$\sum_{k=1}^{n} \frac{a_{k+1} - a_k}{a_k a_{k+1}}$$
$$= \sum_{k=1}^{n} \left(\frac{1}{a_k} - \frac{1}{a_{k+1}}\right)$$
$$= \left(\frac{1}{a_1} - \frac{1}{a_2}\right) + \left(\frac{1}{a_2} - \frac{1}{a_3}\right) + \left(\frac{1}{a_3} - \frac{1}{a_4}\right) + \cdots + \left(\frac{1}{a_n} - \frac{1}{a_{n+1}}\right)$$
$$= -\frac{1}{4} - \frac{1}{a_{n+1}} = \frac{1}{n}$$
에서 $\dfrac{1}{a_{n+1}} = -\dfrac{1}{n} - \dfrac{1}{4}$
$$\therefore \frac{1}{a_{13}} = -\frac{1}{12} - \frac{1}{4} = -\frac{1}{3}$$
$$\therefore a_{13} = -3$$

04 수학적 귀납법

1 15   **2** 58   **3** 8

1 답 15

$a_1=1$이므로

$n=1$일 때, $a_2=2a_1+1=2\times1+1=3$

$n=2$일 때, $a_3=2a_2+1=2\times3+1=7$

$n=3$일 때, $a_4=2a_3+1=2\times7+1=15$

2 답 58

$a_{n+1}=a_n+3$에서 $a_{n+1}-a_n=3$이므로 수열 $\{a_n\}$은 공차가 3인 등차수열이다.

이때 $a_1=1$이므로

$a_{20}=1+19\times3=58$

3 답 8

$a_{n+1}=-2a_n$에서 $\dfrac{a_{n+1}}{a_n}=-2$이므로 수열 $\{a_n\}$은 공비가 -2인 등비수열이다.

이때 $a_1=-\dfrac{1}{64}$이므로

$a_{10}=-\dfrac{1}{64}\times(-2)^9=8$

1 ⑤	1-1 ①	2 ④	2-1 ②
3 ②	3-1 ②	4 ①	4-1 ②

1 답 ⑤

$a_1=3$이므로

$n=1$일 때, $a_2=a_1+1=3+1=4$ ($\because a_1$은 홀수)

$n=2$일 때, $a_3=a_2+2=4+2=6$ ($\because a_2$는 짝수)

$n=3$일 때, $a_4=a_3+3=6+3=9$ ($\because a_3$은 짝수)

$n=4$일 때, $a_5=a_4+1=9+1=10$ ($\because a_4$는 홀수)

$n=5$일 때, $a_6=a_5+5=10+5=15$ ($\because a_5$는 짝수)

1-1 답 ①

$a_1=1$이므로

$n=1$일 때, $a_2=2a_1=2\times1=2$ ($\because a_1<7$)

$n=2$일 때, $a_3=2a_2=2\times2=4$ ($\because a_2<7$)

$n=3$일 때, $a_4=2a_3=2\times4=8$ ($\because a_3<7$)

$n=4$일 때, $a_5=a_4-7=8-7=1$ ($\because a_4\geq7$)

$\vdots$

이므로 모든 자연수 n에 대하여 $a_n=a_{n+4}$이고

$a_1+a_2+a_3+a_4=1+2+4+8=15$

$\therefore \displaystyle\sum_{k=1}^{8}a_k=(a_1+a_2+a_3+a_4)+(a_5+a_6+a_7+a_8)$

$\qquad\qquad =2(a_1+a_2+a_3+a_4)$

$\qquad\qquad =2\times15=30$

2 답 ④

$a_{n+1}-a_n-4=0$에서

$a_{n+1}-a_n=4$

즉, 수열 $\{a_n\}$은 공차가 4인 등차수열이므로 첫째항을 a라 하면

$a_1+a_2=8$에서 $a+(a+4)=8$

$2a=4$ $\therefore a=2$

$\therefore a_{15}=2+14\times4=58$

2-1 답 ②

$a_{n+2}-2a_{n+1}+a_n=0$에서

$a_{n+2}-a_{n+1}=a_{n+1}-a_n$

즉, 수열 $\{a_n\}$은 등차수열이므로 첫째항을 a, 공차를 d라 하면

$a_9=15$에서 $a+8d=15$ $\cdots\cdots$ ㉠

$a_{15}=27$에서 $a+14d=27$ $\cdots\cdots$ ㉡

㉠, ㉡을 연립하여 풀면

$a=-1$, $d=2$

따라서 구하는 값은 등차수열의 첫째항부터 제10항까지의 합이므로

$\displaystyle\sum_{k=1}^{10}a_k=\dfrac{10\times\{2\times(-1)+9\times2\}}{2}=80$

다른 풀이

$a_n=-1+(n-1)\times2=2n-3$이므로

$\displaystyle\sum_{k=1}^{10}a_k=\sum_{k=1}^{10}(2k-3)=2\sum_{k=1}^{10}k-\sum_{k=1}^{10}3$

$\qquad\quad =2\times\dfrac{10\times11}{2}-3\times10=80$

3 답 ②

$a_{n+1}{}^2=4a_n{}^2$에서

$a_{n+1}=2a_n$ ($\because a_n>0$)

즉, 수열 $\{a_n\}$은 공비가 2인 등비수열이므로 첫째항을 a ($a>0$)이라 하면

$a_6=16$에서 $a\times2^5=16$ $\therefore a=\dfrac{1}{2}$

$a_k=64$에서 $\dfrac{1}{2}\times2^{k-1}=64$

$2^{k-1}=128=2^7$, $k-1=7$ $\therefore k=8$

다른 풀이

$\dfrac{a_k}{a_6}=\dfrac{64}{16}$에서 $2^{k-6}=4=2^2$

$k-6=2$ $\therefore k=8$

$2\log_3 a_{n+1}=\log_3 a_n+\log_3 a_{n+2}$에서

$\log_3 a_{n+1}{}^2=\log_3 a_n a_{n+2}$

$\therefore a_{n+1}{}^2=a_n a_{n+2}$

즉, 수열 $\{a_n\}$은 등비수열이다.

등비수열 $\{a_n\}$의 공비를 $r\,(r>0)$이라 하면 첫째항이 1이므로

$a_2=3$에서 $r=3$

$\therefore \displaystyle\sum_{k=1}^{5} a_k=\dfrac{1\times(3^5-1)}{3-1}=121$

$\boxed{4}$ 답 ①

(i) $n=1$일 때,

$\quad$ (좌변)$=$(우변)$=\boxed{1}$

$\quad$ 이므로 $(*)$이 성립한다.

(ii) $n=k$일 때, $(*)$이 성립한다고 가정하면

$\quad 1^2+2^2+3^2+\cdots+k^2=\dfrac{k(k+1)(2k+1)}{6}$

$\quad n=k+1$일 때,

$\quad 1^2+2^2+3^2+\cdots+k^2+(k+1)^2$

$\quad =\boxed{\dfrac{k(k+1)(2k+1)}{6}}+(k+1)^2$

$\quad =\dfrac{(k+1)\{k(2k+1)+6(k+1)\}}{6}$

$\quad =\dfrac{(k+1)(2k^2+7k+6)}{6}$

$\quad =\dfrac{(k+1)(k+2)(2k+3)}{6}$

$\quad =\dfrac{(k+1)\{(k+1)+1\}\{2(k+1)+1\}}{6}$

따라서 $a=1$, $f(k)=\dfrac{k(k+1)(2k+1)}{6}$이므로

$a+f(5)=1+55=56$

$\boxed{4}$-1 답 ②

(ii) $n=k$일 때, $(*)$이 성립한다고 가정하면

$\quad \dfrac{1}{1\times2}+\dfrac{1}{2\times3}+\dfrac{1}{3\times4}+\cdots+\dfrac{1}{k(k+1)}=\dfrac{k}{k+1}$

$\quad n=k+1$일 때,

$\quad \dfrac{1}{1\times2}+\dfrac{1}{2\times3}+\dfrac{1}{3\times4}+\cdots+\dfrac{1}{k(k+1)}+\dfrac{1}{(k+1)(k+2)}$

$\quad =\dfrac{k}{k+1}+\boxed{\dfrac{1}{(k+1)(k+2)}}$

$\quad =\dfrac{k(k+2)}{(k+1)(k+2)}+\dfrac{1}{(k+1)(k+2)}$

$\quad =\dfrac{k^2+2k+1}{(k+1)(k+2)}=\dfrac{(k+1)^2}{(k+1)(k+2)}$

$\quad =\dfrac{k+1}{k+2}=\boxed{\dfrac{k+1}{(k+1)+1}}$

따라서 $f(k)=\dfrac{1}{(k+1)(k+2)}$, $g(k)=\dfrac{k+1}{(k+1)+1}$이므로

$\dfrac{g(2)}{f(2)}=\dfrac{3}{4}\times12=9$

 182~183쪽

1 ②	2 ⑤	3 ③	4 ⑤
5 10	6 ⑤	7 ③	

1 답 ②

$a_1=1$, $a_2=2$이므로

$n=1$일 때, $a_3=2a_1+k=2+k$

$n=2$일 때, $a_4=2a_2+k=4+k$

$n=3$일 때, $a_5=2a_3+k=2(2+k)+k=4+3k$

$n=4$일 때, $a_6=2a_4+k=2(4+k)+k=8+3k$

이때 $a_5+a_6=6$에서

$(4+3k)+(8+3k)=6$, $6k=-6$

$\therefore k=-1$

2 답 ⑤

$n=1$일 때, $a_2+a_1=2+1=3 \quad\cdots\cdots\ ㉠$

$n=2$일 때, $a_3+a_2=4+1=5 \quad\cdots\cdots\ ㉡$

$n=3$일 때, $a_4+a_3=6+1=7 \quad\cdots\cdots\ ㉢$

이때 $a_3=2$이므로 ㉡에서

$2+a_2=5 \quad \therefore a_2=3$

$a_2=3$을 ㉠에 대입하면

$3+a_1=3 \quad \therefore a_1=0$

$a_3=2$를 ㉢에 대입하면

$a_4+2=7 \quad \therefore a_4=5$

$\therefore a_1+a_4=0+5=5$

3 답 ③

$a_1=3$, $a_2=5$이므로

$n=1$일 때, $a_3=a_2-a_1=5-3=2$

$n=2$일 때, $a_4=a_3-a_2=2-5=-3$

$n=3$일 때, $a_5=a_4-a_3=-3-2=-5$

$n=4$일 때, $a_6=a_5-a_4=-5-(-3)=-2$

$n=5$일 때, $a_7=a_6-a_5=-2-(-5)=3$

$n=6$일 때, $a_8=a_7-a_6=3-(-2)=5$

$\qquad\qquad\vdots$

이므로 모든 자연수 n에 대하여 $a_n=a_{n+6}$이고

$a_1+a_2+a_3+\cdots+a_6=0$

$\therefore \displaystyle\sum_{k=1}^{20} a_k=(a_1+a_2+a_3+\cdots+a_6)+(a_7+a_8+a_9+\cdots+a_{12})$

$\qquad\qquad +(a_{13}+a_{14}+a_{15}+\cdots+a_{18})+a_{19}+a_{20}$

$\qquad =3(a_1+a_2+a_3+\cdots+a_6)+a_1+a_2$

$\qquad =3\times0+3+5=8$

4 답 ⑤

$\log_2 a_{n+1} = \log_2 (a_n + a_{n+2}) - 1$에서

$\log_2 a_{n+1} = \log_2 (a_n + a_{n+2}) - \log_2 2$

$\qquad\quad = \log_2 \dfrac{a_n + a_{n+2}}{2}$

$\therefore a_{n+1} = \dfrac{a_n + a_{n+2}}{2}$

즉, 수열 $\{a_n\}$은 등차수열이므로 첫째항을 a, 공차를 d라 하면

$a_6 = 19$에서 $a + 5d = 19$ $\quad$ …… ㉠

$a_{10} = 31$에서 $a + 9d = 31$ $\quad$ …… ㉡

㉠, ㉡을 연립하여 풀면

$a = 4,\ d = 3$

$\therefore a_{30} = 4 + 29 \times 3 = 91$

5 답 10

$a_{n+1} = \sqrt{a_n a_{n+2}}$에서 $a_{n+1}^{\ 2} = a_n a_{n+2}$

즉, 수열 $\{a_n\}$은 등비수열이다.

등비수열 $\{a_n\}$의 공비를 $r\ (r > 0)$이라 하면 첫째항이 $\dfrac{1}{27}$이므로

$a_5 = 3$에서 $\dfrac{1}{27} \times r^4 = 3$

$r^4 = 81 = 3^4$ $\quad \therefore r = 3\ (\because r > 0)$

$\therefore a_n = \dfrac{1}{27} \times 3^{n-1} = 3^{n-4}$

따라서 $a_k > 500$에서 $3^{k-4} > 500$이고, $3^5 = 243,\ 3^6 = 729$이므로 구하는 자연수 k의 최솟값은

$k - 4 = 6$에서 $k = 10$

6 답 ⑤

주어진 이차방정식의 판별식을 D라 하면

$\dfrac{D}{4} = a_{n+1}^{\ 2} - a_n a_{n+2} = 0$

$\therefore a_{n+1}^{\ 2} = a_n a_{n+2}$

즉, 수열 $\{a_n\}$은 등비수열이다.

등비수열 $\{a_n\}$의 공비를 r라 하면 첫째항이 3이므로

$a_2 = 1$에서 $3r = 1$ $\quad \therefore r = \dfrac{1}{3}$

$\therefore a_n = 3 \times \left(\dfrac{1}{3}\right)^{n-1} = \left(\dfrac{1}{3}\right)^{n-2}$

$a_{n+1} = \left(\dfrac{1}{3}\right)^{n-1},\ a_{n+2} = \left(\dfrac{1}{3}\right)^{n}$이므로 주어진 이차방정식에서

$\left(\dfrac{1}{3}\right)^{n-2} x^2 - 2\left(\dfrac{1}{3}\right)^{n-1} x + \left(\dfrac{1}{3}\right)^{n} = 0$

양변에 3^n을 곱하면

$9x^2 - 6x + 1 = 0,\ (3x - 1)^2 = 0$ $\quad \therefore x = \dfrac{1}{3}$

따라서 $b_n = \dfrac{1}{3}$이므로

$\displaystyle\sum_{k=1}^{30} b_k = \sum_{k=1}^{30} \dfrac{1}{3} = \dfrac{1}{3} \times 30 = 10$

7 답 ③

$a_1 = 1$이므로

$a_2 = 2^{a_1} = 2^1 = 2\ (\because a_1 \leq 1)$

$a_3 = \log_{a_2} \sqrt{2} = \log_2 \sqrt{2} = \dfrac{1}{2}\ (\because a_2 > 1)$

$a_4 = 2^{a_3} = 2^{\frac{1}{2}} = \sqrt{2}\ (\because a_3 \leq 1)$

$a_5 = \log_{a_4} \sqrt{2} = \log_{\sqrt{2}} \sqrt{2} = 1\ (\because a_4 > 1)$

$\qquad \vdots$

이므로 모든 자연수 n에 대하여

$a_n = a_{n+4}$

$\therefore a_{12} \times a_{13} = a_4 \times a_1 = \sqrt{2} \times 1 = \sqrt{2}$

I. 지수함수와 로그함수

01 지수

3~7쪽

1 ②	2 30	3 ④	4 ③
5 ③	6 ③	7 ④	8 17
9 ②	10 ⑤	11 ③	12 ⑤
13 ②	14 ②	15 ⑤	16 ③
17 ③	18 ②	19 ②	

1 답 ②

$a^3=27$에서 $a^3-27=0$

$(a-3)(a^2+3a+9)=0$

$\therefore a=3$ ($\because a$는 실수)

$b^4=256$에서 $b^4-256=0$

$(b+4)(b-4)(b^2+16)=0$

$\therefore b=-4$ ($\because b<0$)

$\therefore a-b=3-(-4)=7$

다른 풀이

$a=\sqrt[3]{27}=\sqrt[3]{3^3}=3$,

$b=-\sqrt[4]{256}=-\sqrt[4]{4^4}=-4$

2 답 30

n은 짝수이어야 하므로 2 이상 10 이하의 자연수 중 짝수는

2, 4, 6, 8, 10

이고, 그 합은

$2+4+6+8+10=30$

3 답 ④

a의 n제곱근 중 실수인 것이 3뿐, 즉 1개이므로 n은 홀수이다.

또한, a의 n제곱근이 3이므로

$a=3^n$

$\therefore a+n=3^n+n$

$\geq 3^3+3$ ($\because n$은 2 이상의 홀수)

$=30$

따라서 $a+n$의 최솟값은 30이다.

4 답 ③

$f(n)=1$

한편,

(i) $n(n-4)>0$, 즉 $n>4$일 때 $g(n)=2$

(ii) $n(n-4)=0$, 즉 $n=4$일 때 $g(n)=1$

(iii) $n(n-4)<0$, 즉 $0<n<4$일 때 $g(n)=0$

(i), (ii), (iii)에서

$$g(n)=\begin{cases} 0 & (0<n<4) \\ 1 & (n=4) \\ 2 & (n>4) \end{cases}$$

이때 $f(n)>g(n)$에서 $g(n)<1$, 즉 $g(n)=0$이어야 하므로

$0<n<4$

따라서 자연수 n의 값은 1, 2, 3이므로 그 합은

$1+2+3=6$

5 답 ③

$\left\{\left(\dfrac{1}{a}\right)^{\frac{1}{4}}\right\}^{-\frac{8}{3}}=(a^{-\frac{1}{4}})^{-\frac{8}{3}}=a^{-\frac{1}{4}\times\left(-\frac{8}{3}\right)}$

$=a^{\frac{2}{3}}=4$

$\therefore a=4^{\frac{3}{2}}=(2^2)^{\frac{3}{2}}=2^3=8$

6 답 ③

$8^{-\frac{1}{2}}\div 2^{\frac{k}{2}}\times(4^{3k})^{-\frac{1}{4}}=2^{-\frac{3}{2}}\div 2^{\frac{k}{2}}\times 2^{2\times 3k\times\left(-\frac{1}{4}\right)}$

$=2^{-\frac{3}{2}-\frac{k}{2}-\frac{3}{2}k}$

$=2^{-\frac{3}{2}-2k}$

$=8=2^3$

에서 $-\dfrac{3}{2}-2k=3$

$2k=-\dfrac{9}{2}$ $\qquad \therefore k=-\dfrac{9}{4}$

7 답 ④

$8\times\left(\dfrac{1}{4}\right)^{\frac{12}{n}}=2^3\times 4^{-\frac{12}{n}}=2^3\times 2^{-\frac{24}{n}}$

$=2^{3-\frac{24}{n}}$

즉, $2^{3-\frac{24}{n}}$의 값이 자연수가 되려면 $3-\dfrac{24}{n}$의 값이 0 또는 1 또는 2 또는 3이어야 한다.

따라서 자연수 n이 될 수 있는 수는 8, 12, 24이므로 그 합은

$8+12+24=44$

8 답 17

$2^{-a}+2^{-b}=\dfrac{9}{4}$에서 $\dfrac{1}{2^a}+\dfrac{1}{2^b}=\dfrac{9}{4}$

$\dfrac{2^a+2^b}{2^a 2^b}=\dfrac{9}{4}$, $\dfrac{2}{2^{a+b}}=\dfrac{9}{4}$

$2^{a+b}=\dfrac{8}{9}$

따라서 $p=9$, $q=8$이므로

$p+q=9+8=17$

9 답 ②

$$\frac{\sqrt[3]{\sqrt{3}}\times(\sqrt[4]{9})^2}{\sqrt[3]{9}}=\frac{\sqrt[3]{\sqrt{3}}\times(\sqrt[4]{3^2})^2}{\sqrt[3]{3^2}}=\frac{(3^{\frac12})^{\frac13}\times(3^{\frac24})^2}{3^{\frac23}}$$

$$=\frac{3^{\frac16}\times3}{3^{\frac23}}$$
$$=3^{\frac16+1-\frac23}$$
$$=3^{\frac12}=\sqrt{3}$$

다른 풀이

$$\frac{\sqrt[3]{\sqrt{3}}\times(\sqrt[4]{9})^2}{\sqrt[3]{9}}=\frac{\sqrt[6]{3}\times(\sqrt[4]{3^2})^2}{\sqrt[3]{3^2}}=\frac{\sqrt[12]{3^2}\times(\sqrt[12]{3^6})^2}{\sqrt[12]{3^8}}$$

$$=\sqrt[12]{\frac{3^2\times3^{12}}{3^8}}=\sqrt[12]{3^{2+12-8}}$$
$$=\sqrt[12]{3^6}=\sqrt{3}$$

10 답 ⑤

$$\frac{\sqrt{27}}{\sqrt[3]{9}}\times\sqrt[3]{\sqrt{3^n}}=\frac{\sqrt{3^3}}{\sqrt[3]{3^2}}\times\sqrt[3]{\sqrt{3^n}}$$

$$=\frac{3^{\frac32}}{3^{\frac23}}\times(3^{\frac n2})^{\frac13}$$
$$=3^{\frac32-\frac23+\frac n6}=3^{\frac{5+n}{6}}$$
$$=9=3^2$$

에서 $\dfrac{5+n}{6}=2$

$5+n=12 \qquad \therefore n=7$

다른 풀이

$$\frac{\sqrt{27}}{\sqrt[3]{9}}\times\sqrt[3]{\sqrt{3^n}}=\frac{\sqrt{3^3}}{\sqrt[3]{3^2}}\times\sqrt[6]{3^n}=\frac{\sqrt[6]{3^9}}{\sqrt[6]{3^4}}\times\sqrt[6]{3^n}$$

$$=\sqrt[6]{\frac{3^9}{3^4}\times3^n}=\sqrt[6]{3^{5+n}}$$
$$=9=3^2=\sqrt[6]{3^{12}}$$

에서 $5+n=12 \qquad \therefore n=7$

11 답 ③

$$\sqrt[6]{25^n}=\sqrt[6]{(5^2)^n}=\sqrt[6]{5^{2n}}=5^{\frac n3}$$

즉, $5^{\frac n3}$이 정수가 되려면 $\dfrac n3$이 0 또는 자연수이어야 한다.

이때 n은 100 이하의 자연수이므로 n은 3의 배수이어야 한다.
따라서 구하는 n의 개수는
3, 6, 9, $\cdots$, 99의 33

12 답 ⑤

$\sqrt[3]{2m}=(2m)^{\frac13}$의 값이 자연수이려면 $m=2^2\times k^3$ (k는 자연수)
꼴이어야 한다.
이때 $m\le135$이므로 자연수 m이 될 수 있는 수는
$2^2\times1^3=4,\ 2^2\times2^3=32,\ 2^2\times3^3=108$

또한, $\sqrt{n^3}=n^{\frac32}$의 값이 자연수이려면 $n=l^2$ (l은 자연수) 꼴이
어야 한다.
이때 $n\le9$이므로 자연수 n이 될 수 있는 수는
$1^2=1,\ 2^2=4,\ 3^2=9$
따라서 $m+n$의 최댓값은
$108+9=117$

13 답 ②

$a^{\frac14}-a^{-\frac14}=3$의 양변을 제곱하면
$a^{\frac12}-2+a^{-\frac12}=9$
$\therefore a^{\frac12}+a^{-\frac12}=11$
위의 식의 양변을 제곱하면
$a+2+a^{-1}=121$
$\therefore a+a^{-1}=119$

14 답 ②

$$(3^x+3^{-x})^2=(3^x-3^{-x})^2+4$$
$$=4+4=8$$
$\therefore 3^x+3^{-x}=2\sqrt{2}\ (\because 3^x>0)$

15 답 ⑤

$a^2+a^{-2}=7$에서 $a^2+a^{-2}+2=9$
$(a+a^{-1})^2=9 \qquad \therefore a+a^{-1}=3\ (\because a>1)$
$a^2+a^{-2}=7$에서 $a^2+a^{-2}-2=5$
$(a-a^{-1})^2=5 \qquad \therefore a-a^{-1}=\sqrt{5}\ (\because a>1)$

$\therefore \dfrac{a-a^{-1}}{a+a^{-1}}=\dfrac{\sqrt{5}}{3}$

16 답 ③

$\sqrt{a}-\dfrac{1}{\sqrt{a}}=a^{\frac12}-a^{-\frac12}=t\ (t>0)$이라 하면

$$(a^{\frac12}-a^{-\frac12})^3=a^{\frac32}-3a^{\frac12}+3a^{-\frac12}-a^{-\frac32}$$
$$=a^{\frac32}-a^{-\frac32}-3(a^{\frac12}-a^{-\frac12})$$

에서 $t^3=4-3t,\ t^3+3t-4=0$
$(t-1)(t^2+t+4)=0 \qquad \therefore t=1\ (\because t^2+t+4>0)$
$\therefore \sqrt{a}-\dfrac{1}{\sqrt{a}}=1$

17 답 ③

$\dfrac{3^x-3^{-x}}{3^x+3^{-x}}$의 분모, 분자에 3^x을 각각 곱하면

$$\frac{3^x-3^{-x}}{3^x+3^{-x}}=\frac{(3^x-3^{-x})3^x}{(3^x+3^{-x})3^x}$$

$$=\frac{3^{2x}-1}{3^{2x}+1}=\frac{9^x-1}{9^x+1}$$

$$=\frac{7-1}{7+1}=\frac34$$

18 답 ②

$\dfrac{2^a+2^{-a}}{2^a-2^{-a}}$ 의 분모, 분자에 2^a을 각각 곱하면

$\dfrac{2^a+2^{-a}}{2^a-2^{-a}}=\dfrac{(2^a+2^{-a})2^a}{(2^a-2^{-a})2^a}$

$\qquad\qquad=\dfrac{2^{2a}+1}{2^{2a}-1}$

$\qquad\qquad=-2$

에서 $2^{2a}+1=-2\times2^{2a}+2$

$3\times2^{2a}=1,\ 2^{2a}=\dfrac{1}{3}\qquad\therefore\ 4^a=\dfrac{1}{3}$

$\therefore\ 4^a+4^{-a}=\dfrac{1}{3}+3=\dfrac{10}{3}$

19 답 ②

$a^x-1=\dfrac{\sqrt{2}}{a^x+1}$ 에서 $a^{2x}-1=\sqrt{2}$

$\therefore\ a^{2x}=\sqrt{2}+1$

$\therefore\ \dfrac{a^{3x}+a^{-3x}}{a^x-a^{-x}}=\dfrac{(a^{3x}+a^{-3x})a^x}{(a^x-a^{-x})a^x}=\dfrac{a^{4x}+a^{-2x}}{a^{2x}-1}$

$\qquad\qquad=\dfrac{(\sqrt{2}+1)^2+\dfrac{1}{\sqrt{2}+1}}{(\sqrt{2}+1)-1}$

$\qquad\qquad=\dfrac{3+2\sqrt{2}+(\sqrt{2}-1)}{\sqrt{2}}$

$\qquad\qquad=\dfrac{3\sqrt{2}+2}{\sqrt{2}}=3+\sqrt{2}$

02 로그

1 ⑤	2 ②	3 ⑤	4 ①
5 ③	6 ④	7 9	8 ③
9 3	10 ④	11 ②	12 ①
13 ⑤	14 ④	15 15	16 ③
17 ②	18 ③	19 ⑤	20 ⑤
21 ③	22 ④	23 54	24 ④

1 답 ⑤

$\log_a 3=\dfrac{1}{2}$ 에서 $a^{\frac{1}{2}}=3$

$\therefore\ a=(a^{\frac{1}{2}})^2=3^2=9$

2 답 ②

$\log_2 a=6$ 에서 $a=2^6$

$\therefore\ \sqrt[3]{a}+\sqrt[2]{a}=a^{\frac{1}{3}}+a^{\frac{1}{2}}=(2^6)^{\frac{1}{3}}+(2^6)^{\frac{1}{2}}$

$\qquad\qquad=2^2+2^3=12$

3 답 ⑤

$a=\log_3(\sqrt{2}-1)$ 에서 $3^a=\sqrt{2}-1$

$\therefore\ 9^a+\dfrac{2}{3^a}=(3^a)^2+\dfrac{2}{3^a}$

$\qquad\qquad=(\sqrt{2}-1)^2+\dfrac{2}{\sqrt{2}-1}$

$\qquad\qquad=3-2\sqrt{2}+2\times(\sqrt{2}+1)=5$

4 답 ①

$5\log_n 2=k$ (k는 자연수)라 하면

$\log_n 2^5=k\qquad\therefore\ n^k=2^5$

이때 5는 소수이므로

$k=1$일 때, $n=32$

$k=5$일 때, $n=2$

따라서 구하는 모든 n의 값의 합은

$32+2=34$

5 답 ③

밑의 조건에서

$a-5>0,\ a-5\neq1$

$\therefore\ a>5,\ a\neq6\qquad\cdots\cdots\ \text{㉠}$

진수의 조건에서

$12-a>0$

$\therefore\ a<12\qquad\cdots\cdots\ \text{㉡}$

㉠, ㉡의 공통부분을 구하면

$5<a<6$ 또는 $6<a<12$

따라서 구하는 자연수 a의 개수는

$7,\ 8,\ 9,\ 10,\ 11$의 5

6 답 ④

두 로그의 밑의 조건에서

$a+2>0,\ a+2\neq1$ $\quad\therefore\ a>-2,\ a\neq-1$ $\quad\cdots\cdots$ ㉠

$\log_{a+2}(10-a)$의 진수의 조건에서

$10-a>0$ $\quad\therefore\ a<10$ $\quad\cdots\cdots$ ㉡

$\log_{a+2}(a+5)$의 진수의 조건에서

$a+5>0$ $\quad\therefore\ a>-5$ $\quad\cdots\cdots$ ㉢

㉠, ㉡, ㉢의 공통부분을 구하면

$-2<a<-1$ 또는 $-1<a<10$

따라서 정수 a의 최댓값은 9, 최솟값은 0이므로 그 합은

$9+0=9$

7 답 9

밑의 조건에서

$x>0,\ x\neq1$ $\quad\cdots\cdots$ ㉠

진수의 조건에서

$-x^2+4x+5>0$

$x^2-4x-5<0,\ (x+1)(x-5)<0$

$\therefore\ -1<x<5$ $\quad\cdots\cdots$ ㉡

㉠, ㉡의 공통부분을 구하면

$0<x<1$ 또는 $1<x<5$

따라서 정수 x는 2, 3, 4이므로 그 합은

$2+3+4=9$

8 답 ③

밑의 조건에서

$|a|>0,\ |a|\neq1$

$\therefore\ a\neq-1,\ a\neq0,\ a\neq1$ $\quad\cdots\cdots$ ㉠

진수의 조건에서

$x^2+2ax+4-3a>0$

위의 부등식이 모든 실수 x에 대하여 항상 성립하려면 이차방

정식 $x^2+2ax+4-3a=0$의 판별식을 D라 할 때

$\dfrac{D}{4}=a^2-(4-3a)<0$

$a^2+3a-4<0,\ (a+4)(a-1)<0$

$\therefore\ -4<a<1$ $\quad\cdots\cdots$ ㉡

㉠, ㉡의 공통부분을 구하면

$-4<a<-1$ 또는 $-1<a<0$ 또는 $0<a<1$

따라서 정수 a는 $-3,\ -2$이므로 그 합은

$-3+(-2)=-5$

9 답 3

$$\begin{aligned}
\log_2 120-\frac{1}{\log_{15}2}&=\log_2 120-\log_2 15\\
&=\log_2\frac{120}{15}\\
&=\log_2 8=3
\end{aligned}$$

10 답 ④

① $\log_{\frac{1}{5}}\sqrt{5}=\log_{5^{-1}}5^{\frac{1}{2}}=-\frac{1}{2}$ (참)

② $\log_2 6+\log_2 10-\log_2 15=\log_2\dfrac{6\times10}{15}$
$\qquad\qquad\qquad\qquad\qquad\quad=\log_2 4=2$ (참)

③ $\log_{\sqrt{10}}4+4\log 5=4\log 2+4\log 5$
$\qquad\qquad\qquad\quad=4(\log 2+\log 5)$
$\qquad\qquad\qquad\quad=4\log 10$
$\qquad\qquad\qquad\quad=4\times1=4$ (참)

④ $\log_3(\log_2 3)+\log_3(\log_3 8)$
$\quad=\log_3(\log_2 3)+\log_3(3\log_3 2)$
$\quad=\log_3(\log_2 3\times3\log_3 2)$
$\quad=\log_3 3$
$\quad=1$ (거짓)

⑤ $8^{\log_5 3}-25^{\log_5 2}=3^{\log_5 8}-2^{\log_5 25}$
$\qquad\qquad\qquad\quad=3^3-2^2=23$ (참)

따라서 옳지 않은 것은 ④이다.

11 답 ②

$$\begin{aligned}
(\log_2 27+\log_4 9)\log_9 k&=(3\log_2 3+\log_2 3)\times\frac{1}{2}\log_3 k\\
&=4\log_2 3\times\frac{1}{2}\log_3 k\\
&=2\log_2 3\times\frac{\log_2 k}{\log_2 3}\\
&=2\log_2 k=6
\end{aligned}$$

에서 $\log_2 k=3$

$\therefore\ k=2^3=8$

12 답 ①

$$\begin{aligned}
\log_{\sqrt3}2+\frac{1}{2}\log_3\frac{1}{8}+\log_3 3\sqrt2&=\log_3 4+\log_3\frac{1}{2\sqrt2}+\log_3 3\sqrt2\\
&=\log_3\frac{4\times3\sqrt2}{2\sqrt2}\\
&=\log_3 6
\end{aligned}$$

$\therefore\ 3^k=3^{\log_3 6}=6$

13 답 ⑤

$\log_5 2=a,\ \log_{\frac{1}{5}}3=-\log_5 3=b$이므로

$$\begin{aligned}
\log_6 18&=\frac{\log_5 18}{\log_5 6}=\frac{\log_5 2+\log_5 3^2}{\log_5 2+\log_5 3}\\
&=\frac{\log_5 2+2\log_5 3}{\log_5 2+\log_5 3}=\frac{a-2b}{a-b}
\end{aligned}$$

14 답 ④

$\dfrac{1}{a}+\dfrac{1}{b}=\dfrac{a+b}{ab}=\dfrac{a+b}{\log_3 8}=\log_2 3$

$$\therefore a+b = \log_2 3 \times \log_3 8$$
$$= \log_2 3 \times \log_3 2^3$$
$$= \log_2 3 \times 3 \log_3 2$$
$$= 3$$

15 답 15

$$\log ab^2 \times \log_a 10^3 = \frac{\log_a ab^2}{\log_a 10} \times \log_a 10^3$$
$$= \frac{\log_a a + \log_a b^2}{\log_a 10} \times 3 \log_a 10$$
$$= (1 + 2 \log_a b) \times 3$$
$$= (1 + 2 \times 2) \times 3 = 15$$

다른 풀이

$\log_a b = 2$에서 $b = a^2$

$$\therefore \log ab^2 \times \log_a 10^3 = \log \{a(a^2)^2\} \times \log_a 10^3$$
$$= \log a^5 \times \frac{3}{\log a}$$
$$= 5 \log a \times \frac{3}{\log a}$$
$$= 5 \times 3 = 15$$

16 답 ③

$\log_{\sqrt{3}} a = \log_9 ab$에서 $\log_{3^{\frac{1}{2}}} a = \log_{3^2} ab$이므로

$2 \log_3 a = \dfrac{1}{2} \log_3 ab$, $\quad 4 \log_3 a = \log_3 a + \log_3 b$

$$\therefore 3 \log_3 a = \log_3 b$$

$$\therefore \log_a b = \frac{\log_3 b}{\log_3 a} = \frac{3 \log_3 a}{\log_3 a} = 3$$

17 답 ②

$4^a = 10$에서 $a = \log_4 10$

$25^b = 10$에서 $b = \log_{25} 10$

$$\therefore \frac{1}{a} + \frac{1}{b} = \frac{1}{\log_4 10} + \frac{1}{\log_{25} 10}$$
$$= \log 4 + \log 25$$
$$= \log 100$$
$$= 2$$

다른 풀이

$4^a = 10$에서 $4 = 10^{\frac{1}{a}}$

$25^b = 10$에서 $25 = 10^{\frac{1}{b}}$

$$\therefore 10^{\frac{1}{a} + \frac{1}{b}} = 10^{\frac{1}{a}} \times 10^{\frac{1}{b}}$$
$$= 4 \times 25 = 10^2$$

$$\therefore \frac{1}{a} + \frac{1}{b} = 2$$

18 답 ③

$2^x = 24$에서

$x = \log_2 24 = \log_2 2^3 + \log_2 3 = 3 + \log_2 3$

$3^y = 24$에서

$y = \log_3 24 = \log_3 2^3 + \log_3 3 = 3 \log_3 2 + 1$

$$\therefore (x-3)(y-1) = (3 + \log_2 3 - 3)(3 \log_3 2 + 1 - 1)$$
$$= \log_2 3 \times 3 \log_3 2 = 3$$

다른 풀이

$2^x = 24$의 양변에 $\dfrac{1}{8}$을 곱하면

$2^{x-3} = 3 \quad \cdots\cdots \text{㉠}$

$3^y = 24$의 양변에 $\dfrac{1}{3}$을 곱하면

$3^{y-1} = 8 \quad \cdots\cdots \text{㉡}$

㉠의 양변을 $(y-1)$제곱하면

$(2^{x-3})^{y-1} = 3^{y-1} \; (\because \text{㉠})$

$2^{(x-3)(y-1)} = 8 = 2^3 \; (\because \text{㉡})$

$$\therefore (x-3)(y-1) = 3$$

19 답 ⑤

$3^{\frac{3}{a}} = 4$에서 $\dfrac{3}{a} = \log_3 4$

$$\therefore a = \frac{3}{\log_3 4} = 3 \log_4 3$$

$12^{\frac{1}{b}} = 16$에서 $\dfrac{1}{b} = \log_{12} 16$

$$\therefore b = \frac{1}{\log_{12} 16} = \log_{16} 12$$

$$\therefore a + 2b = 3 \log_4 3 + 2 \log_{16} 12$$
$$= \log_4 3^3 + \log_4 (2^2 \times 3)$$
$$= \log_4 (2^2 \times 3^4) = \log_2 (2 \times 3^2)$$
$$= \log_2 18$$

$$\therefore 2^{a+2b} = 2^{\log_2 18} = 18$$

다른 풀이

$3^{\frac{3}{a}} = 4$에서 $3^3 = 4^a$

$12^{\frac{1}{b}} = 16$에서 $12 = 16^b = 4^{2b}$

$$\therefore 2^{a+2b} = (4^{a+2b})^{\frac{1}{2}} = (4^a \times 4^{2b})^{\frac{1}{2}}$$
$$= (3^3 \times 12)^{\frac{1}{2}} = (3^4 \times 2^2)^{\frac{1}{2}}$$
$$= 3^2 \times 2 = 18$$

20 답 ⑤

$12^x = 4$에서 $x = \log_{12} 4$

$20^y = 2$에서 $y = \log_{20} 2$

$\left(\dfrac{1}{4}\right)^z = a$에서 $z = \log_{\frac{1}{4}} a = -\log_4 a$

$\dfrac{2}{x} + \dfrac{1}{y} + z = 4$에서

$$\frac{2}{\log_{12} 4} + \frac{1}{\log_{20} 2} - \log_4 a = 2 \log_4 12 + \log_2 20 - \log_4 a$$
$$= \log_4 12^2 + \log_4 20^2 - \log_4 a$$
$$= \log_4 \frac{12^2 \times 20^2}{a} = 4$$

에서 $\dfrac{12^2 \times 20^2}{a} = 4^4$

$\therefore a = \dfrac{12^2 \times 20^2}{4^4} = 225$

$12^x = 4$에서 $12 = 4^{\frac{1}{x}} = 2^{\frac{2}{x}}$ $\qquad \cdots\cdots$ ㉠

$20^y = 2$에서 $20 = 2^{\frac{1}{y}}$ $\qquad \cdots\cdots$ ㉡

$\left(\dfrac{1}{4}\right)^z = a$에서 $a = 2^{-2z}$ $\quad \therefore a^{-\frac{1}{2}} = 2^z$ $\qquad \cdots\cdots$ ㉢

이때 세 식 ㉠, ㉡, ㉢을 변끼리 곱하면

$12 \times 20 \times a^{-\frac{1}{2}} = 2^{\frac{2}{x}} \times 2^{\frac{1}{y}} \times 2^z = 2^{\frac{2}{x}+\frac{1}{y}+z} = 2^4 = 16$

에서

$a^{-\frac{1}{2}} = \dfrac{16}{12 \times 20} = \dfrac{1}{15}$

$\therefore a = \left(a^{-\frac{1}{2}}\right)^{-2} = \left(\dfrac{1}{15}\right)^{-2} = 225$

21 답 ③

이차방정식의 근과 계수의 관계에 의하여

$\alpha + \beta = 5$, $\alpha\beta = -\dfrac{7}{2}$

$\therefore \alpha^2 + \beta^2 = (\alpha+\beta)^2 - 2\alpha\beta = 5^2 - 2 \times \left(-\dfrac{7}{2}\right) = 32$

$\therefore \log_2 (\alpha^2 + \beta^2) = \log_2 32 = 5$

22 답 ④

이차방정식의 근과 계수의 관계에 의하여

$\log_3 \alpha + \log_3 \beta = \dfrac{1}{3}$이므로 $\log_3 \alpha\beta = \dfrac{1}{3}$

$\therefore \log_{\frac{1}{3}} 3\alpha\beta = -\log_3 3\alpha\beta$

$\qquad\qquad\quad = -(\log_3 3 + \log_3 \alpha\beta)$

$\qquad\qquad\quad = -\left(1 + \dfrac{1}{3}\right) = -\dfrac{4}{3}$

23 답 54

이차방정식 $x^2 - 2kx + \log_3 8 = 0$의 다른 한 근을 α라 하면 이차방정식의 근과 계수의 관계에 의하여

$\log_3 2 + \alpha = 2k$ $\qquad \cdots\cdots$ ㉠

$\log_3 2 \times \alpha = \log_3 8$ $\qquad \cdots\cdots$ ㉡

㉡에서

$\alpha = \dfrac{\log_3 8}{\log_3 2} = \log_2 8 = 3$

$\alpha = 3$을 ㉠에 대입하면

$\log_3 2 + 3 = 2k$

$\therefore k = \dfrac{1}{2}(\log_3 2 + 3) = \dfrac{1}{2}(\log_9 4 + \log_9 9^3)$

$\qquad\quad = \dfrac{1}{2}\log_9 (2^2 \times 3^6) = \log_9 (2 \times 3^3)$

$\qquad\quad = \log_9 54$

$\therefore 9^k = 9^{\log_9 54} = 54$

$k = \dfrac{1}{2}(\log_3 2 + 3)$이므로

$9^k = 9^{\frac{1}{2}(\log_3 2 + 3)} = 3^{\log_3 2 + 3} = 3^{\log_3 2} \times 3^3 = 2 \times 27 = 54$

24 답 ④

이차방정식의 근과 계수의 관계에 의하여

$\log_2 \alpha + \log_2 \beta = 5$ $\qquad \cdots\cdots$ ㉠

$\log_2 \alpha \times \log_2 \beta = k$ $\qquad \cdots\cdots$ ㉡

㉠에서

$\log_2 \alpha\beta = 5$ $\quad \therefore \alpha\beta = 2^5 = 32$

이때 $\alpha - \beta = 14$에서 $\beta = \alpha - 14$이므로 위의 식에 대입하면

$\alpha(\alpha - 14) = 32$, $\alpha^2 - 14\alpha - 32 = 0$

$(\alpha + 2)(\alpha - 16) = 0$

$\therefore \alpha = 16 \ (\because \alpha > 0)$, $\beta = 16 - 14 = 2$

따라서 ㉡에서

$k = \log_2 16 \times \log_2 2 = 4 \times 1 = 4$

03 지수함수

1 ①	2 ④	3 ①	4 ①
5 ①	6 ②	7 ③	8 ⑤
9 128	10 ④	11 ⑤	12 ⑤
13 ④	14 ④	15 ②	16 ②
17 1	18 ②	19 ①	20 ③
21 ④	22 ①	23 27	24 ④
25 ③	26 9	27 ②	28 ⑤
29 ①	30 ④	31 ②	32 32
33 ①	34 9	35 ④	36 15

1 답 ①

함수 $y=3\times\left(\dfrac{1}{3}\right)^{x}=\left(\dfrac{1}{3}\right)^{x-1}$ 의 그래프를 x축의 방향으로 p만

큼, y축의 방향으로 q만큼 평행이동한 그래프의 식은

$$y-q=\left(\dfrac{1}{3}\right)^{(x-p)-1} \qquad \therefore\ y=\left(\dfrac{1}{3}\right)^{x-p-1}+q$$

즉, $-p-1=3$, $q=5$에서

$p=-4$, $q=5$

$\therefore\ p+q=-4+5=1$

2 답 ④

함수 $y=f(x)$의 그래프의 점근선이 직선 $y=-1$이므로

$c=-1$

$f(0)=0$에서 $5^{b}-1=0$

$5^{b}=1 \qquad \therefore\ b=0$

$f(1)=4$에서 $5^{a}-1=4$

$5^{a}=5 \qquad \therefore\ a=1$

따라서 $f(x)=5^{x}-1$이므로

$f(2)=25-1=24$

3 답 ①

$f(3)=k$에서 $k=\dfrac{1}{2}\times 8=4$

한편, 함수 $y=\dfrac{1}{2}\times 2^{x}=2^{x-1}$의 그래프를 x축의 방향으로 a만

큼, y축의 방향으로 3만큼 평행이동한 그래프의 식은

$y-3=2^{(x-a)-1}$에서 $y=2^{x-a-1}+3$

$\therefore\ g(x)=2^{x-a-1}+3$

이때 $g(3)=4$이므로

$4=2^{2-a}+3$, $2^{2-a}=1 \qquad \therefore\ a=2$

$\therefore\ a+k=2+4=6$

4 답 ①

함수 $y=a^{x}$의 그래프를 y축에 대하여 대칭이동한 그래프의 식은

$y=a^{-x}$

위의 그래프를 x축의 방향으로 3만큼, y축의 방향으로 2만큼

평행이동한 그래프의 식은

$y-2=a^{-(x-3)} \qquad \therefore\ y=a^{-x+3}+2$

위의 함수의 그래프가 점 $(1,\ 4)$를 지나므로

$4=a^{2}+2$, $a^{2}=2 \qquad \therefore\ a=\sqrt{2}\ (\because\ a>0)$

5 답 ①

$A(1,\ 2)$에서

점 B의 y좌표는 2이므로 x좌표는

$2=2^{x-3}$에서 $x=4 \qquad \therefore\ B(4,\ 2)$

점 C의 x좌표는 1이므로 y좌표는

$2^{-2}=\dfrac{1}{4} \qquad \therefore\ C\left(1,\ \dfrac{1}{4}\right)$

따라서 $\overline{AB}=3$, $\overline{AC}=\dfrac{7}{4}$이므로 삼각형 ACB의 넓이는

$\dfrac{1}{2}\times\overline{AB}\times\overline{AC}=\dfrac{1}{2}\times 3\times\dfrac{7}{4}=\dfrac{21}{8}$

6 답 ②

$A(3,\ a^{2})$, $B(5,\ a^{4})$, $C(0,\ a^{2})$, $D(0,\ a^{4})$이므로

$\triangle DAB=\dfrac{1}{2}\times\overline{DB}\times\overline{CD}=\dfrac{1}{2}\times 5\times(a^{4}-a^{2})=\dfrac{5}{2}(a^{4}-a^{2})$,

$\triangle DCA=\dfrac{1}{2}\times\overline{CA}\times\overline{CD}=\dfrac{1}{2}\times 3\times(a^{4}-a^{2})=\dfrac{3}{2}(a^{4}-a^{2})$

이때 두 삼각형 DAB, DCA의 넓이의 차가 12이므로

$\dfrac{5}{2}(a^{4}-a^{2})-\dfrac{3}{2}(a^{4}-a^{2})=12$, $a^{4}-a^{2}=12$

$a^{4}-a^{2}-12=0$, $(a^{2}-4)(a^{2}+3)=0$

$(a+2)(a-2)(a^{2}+3)=0 \qquad \therefore\ a=2\ (\because\ a>1)$

7 답 ③

두 함수 $f(x)=3^{x}-1$, $g(x)=\left(\dfrac{1}{3}\right)^{x-a}-1$의 그래프가 한 점

$A(1,\ k)$에서 만나므로 $f(1)=k$, $g(1)=k$이다.

$f(1)=k$에서 $k=3-1=2$

$g(1)=2$에서 $\left(\dfrac{1}{3}\right)^{1-a}-1=2$

$\left(\dfrac{1}{3}\right)^{1-a}=3$, $3^{a-1}=3 \qquad \therefore\ a=2$

즉, $g(x)=\left(\dfrac{1}{3}\right)^{x-2}-1$이므로 점 B의 x좌표는

$0=\left(\dfrac{1}{3}\right)^{x-2}-1$, $\left(\dfrac{1}{3}\right)^{x-2}=1 \qquad \therefore\ x=2$

따라서 삼각형 OBA의 넓이는

$\dfrac{1}{2}\times 2\times 2=2$

8 답 ⑤

두 곡선 $y=f(x)$, $y=h(x)$는 y축에 대하여 대칭이므로

$h(2)=f(-2)=2 \qquad \therefore\ P(-2,\ 2)$, $R(2,\ 2)$

이때 $Q(q, 2)$라 하면
$\overline{PQ} : \overline{QR} = 2 : 1$에서 $\overline{PQ} = 2\overline{QR}$이므로
$q + 2 = 2(2 - q)$

$q + 2 = 4 - 2q$, $3q = 2$　　$\therefore q = \dfrac{2}{3}$

즉, $g\left(\dfrac{2}{3}\right) = 2$이므로

$b^{\frac{2}{3}} = 2$　　$\therefore b = 2^{\frac{3}{2}}$

$\therefore g(4) = b^4 = (2^{\frac{3}{2}})^4 = 2^6 = 64$

9 답 128

밑 5가 $5 > 1$이므로 함수 $f(x)$의
최댓값은 $f(1) = 125 + 1 = 126$
최솟값은 $f(-2) = 1 + 1 = 2$
따라서 구하는 최댓값과 최솟값의 합은
$126 + 2 = 128$

10 답 ④

밑 3이 $3 > 1$이고 함수 $f(x)$의 최댓값이 81이므로
$f(5) = 81$에서
$3^{5+a} = 81 = 3^4$　　$\therefore a = -1$
따라서 $f(x) = 3^{x-1}$이므로 함수 $f(x)$의 최솟값은
$f(2) = 3$

11 답 ⑤

$-1 \le x \le 2$에서 $0 \le |x| \le 2$

이때 함수 $f(x)$의 밑 $\dfrac{1}{2}$이 $0 < \dfrac{1}{2} < 1$이므로

$x = 0$일 때 최댓값 $f(0) = 1$을 갖고,

$x = 2$일 때 최솟값 $f(2) = \left(\dfrac{1}{2}\right)^2 = \dfrac{1}{4}$을 갖는다.

따라서 $M = 1$, $m = \dfrac{1}{4}$이므로

$M - m = 1 - \dfrac{1}{4} = \dfrac{3}{4}$

12 답 ⑤

$(g \circ f)(x) = 2^{x^2 - 6x + a} = 2^{(x-3)^2 + a - 9}$
$2 \le x \le 5$에서 함수 $y = (x-3)^2 + a - 9$는
$x = 5$일 때 최댓값 $a - 5$를 갖고,
$x = 3$일 때 최솟값 $a - 9$를 갖는다.
즉, 함수 $(g \circ f)(x)$의 밑 2가 $2 > 1$이므로 함수 $(g \circ f)(x)$는
$x = 5$일 때 최댓값 $(g \circ f)(5) = 2^{a-5}$을 갖고,
$x = 3$일 때 최솟값 $(g \circ f)(3) = 2^{a-9}$을 갖는다.
이때 함수 $(g \circ f)(x)$의 최댓값과 최솟값의 곱은 4이므로
$2^{a-5} \times 2^{a-9} = 4$
$2^{2a-14} = 4 = 2^2$
$2a - 14 = 2$, $2a = 16$　　$\therefore a = 8$

13 답 ④

$y = -\left(\dfrac{1}{4}\right)^x + 3 \times \left(\dfrac{1}{2}\right)^{x-1} - 5 = -\left\{\left(\dfrac{1}{2}\right)^x\right\}^2 + 6 \times \left(\dfrac{1}{2}\right)^x - 5$

이때 $\left(\dfrac{1}{2}\right)^x = t$ $(t > 0)$이라 하면

$y = -t^2 + 6t - 5 = -(t-3)^2 + 4$
따라서 $t = 3$일 때 최댓값 4를 갖는다.

14 답 ④

$y = 9^x - 6 \times \left(\dfrac{1}{3}\right)^{1-x} + 2 = (3^x)^2 - 2 \times 3^x + 2$

이때 $3^x = t$ $(t > 0)$이라 하면 $-3 \le x \le 3$에서 $\dfrac{1}{27} \le t \le 27$이고

$y = t^2 - 2t + 2 = (t-1)^2 + 1$
즉, $t = 27$일 때 최댓값을 갖고, $t = 1$일 때 최솟값을 가지므로
$3^x = 27 = 3^3$에서 $x = 3$　　$\therefore p = 3$
$3^x = 1 = 3^0$에서 $x = 0$　　$\therefore q = 0$
$\therefore p + q = 3 + 0 = 3$

15 답 ②

$a^x = t$ $(t > 0)$이라 하면 $1 \le x \le 2$에서 $a \le t \le a^2$이고
$y = t^2 - 10t + 30 = (t-5)^2 + 5$
이때 $t = 5$일 때 최솟값 5를 가지므로 $a \le 5 \le a^2$, 즉
$\sqrt{5} \le a \le 5$ $(\because a > 1)$이어야 한다.
따라서 자연수 a의 값은 3, 4, 5이므로 그 합은
$3 + 4 + 5 = 12$

16 답 ②

$y = \dfrac{5^{2x+3} + 5^{x+1} + 5}{5^x} = 5^{x+3} + 5 + \dfrac{5}{5^x}$

이때 $5^x = t$ $(t > 0)$이라 하면 산술평균과 기하평균의 관계에
의하여

$y = 125t + \dfrac{5}{t} + 5$

　$\ge 2\sqrt{125t \times \dfrac{5}{t}} + 5$

　$= 2 \times 25 + 5 = 55$

등호는 $125t = \dfrac{5}{t}$에서 $t^2 = \dfrac{1}{25}$, 즉 $t = \dfrac{1}{5}$ $(\because t > 0)$일 때 성립

하므로

$5^x = \dfrac{1}{5}$에서 $x = -1$

따라서 $p = -1$, $m = 55$이므로
$p + m = -1 + 55 = 54$

17 답 1

$4^{x-1} = 8 \times \left(\dfrac{1}{8}\right)^x$에서

$(2^2)^{x-1} = 2^3 \times (2^{-3})^x$

$2^{2x-2}=2^{3-3x}$, $2x-2=3-3x$

$5x=5$ $\qquad \therefore x=1$

18 답 ②

$\dfrac{3^{x^2-2}}{27}=\left(\dfrac{1}{9}\right)^{1-x}$ 에서 $3^{x^2-2}=\left(\dfrac{1}{9}\right)^{1-x}\times 27$

$3^{x^2-2}=(3^{-2})^{1-x}\times 3^3$, $3^{x^2-2}=3^{2x+1}$

$x^2-2=2x+1$, $x^2-2x-3=0$

$(x+1)(x-3)=0$

$\therefore x=-1$ 또는 $x=3$

따라서 $\alpha=-1$, $\beta=3$이므로

$2^{\alpha}\div 2^{\beta}=2^{\alpha-\beta}=2^{-1-3}=2^{-4}=\dfrac{1}{16}$

19 답 ①

$5^{x^2-4}=125^{|x|+2}$ 에서 $5^{x^2-4}=(5^3)^{|x|+2}$

$5^{x^2-4}=5^{3|x|+6}$, $x^2-4=3|x|+6$

$|x|^2-3|x|-10=0$, $(|x|+2)(|x|-5)=0$

$|x|-5=0\ (\because |x|+2>0)$

$\therefore x=-5$ 또는 $x=5$

따라서 구하는 모든 실수 x의 값의 곱은

$-5\times 5=-25$

20 답 ③

3의 네제곱근 중 양의 실수인 것은 $\sqrt[4]{3}$이므로

$a=\sqrt[4]{3}=3^{\frac{1}{4}}$

이때 $3^{x^2+1}=a^{16}$에서 $3^{x^2+1}=(3^{\frac{1}{4}})^{16}$

$3^{x^2+1}=3^4$, $x^2+1=4$, $x^2=3$

$\therefore x=-\sqrt{3}$ 또는 $x=\sqrt{3}$

따라서 구하는 모든 실수 x의 값의 곱은

$-\sqrt{3}\times\sqrt{3}=-3$

21 답 ④

$5\times 25^x-5^x=5^{x+3}-25$에서

$5\times(5^2)^x-5^x-125\times 5^x+25=0$

$5\times(5^x)^2-126\times 5^x+25=0$

이때 $5^x=t\ (t>0)$이라 하면

$5t^2-126t+25=0$, $(5t-1)(t-25)=0$

$\therefore t=\dfrac{1}{5}$ 또는 $t=25$

즉, $5^x=\dfrac{1}{5}=5^{-1}$ 또는 $5^x=25=5^2$이므로

$x=-1$ 또는 $x=2$

따라서 구하는 모든 실수 x의 값의 곱은

$-1\times 2=-2$

22 답 ①

$4^{x+1}+4^{1-x}=10$에서 $4\times 4^x+\dfrac{4}{4^x}=10$

이때 $4^x=t\ (t>0)$이라 하면

$4t+\dfrac{4}{t}=10$, $2t^2-5t+2=0$

$(2t-1)(t-2)=0$ $\qquad \therefore t=\dfrac{1}{2}$ 또는 $t=2$

즉, $4^x=\dfrac{1}{2}=4^{-\frac{1}{2}}$ 또는 $4^x=2=4^{\frac{1}{2}}$에서

$x=-\dfrac{1}{2}$ 또는 $x=\dfrac{1}{2}$

따라서 $\alpha=-\dfrac{1}{2}$, $\beta=\dfrac{1}{2}$이므로

$\beta-\alpha=\dfrac{1}{2}-\left(-\dfrac{1}{2}\right)=1$

23 답 27

$a^{2x}=2a^x+3$에서 $(a^x)^2-2a^x-3=0$

이때 $a^x=t\ (t>0)$이라 하면

$t^2-2t-3=0$, $(t+1)(t-3)=0$ $\qquad \therefore t=3\ (\because t>0)$

따라서 $a^{\frac{1}{3}}=3$이므로

$a=3^3=27$

24 답 ④

$4^x-k\times 2^{x+1}+16=0$에서 $(2^2)^x-2k\times 2^x+16=0$

$(2^x)^2-2k\times 2^x+16=0$

이때 $2^x=t\ (t>0)$이라 하면

$t^2-2kt+16=0$ $\qquad\cdots\cdots$ ㉠

한편, 주어진 방정식이 오직 하나의 실근을 가지므로 방정식 ㉠도 오직 하나의 실근을 가져야 한다.

이차방정식 ㉠의 판별식을 D라 하면

$\dfrac{D}{4}=k^2-16=0$ $\qquad \therefore k=\pm 4$

(i) $k=-4$일 때, ㉠에서

$\quad t^2+8t+16=(t+4)^2=0$ $\qquad \therefore t=-4$

$\quad$ 그런데 $t>0$을 만족시키지 않는다.

(ii) $k=4$일 때, ㉠에서

$\quad t^2-8t+16=(t-4)^2=0$ $\qquad \therefore t=4$

$\quad 2^x=4=2^2$에서 $x=2$ $\qquad \therefore \alpha=2$

(i), (ii)에서 $k=4$, $\alpha=2$

$\therefore k+\alpha=4+2=6$

25 답 ③

$5^{2x-7}\leq\left(\dfrac{1}{5}\right)^{x-2}$ 에서 $5^{2x-7}\leq 5^{-x+2}$

이때 밑 5가 $5>1$이므로

$2x-7\leq -x+2$, $3x\leq 9$ $\qquad \therefore x\leq 3$

따라서 구하는 자연수 x의 개수는

1, 2, 3의 3

26 답 9

$\left(\dfrac{1}{5}\right)^{x^2+3}<5\times\left(\dfrac{1}{5}\right)^{5x}$에서

$\left(\dfrac{1}{5}\right)^{x^2+3}<\left(\dfrac{1}{5}\right)^{5x-1}$

이때 밑 $\dfrac{1}{5}$이 $0<\dfrac{1}{5}<1$이므로

$x^2+3>5x-1,\ x^2-5x+4>0$

$(x-1)(x-4)>0$ $\quad\therefore\ x<1$ 또는 $x>4$

따라서 $\alpha=1,\ \beta=4$이므로

$5\alpha+\beta=5\times1+4=9$

27 답 ②

$27\times\left(\dfrac{3}{2}\right)^{(x-5)^2}\leq8\times\left(\dfrac{2}{3}\right)^{-x}$에서

$\left(\dfrac{3}{2}\right)^{(x-5)^2}\leq\dfrac{8}{27}\times\left(\dfrac{2}{3}\right)^{-x}$

$\left(\dfrac{3}{2}\right)^{(x-5)^2}\leq\left(\dfrac{2}{3}\right)^{-x+3},\ \left(\dfrac{3}{2}\right)^{(x-5)^2}\leq\left(\dfrac{3}{2}\right)^{x-3}$

이때 밑 $\dfrac{3}{2}$이 $\dfrac{3}{2}>1$이므로

$(x-5)^2\leq x-3$

$x^2-10x+25\leq x-3$

$x^2-11x+28\leq0,\ (x-4)(x-7)\leq0$

$\therefore\ 4\leq x\leq7$

따라서 자연수 x의 값은 4, 5, 6, 7이므로 그 합은

$4+5+6+7=22$

28 답 ⑤

(i) $1-2^{x+4}<0,\ 3^x-27>0$일 때

· $1-2^{x+4}<0$일 때

  $2^{x+4}>1$에서 $x+4>0$

  $\therefore\ x>-4$ $\qquad$ ……㉠

· $3^x-27>0$일 때

  $3^x>27$에서 $x>3$ $\qquad$ ……㉡

  ㉠, ㉡의 공통부분을 구하면

  $x>3$

(ii) $1-2^{x+4}>0,\ 3^x-27<0$일 때

· $1-2^{x+4}>0$일 때

  $2^{x+4}<1$에서 $x+4<0$

  $\therefore\ x<-4$ $\qquad$ ……㉢

· $3^x-27<0$일 때

  $3^x<27$에서 $x<3$ $\qquad$ ……㉣

  ㉢, ㉣의 공통부분을 구하면

  $x<-4$

(i), (ii)에서 $x<-4$ 또는 $x>3$

따라서 $\alpha=-4,\ \beta=3$이므로

$|\alpha|+2|\beta|=4+2\times3=10$

29 답 ①

$3\times4^x-5<7\times2^{x+1}$에서

$3\times(2^2)^x-5<14\times2^x$

$3\times(2^x)^2-14\times2^x-5<0$

이때 $2^x=t\ (t>0)$이라 하면

$3t^2-14t-5<0,\ (3t+1)(t-5)<0$

$\therefore\ -\dfrac{1}{3}<t<5$

그런데 $t>0$이므로 $0<t<5$

따라서 $0<2^x<5$에서 자연수 x의 값은 1, 2이므로 그 합은

$1+2=3$

30 답 ④

$2\times9^x+4<9\times3^x$에서 $2\times(3^2)^x+4<9\times3^x$

$2\times(3^x)^2-9\times3^x+4<0$

이때 $3^x=t\ (t>0)$이라 하면

$2t^2-9t+4<0,\ (2t-1)(t-4)<0$

$\therefore\ \dfrac{1}{2}<t<4$

따라서 $\dfrac{1}{2}<3^x<4$이므로

$3^\alpha=\dfrac{1}{2},\ 3^\beta=4$

$\therefore\ 3^\alpha+3^\beta=\dfrac{1}{2}+4=\dfrac{9}{2}$

31 답 ②

$4^{|x|}-15\times2^{|x|}<16$에서 $(2^2)^{|x|}-15\times2^{|x|}<16$

$(2^{|x|})^2-15\times2^{|x|}-16<0$

이때 $2^{|x|}=t\ (t\geq1)$이라 하면

$t^2-15t-16<0,\ (t+1)(t-16)<0$

$\therefore\ -1<t<16$

그런데 $t\geq1$이므로 $1\leq t<16$

즉, $1\leq2^{|x|}<16$이므로

$0\leq|x|<4$ $\quad\therefore\ -4<x<4$

따라서 구하는 정수 x의 개수는

$-3,\ -2,\ -1,\ 0,\ 1,\ 2,\ 3$의 7

32 답 32

$2^{2x+1}-(n+2)\times2^x+n\leq0$에서

$2\times(2^x)^2-(n+2)\times2^x+n\leq0$

이때 $2^x=t\ (t>0)$이라 하면

$2t^2-(n+2)t+n\leq0,\ (t-1)(2t-n)\leq0$

(i) $n=1$일 때

  $\dfrac{1}{2}\leq t\leq1$에서 $\dfrac{1}{2}\leq2^x\leq1$

  $\therefore\ -1\leq x\leq0$

  그런데 정수 x의 개수가 -1, 0의 2이므로 조건을 만족시키지 않는다.

(ii) $n \geq 2$일 때

$1 \leq t \leq \dfrac{n}{2}$에서 $1 \leq 2^x \leq \dfrac{n}{2}$

이때 정수 x의 개수가 5가 되려면 x의 값은 0, 1, 2, 3, 4

이어야 하므로

$2^4 \leq \dfrac{n}{2} < 2^5$에서 $2^5 \leq n < 2^6$

$\therefore 32 \leq n < 64$

(i), (ii)에서 구하는 자연수 n의 최솟값은 32이다.

33 답 ①

$2^x = -2^{5-x} + 12$에서 $2^x = -\dfrac{32}{2^x} + 12$

$(2^x)^2 - 12 \times 2^x + 32 = 0$

이때 $2^x = t\ (t > 0)$이라 하면

$t^2 - 12t + 32 = 0$

$(t-4)(t-8) = 0$ $\therefore t = 4$ 또는 $t = 8$

즉, $2^x = 4 = 2^2$ 또는 $2^x = 8 = 2^3$에서 $x = 2$ 또는 $x = 3$이므로

두 점 A, B의 좌표는 각각 $(2, 4)$, $(3, 8)$이다.

따라서 $\mathrm{C}(2, 0)$, $\mathrm{D}(3, 0)$이므로 사다리꼴 ACDB의 넓이는

$\dfrac{1}{2} \times (\overline{\mathrm{AC}} + \overline{\mathrm{BD}}) \times \overline{\mathrm{CD}} = \dfrac{1}{2} \times (4+8) \times 1 = 6$

34 답 9

두 점 A, B의 x좌표를 각각 a, b라 하면

선분 AB의 중점이 y축 위에 있으므로

$\dfrac{a+b}{2} = 0$ $\therefore b = -a$ …… ㉠

$-k \times 3^x + 30 = 3^{2-x}$에서 $k \times 3^x - 30 + \dfrac{9}{3^x} = 0$

$k \times (3^x)^2 - 30 \times 3^x + 9 = 0$

이때 $3^x = t\ (t > 0)$이라 하면

$kt^2 - 30t + 9 = 0$

위의 이차방정식의 두 근은 $t = 3^a$, $t = 3^{-a}\ (\because ㉠)$이므로

이차방정식의 근과 계수의 관계에 의하여

$3^a \times 3^{-a} = \dfrac{9}{k}$, $1 = \dfrac{9}{k}$ $\therefore k = 9$

35 답 ④

부등식 $f(x) \geq 0$의 해가 $\dfrac{2}{5} \leq x \leq \dfrac{25}{4}$이므로

부등식 $(f \circ g)(x) \geq 0$, 즉 $f(g(x)) \geq 0$의 해는

$\dfrac{2}{5} \leq g(x) \leq \dfrac{25}{4}$에서

$\dfrac{2}{5} \leq \left(\dfrac{2}{5}\right)^x \leq \dfrac{25}{4}$, $\left(\dfrac{2}{5}\right)^1 \leq \left(\dfrac{2}{5}\right)^x \leq \left(\dfrac{2}{5}\right)^{-2}$

이때 밑 $\dfrac{2}{5}$가 $0 < \dfrac{2}{5} < 1$이므로 $-2 \leq x \leq 1$

따라서 구하는 정수 x의 개수는

$-2, -1, 0, 1$의 4

36 답 15

일차함수 $f(x)$에 대하여 $f(-5) = 0$이므로

$f(x) = a(x+5)\ (a > 0)$이라 하면

$2^{f(x)} \leq 8$에서 $2^{f(x)} \leq 2^3$

밑 2가 $2 > 1$이므로 $f(x) \leq 3$에서

$a(x+5) \leq 3$, $x + 5 \leq \dfrac{3}{a}\ (\because a > 0)$

$\therefore x \leq \dfrac{3}{a} - 5$

주어진 부등식의 해가 $x \leq -4$이므로

$\dfrac{3}{a} - 5 = -4$에서

$\dfrac{3}{a} = 1$ $\therefore a = 3$

따라서 $f(x) = 3(x+5)$이므로

$f(0) = 15$

○4 로그함수

1 ⑤	2 ⑤	3 20	4 ⑤
5 ⑤	6 ④	7 ⑤	8 ①
9 ④	10 ①	11 ④	12 ⑤
13 ③	14 ③	15 ⑤	16 ④
17 ③	18 ②	19 ③	20 10
21 ③	22 ②	23 50	24 ②
25 16	26 ②	27 ⑤	28 ④
29 ②	30 ⑤	31 ①	32 ②
33 ①	34 ③	35 ④	36 ③
37 ③	38 ③	39 7	40 ①

1 답 ⑤

함수 $y=\log_2(3x-6)+1$의 그래프의 점근선의 방정식은
$3x-6=0$에서 $x=2$
이때 함수 $y=2^x-1$의 그래프에 대하여 $x=2$일 때 y의 값은
$y=4-1=3$
따라서 $a=2$, $b=3$이므로
$a+b=2+3=5$

2 답 ⑤

함수 $y=\log_2 x$의 그래프를 x축의 방향으로 a만큼, y축의 방향으로 b만큼 평행이동한 그래프의 식은
$y-b=\log_2(x-a)$　∴ $y=\log_2(x-a)+b$
한편,
$$y=\log_2(4x+6)=\log_2\left\{4\left(x+\frac{3}{2}\right)\right\}$$
$$=\log_2 4+\log_2\left(x+\frac{3}{2}\right)=\log_2\left(x+\frac{3}{2}\right)+2$$
이므로 $a=-\dfrac{3}{2}$, $b=2$
$$∴ b-a=2-\left(-\frac{3}{2}\right)=\frac{7}{2}$$

3 답 20

점근선이 직선 $x=5$이므로 $a=5$
점 $(9,0)$을 지나므로
$0=\log_2\dfrac{k}{4}$, $\dfrac{k}{4}=1$　∴ $k=4$
$∴ ak=5\times4=20$

4 답 ⑤

함수 $y=f(x)$의 그래프는 오른쪽 그림과 같으므로 이 그래프가 제4사분면을 지나지 않으려면
$k+5\geq0$　∴ $k\geq-5$
따라서 실수 k의 최솟값은 -5이다.

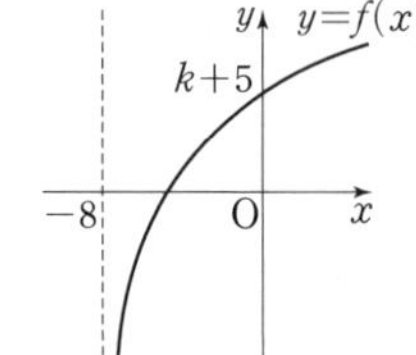

5 답 ⑤

$B(0,1)$이고, 곡선 $y=\log_a(-x+2)$가 점 B를 지나므로
$1=\log_a 2$　∴ $a=2$
점 C의 y좌표가 1이므로 x좌표는
$1=\log_2 x$　∴ $x=2$
$∴ C(2,1)$
따라서 구하는 삼각형 ABC의 넓이는
$$\frac{1}{2}\times\overline{BC}\times\overline{OB}=\frac{1}{2}\times2\times1=1$$

6 답 ④

$A(1,0)$, $B(6,0)$이고, 점 $C(a,b)$가 곡선 $y=\log_2 x$ 위의 점이므로
$b=\log_2 a$
이때 삼각형 ABC의 무게중심의 좌표는
$$\left(\frac{1+6+a}{3},\ \frac{0+0+\log_2 a}{3}\right), \ \text{즉}\ \left(\frac{7+a}{3},\ \frac{\log_2 a}{3}\right)$$
이때 y좌표가 1이므로
$\dfrac{\log_2 a}{3}=1$에서 $\log_2 a=3$
$∴ a=2^3=8$, $b=\log_2 8=3$
$∴ a+b=8+3=11$

7 답 ⑤

점 A의 x좌표가 0이므로 y좌표는
$y=3-2=1$　∴ $A(0,1)$
이때 두 점 A, C의 y좌표가 같으므로 점 C의 x좌표는
$1=\log_2(x+1)-1$에서
$\log_2(x+1)=2$, $x+1=4$　∴ $x=3$
$∴ C(3,1)$
점 B의 x좌표가 0이므로 점 B의 y좌표는
$y=\log_2 1-1=-1$　∴ $B(0,-1)$
이때 두 점 B, D의 y좌표가 같으므로 점 D의 x좌표는
$-1=3^{x+1}-2$에서
$3^{x+1}=1=3^0$, $x+1=0$　∴ $x=-1$
$∴ D(-1,-1)$
$$∴ \square ADBC=\frac{1}{2}\times(\overline{AC}+\overline{DB})\times\overline{AB}$$
$$=\frac{1}{2}\times(3+1)\times2=4$$

8 답 ①

점 A의 y좌표가 0이므로 x좌표는
$0=\log_2(-x+1)-1$에서
$\log_2(-x+1)=1$, $-x+1=2$　∴ $x=-1$
$∴ A(-1,0)$
점 B의 x좌표가 0이므로 y좌표는
$y=\log_2 1-1=-1$

$\therefore B(0, -1)$

$\therefore \triangle OAB = \dfrac{1}{2} \times 1 \times 1 = \dfrac{1}{2}$

이때 $4 \times \triangle OAB = \triangle OCD$에서

$\triangle OCD = \dfrac{1}{2} \times 4 = 2$

이고, 직선 AB의 기울기는 -1이므로 직선 CD의 직선의 기울기도 -1이다.

즉, 삼각형 OCD는 $\overline{OC} = \overline{OD}$인 직각이등변삼각형이므로 $C(2, 0)$, $D(0, 2)$

두 점 C, D는 곡선 $y = a \times 2^{-x} + b$ 위의 점이므로

$0 = \dfrac{a}{4} + b, \ 2 = a + b$

위의 두 식을 연립하여 풀면

$a = \dfrac{8}{3}, \ b = -\dfrac{2}{3}$

$\therefore a - b = \dfrac{8}{3} - \left(-\dfrac{2}{3}\right) = \dfrac{10}{3}$

9 답 ④

함수 $y = \log_3 x$의 그래프를 x축의 방향으로 a만큼, y축의 방향으로 2만큼 평행이동한 그래프의 식은

$y - 2 = \log_3 (x - a) \qquad \therefore f(x) = \log_3 (x - a) + 2$

함수 $f(x)$의 역함수는

$y = \log_3 (x - a) + 2$에서

$y - 2 = \log_3 (x - a), \ 3^{y-2} = x - a$

$x = 3^{y-2} + a$

x와 y를 서로 바꾸면

$y = 3^{x-2} + a \qquad \therefore f^{-1}(x) = 3^{x-2} + a$

$\therefore a = 4$

10 답 ①

$(g \circ f)(x) = x$에서 두 함수 $f(x)$, $g(x)$는 서로 역함수 관계이므로 함수 $f(x)$의 역함수는

$y = 3^{2x-2} + 4$에서 $y - 4 = 3^{2x-2}$

$2x - 2 = \log_3 (y - 4), \ 2x = \log_3 (y - 4) + 2$

$x = \dfrac{1}{2} \log_3 (y - 4) + 1$

x와 y를 서로 바꾸면

$y = \dfrac{1}{2} \log_3 (x - 4) + 1$

$\therefore g(x) = \dfrac{1}{2} \log_3 (x - 4) + 1$

$\therefore g(5) = \dfrac{1}{2} \times \log_3 1 + 1 = 1$

다른 풀이

$g(5) = a$ (a는 실수)라 하면 $f(a) = 5$이므로

$5 = 3^{2a-2} + 4, \ 3^{2a-2} = 1, \ 2a - 2 = 0 \qquad \therefore a = 1$

11 답 ④

점 A의 y좌표가 7이므로 x좌표는

$7 = 2^x - 1$에서 $2^x = 8 = 2^3 \qquad \therefore x = 3$

$\therefore A(3, 7)$

이때 두 함수 $y = 2^x - 1$, $y = \log_2 (x + 1)$은 서로 역함수 관계이고, $\overline{OA} = \overline{OB}$이므로 $B(7, 3)$이다.

점 $A(3, 7)$은 직선 $y = ax$ 위의 점이므로

$7 = 3a \qquad \therefore a = \dfrac{7}{3}$

점 $B(7, 3)$은 직선 $y = bx$ 위의 점이므로

$3 = 7b \qquad \therefore b = \dfrac{3}{7}$

$\therefore a + b = \dfrac{7}{3} + \dfrac{3}{7} = \dfrac{58}{21}$

12 답 ⑤

점 A의 x좌표가 9이므로 y좌표는

$y = \log_3 9 = \log_3 3^2 = 2 \qquad \therefore A(9, 2)$

이때 두 함수 $y = \log_3 x$, $y = 3^x$은 서로 역함수 관계이므로 $B(2, 9)$

$\therefore \overline{AB} = \sqrt{(2-9)^2 + (9-2)^2} = 7\sqrt{2}$

한편, 직선 AB의 방정식은

$y - 2 = -(x - 9) \qquad \therefore x + y - 11 = 0$

즉, 원점 $O(0, 0)$과 직선 $x + y - 11 = 0$ 사이의 거리는

$\dfrac{|-11|}{\sqrt{1^2 + 1^2}} = \dfrac{11}{\sqrt{2}}$

따라서 구하는 삼각형 OAB의 넓이는

$\dfrac{1}{2} \times 7\sqrt{2} \times \dfrac{11}{\sqrt{2}} = \dfrac{77}{2}$

13 답 ③

밑 3이 $3 > 1$이므로 함수 $f(x)$의 최댓값은 $f(3) = \log_3 9 = 2$, 최솟값은 $f(0) = \log_3 3 = 1$

따라서 최댓값과 최솟값의 합은

$2 + 1 = 3$

14 답 ③

$-4 \le x \le 4$에서 $0 \le |x| \le 4 \qquad \therefore 4 \le |x| + 4 \le 8$

이때 함수 $y = \log_{\frac{1}{2}} (|x| + 4)$의 밑 $\dfrac{1}{2}$이 $0 < \dfrac{1}{2} < 1$이므로

$|x| + 4 = 4$일 때 최댓값 $\log_{\frac{1}{2}} 4 = -2$,

$|x| + 4 = 8$일 때 최솟값 $\log_{\frac{1}{2}} 8 = -3$

을 갖는다.

따라서 구하는 최댓값과 최솟값의 곱은

$(-2) \times (-3) = 6$

15 답 ⑤

$y=f(x)-g(x)$
$\quad=\log_4(6-x)-\log_{\frac{1}{4}}(x+2)$
$\quad=\log_4(6-x)+\log_4(x+2)$
$\quad=\log_4(6-x)(x+2)$
$\quad=\log_4(-x^2+4x+12)$
$\quad=\log_4\{-(x-2)^2+16\}$

$-2<x<6$에서 함수 $y=-(x-2)^2+16$은 $x=2$일 때 최댓값 16을 갖는다.
즉, 함수 $y=f(x)-g(x)$의 밑 4가 $4>1$이므로 $x=2$일 때 최댓값을 갖는다.
따라서 $a=2$이고, $M=\log_4 16=2$
$\therefore a+M=2+2=4$

16 답 ④

$y=\log_5(x^2-2x+5)=\log_5\{(x-1)^2+4\}$
$3\le x\le k$에서 함수 $y=(x-1)^2+4$는 $x=k$일 때 최댓값 k^2-2k+5를 갖고, $x=3$일 때 최솟값 8을 갖는다.
즉, 함수 $y=\log_5(x^2-2x+5)$의 밑 5가 $5>1$이므로 $x=k$일 때 최댓값 $\log_5(k^2-2k+5)$를 갖고, $x=3$일 때 최솟값 $\log_5 8$을 갖는다.
이때 최댓값과 최솟값의 차가 1이므로
$\log_5(k^2-2k+5)-\log_5 8=1$
$\log_5\dfrac{k^2-2k+5}{8}=1$
$\dfrac{k^2-2k+5}{8}=5,\ k^2-2k-35=0$
$(k+5)(k-7)=0$ $\quad\therefore k=7\ (\because k>3)$

17 답 ③

$\log_5 x=t$라 하면 $1\le x\le 125$에서 $0\le t\le 3$이고
$y=-t^2+2t+1=-(t-1)^2+2$
따라서 $t=1$일 때 최댓값 2를 갖고, $t=3$일 때 최솟값 -2를 가지므로 최댓값과 최솟값의 합은
$2+(-2)=0$

18 답 ②

$y=(\log_{\frac{1}{3}}x)^2+\log_{\frac{1}{3}}x^2+k$
$\quad=(\log_{\frac{1}{3}}x)^2+2\log_{\frac{1}{3}}x+k$

$\log_{\frac{1}{3}}x=t$라 하면 $\dfrac{1}{9}\le x\le 1$에서 $0\le t\le 2$이고
$y=t^2+2t+k=(t+1)^2+k-1$
즉, $t=0$에서 최솟값 k를 가지므로
$k=-4$
따라서 $y=(t+1)^2-5$이므로 구하는 최댓값은 $t=2$일 때 4이다.

19 답 ③

$y=(\log_{\frac{1}{2}}x)(\log_{\frac{1}{4}}x)-a\log_2 x+7$
$\quad=(-\log_2 x)\left(-\dfrac{1}{2}\log_2 x\right)-a\log_2 x+7$
$\quad=\dfrac{1}{2}(\log_2 x)^2-a\log_2 x+7$

$\log_2 x=t$라 하면
$y=\dfrac{1}{2}t^2-at+7=\dfrac{1}{2}(t-a)^2-\dfrac{a^2}{2}+7$
즉, $t=a$일 때 최솟값은 $-\dfrac{a^2}{2}+7$이므로
$-\dfrac{a^2}{2}+7=-1$에서 $-a^2+14=-2$
$a^2=16$ $\quad\therefore a=4\ (\because a>0)$

20 답 10

$y=3\log_2 x+\log_x 8+4=3\log_2 x+\dfrac{1}{\log_8 x}+4$
$\quad=3\log_2 x+\dfrac{3}{\log_2 x}+4$

$\log_2 x=t$라 하면 $x>1$에서 $t>0$이고
$y=3t+\dfrac{3}{t}+4$
산술평균과 기하평균의 관계에 의하여
$y=3t+\dfrac{3}{t}+4$
$\quad=3\left(t+\dfrac{1}{t}\right)+4$
$\quad\ge 3\times 2\sqrt{t\times\dfrac{1}{t}}+4$
$\quad=3\times 2+4=10$ (단, 등호는 $t=1$일 때 성립)
따라서 구하는 최솟값은 10이다.

21 답 ③

진수의 조건에서
$x-1>0$ $\quad\therefore x>1$
$2\log_9(x-1)=\log_3 2$에서
$\log_3(x-1)=\log_3 2$
$x-1=2$ $\quad\therefore x=3$

22 답 ②

진수의 조건에서
$4+x>0,\ 4-x>0$ $\quad\therefore -4<x<4$
$\log_2(4+x)+\log_2(4-x)=3$에서
$\log_2(4+x)+\log_2(4-x)=\log_2 2^3$
$\log_2(4+x)(4-x)=\log_2 8$
$(4+x)(4-x)=8,\ 16-x^2=8,\ x^2=8$
$\therefore x=\pm 2\sqrt{2}$
따라서 구하는 모든 실수 x의 값의 곱은
$-2\sqrt{2}\times 2\sqrt{2}=-8$

23 탭 50

진수의 조건에서

$x+1>0,\ 3x-2>0 \qquad \therefore\ x>\dfrac{2}{3} \qquad \cdots\cdots\ \text{㉠}$

$\log_2(x+1)=\log_{\frac{1}{2}}(3x-2)+3$에서

$\log_2(x+1)=-\log_2(3x-2)+\log_2 2^3$

$\log_2(x+1)+\log_2(3x-2)=\log_2 8$

$\log_2(x+1)(3x-2)=\log_2 8$

$(x+1)(3x-2)=8,\ 3x^2+x-10=0$

$(x+2)(3x-5)=0 \qquad \therefore\ x=\dfrac{5}{3}\ (\because\ \text{㉠})$

따라서 $a=\dfrac{5}{3}$이므로

$30a=30\times\dfrac{5}{3}=50$

24 탭 ②

진수의 조건에서

$x^3+3>0,\ x>0 \qquad \therefore\ x>0 \qquad \cdots\cdots\ \text{㉠}$

$\log_8(x^3+3)=\log_8 x+1$에서

$\log_8(x^3+3)=\log_8 x+\log_8 8$

$\log_8(x^3+3)=\log_8 8x$

$x^3+3=8x,\ x^3-8x+3=0,\ (x+3)(x^2-3x+1)=0$

$\therefore\ x^2-3x+1=0\ (\because\ \text{㉠})$

이때 이차방정식의 근과 계수의 관계에 의하여

$\alpha+\beta=3,\ \alpha\beta=1$

이고, $\alpha+\beta,\ \alpha\beta$는 ㉠을 만족시킨다.

$\therefore\ \alpha^2+\beta^2=(\alpha+\beta)^2-2\alpha\beta=3^2-2\times1=7$

25 탭 16

$(\log_2 x-3)^2-\log_2 x^2+7=0$에서

$(\log_2 x)^2-6\log_2 x+9-2\log_2 x+7=0$

$(\log_2 x)^2-8\log_2 x+16=0$

$\log_2 x=t$라 하면

$t^2-8t+16=0,\ (t-4)^2=0 \qquad \therefore\ t=4$

따라서 $\log_2 x=4$에서

$x=16$

26 탭 ②

$\log_3 x-\log_x 9=-1$에서

$\log_3 x-\dfrac{\log_3 9}{\log_3 x}=-1,\ \log_3 x-\dfrac{2}{\log_3 x}=-1$

$\log_3 x=t\ (t\neq0)$이라 하면

$t-\dfrac{2}{t}=-1,\ t^2+t-2=0,\ (t+2)(t-1)=0$

$\therefore\ t=-2$ 또는 $t=1$

즉, $\log_3 x=-2$ 또는 $\log_3 x=1$에서

$x=\dfrac{1}{9}$ 또는 $x=3$

따라서 구하는 모든 실근의 합은

$\dfrac{1}{9}+3=\dfrac{28}{9}$

27 탭 ⑤

$\log x\times\log\dfrac{x}{10}=3$에서

$\log x(\log x-\log 10)=3,\ (\log x)^2-\log x-3=0$

$\log x=t$라 하면

$t^2-t-3=0$

즉, 위의 이차방정식의 두 근이 $\log\alpha,\ \log\beta$이므로 근과 계수의 관계에 의하여

$\log\alpha+\log\beta=1 \qquad \therefore\ \log\alpha\beta=1$

$\therefore\ \alpha\beta=10$

28 탭 ④

$\log_2\dfrac{x}{4}=\log_2 x-\log_2 4=\log_2 x-2,$

$\log_2\dfrac{32}{x}=\log_2 32-\log_2 x=5-\log_2 x$

이므로 $\left(\log_2\dfrac{x}{4}\right)\left(\log_2\dfrac{32}{x}\right)=2$에서

$(\log_2 x-2)(5-\log_2 x)=2$

$-(\log_2 x)^2+7\log_2 x-10=2$

$(\log_2 x)^2-7\log_2 x+12=0$

$\log_2 x=t$라 하면

$t^2-7t+12=0$

$(t-3)(t-4)=0 \qquad \therefore\ t=3$ 또는 $t=4$

즉, $\log_2 x=3$ 또는 $\log_2 x=4$이므로

$x=8$ 또는 $x=16$

따라서 모든 실수 x의 값의 합은

$8+16=24$

29 탭 ②

진수의 조건에서

$x+2>0,\ -x^2+4>0 \qquad \therefore\ -2<x<2 \qquad \cdots\cdots\ \text{㉠}$

한편, 주어진 부등식에서 밑 2가 $2>1$이므로

$x+2<-x^2+4,\ x^2+x-2<0$

$(x+2)(x-1)<0 \qquad \therefore\ -2<x<1 \qquad \cdots\cdots\ \text{㉡}$

㉠, ㉡의 공통부분을 구하면

$-2<x<1$

따라서 구하는 정수 x의 개수는

$-1,\ 0$의 2

30 탭 ⑤

진수의 조건에서

$n^2-9n+18>0,\ (n-3)(n-6)>0$

$\therefore\ n<3$ 또는 $n>6 \qquad \cdots\cdots\ \text{㉠}$

$\log_{18}(n^2-9n+18)<1$에서

$\log_{18}(n^2-9n+18)<\log_{18}18$

밑 18이 $18>1$이므로

$n^2-9n+18<18$, $n^2-9n<0$

$n(n-9)<0$

$\therefore\ 0<n<9$ $\qquad\cdots\cdots$ ㉡

㉠, ㉡의 공통부분을 구하면

$0<n<3$ 또는 $6<n<9$

따라서 자연수 n은 1, 2, 7, 8이므로 그 합은

$1+2+7+8=18$

31 답 ①

진수의 조건에서

$\dfrac{1}{2}x+1>0,\ x-k>0$

$\therefore\ x>k\ (\because\ k\text{는 자연수})$ $\qquad\cdots\cdots$ ㉠

한편, 주어진 부등식에서 밑 3이 $3>1$이므로

$\dfrac{1}{2}x+1\geq x-k,\ \dfrac{1}{2}x\leq k+1$

$\therefore\ x\leq 2k+2$ $\qquad\cdots\cdots$ ㉡

㉠, ㉡의 공통부분을 구하면

$k<x\leq 2k+2$

이때 주어진 부등식을 만족시키는 정수 x의 개수가 5이어야 하므로

$(2k+2)-k=5$ $\qquad\therefore\ k=3$

32 답 ②

진수의 조건에서

$|x-2|>0,\ x>0$ $\qquad\therefore\ 0<x<2$ 또는 $x>2$

$\log_{\frac{1}{5}}|x-2|\leq\log_{\frac{1}{5}}x-1$에서

$\log_{\frac{1}{5}}|x-2|\leq\log_{\frac{1}{5}}x-\log_{\frac{1}{5}}\dfrac{1}{5}$

$\log_{\frac{1}{5}}|x-2|\leq\log_{\frac{1}{5}}5x$

밑 $\dfrac{1}{5}$이 $0<\dfrac{1}{5}<1$이므로

$|x-2|\geq 5x$

(i) $0<x<2$일 때

$\qquad -x+2\geq 5x,\ 6x\leq 2$ $\qquad\therefore\ x\leq\dfrac{1}{3}$

$\qquad\therefore\ 0<x\leq\dfrac{1}{3}$

(ii) $x>2$일 때

$\qquad x-2\geq 5x,\ 4x\leq -2$ $\qquad\therefore\ x\leq-\dfrac{1}{2}$

$\qquad$ 그런데 $x>2$이므로 이 경우를 만족시키는 x의 값은 존재하지 않는다.

(i), (ii)에서 $0<x\leq\dfrac{1}{3}$

따라서 구하는 실수 x의 최댓값은 $\dfrac{1}{3}$이다.

33 답 ①

진수의 조건에서 $x>0$ $\qquad\cdots\cdots$ ㉠

$(\log_2 x)^2-\log_2 x^3+2\geq 0$에서

$(\log_2 x)^2-3\log_2 x+2\geq 0$

$\log_2 x=t$라 하면

$t^2-3t+2\geq 0,\ (t-1)(t-2)\geq 0$

$t\leq 1$ 또는 $t\geq 2$

즉, $\log_2 x\leq 1$ 또는 $\log_2 x\geq 2$이므로

$x\leq 2$ 또는 $x\geq 4$ $\qquad\cdots\cdots$ ㉡

㉠, ㉡의 공통부분을 구하면

$0<x\leq 2$ 또는 $x\geq 4$

따라서 $\alpha=0,\ \beta=2,\ \gamma=4$이므로

$\alpha+\beta+\gamma=0+2+4=6$

34 답 ③

$\left(\log_{\frac{1}{4}}x\right)^2-\log_{\frac{1}{2}}x<3$에서

$\left(\log_{\frac{1}{4}}x\right)^2-2\log_{\frac{1}{4}}x-3<0$

$\log_{\frac{1}{4}}x=t$라 하면

$t^2-2t-3<0,\ (t+1)(t-3)<0$

$\therefore\ -1<t<3$

즉, $-1<\log_{\frac{1}{4}}x<3$이므로

$\dfrac{1}{64}<x<4$

따라서 구하는 자연수 x의 개수는

1, 2, 3의 3

35 답 ④

$(\log_5 5x)^2+\log_{25}x^4<6$에서

$(\log_5 5+\log_5 x)^2+\log_5 x^2<6$

$(1+\log_5 x)^2+2\log_5 x<6$

$(\log_5 x)^2+4\log_5 x-5<0$

$\log_5 x=t$라 하면

$t^2+4t-5<0,\ (t+5)(t-1)<0$

$\therefore\ -5<t<1$

즉, $-5<\log_5 x<1$이므로

$5^{-5}<x<5$

따라서 $\alpha=5^{-5},\ \beta=5$이므로

$\alpha\beta=5^{-5}\times 5=5^{-4}$

$\therefore\ \log_{25}\alpha\beta=\log_{25}5^{-4}=\log_{25}25^{-2}=-2$

36 답 ③

$\left(\log_3\dfrac{27}{x}\right)(\log_3 x+k)>7$에서

$(\log_3 27-\log_3 x)(\log_3 x+k)>7$

$(3-\log_3 x)(\log_3 x+k)>7$

$-(\log_3 x)^2-(k-3)\log_3 x+3k>7$

$(\log_3 x)^2 + (k-3)\log_3 x - 3k + 7 < 0$

$\log_3 x = t$라 하면

$t^2 + (k-3)t - 3k + 7 < 0$ ...... ㉠

이때 $\dfrac{1}{81} < x < 9$에서 $-4 < t < 2$이므로 부등식 ㉠의 해는

$-4 < t < 2$이다.

따라서 $(t+4)(t-2) < 0$에서 $t^2 + 2t - 8 < 0$이므로

$k-3 = 2,\ -3k+7 = -8$ $\therefore k = 5$

37 답 ③

두 함수 $y = \log_2 x$, $y = -\log_2(9-2x) + 2$의 그래프의 교점의 x좌표는 방정식 $\log_2 x = -\log_2(9-2x) + 2$의 근이므로 진수의 조건에서

$x > 0,\ 9-2x > 0$ $\therefore 0 < x < \dfrac{9}{2}$

$\log_2 x = -\log_2(9-2x) + 2$에서

$\log_2 x + \log_2(9-2x) = 2$

$\log_2 x(9-2x) = \log_2 4$

$x(9-2x) = 4,\ -2x^2 + 9x = 4$

$2x^2 - 9x + 4 = 0,\ (2x-1)(x-4) = 0$

$\therefore x = \dfrac{1}{2}$ 또는 $x = 4$

따라서 $\mathrm{A}\left(\dfrac{1}{2},\ -1\right)$, $\mathrm{B}(4,\ 2)$ 또는 $\mathrm{A}(4,\ 2)$, $\mathrm{B}\left(\dfrac{1}{2},\ -1\right)$이므로

$\overline{\mathrm{AB}} = \sqrt{\left(4-\dfrac{1}{2}\right)^2 + \{2-(-1)\}^2} = \dfrac{\sqrt{85}}{2}$

38 답 ③

점 $\mathrm{P}(k,\ \log_2 k)$, $\mathrm{Q}(k,\ \log_2(k-2))$, $\mathrm{R}(k,\ 0)$이다.

이때 점 Q가 선분 PR의 중점이므로

$\dfrac{0 + \log_2 k}{2} = \log_2(k-2),\ \log_2 k = 2\log_2(k-2)$

$\log_2 k = \log_2(k-2)^2,\ k = (k-2)^2,\ k = k^2 - 4k + 4$

$k^2 - 5k + 4 = 0,\ (k-1)(k-4) = 0$ $\therefore k = 4\ (\because k > 3)$

$\therefore \mathrm{P}(4,\ 2),\ \mathrm{Q}(4,\ 1),\ \mathrm{R}(4,\ 0)$

이때 $\mathrm{A}(1,\ 0),\ \mathrm{B}(3,\ 0)$이므로

$\square \mathrm{ABQP} = \triangle \mathrm{ARP} - \triangle \mathrm{BRQ}$

$\qquad = \dfrac{1}{2} \times \overline{\mathrm{AR}} \times \overline{\mathrm{PR}} - \dfrac{1}{2} \times \overline{\mathrm{BR}} \times \overline{\mathrm{QR}}$

$\qquad = \dfrac{1}{2} \times 3 \times 2 - \dfrac{1}{2} \times 1 \times 1$

$\qquad = 3 - \dfrac{1}{2} = \dfrac{5}{2}$

39 답 7

$f(0) = 8,\ f(3) = 0$이므로

$\dfrac{x}{3} + \dfrac{f(x)}{8} = 1$ $\therefore f(x) = -\dfrac{8}{3}x + 8$ ...... ㉠

한편, $\log_3\{|f(x)|+1\} \le 2$에서

$\log_3\{|f(x)|+1\} \le \log_3 9$

밑 3이 $3 > 1$이므로

$|f(x)| + 1 \le 9,\ |f(x)| \le 8$

$-8 \le f(x) \le 8$

$-8 \le -\dfrac{8}{3}x + 8 \le 8\ (\because ㉠)$

$-16 \le -\dfrac{8}{3}x \le 0$ $\therefore 0 \le x \le 6$

따라서 구하는 정수 x의 개수는

$0,\ 1,\ 2,\ 3,\ 4,\ 5,\ 6$의 7

40 답 ①

진수의 조건에서

$f(x) - x > 0,\ 6 - x > 0$, 즉 $x < 0$ 또는 $x > 6$, $x < 6$

$\therefore x < 0$ ...... ㉠

$\log_{\frac{1}{2}}\{f(x) - x\} \ge \log_{\frac{1}{2}}(6-x) + 1$에서

$\log_{\frac{1}{2}}\{f(x) - x\} \ge \log_{\frac{1}{2}}(6-x) + \log_{\frac{1}{2}}\dfrac{1}{2}$

$\log_{\frac{1}{2}}\{f(x) - x\} \ge \log_{\frac{1}{2}}\dfrac{6-x}{2}$

밑 $\dfrac{1}{2}$이 $0 < \dfrac{1}{2} < 1$이므로

$f(x) - x \le \dfrac{6-x}{2},\ f(x) \le \dfrac{1}{2}x + 3$

즉, 함수 $y = f(x)$의 그래프가 직선 $y = \dfrac{1}{2}x + 3$과 만나거나 아래쪽에 있는 x의 값의 범위는

$-2 \le x \le 6$ ...... ㉡

㉠, ㉡의 공통부분을 구하면

$-2 \le x < 0$

따라서 정수 x는 $-2,\ -1$이므로 그 합은

$-2 + (-1) = -3$

Ⅱ. 삼각함수

01 삼각함수

1 ④	2 ⑤	3 ④	4 ③
5 ④	6 ③	7 ⑤	8 ⑤
9 ②	10 ②	11 ⑤	12 ③
13 ③	14 ②	15 ③	16 ②
17 ④	18 ⑤	19 ②	20 ②
21 15	22 ⑤	23 ④	24 ④

1 답 ④

① $\dfrac{2}{5}\pi=\dfrac{2}{5}\pi\times\dfrac{180°}{\pi}=72°$ (참)

② $\dfrac{9}{4}\pi=\dfrac{9}{4}\pi\times\dfrac{180°}{\pi}=405°$ (참)

③ $75°=75\times\dfrac{\pi}{180}=\dfrac{5}{12}\pi$ (참)

④ $105°=105\times\dfrac{\pi}{180}=\dfrac{7}{12}\pi$ (거짓)

⑤ $-210°=-210\times\dfrac{\pi}{180}=-\dfrac{7}{6}\pi$ (참)

따라서 옳지 않은 것은 ④이다.

2 답 ⑤

① $90°<152°<180°$ ➡ 제2사분면

② $495°=360°+135°$이고 $90°<135°<180°$ ➡ 제2사분면

③ $\dfrac{2}{3}\pi=\dfrac{2}{3}\pi\times\dfrac{180°}{\pi}=120°$이고 $90°<120°<180°$

　➡ 제2사분면

④ $\dfrac{14}{5}\pi=2\pi+\dfrac{4}{5}\pi$, $\dfrac{4}{5}\pi=\dfrac{4}{5}\pi\times\dfrac{180°}{\pi}=144°$이고

　$90°<144°<180°$ ➡ 제2사분면

⑤ $-\dfrac{15}{4}\pi=-4\pi+\dfrac{\pi}{4}$, $\dfrac{\pi}{4}=\dfrac{\pi}{4}\times\dfrac{180°}{\pi}=45°$이고

　$0°<45°<90°$ ➡ 제1사분면

따라서 나머지 넷과 다른 하나는 ⑤이다.

3 답 ④

ㄱ. $200°=200\times\dfrac{\pi}{180}=\dfrac{10}{9}\pi$ (거짓)

ㄴ. $\dfrac{4}{3}\pi=\dfrac{4}{3}\pi\times\dfrac{180°}{\pi}=240°$이고 $180°<240°<270°$

　➡ 제3사분면 (참)

ㄷ. $\dfrac{25}{9}\pi=2\pi+\dfrac{7}{9}\pi$

　　　$=360°+140°\left(\because \dfrac{7}{9}\pi=\dfrac{7}{9}\pi\times\dfrac{180°}{\pi}=140°\right)$

　즉, $140°$와 $\dfrac{25}{9}\pi$가 나타내는 동경은 일치한다. (참)

따라서 옳은 것은 ㄴ, ㄷ이다.

4 답 ③

$\left(\dfrac{a}{6}+\dfrac{1}{5}\right)\pi=\left(\dfrac{a}{6}+\dfrac{1}{5}\right)\pi\times\dfrac{180°}{\pi}$

$\qquad\qquad=(30a+36)°=6b°$

$\therefore 5a+6=b$ $\qquad\cdots\cdots$ ㉠

$45a°=45a\times\dfrac{\pi}{180}=\dfrac{a}{4}\pi=\dfrac{b}{32}\pi$

$\therefore 8a=b$ $\qquad\cdots\cdots$ ㉡

㉠, ㉡을 연립하여 풀면

$a=2$, $b=16$

$\therefore a+b=2+16=18$

5 답 ④

부채꼴의 반지름의 길이를 r라 하면

중심각의 크기가 $\dfrac{4}{5}\pi$, 넓이가 10π이므로

$10\pi=\dfrac{1}{2}\times r^2\times\dfrac{4}{5}\pi$

$r^2=25$ $\qquad\therefore r=5$ $(\because r>0)$

따라서 구하는 부채꼴의 호의 길이는

$r\times\dfrac{4}{5}\pi=5\times\dfrac{4}{5}\pi=4\pi$

6 답 ③

부채꼴의 반지름의 길이를 r, 중심각의 크기를 θ라 하면

$r\theta=6$ $\qquad\cdots\cdots$ ㉠

$\dfrac{1}{2}r^2\theta=6$ $\qquad\cdots\cdots$ ㉡

㉡$\div$㉠을 하면

$\dfrac{1}{2}r=1$ $\qquad\therefore r=2$

$r=2$를 ㉠에 대입하면

$2\theta=6$ $\qquad\therefore \theta=3$

7 답 ⑤

부채꼴의 반지름의 길이를 r라 하면

중심각의 크기가 2, 호의 길이가 6이므로

$6=r\times2$ $\qquad\therefore r=3$

따라서 구하는 부채꼴의 둘레의 길이는

$2r+6=6+6=12$

8 답 ⑤

밑면의 반지름의 길이가 4이므로 밑면의 둘레의 길이는

$2\pi\times4=8\pi$

즉, 원뿔의 옆면인 부채꼴의 호의 길이가 8π이다.

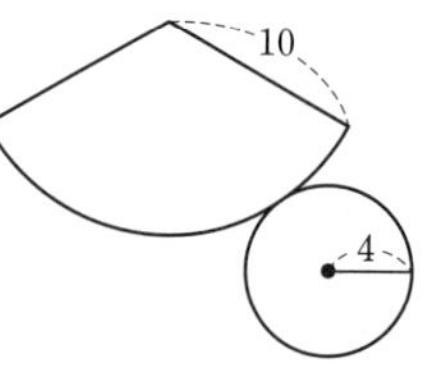

$\therefore$ (원뿔의 겉넓이)=(부채꼴의 넓이)+(원의 넓이)

$\qquad\qquad=\dfrac{1}{2}\times10\times8\pi+\pi\times4^2=56\pi$

9 답 ②

$\overline{\text{OP}}=\sqrt{12^2+(-5)^2}=13$이므로

$\sin\theta=-\dfrac{5}{13}$, $\cos\theta=\dfrac{12}{13}$

$\therefore 2\sin\theta+\cos\theta=2\times\left(-\dfrac{5}{13}\right)+\dfrac{12}{13}=\dfrac{2}{13}$

10 답 ②

$\overline{\text{OP}}=4$이므로 $\sqrt{x^2+y^2}=4$ $\quad\therefore x^2+y^2=16$

$\cos\theta=\dfrac{x}{4}=\dfrac{\sqrt{7}}{4}$에서 $x=\sqrt{7}$

이때 $x^2+y^2=16$에서

$7+y^2=16$, $y^2=9$

$\therefore y=-3$ ($\because$ 점 P는 제4사분면 위의 점)

$\therefore xy=\sqrt{7}\times(-3)=-3\sqrt{7}$

11 답 ⑤

$3x+4y=0$에서 $y=-\dfrac{3}{4}x$ $\quad\therefore \tan\theta=-\dfrac{3}{4}$

$\dfrac{\pi}{2}<\theta<\pi$이므로 오른쪽 그림과 같

이 각 θ를 나타내는 동경 위의 점

P$(-4,\ 3)$을 잡으면

$\overline{\text{OP}}=\sqrt{(-4)^2+3^2}=5$

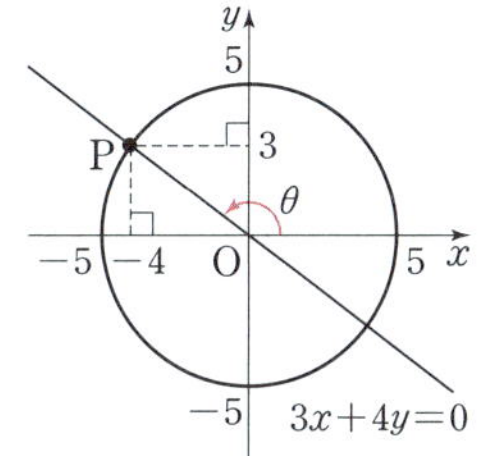

$\therefore \sin\theta=\dfrac{3}{5}$, $\cos\theta=-\dfrac{4}{5}$

$\therefore \sin\theta-\cos\theta=\dfrac{3}{5}-\left(-\dfrac{4}{5}\right)=\dfrac{7}{5}$

다른 풀이

직선 $3x+4y=0$ 위의 한 점 P$(-4k,\ 3k)$ $(k>0)$에 대하여

$\overline{\text{OP}}=\sqrt{(-4k)^2+(3k)^2}=5k$

$\therefore \sin\theta=\dfrac{3k}{5k}=\dfrac{3}{5}$, $\cos\theta=\dfrac{-4k}{5k}=-\dfrac{4}{5}$

12 답 ③

직사각형 ABCD의 가로의 길이와 세로의 길이의 비가 $3:2$

이므로 양수 k에 대하여

B$(-3k,\ -2k)$, C$(3k,\ -2k)$

$\overline{\text{OB}}=\overline{\text{OC}}=\sqrt{(-3k)^2+(-2k)^2}=\sqrt{13}k$이므로

$\sin\alpha=\dfrac{-2k}{\sqrt{13}k}=-\dfrac{2\sqrt{13}}{13}$, $\cos\beta=\dfrac{3k}{\sqrt{13}k}=\dfrac{3\sqrt{13}}{13}$

$\therefore \sin\alpha+\cos\beta=-\dfrac{2\sqrt{13}}{13}+\dfrac{3\sqrt{13}}{13}=\dfrac{\sqrt{13}}{13}$

13 답 ③

$\dfrac{1}{1+\cos\theta}+\dfrac{1}{1-\cos\theta}=\dfrac{(1-\cos\theta)+(1+\cos\theta)}{(1+\cos\theta)(1-\cos\theta)}$

$\qquad\qquad\qquad\qquad =\dfrac{2}{1-\cos^2\theta}=\dfrac{2}{\sin^2\theta}=\dfrac{9}{2}$

에서 $\sin^2\theta=\dfrac{4}{9}$

$\therefore \sin\theta=\dfrac{2}{3}$ $\left(\because \dfrac{\pi}{2}<\theta<\pi\right)$

14 답 ②

$\dfrac{2\cos^2\theta-4\sin^2\theta+1}{2\sin^2\theta-\cos^2\theta}=\dfrac{2(1-\sin^2\theta)-4\sin^2\theta+1}{2\sin^2\theta-(1-\sin^2\theta)}$

$\qquad\qquad\qquad\qquad\qquad =\dfrac{3-6\sin^2\theta}{3\sin^2\theta-1}$

$\qquad\qquad\qquad\qquad\qquad =-1$

에서 $3-6\sin^2\theta=1-3\sin^2\theta$

$3\sin^2\theta=2$, $\sin^2\theta=\dfrac{2}{3}$

각 θ가 제2사분면의 각이므로

$\sin\theta=\dfrac{\sqrt{6}}{3}$,

$\cos\theta=-\sqrt{1-\sin^2\theta}=-\sqrt{1-\dfrac{2}{3}}=-\dfrac{\sqrt{3}}{3}$

$\therefore \sin\theta\cos\theta=\dfrac{\sqrt{6}}{3}\times\left(-\dfrac{\sqrt{3}}{3}\right)=-\dfrac{\sqrt{2}}{3}$

15 답 ③

$\tan\theta-\dfrac{3}{\tan\theta}+2=0$의 양변에 $\tan\theta$를 곱하면

$\tan^2\theta+2\tan\theta-3=0$

$(\tan\theta+3)(\tan\theta-1)=0$

각 θ가 제4사분면의 각이므로 $\tan\theta<0$에서

$\tan\theta=-3$

$\dfrac{\sin\theta}{\cos\theta}=-3$, $\sin\theta=-3\cos\theta$

$\therefore \sin\theta+3\cos\theta=0$

16 답 ②

$\dfrac{\sin\theta\cos\theta}{1-\cos\theta}+\dfrac{1-\cos\theta}{\tan\theta}=\dfrac{\sin^2\theta+(1-\cos\theta)^2}{(1-\cos\theta)\tan\theta}$

$\qquad\qquad\qquad\qquad =\dfrac{\sin^2\theta+1-2\cos\theta+\cos^2\theta}{(1-\cos\theta)\tan\theta}$

$\qquad\qquad\qquad\qquad =\dfrac{2(1-\cos\theta)\cos\theta}{(1-\cos\theta)\sin\theta}$

$\qquad\qquad\qquad\qquad =\dfrac{2\cos\theta}{\sin\theta}$

$\qquad\qquad\qquad\qquad =1$

에서 $\sin\theta=2\cos\theta$

즉, $\sin\theta$, $\cos\theta$의 부호가 같으므로 $\pi<\theta<\dfrac{3}{2}\pi$이다.

$\sin^2\theta+\cos^2\theta=1$에서

$(2\cos\theta)^2+\cos^2\theta=1$, $5\cos^2\theta=1$, $\cos^2\theta=\dfrac{1}{5}$

$\therefore \cos\theta=-\dfrac{\sqrt{5}}{5}$ $\left(\because \pi<\theta<\dfrac{3}{2}\pi\right)$

17 답 ④

$\sin\theta+\cos\theta=\dfrac{1}{3}$의 양변을 제곱하면

$\sin^2\theta+2\sin\theta\cos\theta+\cos^2\theta=\dfrac{1}{9}$

$1+2\sin\theta\cos\theta=\dfrac{1}{9}$, $2\sin\theta\cos\theta=-\dfrac{8}{9}$

$\therefore \sin\theta\cos\theta=-\dfrac{4}{9}$

18 답 ⑤

$\log_2(\sin\theta)+\log_2(\cos\theta)=\log_2(\sin\theta\cos\theta)$
$$=-1$$

$\therefore \sin\theta\cos\theta=\dfrac{1}{2}$

$\therefore (\sin\theta+\cos\theta)^2=\sin^2\theta+2\sin\theta\cos\theta+\cos^2\theta$
$$=1+2\times\dfrac{1}{2}=2$$

$0<\theta<\dfrac{\pi}{2}$에서 $\sin\theta>0$, $\cos\theta>0$이므로

$\sin\theta+\cos\theta=\sqrt{2}$

19 답 ②

$\sin\theta+\cos\theta=\dfrac{1}{2}$의 양변을 제곱하면

$\sin^2\theta+2\sin\theta\cos\theta+\cos^2\theta=\dfrac{1}{4}$

$1+2\sin\theta\cos\theta=\dfrac{1}{4}$, $2\sin\theta\cos\theta=-\dfrac{3}{4}$

$\therefore \sin\theta\cos\theta=-\dfrac{3}{8}$

$\therefore \dfrac{1+\tan\theta}{\sin\theta}=\dfrac{1+\dfrac{\sin\theta}{\cos\theta}}{\sin\theta}$
$$=\dfrac{\cos\theta+\sin\theta}{\sin\theta\cos\theta}$$
$$=\dfrac{\dfrac{1}{2}}{-\dfrac{3}{8}}=-\dfrac{4}{3}$$

20 답 ②

$\dfrac{1}{\cos\theta}+\dfrac{1}{\sin\theta}=\sqrt{15}$이므로

$\dfrac{\sin\theta+\cos\theta}{\sin\theta\cos\theta}=\sqrt{15}$

$\sin\theta+\cos\theta=\sqrt{15}\sin\theta\cos\theta$

위의 식의 양변을 제곱하면

$\sin^2\theta+2\sin\theta\cos\theta+\cos^2\theta=15\sin^2\theta\cos^2\theta$

$1+2\sin\theta\cos\theta=15\sin^2\theta\cos^2\theta$

$0<\theta<\dfrac{\pi}{2}$에서 $\sin\theta>0$, $\cos\theta>0$이므로

$\sin\theta\cos\theta=k\ (k>0)$이라 하면

$1+2k=15k^2$, $15k^2-2k-1=0$

$(5k+1)(3k-1)=0$ $\qquad \therefore k=\dfrac{1}{3}\ (\because k>0)$

$\therefore \sin\theta\cos\theta=\dfrac{1}{3}$

21 답 15

이차방정식의 근과 계수의 관계에 의하여

$\sin\theta+\cos\theta=\dfrac{k}{3}$, $\sin\theta\cos\theta=\dfrac{1}{3}$

$\sin\theta+\cos\theta=\dfrac{k}{3}$의 양변을 제곱하면

$\sin^2\theta+2\sin\theta\cos\theta+\cos^2\theta=\dfrac{k^2}{9}$

$1+2\times\dfrac{1}{3}=\dfrac{k^2}{9}$

$\therefore k^2=15$

22 답 ⑤

이차방정식의 근과 계수의 관계에 의하여

$\dfrac{1}{1-\cos\theta}+\dfrac{1}{1+\cos\theta}=8 \quad \cdots\cdots\ ㉠$

$\dfrac{1}{1-\cos\theta}\times\dfrac{1}{1+\cos\theta}=a \quad \cdots\cdots\ ㉡$

㉠에서

$\dfrac{1}{1-\cos\theta}+\dfrac{1}{1+\cos\theta}=\dfrac{(1+\cos\theta)+(1-\cos\theta)}{(1-\cos\theta)(1+\cos\theta)}$
$$=\dfrac{2}{1-\cos^2\theta}$$
$$=\dfrac{2}{\sin^2\theta}=8$$

에서 $\sin^2\theta=\dfrac{1}{4}$

$\therefore \sin\theta=\dfrac{1}{2}\left(\because 0<\theta<\dfrac{\pi}{2}\right)$

㉡에서

$\dfrac{1}{1-\cos\theta}\times\dfrac{1}{1+\cos\theta}=\dfrac{1}{1-\cos^2\theta}$
$$=\dfrac{1}{\sin^2\theta}=4$$

$\therefore a=4$

$\therefore a\sin\theta=4\times\dfrac{1}{2}=2$

23 답 ④

이차방정식 $2x^2+ax+1=0$에서 근과 계수의 관계에 의하여

$\sin\theta+\cos\theta=-\dfrac{a}{2}$, $\sin\theta\cos\theta=\dfrac{1}{2}$

이때

$(\sin\theta+\cos\theta)^2=\sin^2\theta+2\sin\theta\cos\theta+\cos^2\theta$

에서

$\dfrac{a^2}{4}=1+2\times\dfrac{1}{2}$, $a^2=8$

$\pi<\theta<\dfrac{3}{2}\pi$에서 $\sin\theta<0$, $\cos\theta<0$이므로

$\sin\theta+\cos\theta<0$, 즉 $-\dfrac{a}{2}<0$에서 $a>0$

$\therefore a=2\sqrt{2}$

한편, 이차방정식 $x^2+bx+c=0$의 두 근이 $\dfrac{1}{\sin\theta}$, $\dfrac{1}{\cos\theta}$이

므로 근과 계수의 관계에 의하여

$b=-\left(\dfrac{1}{\sin\theta}+\dfrac{1}{\cos\theta}\right)=-\dfrac{\sin\theta+\cos\theta}{\sin\theta\cos\theta}=-\dfrac{-\sqrt{2}}{\dfrac{1}{2}}=2\sqrt{2}$,

$c=\dfrac{1}{\sin\theta}\times\dfrac{1}{\cos\theta}=\dfrac{1}{\sin\theta\cos\theta}=2$

$\therefore abc=2\sqrt{2}\times2\sqrt{2}\times2=16$

24 탭 ④

주어진 이차방정식의 판별식을 D라 하면

$D=\cos^2\theta-4\left(-\sin^2\theta+\dfrac{3}{4}\right)=0$

$\cos^2\theta+4\sin^2\theta-3=0$

$(1-\sin^2\theta)+4\sin^2\theta-3=0$

$3\sin^2\theta-2=0$

$3\sin^2\theta=2$, $\sin^2\theta=\dfrac{2}{3}$

$0<\theta<\dfrac{\pi}{2}$에서 $\sin\theta>0$, $\cos\theta>0$이므로

$\sin\theta=\dfrac{\sqrt{6}}{3}$,

$\cos\theta=\sqrt{1-\sin^2\theta}=\sqrt{1-\dfrac{2}{3}}=\dfrac{\sqrt{3}}{3}$

$\therefore \sin\theta+\cos\theta=\dfrac{\sqrt{6}}{3}+\dfrac{\sqrt{3}}{3}=\dfrac{\sqrt{6}+\sqrt{3}}{3}$

02 삼각함수의 그래프

1 6	2 ①	3 ④	
4 50	5 ⑤	6 ③	
7 ①	8 ③	9 ④	
10 ④	11 ④	12 ③	13 ②
14 ③	15 10	16 ③	17 ①
18 ④	19 ③	20 ②	21 ⑤
22 ⑤	23 ④	24 ④	25 ③
26 ②	27 ③	28 ③	29 31
30 ①	31 ③	32 ④	33 ①
34 ②	35 9	36 ①	37 5
38 ②	39 ④	40 ⑤	41 ⑤
42 ①	43 ③	44 ⑤	45 ⑤
46 ②	47 17	48 ③	49 ④
50 ③	51 ③	52 ①	53 ⑤
54 ③	55 ④	56 ③	57 ④

1 탭 6

$5+1=6$

2 탭 ①

$p=\dfrac{2\pi}{\pi}=2$, $M=3+4=7$, $m=-3+4=1$

$\therefore p+M-m=2+7-1=8$

3 탭 ④

함수 $y=-2\sin\dfrac{x}{2}$의 그래프를 x축의 방향으로 π만큼, y축의

방향으로 4만큼 평행이동한 그래프의 식은

$y-4=-2\sin\dfrac{1}{2}(x-\pi)$ $\quad\therefore y=-2\sin\dfrac{1}{2}(x-\pi)+4$

$\therefore M=|-2|+4=6$, $m=-|-2|+4=2$,

$p=\dfrac{2\pi}{\dfrac{1}{2}}=4\pi$

$\therefore M\times m\times p=6\times2\times4\pi=48\pi$

4 탭 50

$M=4-3=1$, $m=-4-3=-7$

$\therefore M^2+m^2=1^2+(-7)^2=50$

5 탭 ⑤

함수 $y=3\cos2x+2$의

주기는 $\dfrac{2\pi}{2}=\pi$ $\quad\therefore a=1$

최댓값은 $3+2=5$, 최솟값은 $-3+2=-1$이므로 치역은

$\{y\,|\,-1\le y\le5\}$ $\quad\therefore b=-1$, $c=5$

$\therefore a+b+c=1+(-1)+5=5$

6 답 ③

$y=\cos(2x-4)+1=\cos 2(x-2)+1$

따라서 $m=2$, $n=1$이므로

$m+n=2+1=3$

7 답 ①

$\dfrac{\pi}{|-4\pi|}=\dfrac{1}{4}$

8 답 ③

함수 $y=3\tan 2\pi x$의 그래프를 y축에 대하여 대칭이동한 그 래프의 식은

$y=3\tan(-2\pi x)$

위의 함수의 그래프를 x축의 방향으로 m만큼, y축의 방향으로 n만큼 평행이동한 그래프의 식은

$y-n=3\tan\{-2\pi(x-m)\}$

$\therefore y=3\tan(-2\pi x+2\pi m)+n$

따라서 $2\pi m=4\pi$, $n=-4$에서

$m=2$, $n=-4$

$\therefore m+n=2+(-4)=-2$

9 답 ④

주어진 함수가 점 $\left(\dfrac{\pi}{8},\ a\right)$를 지나므로

$a=\tan\dfrac{\pi}{4}+4=1+4=5$

한편, 함수 $y=\tan x+4$의 점근선의 방정식은

$\cdots,\ x=-\dfrac{\pi}{2},\ x=\dfrac{\pi}{2},\ x=\dfrac{3}{2}\pi,\ x=\dfrac{5}{2}\pi,\ \cdots$

이므로 함수 $y=\tan 2x+4$의 점근선의 방정식은

$\cdots,\ x=-\dfrac{\pi}{4},\ x=\dfrac{\pi}{4},\ x=\dfrac{3}{4}\pi,\ x=\dfrac{5}{4}\pi,\ \cdots$

$\therefore b=\dfrac{1}{4},\ c=\dfrac{3}{4}\ (\because 0\leq x\leq\pi)$

$\therefore a+b-c=5+\dfrac{1}{4}-\dfrac{3}{4}=\dfrac{9}{2}$

10 답 ④

함수 $f(x)=\sin\left(ax-\dfrac{\pi}{6}\right)$의 주기가 4π이므로

$\dfrac{2\pi}{a}=4\pi\ (\because a>0)\qquad\therefore a=\dfrac{1}{2}$

따라서 $f(x)=\sin\left(\dfrac{1}{2}x-\dfrac{\pi}{6}\right)$이므로

$f(\pi)=\sin\dfrac{\pi}{3}=\dfrac{\sqrt{3}}{2}$

11 답 ④

함수 $y=a\cos bx+c$의

최댓값이 8, 최솟값이 2이므로

$a+c=8$, $-a+c=2\ (\because a>0)$

위의 두 식을 연립하여 풀면 $a=3$, $c=5$

주기가 $\dfrac{\pi}{2}$이므로

$\dfrac{2\pi}{b}=\dfrac{\pi}{2}\ (\because b>0)\qquad\therefore b=4$

$\therefore abc=3\times4\times5=60$

12 답 ③

함수 $y=\tan(ax-b)+1$의

주기가 2π이므로

$\dfrac{\pi}{a}=2\pi\ (\because a>0)\qquad\therefore a=\dfrac{1}{2}$

그래프가 점 $(2,\ 1)$을 지나므로

$1=\tan(1-b)+1$, $\tan(1-b)=0$

$\therefore b=1\ (\because 0<b<2)$

$\therefore a+b=\dfrac{1}{2}+1=\dfrac{3}{2}$

13 답 ②

함수 $g(x)=|\sin 3x|$의 그래프는 오른쪽 그림과 같으므로 함수 $g(x)$의 주기는 $\dfrac{\pi}{3}$이다.

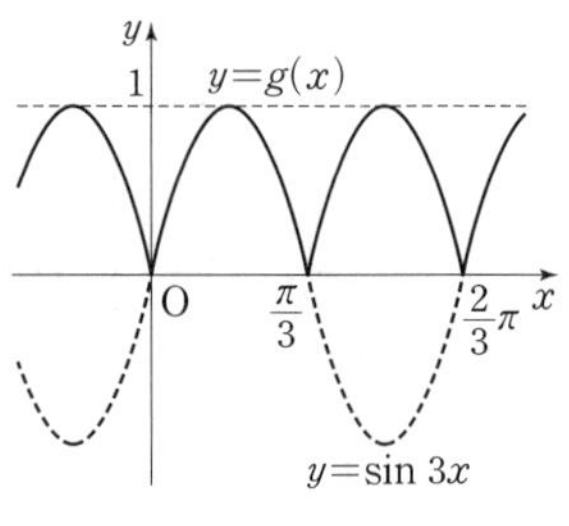

이때 함수 $f(x)$의 주기는

$\dfrac{2\pi}{a}\ (\because a>0)$이므로

$\dfrac{2\pi}{a}=\dfrac{\pi}{3}\qquad\therefore a=6$

14 답 ③

함수 $y=\sin\left(ax-\dfrac{\pi}{2}\right)+b$의 그래프에서

주기가 π이므로

$\dfrac{2\pi}{a}=\pi\ (\because a>0)\qquad\therefore a=2$

최댓값이 2이므로

$1+b=2\qquad\therefore b=1$

$\therefore a+b=2+1=3$

15 답 10

함수 $y=a\cos bx+c$의 그래프에서

최댓값 3, 최솟값이 0이므로

$a+c=3$, $-a+c=0\ (\because a>0)$

위의 두 식을 연립하여 풀면 $a=\dfrac{3}{2}$, $c=\dfrac{3}{2}$

주기가 2π이므로

$\dfrac{2\pi}{b}=2\pi\ (\because b>0)\qquad\therefore b=1$

$\therefore 2a+b+4c=2\times\dfrac{3}{2}+1+4\times\dfrac{3}{2}=10$

16 답 ③

함수 $y=a\cos(bx+c\pi)$의 그래프에서

최댓값이 3이므로

$a=-3\ (\because a<0)$

주기가 6이므로

$\dfrac{2\pi}{b}=6\ (\because b>0)\qquad \therefore b=\dfrac{\pi}{3}$

원점을 지나므로

$0=-3\cos c\pi\qquad \therefore c=\dfrac{1}{2}\ (\because 0<c<1)$

$\therefore abc=-3\times\dfrac{\pi}{3}\times\dfrac{1}{2}=-\dfrac{\pi}{2}$

17 답 ①

함수 $y=\tan(ax-b)$의 그래프에서

$-\dfrac{\pi}{2}<x<\dfrac{3}{2}\pi$에서 x의 값이 증가하면 y의 값도 증가하므로

$a>0$이고, 주기는 2π이므로

$\dfrac{\pi}{a}=2\pi\qquad \therefore a=\dfrac{1}{2}$

인접한 두 점근선 $x=-\dfrac{\pi}{2}$, $x=\dfrac{3}{2}\pi$에 대하여 두 점

$\left(-\dfrac{\pi}{2},\,0\right)$, $\left(\dfrac{3}{2}\pi,\,0\right)$의 중점은 $\left(\dfrac{\pi}{2},\,0\right)$이므로

$0=\tan\left(\dfrac{\pi}{4}-b\right)\qquad \therefore b=\dfrac{\pi}{4}\ \left(\because 0<b<\dfrac{\pi}{2}\right)$

$\therefore ab=\dfrac{1}{2}\times\dfrac{\pi}{4}=\dfrac{\pi}{8}$

18 답 ④

함수 $y=\sin\dfrac{x}{2}$의 그래프는

직선 $x=\pi$에 대하여 대칭이므로

$\dfrac{a+b}{2}=\pi\qquad \therefore a+b=2\pi$

직선 $x=-\pi$에 대하여 대칭이므로

$\dfrac{c+d}{2}=-\pi\qquad \therefore c+d=-2\pi$

$\therefore a+b-c-d=(a+b)-(c+d)$

$\qquad\qquad\quad =2\pi-(-2\pi)=4\pi$

19 답 ③

함수 $f(x)=3\cos 4x$의 그래프는 직선 $x=\dfrac{\pi}{4}$에 대하여 대칭

이므로

$\dfrac{a+b}{2}=\dfrac{\pi}{4}\qquad \therefore a+b=\dfrac{\pi}{2}$

$\therefore f\left(\dfrac{a+b}{4}\right)=f\left(\dfrac{\pi}{8}\right)$

$\qquad\qquad\quad =3\cos\dfrac{\pi}{2}$

$\qquad\qquad\quad =3\times 0=0$

20 답 ②

함수 $y=\tan\dfrac{\pi}{3}x$의 주기는 $\dfrac{\pi}{\frac{\pi}{3}}=3$

이때 오른쪽 그림과 같이 빗금친
부분의 넓이가 서로 같으므로 함수
$y=\tan\dfrac{\pi}{3}x$의 그래프와 두 직선
$y=k$, $y=3k$로 둘러싸인 부분의
넓이는 가로의 길이가 3, 세로의
길이가 $2k$인 직사각형의 넓이와
같다.

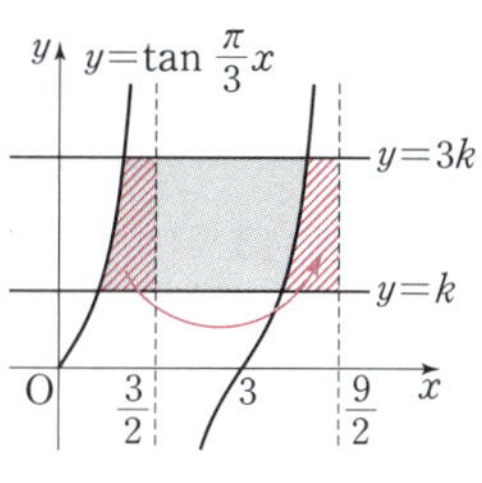

따라서 $3\times 2k=12$에서

$6k=12\qquad \therefore k=2$

21 답 ⑤

함수 $y=2\sin 2x$의 주기는 $\dfrac{2\pi}{2}=\pi$이므로

$x_3=x_1+\pi,\ x_5=x_1+2\pi,\ x_7=x_1+3\pi,\ \cdots,\ x_{19}=x_1+9\pi$

$\therefore x_{19}-x_1=9\pi$

22 답 ⑤

$\sin\dfrac{\pi}{4}+\cos\dfrac{3}{4}\pi+\tan\dfrac{5}{4}\pi$

$=\sin\dfrac{\pi}{4}+\cos\left(\dfrac{\pi}{2}\times 2-\dfrac{\pi}{4}\right)+\tan\left(\dfrac{\pi}{2}\times 2+\dfrac{\pi}{4}\right)$

$=\sin\dfrac{\pi}{4}-\cos\dfrac{\pi}{4}+\tan\dfrac{\pi}{4}$

$=\dfrac{\sqrt{2}}{2}-\dfrac{\sqrt{2}}{2}+1=1$

23 답 ④

$\sin(3\pi+\theta)+\cos\left(\dfrac{\pi}{2}-\theta\right)+\sin(\pi-\theta)$

$=\sin\left(\dfrac{\pi}{2}\times 6+\theta\right)+\cos\left(\dfrac{\pi}{2}\times 1-\theta\right)+\sin\left(\dfrac{\pi}{2}\times 2-\theta\right)$

$=-\sin\theta+\sin\theta+\sin\theta$

$=\sin\theta$

24 답 ④

$\cos(-\theta)+\sin(\pi+\theta)=\cos(-\theta)+\sin\left(\dfrac{\pi}{2}\times 2+\theta\right)$

$\qquad\qquad\qquad\qquad\qquad =\cos\theta-\sin\theta=\dfrac{3}{5}$

위의 식의 양변을 제곱하면

$\cos^2\theta-2\cos\theta\sin\theta+\sin^2\theta=\dfrac{9}{25}$

$1-2\cos\theta\sin\theta=\dfrac{9}{25}$

$\therefore \sin\theta\cos\theta=\dfrac{8}{25}$

25 답 ③

$\angle C = \beta$이므로

$\alpha + 2\beta = \pi$ $\therefore \alpha + \beta = \pi - \beta$

$\therefore \tan(\alpha + \beta) = \tan(\pi - \beta) = \tan\left(\dfrac{\pi}{2} \times 2 - \beta\right)$

$\qquad\qquad\qquad = -\tan\beta = -3$

$\therefore \tan\beta = 3$

26 답 ②

$\sin^2 89° = \sin^2(90° \times 1 - 1°) = \cos^2 1°$

$\sin^2 87° = \sin^2(90° \times 1 - 3°) = \cos^2 3°$

$\sin^2 85° = \sin^2(90° \times 1 - 5°) = \cos^2 5°$

$$\vdots$$

$\sin^2 47° = \sin^2(90° \times 1 - 43°) = \cos^2 43°$

$\therefore \sin^2 1° + \sin^2 3° + \sin^2 5° + \cdots + \sin^2 89°$

$\quad = \sin^2 1° + \sin^2 3° + \cdots + \sin^2 43° + \sin^2 45°$

$\qquad\qquad\qquad + \cos^2 43° + \cdots + \cos^2 3° + \cos^2 1°$

$\quad = (\sin^2 1° + \cos^2 1°) + (\sin^2 3° + \cos^2 3°) + \cdots$

$\qquad\qquad\qquad + (\sin^2 43° + \cos^2 43°) + \sin^2 45°$

$\quad = 1 \times 22 + \dfrac{1}{2} = \dfrac{45}{2}$

27 답 ③

$\cos 179° = \cos(90° \times 2 - 1°) = -\cos 1°$

$\cos 178° = \cos(90° \times 2 - 2°) = -\cos 2°$

$\cos 177° = \cos(90° \times 2 - 3°) = -\cos 3°$

$$\vdots$$

$\cos 91° = \cos(90° \times 2 - 89°) = -\cos 89°$

$\therefore \cos 1° + \cos 2° + \cos 3° + \cdots + \cos 179°$

$\quad = \cos 1° + \cos 2° + \cdots + \cos 89° + \cos 90°$

$\qquad\qquad + (-\cos 89°) + \cdots + (-\cos 2°) + (-\cos 1°)$

$\quad = (\cos 1° - \cos 1°) + (\cos 2° - \cos 2°) + \cdots$

$\qquad\qquad\qquad + (\cos 89° - \cos 89°) + \cos 90°$

$\quad = 0$

28 답 ③

$f(x) = \log_2(\tan^2 x) + \log_2(\tan^2 2x) + \cdots + \log_2(\tan^2 7x)$

$\qquad = \log_2(\tan^2 x \times \tan^2 2x \times \cdots \times \tan^2 7x)$

$f\left(\dfrac{\pi}{16}\right) = \log_2\left(\tan^2 \dfrac{\pi}{16} \times \tan^2 \dfrac{2}{16}\pi \times \cdots \times \tan^2 \dfrac{7}{16}\pi\right)$

이때

$\tan^2 \dfrac{7}{16}\pi = \tan^2\left(\dfrac{\pi}{2} \times 1 - \dfrac{\pi}{16}\right) = \dfrac{1}{\tan^2 \dfrac{\pi}{16}}$

$\tan^2 \dfrac{6}{16}\pi = \tan^2\left(\dfrac{\pi}{2} \times 1 - \dfrac{2}{16}\pi\right) = \dfrac{1}{\tan^2 \dfrac{2}{16}\pi}$

$\tan^2 \dfrac{5}{16}\pi = \tan^2\left(\dfrac{\pi}{2} \times 1 - \dfrac{3}{16}\pi\right) = \dfrac{1}{\tan^2 \dfrac{3}{16}\pi}$

이므로

$\log_2\left(\tan^2 \dfrac{\pi}{16} \times \tan^2 \dfrac{2}{16}\pi \times \cdots \times \tan^2 \dfrac{7}{16}\pi\right)$

$= \log_2\left(\tan^2 \dfrac{\pi}{16} \times \tan^2 \dfrac{2}{16}\pi \times \tan^2 \dfrac{3}{16}\pi \times \tan^2 \dfrac{4}{16}\pi\right.$

$\qquad\qquad \left. \times \dfrac{1}{\tan^2 \dfrac{3}{16}\pi} \times \dfrac{1}{\tan^2 \dfrac{2}{16}\pi} \times \dfrac{1}{\tan^2 \dfrac{\pi}{16}}\right)$

$= \log_2\left(\tan^2 \dfrac{\pi}{4}\right) = \log_2 1 = 0$

29 답 31

$\angle A_n OA = \dfrac{n}{60}\pi \ (n = 1, 2, 3, \cdots, 29)$이므로

$\cos^2(\angle A_1 OA) + \cos^2(\angle A_2 OA) +$

$\qquad\qquad + \cos^2(\angle A_3 OA) + \cdots + \cos^2(\angle A_{29} OA)$

$= \cos^2 \dfrac{\pi}{60} + \cos^2 \dfrac{2}{60}\pi + \cos^2 \dfrac{3}{60}\pi + \cdots + \cos^2 \dfrac{29}{60}\pi$

이때

$\cos^2 \dfrac{29}{60} = \cos^2\left(\dfrac{\pi}{2} \times 1 - \dfrac{\pi}{60}\right) = \sin^2 \dfrac{\pi}{60}$

$\cos^2 \dfrac{28}{60}\pi = \cos^2\left(\dfrac{\pi}{2} \times 1 - \dfrac{2}{60}\pi\right) = \sin^2 \dfrac{2}{60}\pi$

$\cos^2 \dfrac{27}{60}\pi = \cos^2\left(\dfrac{\pi}{2} \times 1 - \dfrac{3}{60}\pi\right) = \sin^2 \dfrac{3}{60}\pi$

$$\vdots$$

$\cos^2 \dfrac{16}{60}\pi = \cos^2\left(\dfrac{\pi}{2} \times 1 - \dfrac{14}{60}\pi\right) = \sin^2 \dfrac{14}{60}\pi$

이므로

$\cos^2 \dfrac{\pi}{60} + \cos^2 \dfrac{2}{60}\pi + \cos^2 \dfrac{3}{60}\pi + \cdots + \cos^2 \dfrac{29}{60}\pi$

$= \cos^2 \dfrac{\pi}{60} + \cos^2 \dfrac{2}{60}\pi + \cdots + \cos^2 \dfrac{14}{60}\pi + \cos^2 \dfrac{15}{60}\pi$

$\qquad\qquad + \sin^2 \dfrac{14}{60}\pi + \cdots + \sin^2 \dfrac{2}{60}\pi + \sin^2 \dfrac{\pi}{60}$

$= \left(\cos^2 \dfrac{\pi}{60} + \sin^2 \dfrac{\pi}{60}\right) + \left(\cos^2 \dfrac{2}{60}\pi + \sin^2 \dfrac{2}{60}\pi\right) + \cdots$

$\qquad\qquad + \left(\cos^2 \dfrac{14}{60}\pi + \sin^2 \dfrac{14}{60}\pi\right) + \cos^2 \dfrac{15}{60}\pi$

$= 1 \times 14 + \dfrac{1}{2} = \dfrac{29}{2}$

따라서 $p = 2$, $q = 29$이므로

$p + q = 2 + 29 = 31$

30 답 ①

$y = \sin x - \cos\left(x + \dfrac{\pi}{2}\right) + 3$

$\quad = \sin x + \sin x + 3 = 2\sin x + 3$

따라서 구하는 최솟값은

$-2 + 3 = 1$

31 답 ③

$$y=\sin\left(\frac{\pi}{2}+x\right)+k\cos(\pi+x)+2$$
$$=\cos x-k\cos x+2$$
$$=(1-k)\cos x+2$$

이때 주어진 함수의 최댓값과 최솟값의 차가 8이므로
$$|1-k|+2-(-|1-k|+2)=8$$
$$2|1-k|=8,\ |1-k|=4$$
$$\therefore k=5\ (\because k>0)$$

32 답 ④

$$f(x)=2\sin(\pi-x)+\cos\left(\frac{3}{2}\pi+x\right)-1$$
$$=2\sin x+\sin x-1$$
$$=3\sin x-1$$
$$\therefore M=f\left(\frac{\pi}{2}\right)=2,\ m=f(0)=-1$$
$$\therefore Mm=2\times(-1)=-2$$

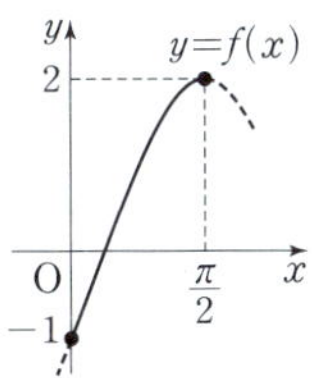

33 답 ①

$\sin x=t$라 하면 $-1\le t\le 1$이고
$$y=|2\sin x+1|-1$$
$$=|2t+1|-1$$
따라서 함수 $y=|2t+1|-1$의 최댓
값은 $t=1$일 때 2이고, 최솟값은
$t=-\frac{1}{2}$일 때 -1이므로 구하는 최댓
값과 최솟값의 합은
$$2+(-1)=1$$

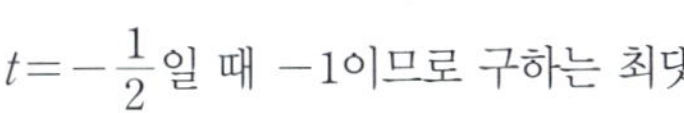
다른 풀이

$-1\le\sin x\le 1$에서 $-2\le 2\sin x\le 2$
$-1\le 2\sin x+1\le 3,\ 0\le|2\sin x+1|\le 3$
$$\therefore -1\le|2\sin x+1|-1\le 2$$
따라서 주어진 함수의 최댓값은 2, 최솟값은 -1이므로 구하
는 최댓값과 최솟값의 합은
$$2+(-1)=1$$

34 답 ②

$$y=4\sin^2 x+2\cos x+3$$
$$=4(1-\cos^2 x)+2\cos x+3$$
$$=-4\cos^2 x+2\cos x+7$$
이때 $\cos x=t$라 하면 $-1\le t\le 1$이고
$$y=-4t^2+2t+7=-4\left(t-\frac{1}{4}\right)^2+\frac{29}{4}$$
따라서 $t=\frac{1}{4}$일 때 최댓값 $\frac{29}{4}$를 갖고, $t=-1$일 때 최솟값
1을 가지므로 최댓값과 최솟값의 합은
$$\frac{29}{4}+1=\frac{33}{4}$$

35 답 9

$$f(x)=\sin^2 x+\sin\left(x+\frac{\pi}{2}\right)+1$$
$$=1-\cos^2 x+\cos x+1$$
$$=-\cos^2 x+\cos x+2$$
이때 $\cos x=t$라 하면 $-1\le t\le 1$이고
함수 $f(x)$를 t에 대한 함수 $g(t)$로 나타내면
$$g(t)=-t^2+t+2=-\left(t-\frac{1}{2}\right)^2+\frac{9}{4}$$
따라서 함수 $g(t)$는 $t=\frac{1}{2}$일 때 최댓값 $\frac{9}{4}$를 가지므로
$$M=\frac{9}{4}\qquad\therefore 4M=4\times\frac{9}{4}=9$$

36 답 ①

$$y=a\cos^2 x+2a\sin x-a$$
$$=a(1-\sin^2 x)+2a\sin x-a$$
$$=-a\sin^2 x+2a\sin x$$
이때 $\sin x=t$라 하면 $-1\le t\le 1$이고
$$y=-at^2+2at=-a(t-1)^2+a$$
즉, $t=1$일 때 최댓값 a를 가지므로
$$a=4$$
따라서 최솟값은 $t=-1$일 때 -12이다.

37 답 5

$$f(x)=-\sin^2\left(\frac{\pi}{2}-x\right)+2\cos(x+\pi)+7$$
$$=-\cos^2 x-2\cos x+7$$
이때 $\cos x=t$라 하면 $-1\le t\le 1$이고
함수 $f(x)$를 t에 대한 함수 $h(t)$로 나타내면
$$h(t)=-t^2-2t+7=-(t+1)^2+8$$
즉, 함수 $h(t)$는 $t=-1$일 때 최댓값 8을 갖고, $t=1$일 때 최
솟값 4를 가지므로
$$4\le f(x)\le 8$$
따라서 $(g\circ f)(x)=\log_2 f(x)$이므로
$$M=\log_2 8=3,\ m=\log_2 4=2$$
$$\therefore M+m=3+2=5$$

38 답 ②

$3x=t$라 하면 $0\le x<\pi$에서 $0\le t<3\pi$이고
$$\sin t=\frac{1}{3}$$

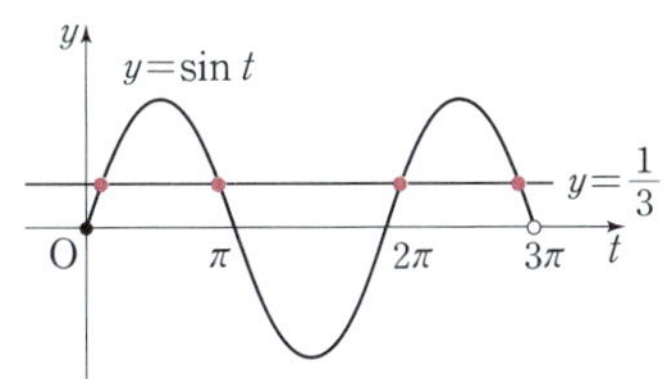

따라서 위의 그림과 같이 함수 $y=\sin t$의 그래프와 직선 $y=\dfrac{1}{3}$의 서로 다른 교점의 개수는 4이므로 구하는 서로 다른 실근의 개수는 4이다.

39 답 ④

$3\tan\left(x+\dfrac{\pi}{3}\right)-\sqrt{3}=0$에서

$\tan\left(x+\dfrac{\pi}{3}\right)=\dfrac{\sqrt{3}}{3}$

이때 $x+\dfrac{\pi}{3}=t$라 하면 $-\pi\leq x<\pi$에서

$-\dfrac{2}{3}\pi\leq t<\dfrac{4}{3}\pi$이고

$\tan t=\dfrac{\sqrt{3}}{3}$

$\therefore t=\dfrac{\pi}{6}$ 또는 $t=\dfrac{7}{6}\pi$

즉, $x+\dfrac{\pi}{3}=\dfrac{\pi}{6}$ 또는 $x+\dfrac{\pi}{3}=\dfrac{7}{6}\pi$에서

$x=-\dfrac{\pi}{6}$ 또는 $x=\dfrac{5}{6}\pi$

따라서 구하는 모든 실근의 합은

$-\dfrac{\pi}{6}+\dfrac{5}{6}\pi=\dfrac{2}{3}\pi$

40 답 ⑤

$\sin\left(\dfrac{\pi}{2}+\dfrac{x}{2}\right)=\cos\left(\pi-\dfrac{x}{2}\right)+1$에서

$\cos\dfrac{x}{2}=-\cos\dfrac{x}{2}+1$ $\qquad\therefore \cos\dfrac{x}{2}=\dfrac{1}{2}$

이때 $\dfrac{x}{2}=t$라 하면 $0\leq x<4\pi$에서 $0\leq t<2\pi$이고

$\cos t=\dfrac{1}{2}$

$\therefore t=\dfrac{\pi}{3}$ 또는 $t=\dfrac{5}{3}\pi$

즉, $\dfrac{x}{2}=\dfrac{\pi}{3}$ 또는 $\dfrac{x}{2}=\dfrac{5}{3}\pi$에서

$x=\dfrac{2}{3}\pi$ 또는 $x=\dfrac{10}{3}\pi$

따라서 구하는 모든 x좌표의 합은

$\dfrac{2}{3}\pi+\dfrac{10}{3}\pi=4\pi$

41 답 ⑤

함수 $y=\sin\pi x$의 주기는 $\dfrac{2\pi}{\pi}=2$

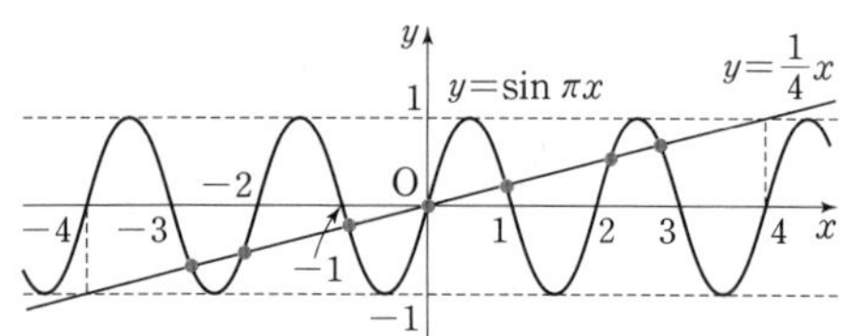

따라서 위의 그림과 같이 함수 $y=\sin\pi x$의 그래프와 직선 $y=\dfrac{1}{4}x$의 서로 다른 교점의 개수는 7이므로 구하는 서로 다른 실근의 개수는 7이다.

42 답 ①

$f(x)=g(x)$에서

$\cos^2 x=-3\sin x-3$, $1-\sin^2 x=-3\sin x-3$

$\sin^2 x-3\sin x-4=0$, $(\sin x+1)(\sin x-4)=0$

$\therefore \sin x=-1$

$\qquad(\because -1\leq\sin x\leq1)$

따라서 함수 $y=\sin x$의 그래프 와 직선 $y=-1$의 교점의 개수 는 1이므로 구하는 교점의 개수 는 1이다.

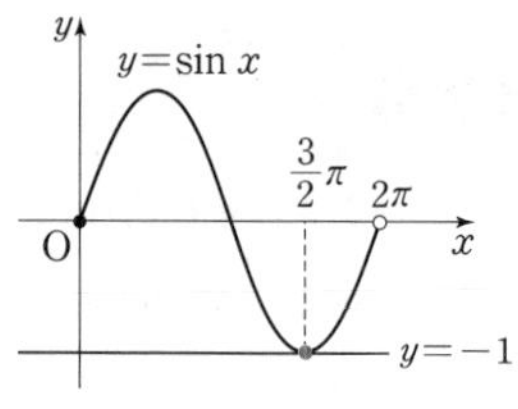

43 답 ③

$\sin^2 x+\sin\left(\dfrac{\pi}{2}+x\right)-1=0$에서

$1-\cos^2 x+\cos x-1=0$

$\cos^2 x-\cos x=0$, $\cos x(\cos x-1)=0$

$\therefore \cos x=0$ 또는 $\cos x=1$

(i) $\cos x=0$일 때

$\quad x=\dfrac{\pi}{2}$ 또는 $x=\dfrac{3}{2}\pi$

(ii) $\cos x=1$일 때

$\quad x=0$

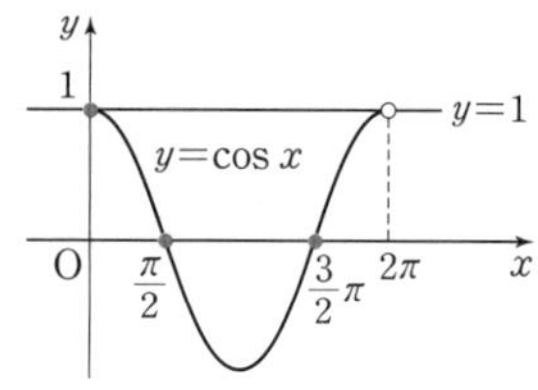

(i), (ii)에서 $x=0$ 또는 $x=\dfrac{\pi}{2}$ 또는 $x=\dfrac{3}{2}\pi$

따라서 구하는 모든 해의 합은

$0+\dfrac{\pi}{2}+\dfrac{3}{2}\pi=2\pi$

44 답 ⑤

$3\cos^2 x+5\sin x-1=0$에서

$3(1-\sin^2 x)+5\sin x-1=0$

$3\sin^2 x-5\sin x-2=0$, $(3\sin x+1)(\sin x-2)=0$

$\therefore \sin x=-\dfrac{1}{3}$ $(\because -1\leq\sin x\leq1)$ $\qquad\cdots\cdots\ \text{㉠}$

방정식 ㉠을 만족시키는 x의 값 을 α, β $(\alpha<\beta)$라 하면

$\dfrac{\alpha+\beta}{2}=\dfrac{3}{2}\pi$ $\qquad\therefore \alpha+\beta=3\pi$

따라서 구하는 모든 해의 합은 3π이다.

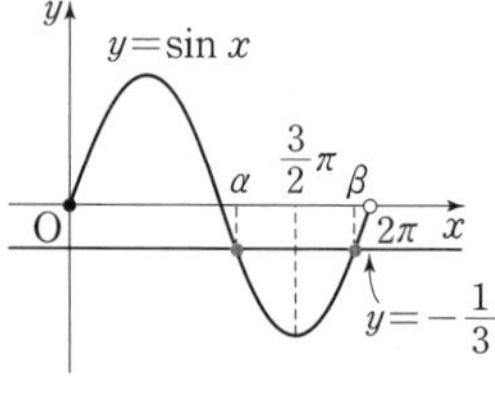

45 답 ⑤

$\sin x=\sqrt{3}(1+\cos x)$의 양변을 제곱하면

$\sin^2 x=3(1+2\cos x+\cos^2 x)$

$1-\cos^2 x = 3+6\cos x+3\cos^2 x$

$2\cos^2 x+3\cos x+1=0$

$(\cos x+1)(2\cos x+1)=0$

$\therefore \cos x=-1$ 또는 $\cos x=-\dfrac{1}{2}$

(i) $\cos x=-1$

$\sin x=0$이므로 $x=\pi$

(ii) $\cos x=-\dfrac{1}{2}$

$\sin x=\dfrac{\sqrt{3}}{2}$이므로 $x=\dfrac{2}{3}\pi$

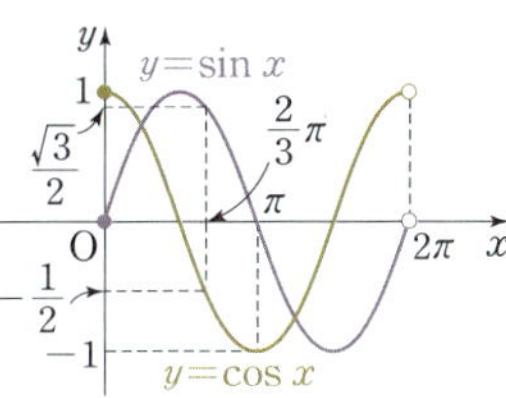

(i), (ii)에서 $x=\pi$ 또는 $x=\dfrac{2}{3}\pi$

따라서 구하는 모든 해의 합은

$\pi+\dfrac{2}{3}\pi=\dfrac{5}{3}\pi$

46 답 ②

$-\sqrt{3}<\sqrt{3}\tan x<3$에서

$-1<\tan x<\sqrt{3}$

$\therefore -\dfrac{\pi}{4}<x<\dfrac{\pi}{3}$

따라서 $\alpha=-\dfrac{\pi}{4}$, $\beta=\dfrac{\pi}{3}$이므로

$\beta-\alpha=\dfrac{\pi}{3}-\left(-\dfrac{\pi}{4}\right)=\dfrac{7}{12}\pi$

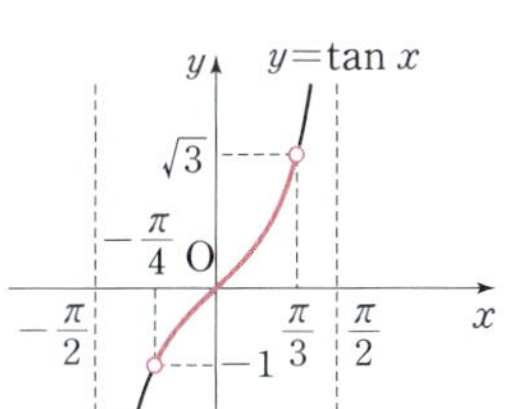

47 답 17

$x-\dfrac{\pi}{4}=t$라 하면 $0\le x<2\pi$에서 $-\dfrac{\pi}{4}\le t<\dfrac{7}{4}\pi$이고

$2\sin t+1\ge 0$

$\therefore \sin t\ge -\dfrac{1}{2}$

$\therefore -\dfrac{\pi}{6}\le t\le \dfrac{7}{6}\pi$

즉, $-\dfrac{\pi}{6}\le x-\dfrac{\pi}{4}\le \dfrac{7}{6}\pi$에서

$\dfrac{\pi}{12}\le x\le \dfrac{17}{12}\pi$

따라서 $\alpha=\dfrac{\pi}{12}$, $\beta=\dfrac{17}{12}\pi$이므로

$\dfrac{\beta}{\alpha}=\dfrac{17}{12}\pi\times\dfrac{12}{\pi}=17$

48 답 ③

두 함수 $y=\sin x$, $y=\cos x$의 그래프는 오른쪽 그림과 같으므로 부등식 $\sin x\ge \cos x$의 해는

$\dfrac{\pi}{4}\le x\le \dfrac{5}{4}\pi$

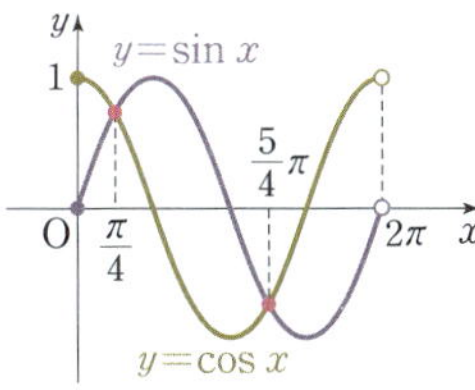

따라서 $M=\dfrac{5}{4}\pi$, $m=\dfrac{\pi}{4}$이므로

$M+m=\dfrac{5}{4}\pi+\dfrac{\pi}{4}=\dfrac{3}{2}\pi$

49 답 ④

$|2\sin x-3|\le 2$에서

$-2\le 2\sin x-3\le 2$

$1\le 2\sin x\le 5$

$\dfrac{1}{2}\le \sin x\le \dfrac{5}{2}$

$\therefore \dfrac{1}{2}\le \sin x\le 1$

$\qquad (\because -1\le \sin x\le 1)$

$\therefore \dfrac{\pi}{6}\le x\le \dfrac{5}{6}\pi$

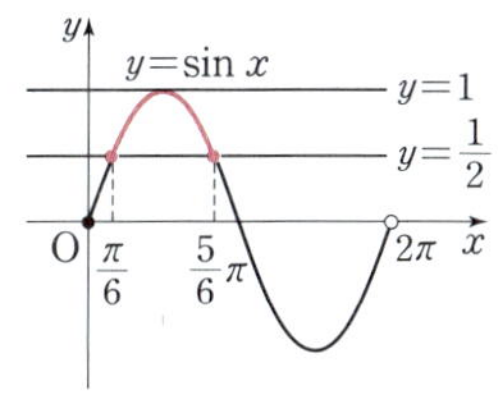

따라서 $M=\dfrac{5}{6}\pi$, $m=\dfrac{\pi}{6}$이므로

$M-m=\dfrac{5}{6}\pi-\dfrac{\pi}{6}=\dfrac{2}{3}\pi$

50 답 ③

$4\sin^2 x\ge 3$에서 $\sin^2 x-\dfrac{3}{4}\ge 0$

$\left(\sin x+\dfrac{\sqrt{3}}{2}\right)\left(\sin x-\dfrac{\sqrt{3}}{2}\right)\ge 0$

$\therefore \sin x\le -\dfrac{\sqrt{3}}{2}$ 또는

$\qquad \sin x\ge \dfrac{\sqrt{3}}{2}$

$\therefore \dfrac{\pi}{3}\le x\le \dfrac{2}{3}\pi$ 또는

$\qquad \dfrac{4}{3}\pi\le x\le \dfrac{5}{3}\pi$

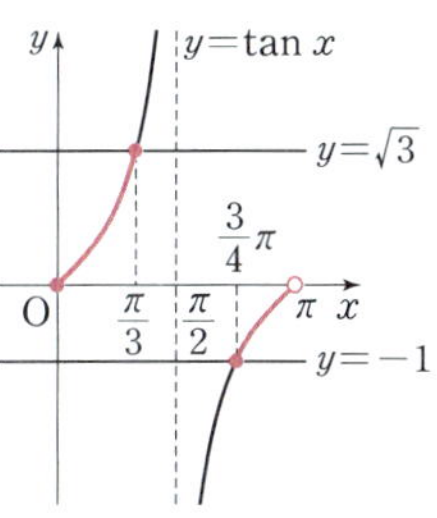

따라서 $M=\dfrac{5}{3}\pi$, $m=\dfrac{\pi}{3}$이므로

$M+m=\dfrac{5}{3}\pi+\dfrac{\pi}{3}=2\pi$

51 답 ③

$\tan^2 x-(\sqrt{3}-1)\tan x-\sqrt{3}\le 0$에서

$(\tan x+1)(\tan x-\sqrt{3})\le 0$

$\therefore -1\le \tan x\le \sqrt{3}$

$\therefore 0\le x\le \dfrac{\pi}{3}$ 또는 $\dfrac{3}{4}\pi\le x<\pi$

따라서 $b=\dfrac{\pi}{3}$, $c=\dfrac{3}{4}\pi$이므로

$c-b=\dfrac{3}{4}\pi-\dfrac{\pi}{3}=\dfrac{5}{12}\pi$

52 답 ①

$2\sin^2 2x\ge 3\cos 2x+3$에서

$2(1-\cos^2 2x)\ge 3\cos 2x+3$

$2\cos^2 2x+3\cos 2x+1\le 0$

이때 $2x=t$라 하면 $0\le x<\pi$에서 $0\le t<2\pi$이고

$2\cos^2 t+3\cos t+1\le 0$

$(\cos t+1)(2\cos t+1)\le 0$

$$\therefore -1 \leq \cos t \leq -\frac{1}{2}$$

$$\therefore \frac{2}{3}\pi \leq t \leq \frac{4}{3}\pi$$

즉, $\frac{2}{3}\pi \leq 2x \leq \frac{4}{3}\pi$에서

$$\frac{\pi}{3} \leq x \leq \frac{2}{3}\pi$$

따라서 $\alpha = \frac{\pi}{3}$, $\beta = \frac{2}{3}\pi$이므로

$$\alpha + \beta = \frac{\pi}{3} + \frac{2}{3}\pi = \pi$$

53 답 ⑤

$2\cos^2 x - 7|\sin x| + 2 \geq 0$에서

$2(1 - \sin^2 x) - 7|\sin x| + 2 \geq 0$

$2|\sin x|^2 + 7|\sin x| - 4 \leq 0$

$(|\sin x| + 4)(2|\sin x| - 1) \leq 0$

$2|\sin x| - 1 \leq 0 \ (\because |\sin x| + 4 > 0)$

$$|\sin x| \leq \frac{1}{2}$$

$$\therefore -\frac{1}{2} \leq \sin x \leq \frac{1}{2}$$

$\therefore 0 \leq x \leq \frac{\pi}{6}$ 또는

$\quad \frac{5}{6}\pi \leq x \leq \frac{7}{6}\pi$ 또는

$\quad \frac{11}{6}\pi \leq x < 2\pi$

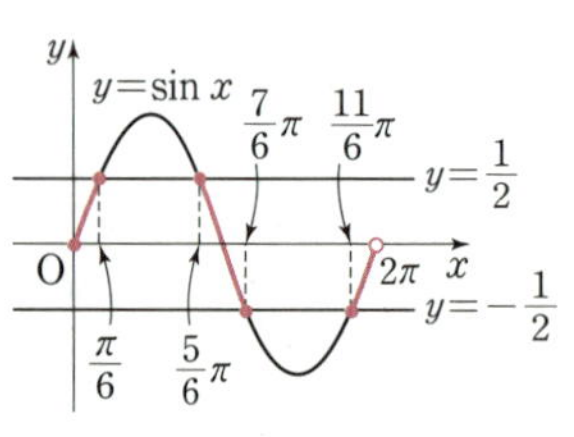

따라서 주어진 부등식을 만족시키는 x의 값이 아닌 것은 ⑤이다.

54 답 ③

주어진 이차방정식의 판별식을 D라 하면

$$\frac{D}{4} = (\sin \theta - 1)^2 - \left(\sin^2 \theta - \frac{2}{\pi}\theta + 1\right) = 0$$에서

$-2\sin \theta + \frac{2}{\pi}\theta = 0 \qquad \therefore \sin \theta = \frac{1}{\pi}\theta$

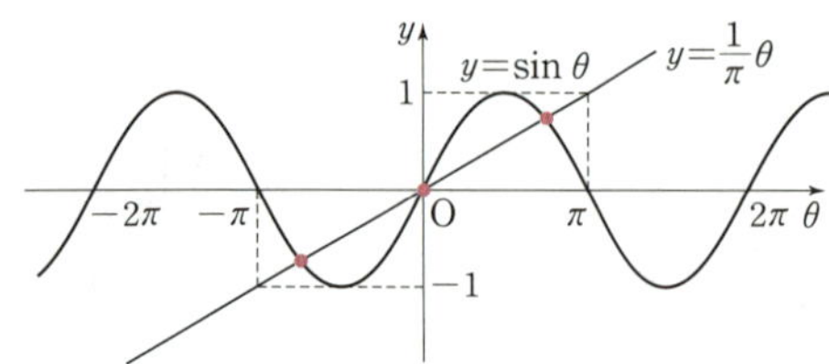

따라서 위의 그림과 같이 함수 $y = \sin \theta$의 그래프와 직선 $y = \frac{1}{\pi}\theta$의 서로 다른 교점의 개수는 3이므로 구하는 실수 θ의 개수는 3이다.

55 답 ④

$x^2 - (2\sin \theta)x - 4\sin \theta = (2\sin \theta)x + 4\sin \theta + 3$에서

$x^2 - (4\sin \theta)x - 8\sin \theta - 3 = 0$

위의 이차방정식의 판별식을 D라 하면

$$\frac{D}{4} = 4\sin^2 \theta + 8\sin \theta + 3 = 0$$에서

$(2\sin \theta + 3)(2\sin \theta + 1) = 0$

$$\therefore \sin \theta = -\frac{1}{2}$$

$$(\because -1 \leq \sin \theta \leq 1)$$

$\therefore \theta = \frac{7}{6}\pi$ 또는 $\theta = \frac{11}{6}\pi$

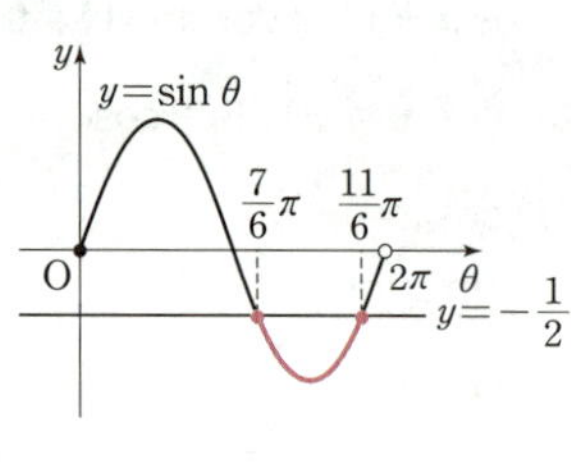

따라서 모든 θ의 값의 합은

$$\frac{7}{6}\pi + \frac{11}{6}\pi = 3\pi$$

56 답 ③

주어진 이차방정식의 판별식을 D라 하면

$$\frac{D}{4} = \cos^2 \theta - 1 \geq 0$$에서

$(\cos \theta + 1)(\cos \theta - 1) \geq 0$

$\therefore \cos \theta \leq -1$ 또는

$\quad \cos \theta \geq 1$

$\therefore \theta = -\pi$ 또는 $\theta = 0$ 또는

$\quad \theta = \pi$

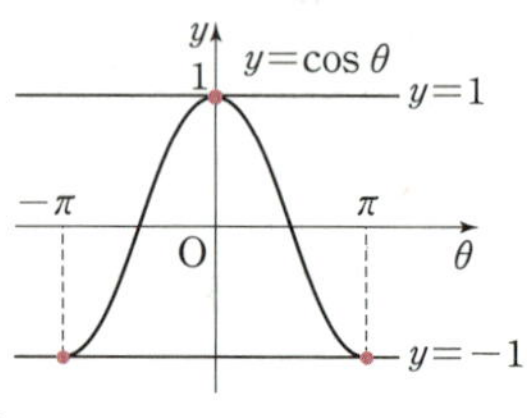

따라서 구하는 모든 θ의 값의 합은

$$-\pi + 0 + \pi = 0$$

57 답 ④

주어진 이차방정식의 판별식을 D라 하면

$$\frac{D}{4} = 4\cos^2 \theta - 6\sin \theta < 0$$에서

$4(1 - \sin^2 \theta) - 6\sin \theta < 0$

$2\sin^2 \theta + 3\sin \theta - 2 > 0$

$(\sin \theta + 2)(2\sin \theta - 1) > 0$

$2\sin \theta - 1 > 0 \ (\because \sin \theta + 2 > 0)$

$$\therefore \sin \theta > \frac{1}{2}$$

$$\therefore \frac{\pi}{6} < \theta < \frac{5}{6}\pi$$

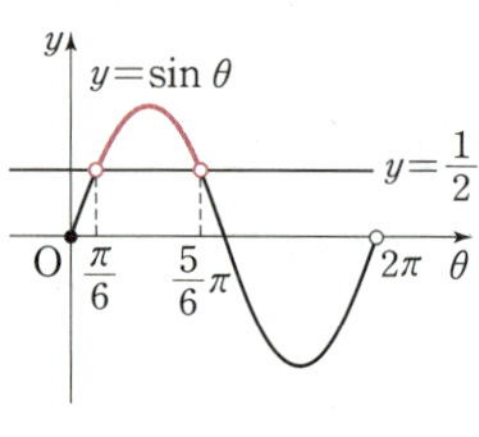

따라서 $\alpha = \frac{\pi}{6}$, $\beta = \frac{5}{6}\pi$이므로

$$3\alpha + \beta = 3 \times \frac{\pi}{6} + \frac{5}{6}\pi = \frac{4}{3}\pi$$

03 삼각함수의 활용

1 ④	2 ⑤	3 ③	4 ②
5 ③	6 ③	7 ⑤	8 ④
9 ②	10 ①	11 ④	12 7
13 ⑤	14 ⑤	15 ④	16 ①
17 ④	18 ②	19 ⑤	20 ②
21 ④	22 ①	23 ⑤	24 ⑤

1 답 ④

사인법칙에 의하여

$$\frac{5}{\sin\theta}=2\times4 \qquad \therefore \sin\theta=\frac{5}{8}$$

2 답 ⑤

사인법칙에 의하여

$$\frac{4}{\sin\frac{\pi}{6}}=\frac{3}{\sin B} \qquad \therefore \sin B=3\times\frac{1}{4}\times\frac{1}{2}=\frac{3}{8}$$

$$\therefore \cos^2 B=1-\sin^2 B=1-\frac{9}{64}=\frac{55}{64}$$

3 답 ③

사인법칙에 의하여

$$\frac{\overline{BC}}{\sin A}=\frac{\overline{CA}}{\sin B}=\frac{\overline{AB}}{\sin C}=2\times6$$

따라서 $\overline{AB}=12\sin C$, $\overline{BC}=12\sin A$, $\overline{CA}=12\sin B$이고, 삼각형 ABC의 둘레의 길이가 18이므로

$$\begin{aligned}\overline{AB}+\overline{BC}+\overline{CA}&=12\sin C+12\sin A+12\sin B\\&=12(\sin A+\sin B+\sin C)\\&=18\end{aligned}$$

$$\therefore \sin A+\sin B+\sin C=\frac{3}{2}$$

4 답 ②

$\sin(A+B):\sin(B+C)=3:2$에서

$\sin(\pi-C):\sin(\pi-A)=3:2$ $(\because A+B+C=\pi)$

$$\therefore \sin C:\sin A=3:2$$

이때 $\sin A=2t$, $\sin C=3t$ $(t>0)$이라 하면

사인법칙에 의하여

$$\frac{\overline{BC}}{\sin A}=\frac{\overline{AB}}{\sin C}, \frac{\overline{BC}}{2t}=\frac{\overline{AB}}{3t}$$

$$\therefore \frac{\overline{BC}}{\overline{AB}}=\frac{2t}{3t}=\frac{2}{3}$$

5 답 ③

삼각형 ABC에서 사인법칙에 의하여

$$\frac{4}{\sin(\angle BAC)}=\frac{5}{\sin(\angle ABC)}$$

$$\therefore \sin(\angle ABC)=5\times\frac{1}{4}\times\frac{4}{13}=\frac{5}{13}$$

$$\therefore \cos(\angle DBC)=\sqrt{1-\sin^2(\angle ABC)}$$

$$=\sqrt{1-\frac{25}{169}}=\frac{12}{13}\left(\because 0<\angle DBC<\frac{\pi}{2}\right)$$

따라서 직각삼각형 BCD에서

$$\overline{BD}\cos(\angle DBC)=\overline{BC}$$

$$\therefore \overline{BD}=4\times\frac{13}{12}=\frac{13}{3}$$

6 답 ③

$\angle ABC+\angle ADC=180°$이므로 사각형 ABCD는 원에 내접하고 선분 AC는 원의 지름이다.

따라서 삼각형 ABD에서 사인법칙에 의하여

$$\frac{\overline{BD}}{\sin(\angle BAD)}=6 \qquad \therefore \overline{BD}=6\times\frac{\sqrt{2}}{2}=3\sqrt{2}$$

7 답 ⑤

주어진 원의 반지름의 길이를 R라 하면

삼각형 ACD에서 사인법칙에 의하여

$$\frac{\overline{AD}}{\sin(\angle ACD)}=2R \qquad \therefore R=4\times\frac{3}{2}\times\frac{1}{2}=3$$

삼각형 BCD에서 사인법칙에 의하여

$$\frac{\overline{BC}}{\sin(\angle BDC)}=2R$$

$$\therefore \overline{BC}=2\times3\times\frac{2}{5}=\frac{12}{5}$$

8 답 ④

직각삼각형 ABC에서

$$\overline{AB}=\sqrt{\overline{AC}^2+\overline{BC}^2}=\sqrt{3^2+4^2}=5$$

$$\therefore \sin(\angle ABC)=\frac{\overline{AC}}{\overline{AB}}=\frac{3}{5}$$

한편, $\overline{BC}=4$, $\overline{BD}=3$에서 $\overline{DC}=1$이므로 직각삼각형 ADC에서

$$\overline{AD}=\sqrt{\overline{AC}^2+\overline{DC}^2}=\sqrt{3^2+1^2}=\sqrt{10}$$

삼각형 ABD의 외접원의 반지름의 길이를 R라 하면 사인법칙에 의하여

$$\frac{\overline{AD}}{\sin(\angle ABC)}=2R$$

$$\therefore R=\sqrt{10}\times\frac{5}{3}\times\frac{1}{2}=\frac{5\sqrt{10}}{6}$$

9 답 ②

코사인법칙에 의하여

$$\cos A=\frac{5^2+6^2-4^2}{2\times5\times6}=\frac{45}{60}=\frac{3}{4}$$

$$\therefore \sin A=\sqrt{1-\cos^2 A}=\sqrt{1-\frac{9}{16}}=\frac{\sqrt{7}}{4} (\because 0<A<\pi)$$

10 답 ①

코사인법칙에 의하여
$$\overline{AB}^2=2^2+1^2-2\times2\times1\times\cos120°$$
$$=4+1-(-2)=7$$
$$\therefore \overline{AB}=\sqrt{7}\ (\because \overline{AB}>0)$$
삼각형 ABC의 외접원의 반지름의 길이를 R라 하면 사인법칙
에 의하여
$$\frac{\sqrt{7}}{\sin120°}=2R$$
$$\therefore R=\sqrt{7}\times\frac{2}{\sqrt{3}}\times\frac{1}{2}=\frac{\sqrt{21}}{3}$$

11 답 ④

$3(a-b)^2=3c^2-2ab$에서
$$3a^2-6ab+3b^2=3c^2-2ab$$
$$\therefore a^2+b^2-c^2=\frac{4}{3}ab\quad\cdots\cdots\ \bigcirc$$
따라서 코사인법칙에 의하여
$$\cos C=\frac{a^2+b^2-c^2}{2ab}=\frac{\frac{4}{3}ab}{2ab}=\frac{2}{3}\ (\because\ \bigcirc)$$

12 답 7

$\overline{AB}:\overline{BC}:\overline{CA}=1:2:\sqrt{2}$에서
$\overline{AB}=t,\ \overline{BC}=2t,\ \overline{CA}=\sqrt{2}t\ (t>0)$이라 하면
코사인법칙에 의하여
$$\cos B=\frac{t^2+(2t)^2-(\sqrt{2}t)^2}{2\times t\times2t}=\frac{3t^2}{4t^2}=\frac{3}{4}$$
$$\therefore \sin B=\sqrt{1-\cos^2B}=\sqrt{1-\frac{9}{16}}=\frac{\sqrt{7}}{4}\ (\because\ 0<B<\pi)$$
한편, 삼각형 ABC의 외접원의 반지름의 길이를 R라 하면 넓
이가 28π이므로
$$\pi R^2=28\pi\quad\therefore R=2\sqrt{7}\ (\because\ R>0)$$
사인법칙에 의하여
$$\frac{\overline{CA}}{\sin B}=2R$$
$$\therefore \overline{CA}=2\times2\sqrt{7}\times\frac{\sqrt{7}}{4}=7$$

13 답 ⑤

삼각형 ABD에서 코사인법칙에 의하여
$$\cos(\angle BAD)=\frac{6^2+6^2-(\sqrt{15})^2}{2\times6\times6}=\frac{57}{72}=\frac{19}{24}$$
삼각형 ABC에서 코사인법칙에 의하여
$$\overline{BC}^2=10^2+6^2-2\times10\times6\times\cos(\angle BAD)$$
$$=100+36-95=41$$
$$\therefore \overline{BC}=\sqrt{41}\ (\because\ \overline{BC}>0)$$

14 답 ⑤

삼각형 ABD에서 코사인법칙에 의하여
$$\cos(\angle BAD)=\frac{5^2+4^2-6^2}{2\times5\times4}=\frac{5}{40}=\frac{1}{8}$$
원에 내접하는 사각형의 성질에 의하여
$$\cos(\angle BCD)=\cos(\pi-\angle BAD)$$
$$=-\cos(\angle BAD)=-\frac{1}{8}$$
$$\therefore \sin(\angle BCD)=\sqrt{1-\cos^2(\angle BCD)}$$
$$=\sqrt{1-\frac{1}{64}}=\frac{3\sqrt{7}}{8}\ (\because\ 0<\angle BCD<\pi)$$

15 답 ④

원에 내접하는 사각형의 성질에 의하여
$$\cos(\angle BCD)=\cos(\pi-\angle BAD)$$
$$=-\cos(\angle BAD)=-\frac{3}{8}$$
삼각형 BCD에서 코사인법칙에 의하여
$$\overline{BD}^2=3^2+4^2-2\times3\times4\times\left(-\frac{3}{8}\right)=34$$
$$\therefore \overline{BD}=\sqrt{34}\ (\because\ \overline{BD}>0)$$
이때 $\overline{AD}=x\ (x>0)$이라 하면 삼각형 ABD에서 코사인법칙
에 의하여
$$(\sqrt{34})^2=x^2+4^2-2\times x\times4\times\frac{3}{8}$$
$$34=x^2+16-3x,\ x^2-3x-18=0$$
$$(x+3)(x-6)=0\quad\therefore x=6\ (\because\ x>0)$$
$$\therefore \overline{AD}=6$$

16 답 ①

선분 AB가 삼각형 ABC의 외접원의 지름이므로 삼각형
ABC는 $\angle BCA=\frac{\pi}{2}$인 직각삼각형이다.
$\cos(\angle CAB)=\frac{3}{4}$에서
$$\sin(\angle CAB)=\sqrt{1-\cos^2(\angle CAB)}$$
$$=\sqrt{1-\frac{9}{16}}=\frac{\sqrt{7}}{4}\left(\because\ 0<\angle CAB<\frac{\pi}{2}\right)$$
$\overline{BC}=\overline{AB}\sin(\angle CAB)$에서
$$\overline{AB}=5\sqrt{7}\times\frac{4}{\sqrt{7}}=20$$
$$\therefore \overline{AC}=\sqrt{\overline{AB}^2-\overline{BC}^2}=\sqrt{400-175}=15$$
이때 점 D는 선분 AB를 $3:2$로 내분하는 점이므로
$$\overline{AD}=\overline{AB}\times\frac{3}{5}=20\times\frac{3}{5}=12$$
삼각형 CAD에서 코사인법칙에 의하여
$$\overline{CD}^2=15^2+12^2-2\times15\times12\times\frac{3}{4}=99$$
$$\therefore \overline{CD}=3\sqrt{11}\ (\because\ \overline{CD}>0)$$

17 답 ④

$\angle A + \angle B = \dfrac{\pi}{3}$ 이므로

$\angle C = \pi - (\angle A + \angle B) = \pi - \dfrac{\pi}{3} = \dfrac{2}{3}\pi$

따라서 구하는 삼각형 ABC의 넓이는

$\dfrac{1}{2} \times \overline{AC} \times \overline{BC} \times \sin \dfrac{2}{3}\pi = \dfrac{1}{2} \times 4\sqrt{3} \times 4 \times \dfrac{\sqrt{3}}{2} = 12$

18 답 ②

코사인법칙에 의하여

$\cos B = \dfrac{1^2 + 3^2 - (2\sqrt{3})^2}{2 \times 1 \times 3} = -\dfrac{2}{6} = -\dfrac{1}{3}$

$\therefore \sin B = \sqrt{1 - \cos^2 B} = \sqrt{1 - \dfrac{1}{9}} = \dfrac{2\sqrt{2}}{3} \ (\because 0 < B < \pi)$

따라서 구하는 삼각형 ABC의 넓이는

$\dfrac{1}{2} \times \overline{AB} \times \overline{BC} \times \sin B = \dfrac{1}{2} \times 1 \times 3 \times \dfrac{2\sqrt{2}}{3} = \sqrt{2}$

19 답 ⑤

$\angle A = 120°$, $\overline{AB} = \overline{AC}$ 이므로 $\angle B = \angle C = 30°$

사인법칙에 의하여

$\dfrac{\overline{AC}}{\sin 30°} = 2 \times 5 \qquad \therefore \overline{AC} = 10 \times \dfrac{1}{2} = 5$

따라서 구하는 삼각형 ABC의 넓이는

$\dfrac{1}{2} \times \overline{AB} \times \overline{AC} \times \sin 120° = \dfrac{1}{2} \times 5 \times 5 \times \dfrac{\sqrt{3}}{2} = \dfrac{25\sqrt{3}}{4}$

20 답 ②

$\sin A : \sin B : \sin C = 2 : 3 : 4$ 에서

$\overline{BC} : \overline{CA} : \overline{AB} = 2 : 3 : 4$

$\overline{BC} = 2t$, $\overline{CA} = 3t$, $\overline{AB} = 4t \ (t > 0)$ 이라 하면 코사인법칙에 의하여

$\cos A = \dfrac{(3t)^2 + (4t)^2 - (2t)^2}{2 \times 3t \times 4t} = \dfrac{21t^2}{24t^2} = \dfrac{7}{8}$

$\therefore \sin A = \sqrt{1 - \cos^2 A} = \sqrt{1 - \dfrac{49}{64}} = \dfrac{\sqrt{15}}{8} \ (\because 0 < A < \pi)$

즉, 삼각형 ABC의 넓이는

$\dfrac{1}{2} \times \overline{CA} \times \overline{AB} \times \sin A = \dfrac{1}{2} \times 3t \times 4t \times \dfrac{\sqrt{15}}{8}$

$= \dfrac{3\sqrt{15}}{4}t^2 \qquad \cdots\cdots \ \text{㉠}$

한편, 삼각형 ABC의 내접원의 반지름의 길이를 $r \ (r > 0)$ 이라 하면 삼각형 ABC에 내접하는 원의 넓이가 15π 이므로

$\pi r^2 = 15\pi \qquad \therefore r = \sqrt{15} \ (\because r > 0)$

즉, 삼각형 ABC의 넓이는

$\dfrac{1}{2} \times \sqrt{15} \times (2t + 3t + 4t) = \dfrac{9\sqrt{15}}{2}t \qquad \cdots\cdots \ \text{㉡}$

㉠ = ㉡ 에서

$\dfrac{3\sqrt{15}}{4}t^2 = \dfrac{9\sqrt{15}}{2}t \qquad \therefore t = 6 \ (\because t > 0)$

따라서 구하는 삼각형 ABC의 넓이는

$\dfrac{9\sqrt{15}}{2} \times 6 = 27\sqrt{15}$

21 답 ④

평행사변형의 성질에 의하여

$\overline{AD} = \overline{BC} = 3$

따라서 구하는 평행사변형 ABCD의 넓이는

$2\sqrt{2} \times 3 \times \dfrac{\sqrt{2}}{3} = 4$

22 답 ①

직각삼각형 ABC에서

$\overline{AC} = \sqrt{\overline{AB}^2 + \overline{BC}^2} = \sqrt{3^2 + 2^2} = \sqrt{13}$

삼각형 ACD에서 코사인법칙에 의하여

$\cos(\angle ADC) = \dfrac{2^2 + 5^2 - (\sqrt{13})^2}{2 \times 2 \times 5} = \dfrac{16}{20} = \dfrac{4}{5}$

$\therefore \sin(\angle ADC) = \sqrt{1 - \cos^2(\angle ADC)}$

$= \sqrt{1 - \dfrac{16}{25}} = \dfrac{3}{5} \ (\because 0 < \angle ADC < \pi)$

$\therefore \square ABCD = \triangle ABC + \triangle ACD$

$= \dfrac{1}{2} \times 2 \times 3 + \dfrac{1}{2} \times 5 \times 2 \times \sin(\angle ADC)$

$= 3 + 3 = 6$

23 답 ⑤

$\cos\theta = \dfrac{5}{13}$ 에서

$\sin\theta = \sqrt{1 - \cos^2\theta} = \sqrt{1 - \dfrac{25}{169}} = \dfrac{12}{13} \left(\because 0 < \theta < \dfrac{\pi}{2}\right)$

따라서 구하는 사각형 ABCD의 넓이는

$\dfrac{1}{2} \times 13 \times 5 \times \dfrac{12}{13} = 30$

24 답 ⑤

$\overline{AB} = x$, $\overline{BC} = y$ 라 하면

삼각형 ABC에서 코사인법칙에 의하여

$4^2 = x^2 + y^2 - 2xy \times \dfrac{3}{5}$

$\therefore 16 = x^2 + y^2 - \dfrac{6}{5}xy \qquad \cdots\cdots \ \text{㉠}$

한편, 평행사변형의 성질에 의하여 $\overline{AD} = \overline{BC} = y$ 이고,

$\cos(\angle BAD) = \cos(\pi - \angle ABC)$

$= -\cos(\angle ABC) = -\dfrac{3}{5}$

이므로 삼각형 ABD에서 코사인법칙에 의하여

$$6^2=y^2+x^2-2yx\times\left(-\frac{3}{5}\right)$$

$$\therefore\ 36=x^2+y^2+\frac{6}{5}xy\quad\cdots\cdots\ \text{ⓛ}$$

$\text{ⓛ}-\text{ⓙ}$을 하면

$$20=\frac{12}{5}xy\qquad\therefore\ xy=\frac{25}{3}$$

이때

$$\sin(\angle\mathrm{ABC})=\sqrt{1-\cos^2(\angle\mathrm{ABC})}$$

$$=\sqrt{1-\frac{9}{25}}=\frac{4}{5}\ (\because\ 0<\angle\mathrm{ABC}<\pi)$$

이므로 구하는 평행사변형 ABCD의 넓이는

$$xy\sin(\angle\mathrm{ABC})=\frac{25}{3}\times\frac{4}{5}=\frac{20}{3}$$

Ⅲ. 수열

O1 등차수열

60~68쪽

1 ①	2 ②	3 ④	4 ①
5 7	6 ①	7 ③	8 ⑤
9 ②	10 ④	11 ②	12 ⑤
13 15	14 ②	15 ③	16 ③
17 ①	18 ④	19 ⑤	20 ④
21 ③	22 ②	23 ①	24 ④
25 ②	26 ③	27 ⑤	28 9
29 ②	30 ②	31 ④	32 ⑤
33 ②	34 ①	35 ②	36 ①

1 답 ①

등차수열 $\{a_n\}$의 공차를 d라 하면 첫째항이 5이므로

$a_6-a_3=21$에서 $(5+5d)-(5+2d)=21$

$3d=21\qquad\therefore\ d=7$

$\therefore\ a_9=5+8\times7=61$

2 답 ②

등차수열 $\{a_n\}$의 첫째항을 a라 하면 공차가 3이므로

$a_1+a_6+a_{11}=60$에서

$a+(a+5\times3)+(a+10\times3)=60$

$3a=15\qquad\therefore\ a=5$

$\therefore\ a_1+a_{20}=5+(5+19\times3)=67$

3 답 ④

등차수열 $\{a_n\}$의 첫째항과 공차를 모두 a라 하면

$a_3=27-a_6$에서 $a+2a=27-(a+5a)$

$3a=27-6a,\ 9a=27\qquad\therefore\ a=3$

$\therefore\ a_{30}=3+29\times3=90$

4 답 ①

$|a_3|-a_4=0$에서 $|a_3|=a_4$

등차수열 $\{a_n\}$의 공차를 d라 하면 첫째항이 -15이므로

(i) $a_3<0$일 때

$\quad -a_3=a_4$에서

$\quad -(-15+2d)=-15+3d$

$\quad 5d=30\qquad\therefore\ d=6$

(ii) $a_3\geq0$일 때

$\quad a_3=a_4$에서

$\quad -15+2d=-15+3d\qquad\therefore\ d=0$

$\quad$ 그런데 $a_3=-15$이므로 $a_3\geq0$을 만족시키지 않는다.

(i), (ii)에서 $d=6$

$\therefore\ a_7=-15+6\times6=21$

5 답 7

등차수열 $\{a_n\}$의 공차를 d라 하면 첫째항이 $\frac{5}{2}$이므로

$a_2+a_4=3$에서 $\left(\frac{5}{2}+d\right)+\left(\frac{5}{2}+3d\right)=3$

$5+4d=3$ $\therefore d=-\frac{1}{2}$

$\therefore a_n=\frac{5}{2}+(n-1)\times\left(-\frac{1}{2}\right)=-\frac{1}{2}n+3$

$a_k<0$에서 $-\frac{1}{2}k+3<0$

$-k+6<0$ $\therefore k>6$

따라서 구하는 자연수 k의 최솟값은 7이다.

6 답 ①

등차수열 $\{a_n\}$의 첫째항을 a, 공차를 d라 하면

$a_1-a_3=6$에서 $a-(a+2d)=6$

$-2d=6$ $\therefore d=-3$

$3a_4+2=4a_6$에서 $3(a+3d)+2=4(a+5d)$

$3a+9d+2=4a+20d$

$\therefore a=-11d+2=33+2=35$

$\therefore a_n=35+(n-1)\times(-3)=-3n+38$

$a_k\geq20$에서 $-3k+38\geq20$

$3k\leq18$ $\therefore k\leq6$

따라서 구하는 자연수 k의 최댓값은 6이다.

7 답 ③

등차수열 $\{a_n\}$의 첫째항을 a, 공차를 d라 하면

$a_1+a_3+a_5=0$에서

$a+(a+2d)+(a+4d)=0$, $3a+6d=0$

$\therefore a=-2d$

$a_7\leq20$에서

$a+6d=-2d+6d$

$\qquad\quad =4d$

$\qquad\quad \leq20$

$\therefore d\leq5$

$\therefore a_{10}=a+9d$

$\qquad\quad =-2d+9d$

$\qquad\quad =7d$

$\qquad\quad \leq35$

따라서 구하는 a_{10}의 최댓값은 35이다.

8 답 ⑤

등차수열 $\{a_n\}$의 첫째항을 a라 하면 공차가 -2이므로

$a_3a_8=75$에서

$(a-4)(a-14)=75$, $a^2-18a-19=0$

$(a+1)(a-19)=0$ $\therefore a=-1$ 또는 $a=19$

(ⅰ) $a=-1$일 때

$a_{10}=-1+9\times(-2)=-19$

그런데 $a_{10}>0$을 만족시키지 않는다.

(ⅱ) $a=19$일 때

$a_{10}=19+9\times(-2)=1>0$

(ⅰ), (ⅱ)에서 $a=19$

$\therefore a_7=19+6\times(-2)=7$

9 답 ②

새로 만들어진 수열을 $\{b_k\}$라 하면

$b_1=10$, $b_{n+2}=30$

등차수열 $\{b_k\}$의 첫째항이 10, 공차가 $\frac{1}{3}$이므로

$b_{n+2}=30$에서 $10+(n+1)\times\frac{1}{3}=30$

$\frac{n+1}{3}=20$, $n+1=60$ $\therefore n=59$

10 답 ④

새로 만들어진 수열을 $\{b_n\}$이라 하면

$b_1=2$, $b_{22}=65$

등차수열 $\{b_n\}$의 공차를 d라 하면 첫째항이 2이므로

$b_{22}=65$에서 $2+21d=65$ $\therefore d=3$

$\therefore a_{14}=b_{15}=2+14\times3=44$

11 답 ②

주어진 수열을 $\{b_k\}$라 하면

$b_1=-1$, $b_7=9$, $b_{n+3}=34$

등차수열 $\{b_k\}$의 공차를 d라 하면 첫째항이 -1이므로

$b_7=9$에서 $-1+6d=9$, $6d=10$ $\therefore d=\frac{5}{3}$

$b_{n+3}=34$에서 $-1+(n+2)\times\frac{5}{3}=34$

$\frac{5(n+2)}{3}=35$, $n+2=21$ $\therefore n=19$

12 답 ⑤

새로 만들어진 수열을 $\{b_n\}$이라 하면

$b_1=3$, $b_{40}=68$

등차수열 $\{b_n\}$의 공차를 d라 하면 첫째항이 3이므로

$b_{40}=68$에서 $3+39d=68$, $39d=65$ $\therefore d=\frac{5}{3}$

$\therefore b_n=3+(n-1)\times\frac{5}{3}$ $(n=1, 2, 3, \cdots, 40)$

이때 수열 $\{b_n\}$의 항이 자연수가 되려면 $n-1$의 값이 0 또는 3의 배수이어야 한다.

따라서 구하는 자연수인 항의 개수는

$1, 4, 7, \cdots, 40$의 14

13 답 15

a^2은 1과 a의 등차중항이므로

$a^2=\dfrac{1+a}{2}$에서 $2a^2-a-1=0$

$(2a+1)(a-1)=0$ $\therefore a=-\dfrac{1}{2}$ $(\because a\neq1)$

$\therefore 30|a|=30\times\left|-\dfrac{1}{2}\right|=15$

14 답 ②

3은 a와 b의 등차중항으로

$3=\dfrac{a+b}{2}$에서 $a+b=6$ $\cdots\cdots$ ㉠

$\dfrac{3}{5}$은 $\dfrac{1}{a}$과 $\dfrac{1}{b}$의 등차중항이므로

$\dfrac{3}{5}=\dfrac{1}{2}\left(\dfrac{1}{a}+\dfrac{1}{b}\right)$에서

$\dfrac{6}{5}=\dfrac{a+b}{ab}$, $\dfrac{6}{5}=\dfrac{6}{ab}$ $(\because$ ㉠$)$

$\therefore ab=5$

15 답 ③

a_1+a_2는 a_1과 a_2+a_3의 등차중항이므로

$a_1+a_2=\dfrac{a_1+(a_2+a_3)}{2}$에서

$2a_1+2a_2=a_1+a_2+a_3$

$\therefore a_1+a_2=a_3$ $\cdots\cdots$ ㉠

등차수열 $\{a_n\}$의 첫째항을 a $(a\neq0)$, 공차를 d라 하면 ㉠에서

$a+(a+d)=a+2d$ $\therefore a=d$

$\therefore \dfrac{a_3}{a_2}=\dfrac{a+2a}{a+a}=\dfrac{3}{2}$ $(\because a\neq0)$

16 답 ③

a는 5와 b의 등차중항이므로

$a=\dfrac{5+b}{2}$에서 $b=2a-5$ $\cdots\cdots$ ㉠

25는 a^2과 b^2의 등차중항이므로

$25=\dfrac{a^2+b^2}{2}$에서 $a^2+b^2=50$ $\cdots\cdots$ ㉡

㉠을 ㉡에 대입하면

$a^2+(2a-5)^2=50$

$5a^2-20a+25=50$, $a^2-4a-5=0$

$(a+1)(a-5)=0$ $\therefore a=-1$ 또는 $a=5$

(i) $a=-1$일 때

  $b=2\times(-1)-5=-7$ $(\because$ ㉠$)$

(ii) $a=5$일 때

  $b=2\times5-5=5$ $(\because$ ㉠$)$

  그런데 $a\neq b$를 만족시키지 않는다.

(i), (ii)에서 $a=-1$, $b=-7$

$\therefore a-b=-1-(-7)=6$

17 답 ①

$x=a-d$, $y=a$, $z=a+d$라 하면

$x+y+z=12$에서 $(a-d)+a+(a+d)=12$

$3a=12$ $\therefore a=4$

$x=7z$에서 $a-d=7(a+d)$

$4-d=28+7d$ $(\because a=4)$

$8d=-24$ $\therefore d=-3$

따라서 $x=7$, $y=4$, $z=1$이므로

$x^2+y^2+z^2=49+16+1=66$

18 답 ④

$x=a-d$, $y=a$, $z=a+d$라 하면

$x+y+z=3$에서 $(a-d)+a+(a+d)=3$

$3a=3$ $\therefore a=1$

$x^2+y^2+z^2=35$에서 $(a-d)^2+a^2+(a+d)^2=35$

$3+2d^2=35$ $(\because a=1)$, $2d^2=32$

$d^2=16$ $\therefore d=\pm4$

따라서 $x=-3$, $y=1$, $z=5$ 또는 $x=5$, $y=1$, $z=-3$이므로

$|x|+|y|+|z|=9$

19 답 ⑤

조건 (가)에 의하여

$x=a-d$, $y=a$, $z=a+d$라 하면

조건 (나)에서

$(a+d)-(a-d)=8$, $2d=8$ $\therefore d=4$

조건 (다)에서

$(a-d)\times a\times(a+d)=45$

$a(a^2-16)=45$ $(\because d=4)$

$a^3-16a-45=0$

$(a-5)(a^2+5a+9)=0$ $\therefore a=5$ $(\because a$는 실수$)$

$\therefore y=a=5$

20 답 ④

조건 (가)에 의하여

$x=a-d$, $y=a$, $z=a+d$라 하면

조건 (나)에 의하여 z^2은 x^2과 y^2의 등차중항이므로

$z^2=\dfrac{x^2+y^2}{2}$에서

$2(a+d)^2=(a-d)^2+a^2$

$2a^2+4ad+2d^2=2a^2-2ad+d^2$

$d^2+6ad=0$

$d(d+6a)=0$ $\therefore d=-6a$ $(\because d\neq0)$

$\therefore x=a-(-6a)=7a$

이때 a는 정수이고, 조건 (다)에 의하여 a의 값은 1, 2, 3, 4이므로 x의 값은 7, 14, 21, 28이다.

따라서 모든 x의 값의 합은

$7+14+21+28=70$

21 답 ③

$a_{n-1}=4n-1$의 양변에
$n=2$를 대입하면 $a_1=8-1=7$
$n=11$을 대입하면
$a_{10}=44-1=43$

$$\therefore a_1+a_2+a_3+\cdots+a_{10}=\frac{10(a_1+a_{10})}{2}$$
$$=\frac{10\times(7+43)}{2}$$
$$=250$$

22 답 ②

등차수열 $\{a_n\}$의 첫째항을 a, 공차를 d라 하면
$a_3=11$에서 $a+2d=11$ ┄┄┄ ㉠
$a_5=19$에서 $a+4d=19$ ┄┄┄ ㉡
㉠, ㉡을 연립하여 풀면
$a=3,\ d=4$
이때 등차수열 $\{a_n\}$의 첫째항부터 제k항까지의 합이 171이므로
$$\frac{k\{2\times3+(k-1)\times4\}}{2}=171$$
$k(2k+1)=171$
$2k^2+k-171=0$
$(2k+19)(k-9)=0$
$\therefore k=9\ (\because k$는 자연수$)$

23 답 ①

등차수열 $\{a_n\}$의 첫째항이 10, 공차가 -4이므로
$a_n=10+(n-1)\times(-4)=-4n+14$
$a_n>0$에서 $-4n+14>0$
$\therefore n<\dfrac{7}{2}=3.5$
즉, 수열 $\{a_n\}$은 a_3까지는 양수이고, a_4부터는 음수이다.
$$\therefore |a_1|+|a_2|+|a_3|+\cdots+|a_{10}|$$
$$=(a_1+a_2+a_3)-(a_4+a_5+a_6+\cdots+a_{10})$$
$$=\frac{3(a_1+a_3)}{2}-\frac{7(a_4+a_{10})}{2}$$
$$=\frac{3\times(10+2)}{2}-\frac{7\times(-2-26)}{2}$$
$$=18-(-98)=116$$

24 답 ④

등차수열 $\{a_n\}$의 첫째항과 공차를 모두 $a\ (a\neq0)$이라 하면
$a_n=a+(n-1)a=an$,
$S_n=\dfrac{n(a+na)}{2}=\dfrac{an(n+1)}{2}$
$S_n=ka_n$에서 $\dfrac{an(n+1)}{2}=kan$ $\therefore k=\dfrac{n+1}{2}$
k가 두 자리 자연수가 되려면

$10\leq k\leq99$에서 $10\leq\dfrac{n+1}{2}\leq99$
$20\leq n+1\leq198$ $\therefore 19\leq n\leq197$
이때 n은 홀수이어야 하므로 구하는 n의 최댓값은 197이다.

25 답 ②

등차수열 $\{a_n\}$의 첫째항을 a, 공차를 d라 하면
$a_3+a_{19}=5a_{11}$에서 $(a+2d)+(a+18d)=5(a+10d)$
$2a+20d=5a+50d$
$3a=-30d$ $\therefore a=-10d$ ┄┄┄ ㉠
$S_{23}=\dfrac{23}{2}$에서 $\dfrac{23(2a+22d)}{2}=\dfrac{23}{2}$
$\therefore 2a+22d=1$ ┄┄┄ ㉡
㉠, ㉡을 연립하여 풀면
$a=-5,\ d=\dfrac{1}{2}$
$\therefore a_5=-5+4\times\dfrac{1}{2}=-3$

26 답 ③

등차수열 $\{a_n\}$의 첫째항을 a, 공차를 $d\ (d\neq0)$이라 하면
$S_{10}=3S_5$에서
$$\frac{10(2a+9d)}{2}=3\times\frac{5(2a+4d)}{2}$$
$2(2a+9d)=3(2a+4d)$
$4a+18d=6a+12d$
$2a=6d$ $\therefore a=3d$
$$\therefore \frac{a_8}{a_3}=\frac{a+7d}{a+2d}=\frac{3d+7d}{3d+2d}=\frac{10d}{5d}=2\ (\because d\neq0)$$

27 답 ⑤

등차수열 $\{a_n\}$의 첫째항을 a, 공차를 d라 하면
$a_1+a_3+a_5+\cdots+a_{19}=70$에서
$\dfrac{10(a_1+a_{19})}{2}=70$, $a+(a+18d)=14$
$2a+18d=14$ $\therefore a+9d=7$ ┄┄┄ ㉠
$a_2+a_4+a_6+\cdots+a_{20}=80$에서
$\dfrac{10(a_2+a_{20})}{2}=80$, $(a+d)+(a+19d)=16$
$2a+20d=16$ $\therefore a+10d=8$ ┄┄┄ ㉡
㉠, ㉡을 연립하여 풀면
$a=-2,\ d=1$
$$\therefore S_{10}=\frac{10\times\{2\times(-2)+9\times1\}}{2}=25$$

28 답 9

등차수열 $\{a_n\}$의 첫째항을 a, 공차를 d라 하면

$a_1+a_3+a_5+\cdots+a_k=175$에서

$$\frac{k+1}{2}\times\frac{2a+(k-1)d}{2}=175 \qquad \cdots\cdots \text{㉠}$$

$S_k=315$에서

$$\frac{k\{2a+(k-1)d\}}{2}=315 \qquad \cdots\cdots \text{㉡}$$

㉡÷㉠을 하면

$$\frac{k}{\dfrac{k+1}{2}}=\frac{315}{175}, \quad \frac{2k}{k+1}=\frac{9}{5}$$

$$10k=9k+9 \qquad \therefore k=9$$

29 답 ②

등차수열 $\{a_n\}$의 공차를 d라 하면 첫째항이 35이므로

$S_{10}=215$에서 $\dfrac{10\times(2\times35+9d)}{2}=215$

$$70+9d=43,\ 9d=-27 \qquad \therefore d=-3$$

$$\therefore a_n=35+(n-1)\times(-3)=-3n+38$$

$a_n\leq0$에서 $-3n+38\leq0$

$$3n\geq38 \qquad \therefore n\geq\frac{38}{3}=12.\times\times\times$$

따라서 제13항에서 처음으로 음수가 되므로 구하는 자연수 n의 값은 12이다.

30 답 ②

등차수열 $\{a_n\}$의 공차를 d라 하면 첫째항이 -22이므로

$S_3=S_9$에서

$$\frac{3\times\{2\times(-22)+2d\}}{2}=\frac{9\times\{2\times(-22)+8d\}}{2}$$

$$-22+d=-66+12d,\ 11d=44 \qquad \therefore d=4$$

$$\therefore a_n=-22+(n-1)\times4=4n-26$$

$a_n\geq0$에서 $4n-26\geq0$

$$4n\geq26 \qquad \therefore n\geq\frac{13}{2}=6.5$$

따라서 제7항에서 처음으로 양수가 되므로 S_n의 최솟값은

$$S_6=\frac{6\times\{2\times(-22)+5\times4\}}{2}=-72$$

31 답 ④

S_n이 $n=18$에서 최댓값을 가지므로

$$a_{18}\geq0,\ a_{19}\leq0$$

등차수열 $\{a_n\}$의 공차를 d라 하면 첫째항이 53이므로

$$a_{18}=53+17d\geq0 \qquad \therefore d\geq-\frac{53}{17} \qquad \cdots\cdots \text{㉠}$$

$$a_{19}=53+18d\leq0 \qquad \therefore d\leq-\frac{53}{18} \qquad \cdots\cdots \text{㉡}$$

㉠, ㉡의 공통부분을 구하면

$$-\frac{53}{17}\leq d\leq-\frac{53}{18}$$

이때 공차 d는 정수이므로

$$d=-3$$

$$\therefore S_{18}=\frac{18\times\{2\times53+17\times(-3)\}}{2}=495$$

32 답 ⑤

등차수열 $\{a_n\}$의 첫째항을 a, 공차를 d라 하면

$$a_6=-38에서 a+5d=-38 \qquad \cdots\cdots \text{㉠}$$

$$a_{10}=-30에서 a+9d=-30 \qquad \cdots\cdots \text{㉡}$$

㉠, ㉡을 연립하여 풀면

$$a=-48,\ d=2$$

$$\therefore a_n=-48+(n-1)\times2=2n-50$$

$a_n\geq0$에서 $2n-50\geq0$

$$2n\geq50 \qquad \therefore n\geq25$$

따라서 $a_{24}<0$, $a_{25}=0$, $a_{26}>0$이므로 조건을 만족시키는 자연수 n의 값은 24, 25이고, 그 합은

$$24+25=49$$

33 답 ②

$n\geq2$일 때

$$\begin{aligned}a_n&=S_n-S_{n-1}\\&=\frac{n}{n+1}-\frac{n-1}{n}\\&=\frac{n^2-(n^2-1)}{(n+1)n}\\&=\frac{1}{(n+1)n}\end{aligned}$$

$$\therefore a_4=\frac{1}{5\times4}=\frac{1}{20}$$

다른 풀이

$$a_4=S_4-S_3=\frac{4}{5}-\frac{3}{4}=\frac{1}{20}$$

34 답 ①

(i) $n=1$일 때

$$a_1=S_1=1-7=-6$$

(ii) $n\geq2$일 때

$$\begin{aligned}a_n&=S_n-S_{n-1}\\&=(n^2-7n)-\{(n-1)^2-7(n-1)\}\\&=n^2-7n-(n^2-9n+8)\\&=2n-8 \qquad \cdots\cdots \text{㉠}\end{aligned}$$

이때 $a_1=-6$은 ㉠에 $n=1$을 대입한 것과 같으므로

$$a_n=2n-8$$

$a_n<0$에서 $2n-8<0$

$$2n<8 \qquad \therefore n<4$$

따라서 조건을 만족시키는 자연수 n의 값은 1, 2, 3이므로 그 합은

$$1+2+3=6$$

$b_n=a_{2n}$이라 하면
$$a_2+a_4+a_6+\cdots+a_{2n}=b_1+b_2+b_3+\cdots+b_n$$
$$=2n^2+5n$$

수열 $\{b_n\}$의 첫째항부터 제n항까지의 합을 S_n이라 하면 $n\geq2$일 때

$$b_n=S_n-S_{n-1}$$
$$=(2n^2+5n)-\{2(n-1)^2+5(n-1)\}$$
$$=2n^2+5n-(2n^2+n-3)$$
$$=4n+3$$
$$\therefore\ a_{10}=b_5=20+3=23$$

다른 풀이

$$a_{10}=b_5$$
$$=S_5-S_4$$
$$=(50+25)-(32+20)$$
$$=23$$

36 답 ①

$$S_1-S_2+S_3-S_4+S_5-S_6+\cdots+S_{19}-S_{20}$$
$$=-(S_2-S_1)-(S_4-S_3)-(S_6-S_5)-\cdots-(S_{20}-S_{19})$$
$$=-(a_2+a_4+a_6+\cdots+a_{20})$$

한편, $n\geq2$일 때
$$a_n=S_n-S_{n-1}$$
$$=-\frac{n(n+1)}{2}-\left\{-\frac{(n-1)n}{2}\right\}$$
$$=-\frac{n^2+n}{2}+\frac{n^2-n}{2}$$
$$=-n$$
$$\therefore\ -(a_2+a_4+a_6+\cdots+a_{20})=-\frac{10(a_2+a_{20})}{2}$$
$$=-\frac{10\times\{-2+(-20)\}}{2}$$
$$=110$$

02 등비수열

1 ③	2 ④	3 16	4 ①
5 ④	6 8	7 ⑤	8 ④
9 ⑤	10 ②	11 ②	12 ④
13 ①	14 ②	15 ④	16 ②
17 ⑤	18 ②	19 7	
20 ①	21 ①	22 ④	23 257
24 ⑤	25 ②	26 ②	27 ②

1 답 ③

등비수열 $\{a_n\}$의 첫째항을 a라 하면 공비가 3이므로
$a_3+a_4=180$에서
$$ar^2+ar^3=9a+27a=180$$
$$36a=180\qquad\therefore\ a=5$$
$$\therefore\ a_2=ar=5\times3=15$$

2 답 ④

등비수열 $\{a_n\}$의 첫째항을 a, 공비를 r라 하면
$a_2=2$에서 $ar=2$
$a_3=3a_1$에서 $ar^2=3a$
$$\therefore\ r^2=3\ (\because\ a_2=2에서\ a\neq0)$$
$$\therefore\ a_8=ar^7=ar\times(r^2)^3=2\times3^3=54$$

3 답 16

등비수열 $\{a_n\}$의 공비를 $r\ (r>0)$이라 하면 첫째항이 $\frac{1}{4}$이므로
$a_3+a_5=\frac{1}{a_3}+\frac{1}{a_5}$에서
$$a_3+a_5=\frac{a_3+a_5}{a_3a_5},\ a_3a_5=1$$
$$\frac{1}{4}r^2\times\frac{1}{4}r^4=1\qquad\therefore\ r^6=16$$

따라서 $r^3=4\ (\because\ r>0)$이므로
$$a_{10}=\frac{1}{4}r^9=\frac{1}{4}(r^3)^3=\frac{1}{4}\times4^3=16$$

4 답 ①

등비수열 $\{a_n\}$의 첫째항을 $a\ (a>0)$, 공비를 $r\ (r>0)$이라 하면
$a_4=27$에서 $ar^3=27$ $\qquad\cdots\cdots\ \bigcirc$
$a_6=81$에서 $ar^5=81$ $\qquad\cdots\cdots\ \bigcirc\!\bigcirc$
$\bigcirc\!\bigcirc\div\bigcirc$을 하면
$$r^2=3\qquad\therefore\ r=\sqrt{3}\ (\because\ r>0)$$
$r=\sqrt{3}$을 $\bigcirc$에 대입하면
$$a\times3\sqrt{3}=27\qquad\therefore\ a=3\sqrt{3}$$
$a_k=3^{10}$에서
$$3\sqrt{3}\times(\sqrt{3})^{k-1}=3^{10}$$

$$3^{\frac{3}{2}} \times 3^{\frac{k-1}{2}} = 3^{10}, \quad 3^{\frac{k+2}{2}} = 3^{10}$$

$$\frac{k+2}{2} = 10 \qquad \therefore k = 18$$

5 답 ④

첫째항이 100이고 공비가 $\dfrac{1}{3}$이므로

$$a_n = 100 \times \left(\frac{1}{3}\right)^{n-1}$$

$a_k < 1$에서 $100 \times \left(\dfrac{1}{3}\right)^{k-1} < 1$

$$\left(\frac{1}{3}\right)^{k-1} < \frac{1}{100} \qquad \therefore 3^{k-1} > 100$$

이때 $3^4 = 81$, $3^5 = 243$이므로 구하는 자연수 k의 최솟값은
$k-1 = 5$에서 $k = 6$

6 답 8

등비수열 $\{a_n\}$의 첫째항을 $a\,(a>0)$, 공비를 $r\,(r>0)$이라
하면

$a_1 + a_2 = 12$에서
$a + ar = 12 \qquad \therefore a(1+r) = 12 \qquad \cdots\cdots \ \ominus$

$a_3 + a_4 = 48$에서
$ar^2 + ar^3 = 48 \qquad \therefore ar^2(1+r) = 48 \qquad \cdots\cdots \ \oplus$

$\oplus \div \ominus$을 하면

$r^2 = 4 \qquad \therefore r = 2 \ (\because r > 0)$

$r = 2$를 $\ominus$에 대입하면

$3a = 12 \qquad \therefore a = 4$

$\therefore a_n = 4 \times 2^{n-1} = 2^{n+1}$

$a_k < 1000$에서 $2^{k+1} < 1000$

이때 $2^9 = 512$, $2^{10} = 1024$이므로 조건을 만족시키는 자연수 k
의 최댓값은

$k+1 = 9$에서 $k = 8$

따라서 구하는 자연수 k의 개수는
$1, 2, 3, \cdots, 8$의 8

7 답 ⑤

등비수열 $\{a_n\}$의 첫째항을 a라 하면 공비가 $\dfrac{1}{2}$이므로

$a_5 = 8$에서

$$a \times \left(\frac{1}{2}\right)^4 = 8, \ \frac{a}{16} = 8 \qquad \therefore a = 128$$

$$\therefore a_n = 128 \times \left(\frac{1}{2}\right)^{n-1} = 2^7 \times 2^{1-n} = 2^{8-n}$$

$a_k \geq 1$에서 $2^{8-k} \geq 1$

$8 - k \geq 0 \qquad \therefore k \leq 8$

따라서 구하는 모든 자연수 k의 값의 합은

$$1 + 2 + 3 + \cdots + 8 = \frac{8 \times (1+8)}{2} = 36$$

8 답 ④

$b_n = 2^{a_n}$에서 $b_{n+1} = 2^{a_{n+1}} = 2^{a_n + 2}$이므로

$$\frac{b_{n+1}}{b_n} = \frac{2^{a_n+2}}{2^{a_n}} = \frac{4 \times 2^{a_n}}{2^{a_n}} = 4$$

즉, 등비수열 $\{b_n\}$은 첫째항이 8, 공비가 4이므로 일반항은
$b_n = 8 \times 4^{n-1} = 2^3 \times 2^{2n-2} = 2^{2n+1}$

$b_k > 500$에서 $2^{2k+1} > 500$

이때 $2^8 = 256$, $2^9 = 512$이므로 구하는 자연수 k의 최솟값은
$2k+1 = 9$에서 $k = 4$

9 답 ⑤

새로 만들어진 수열을 $\{b_n\}$이라 하면
$b_1 = 162$, $b_5 = 2$

등비수열 $\{b_n\}$의 공비를 r라 하면 첫째항이 162이므로

$b_5 = 2$에서 $162 \times r^4 = 2$

$$r^4 = \frac{1}{81} = \left(-\frac{1}{3}\right)^4 = \left(\frac{1}{3}\right)^4$$

$$\therefore r = -\frac{1}{3} \ \text{또는} \ r = \frac{1}{3}$$

따라서 구하는 모든 공비의 곱은

$$-\frac{1}{3} \times \frac{1}{3} = -\frac{1}{9}$$

10 답 ②

새로 만들어진 수열을 $\{b_n\}$이라 하면
$b_1 = 2$, $b_4 = -54$

등비수열 $\{b_n\}$의 공비를 r라 하면 첫째항이 2이므로

$b_4 = -54$에서 $2 \times r^3 = -54$

$r^3 = -27 = (-3)^3 \qquad \therefore r = -3$

$\therefore a_1 = b_2 = 2 \times (-3) = -6$, $a_2 = b_3 = 2 \times (-3)^2 = 18$

$\therefore a_1 + a_2 = -6 + 18 = 12$

11 답 ②

주어진 수열을 $\{b_n\}$이라 하면
$b_5 = -48$, $b_8 = 384$

등차수열 $\{b_n\}$의 첫째항을 b, 공비를 r라 하면

$b_5 = -48$에서 $br^4 = -48 \qquad \cdots\cdots \ \ominus$

$b_8 = 384$에서 $br^7 = 384 \qquad \cdots\cdots \ \oplus$

$\oplus \div \ominus$을 하면

$r^3 = -8 = (-2)^3 \qquad \therefore r = -2$

$r = -2$를 $\ominus$에 대입하면

$b \times (-2)^4 = -48 \qquad \therefore b = -3$

$\therefore a_1 = b_1 = b = -3$

12 답 ④

새로 만들어진 수열을 $\{b_n\}$이라 하면

$$b_1 = 4, \ b_{10} = -\frac{1}{128}$$

등비수열 $\{b_n\}$의 공비를 r라 하면 첫째항이 4이므로

$b_{10}=-\dfrac{1}{128}$에서 $4\times r^9=-\dfrac{1}{128}$

$r^9=-\dfrac{1}{512}=\left(-\dfrac{1}{2}\right)^9$ $\therefore r=-\dfrac{1}{2}$

$a_1=b_2=4\times\left(-\dfrac{1}{2}\right)=-2$

이므로

$a_n=-2\times\left(-\dfrac{1}{2}\right)^{n-1}=\left(-\dfrac{1}{2}\right)^{n-2}$

이때 $|a_k|<\dfrac{1}{10}$에서 $\left(\dfrac{1}{2}\right)^{k-2}<\dfrac{1}{10}$이고

$\left(\dfrac{1}{2}\right)^3=\dfrac{1}{8}$, $\left(\dfrac{1}{2}\right)^4=\dfrac{1}{16}$이므로 구하는 자연수 k의 최솟값은

$k-2=4$에서 $k=6$

13 답 ①

$\dfrac{\sqrt{3}}{3}$은 $\sin\theta$와 $\cos\theta$의 등비중항이므로

$\left(\dfrac{\sqrt{3}}{3}\right)^2=\sin\theta\times\cos\theta$ $\therefore \sin\theta\cos\theta=\dfrac{1}{3}$

$$\therefore \tan\theta+\dfrac{1}{\tan\theta}=\dfrac{\sin\theta}{\cos\theta}+\dfrac{\cos\theta}{\sin\theta}$$
$$=\dfrac{\sin^2\theta+\cos^2\theta}{\sin\theta\cos\theta}$$
$$=\dfrac{1}{\sin\theta\cos\theta}=3$$

14 답 ②

a_1과 a_{11}의 등비중항은 a_6,
a_3과 a_9의 등비중항은 a_6,
a_5와 a_7의 등비중항은 a_6
$$\therefore a_1\times a_3\times a_5\times a_7\times a_9\times a_{11}=(a_1\times a_{11})\times(a_3\times a_9)\times(a_5\times a_7)$$
$$=a_6{}^2\times a_6{}^2\times a_6{}^2$$
$$=(\sqrt{7})^2\times(\sqrt{7})^2\times(\sqrt{7})^2$$
$$=343$$

15 답 ④

b는 2와 32의 등비중항이므로

$b^2=2\times32=64$ $\therefore b=\pm8$

(i) $b=-8$일 때

　a는 2와 -8의 등비중항이므로

　$a^2=2\times(-8)=-16$

　그런데 위의 식을 만족시키는 a의 값은 존재하지 않는다.

(ii) $b=8$일 때

　a는 2와 8의 등비중항이므로

　$a^2=2\times8=16$에서 $a=\pm4$

　• $a=-4$이면 $c=-16$

　• $a=4$이면 $c=16$

(i), (ii)에서 $a=-4$, $b=8$, $c=-16$ 또는 $a=4$, $b=8$, $c=16$

따라서 $a+b+c$의 값은 -12 또는 28이므로

$M=28$, $m=-12$

$\therefore M-m=28-(-12)=40$

16 답 ②

등차수열 $\{a_n\}$에 대하여 a_2, a_k, a_8은 이 순서대로 등차수열을 이루므로 a_k는 a_2와 a_8의 등차중항이다.

$\therefore k=\dfrac{2+8}{2}=5$

한편, a_1, a_2, a_k는 이 순서대로 등비수열을 이루므로 a_2는 a_1과 $a_k=a_5$의 등비중항이다.

이때 등차수열 $\{a_n\}$의 첫째항을 a라 하면 공차가 6이므로

$a_2{}^2=a_1\times a_5$에서 $(a+6)^2=a\times(a+24)$

$a^2+12a+36=a^2+24a$

$12a=36$ $\therefore a=3$

$\therefore k+a_1=5+3=8$

17 답 ⑤

$x=a$, $y=ar$, $z=ar^2$이라 하면

$3y=2x+z$에서

$3ar=2a+ar^2$, $ar^2-3ar+2a=0$

$a(r-1)(r-2)=0$

$\therefore a=0$ 또는 $r=1$ 또는 $r=2$

이때 x, y, z는 서로 다른 세 수이므로 $r=2$

$\therefore \dfrac{z}{x}=\dfrac{ar^2}{a}=r^2=2^2=4$

18 답 ②

$x=a$, $y=ar$, $z=ar^2$, $w=ar^3$이라 하면

$y+z=5$에서 $ar+ar^2=5$

$\therefore ar(1+r)=5$ ······ ㉠

$y+w=17$에서 $ar+ar^3=17$

$\therefore ar(1+r^2)=17$ ······ ㉡

㉠÷㉡을 하면

$\dfrac{1+r}{1+r^2}=\dfrac{5}{17}$

$17+17r=5+5r^2$, $5r^2-17r-12=0$

$(5r+3)(r-4)=0$ $\therefore r=4$ ($\because r$는 정수)

$r=4$를 ㉠에 대입하면

$20a=5$ $\therefore a=\dfrac{1}{4}$

19 답 7

$x=\dfrac{a}{r}$, $y=a$, $z=ar$라 하면

$xyz=8$에서

$\dfrac{a}{r}\times a\times ar=8$, $a^3=8=2^3$ $\therefore a=2$

$xy+yz+zx=14$에서

$$\frac{2}{r}\times2+2\times2r+2r\times\frac{2}{r}=14$$

$$\frac{4}{r}+4r+4=14,\ 2r^2-5r+2=0$$

$$(2r-1)(r-2)=0 \qquad \therefore\ r=\frac{1}{2}\ \text{또는}\ r=2$$

따라서 $x=1,\ y=2,\ z=4$ 또는 $x=4,\ y=2,\ z=1$이므로

$$x+y+z=7$$

다른 풀이

$x=a,\ y=ar,\ z=ar^2$이라 하면

$xyz=8$에서 $a\times ar\times ar^2=8$

$(ar)^3=8=2^3 \qquad \therefore\ ar=2 \qquad \cdots\cdots\ \bigcirc$

$xy+yz+zx=14$에서

$a\times ar+ar\times ar^2+ar^2\times a=14$

$ar(a+ar+ar^2)=14$

$\therefore\ a+ar+ar^2=7\ (\because\ \bigcirc)$

$\therefore\ x+y+z=a+ar+ar^2=7$

20 답 ①

등비수열 $\{a_n\}$의 공비를 $r\ (r>0)$이라 하면 첫째항이 3이므로

$\dfrac{a_7}{a_5}=4$에서 $\dfrac{3r^6}{3r^4}=4$

$r^2=4 \qquad \therefore\ r=2\ (\because\ r>0)$

$\therefore\ a_1+a_2+a_3+a_4+a_5=\dfrac{3\times(2^5-1)}{2-1}=93$

21 답 ①

등비수열 $\{a_n\}$의 첫째항을 a, 공비를 r라 하면

$a_3=2$에서 $ar^2=2 \qquad \cdots\cdots\ \bigcirc$

$a_8=-\dfrac{1}{16}$에서 $ar^7=-\dfrac{1}{16} \qquad \cdots\cdots\ \bigcirc\!\!\!\bigcirc$

$\bigcirc\!\!\!\bigcirc \div \bigcirc$을 하면

$$r^5=-\frac{1}{32}=\left(-\frac{1}{2}\right)^5$$

$$\therefore\ r=-\frac{1}{2}$$

$r=-\dfrac{1}{2}$을 $\bigcirc$에 대입하면

$\dfrac{1}{4}a=2 \qquad \therefore\ a=8$

$S_k=\dfrac{85}{16}$에서

$$\frac{8\times\left\{1-\left(-\frac{1}{2}\right)^k\right\}}{1-\left(-\frac{1}{2}\right)}=\frac{85}{16}$$

$$1-\left(-\frac{1}{2}\right)^k=\frac{255}{256}$$

$$\left(-\frac{1}{2}\right)^k=\frac{1}{256}=\left(-\frac{1}{2}\right)^8 \qquad \therefore\ k=8$$

22 답 ④

등비수열 $\{a_n\}$의 첫째항을 a, 공비를 $r\ (r<0)$이라 하면

$4a_2a_3=5a_6$에서 $4\times ar\times ar^2=5\times ar^5$

$\therefore\ 4a=5r^2 \qquad \cdots\cdots\ \bigcirc$

$\dfrac{a_7-a_3}{a_5-a_1}=4$에서

$$\frac{ar^6-ar^2}{ar^4-a}=4$$

$$\frac{r^2(ar^4-a)}{ar^4-a}=4,\ r^2=4$$

$\therefore\ r=-2\ (\because\ r<0)$

$r=-2$를 $\bigcirc$에 대입하면

$4a=20 \qquad \therefore\ a=5$

$$\therefore\ a_1+a_2+a_3+\cdots+a_7=\frac{5\times\{1-(-2)^7\}}{1-(-2)}=215$$

23 답 257

함수 $f(x)$에 대하여

(ⅰ) $x=1$일 때

$\quad f(1)=4\times4=16$

(ⅱ) $x\neq1$일 때

$$f(x)=(1+x^4+x^8+x^{12})(1+x+x^2+x^3)$$

$$=\frac{(x^4)^4-1}{x^4-1}\times\frac{x^4-1}{x-1}$$

$$=\frac{x^{16}-1}{x-1}$$

(ⅰ), (ⅱ)에서 $f(1)=16,\ f(2)=2^{16}-1$이므로

$$\frac{f(2)}{\{f(1)-1\}\{f(1)+1\}}=\frac{2^{16}-1}{(16-1)(16+1)}$$

$$=\frac{(2^8+1)(2^8-1)}{(2^4-1)(2^4+1)}$$

$$=\frac{(2^8+1)(2^8-1)}{2^8-1}$$

$$=2^8+1=257$$

24 답 ⑤

등비수열 $\{a_n\}$의 첫째항을 a라 하자.

$r=1$이면 $S_6=6a=7$에서 $a=\dfrac{7}{6}$이지만

$S_{12}=12\times\dfrac{7}{6}=14\neq882$

즉, $r\neq1$이다.

$S_6=7$에서 $\dfrac{a(r^6-1)}{r-1}=7 \qquad \cdots\cdots\ \bigcirc$

$S_{12}=882$에서 $\dfrac{a(r^{12}-1)}{r-1}=882$

$\dfrac{a(r^6-1)(r^6+1)}{r-1}=882 \qquad \cdots\cdots\ \bigcirc\!\!\!\bigcirc$

$\bigcirc\!\!\!\bigcirc \div \bigcirc$을 하면

$r^6+1=126, r^6=125$
$(r^2)^3=5^3 \qquad \therefore r^2=5$

25 답 ②

등비수열 $\{a_n\}$의 첫째항을 $a\,(a\neq0)$, 공비를 $r\,(r\neq\pm1)$이라 하면

$S_{20}=3S_{10}$에서

$\dfrac{a(r^{20}-1)}{r-1}=3\times\dfrac{a(r^{10}-1)}{r-1}$

$(r^{10}+1)(r^{10}-1)=3(r^{10}-1)$

$r^{10}+1=3 \qquad \therefore r^{10}=2$

$$\therefore \frac{S_{30}}{S_{10}}=\frac{\dfrac{a(r^{30}-1)}{r-1}}{\dfrac{a(r^{10}-1)}{r-1}}$$

$$=\frac{(r^{10}-1)(r^{20}+r^{10}+1)}{r^{10}-1}$$

$$=r^{20}+r^{10}+1$$

$$=(r^{10})^2+r^{10}+1$$

$$=2^2+2+1=7$$

세 수 S_{10}, $S_{20}-S_{10}$, $S_{30}-S_{20}$은 이 순서대로 공비가 r^{10}인 등비수열을 이룬다.

즉, S_{10}, $2S_{10}$, $S_{30}-3S_{10}$에서 $2S_{10}$은 S_{10}과 $S_{30}-3S_{10}$의 등비중항이므로

$(2S_{10})^2=S_{10}\times(S_{30}-3S_{10})$

$4S_{10}=S_{30}-3S_{10}\,(\because S_{10}\neq0)$

$7S_{10}=S_{30} \qquad \therefore \dfrac{S_{30}}{S_{10}}=7$

26 답 ②

$r=1$이면 $a_n=a$, $S_n=na$이므로

$S_2+S_3=2a+3a=5a$

즉, $2a\neq S_2+S_3\,(\because a>0)$이므로 $r\neq1$이다.

$2a=S_2+S_3$에서

$2a=\dfrac{a(1-r^2)}{1-r}+\dfrac{a(1-r^3)}{1-r}$

$2a=\dfrac{a(1+r)(1-r)}{1-r}+\dfrac{a(1-r)(1+r+r^2)}{1-r}$

$2a=a(1+r)+a(1+r+r^2)$

$r^2+2r=0, r(r+2)=0$

이때 $r=0$이면 $r^2=64a^2>0$을 만족시키지 않으므로

$r=-2$

$r^2=64a^2$에서 $4=64a^2$

$a^2=\dfrac{1}{16} \qquad \therefore a=\dfrac{1}{4}\,(\because a>0)$

$\therefore a^5=\dfrac{1}{4}\times(-2)^4=4$

$2a=S_2+S_3$에서

$2a=(a+ar)+(a+ar+ar^2)$

$r^2+2r=0, r(r+2)=0 \qquad \therefore r=-2$

27 답 ②

등비수열 $\{a_n\}$의 첫째항을 $a\,(a>0)$, 공비를 $r\,(r>0)$이라 하자.

$r=1$이면

$S_n=na=4$, $a_{2n+1}+a_{2n+2}+a_{2n+3}+\cdots+a_{3n}=na=36$

즉, $4\neq36$이므로 $r\neq1$이다.

$S_n=4$에서 $\dfrac{a(r^n-1)}{r-1}=4 \qquad \cdots\cdots\ \unicode{x24D8}$

$a_{2n+1}+a_{2n+2}+a_{2n+3}+\cdots+a_{3n}=36$에서

$\dfrac{ar^{2n}(r^n-1)}{r-1}=36 \qquad \cdots\cdots\ \unicode{x24DB}$

$\unicode{x24DB}\div\unicode{x24D8}$을 하면

$r^{2n}=9 \qquad \therefore r^n=3\,(\because r>0)$

$\therefore S_{3n}=\dfrac{a(r^{3n}-1)}{r-1}=\dfrac{a(r^n-1)}{r-1}\times(r^{2n}+r^n+1)$

$=4\{(r^n)^2+r^n+1\}\,(\because \unicode{x24D8})$

$=4\times(3^2+3+1)=52$

1 ②	2 ①	3 ③	4 ②
5 ①	6 ③	7 ④	8 9
9 ③	10 ②	11 ②	12 91
13 ①	14 ①	15 ④	16 ④
17 ④	18 ④	19 ②	20 ①
21 ④	22 ①	23 ③	24 ①
25 ⑤	26 ③	27 9	28 ④
29 ②	30 ①	31 ③	32 ③

1 답 ②

$$\sum_{k=1}^{30} a_k = a_1 + a_2 + a_3 + a_4 + a_5 + a_6 + \cdots + a_{29} + a_{30}$$
$$= (a_1 + a_3 + a_5 + \cdots + a_{29}) + (a_2 + a_4 + a_6 + \cdots + a_{30})$$
$$= \sum_{k=1}^{15} a_{2k-1} + \sum_{k=1}^{15} a_{2k}$$

이므로 $30 = \sum_{k=1}^{15} a_{2k-1} + 5$

$$\therefore \sum_{k=1}^{15} a_{2k-1} = 25$$

2 답 ①

$$\sum_{k=1}^{10} a_k = a_1 + a_2 + a_3 + a_4 + a_5 + a_6 + \cdots + a_9 + a_{10}$$
$$= (a_1 + a_2) + (a_3 + a_4) + (a_5 + a_6) \cdots + (a_9 + a_{10})$$
$$= \sum_{k=1}^{5} (a_{2k-1} + a_{2k}) = 6 \times 5^2 + 5 \times 5 = 175$$

3 답 ③

$$\sum_{k=1}^{14} k(a_k - a_{k+1})$$
$$= (a_1 - a_2) + 2(a_2 - a_3) + 3(a_3 - a_4) + \cdots + 14(a_{14} - a_{15})$$
$$= a_1 + a_2 + a_3 + \cdots + a_{14} - 14a_{15}$$
$$= \sum_{k=1}^{14} a_k - 14a_{15} = 50 - 14 \times 3 = 8$$

4 답 ②

$$\sum_{k=1}^{n} a_{k+1} - \sum_{k=3}^{n+1} a_{k-2}$$
$$= (a_2 + a_3 + a_4 + \cdots + a_{n+1}) - (a_1 + a_2 + a_3 + \cdots + a_{n-1})$$
$$= a_{n+1} + a_n - a_1 = \{(n+1)^2 + (n+1)\} + (n^2 + n) - 2$$
$$= (n^2 + 3n + 2) + (n^2 + n) - 2$$
$$= 2n^2 + 4n = 720$$

에서 $n^2 + 2n - 360 = 0$

$(n+20)(n-18) = 0$ $\therefore n = 18$ ($\because n$은 자연수)

5 답 ①

$$\sum_{k=1}^{10} (a_k + 1)^2 = \sum_{k=1}^{10} (a_k^2 + 2a_k + 1) = \sum_{k=1}^{10} a_k^2 + 2\sum_{k=1}^{10} a_k + \sum_{k=1}^{10} 1$$
$$= 10 + 2 \times 3 + 1 \times 10 = 26$$

6 답 ③

$$\sum_{k=1}^{n} (a_k - 5b_k + 3) = \sum_{k=1}^{n} a_k - 5\sum_{k=1}^{n} b_k + \sum_{k=1}^{n} 3$$
$$= n^2 - 5n + 3n$$
$$= n^2 - 2n = 120$$

에서 $n^2 - 2n - 120 = 0$

$(n+10)(n-12) = 0$

$\therefore n = 12$ ($\because n$은 자연수)

7 답 ④

$$\sum_{k=1}^{8} (a_k + 1)^2 = \sum_{k=1}^{8} (a_k^2 + 2a_k + 1) = \sum_{k=1}^{8} a_k^2 + 2\sum_{k=1}^{8} a_k + \sum_{k=1}^{8} 1$$
$$= \sum_{k=1}^{8} a_k^2 + 2 \times 5 + 1 \times 8 = 50$$

$$\therefore \sum_{k=1}^{8} a_k^2 = 32$$

8 답 9

$$\sum_{k=1}^{10} (a_k + 2b_k) = 45 \qquad \cdots\cdots ㉠$$

$$\sum_{k=1}^{10} (a_k - b_k) = 3 \qquad \cdots\cdots ㉡$$

㉠$-$㉡을 하면

$$\sum_{k=1}^{10} (a_k + 2b_k) - \sum_{k=1}^{10} (a_k - b_k) = 42$$

$$\sum_{k=1}^{10} \{(a_k + 2b_k) - (a_k - b_k)\} = 42$$

$3\sum_{k=1}^{10} b_k = 42$ $\therefore \sum_{k=1}^{10} b_k = 14$

$$\therefore \sum_{k=1}^{10} \left(b_k - \frac{1}{2}\right) = \sum_{k=1}^{10} b_k - \sum_{k=1}^{10} \frac{1}{2} = 14 - \frac{1}{2} \times 10 = 9$$

9 답 ③

$$\sum_{k=1}^{6} (k+1)^3 - 3\sum_{k=1}^{6} k(k+1)$$
$$= \sum_{k=1}^{6} (k^3 + 3k^2 + 3k + 1) - \sum_{k=1}^{6} (3k^2 + 3k)$$
$$= \sum_{k=1}^{6} (k^3 + 1) = \sum_{k=1}^{6} k^3 + \sum_{k=1}^{6} 1$$
$$= \left(\frac{6 \times 7}{2}\right)^2 + 1 \times 6$$
$$= 441 + 6 = 447$$

10 답 ②

$$\sum_{k=1}^{5} (k^2 - 2k + a) = \sum_{k=1}^{5} k^2 - 2\sum_{k=1}^{5} k + \sum_{k=1}^{5} a$$
$$= \frac{5 \times 6 \times 11}{6} - 2 \times \frac{5 \times 6}{2} + 5a$$
$$= 55 - 30 + 5a = 50$$

에서 $5a = 25$

$\therefore a = 5$

11 답 ②

$a_n=\sum\limits_{k=1}^{n}k=\dfrac{n(n+1)}{2}$이므로

$$\sum_{k=1}^{10}a_k=\sum_{k=1}^{10}\dfrac{k(k+1)}{2}=\dfrac{1}{2}\left(\sum_{k=1}^{10}k^2+\sum_{k=1}^{10}k\right)$$
$$=\dfrac{1}{2}\times\left(\dfrac{10\times11\times21}{6}+\dfrac{10\times11}{2}\right)$$
$$=\dfrac{1}{2}\times(385+55)=220$$

12 답 91

$a_n=2n^2-3n+1$이므로

$$\sum_{n=1}^{7}(a_n-n^2+n)=\sum_{n=1}^{7}(2n^2-3n+1-n^2+n)$$
$$=\sum_{n=1}^{7}(n^2-2n+1)$$
$$=\sum_{n=1}^{7}n^2-2\sum_{n=1}^{7}n+\sum_{n=1}^{7}1$$
$$=\dfrac{7\times8\times15}{6}-2\times\dfrac{7\times8}{2}+1\times7$$
$$=140-56+7=91$$

13 답 ①

등차수열 $\{a_n\}$의 첫째항을 a, 공차를 d라 하면
$a_5+a_{13}=3a_9$에서 $(a+4d)+(a+12d)=3(a+8d)$
$\therefore\ a+8d=0$ $\qquad$ …… ㉠

$\sum\limits_{k=1}^{18}a_k=\dfrac{9}{2}$에서 $\dfrac{18(2a+17d)}{2}=\dfrac{9}{2}$

$\therefore\ 4a+34d=1$ $\qquad$ …… ㉡

㉠, ㉡을 연립하여 풀면

$a=-4,\ d=\dfrac{1}{2}$

$\therefore\ a_{13}=-4+12\times\dfrac{1}{2}=2$

14 답 ①

a_7은 a_2와 a_{12}의 등차중항이므로

$a_7=\dfrac{a_2+a_{12}}{2}=10$ $\qquad\therefore\ a_2+a_{12}=20$

$\therefore\ \sum\limits_{k=2}^{12}a_k=a_2+a_3+a_4+\cdots+a_{12}$
$$=\dfrac{11(a_2+a_{12})}{2}=\dfrac{11\times20}{2}=110$$

15 답 ④

등비수열 $\{a_n\}$의 첫째항을 a, 공비를 r라 하면
$a_4-8a_2-8a_1=0$에서
$ar^3-8ar-8a=0,\ a(r^3-8r-8)=0$
$a(r+2)(r^2-2r-4)=0$

이때 $a=0$이면 $\sum\limits_{k=1}^{5}a_k=0$이므로 $a\neq0$이고,

r는 정수이므로 $r=-2$

$\sum\limits_{k=1}^{5}a_k=33$에서

$\dfrac{a\{1-(-2)^5\}}{1-(-2)}=33,\ \dfrac{a}{3}=1$ $\qquad\therefore\ a=3$

$\therefore\ \sum\limits_{k=1}^{7}a_k=\dfrac{3\times\{1-(-2)^7\}}{1-(-2)}=129$

16 답 ④

등비수열 $\{a_n\}$의 첫째항을 a, 공비를 r라 하면
$a_n=ar^{n-1}$에서
$a_{2n-1}=ar^{2n-2}=a(r^2)^{n-1},\ a_{2n}=ar^{2n-1}=ar(r^2)^{n-1}$
즉, 수열 $\{a_{2n-1}\}$은 첫째항이 a, 공비가 r^2인 등비수열이고,
수열 $\{a_{2n}\}$은 첫째항이 ar, 공비가 r^2인 등비수열이다.

$\sum\limits_{k=1}^{20}a_{2k-1}=51$에서 $\dfrac{a\{(r^2)^{20}-1\}}{r^2-1}=51$ $\qquad$ …… ㉠

$\sum\limits_{k=1}^{20}a_{2k}=153$에서 $\dfrac{ar\{(r^2)^{20}-1\}}{r^2-1}=153$ $\qquad$ …… ㉡

㉡÷㉠을 하면 $r=3$

17 답 ④

$a_{10}=\sum\limits_{k=1}^{10}a_k-\sum\limits_{k=1}^{9}a_k=(10^2+10)-(9^2+9)=110-90=20$

18 답 ④

$\sum\limits_{k=1}^{n}a_k=S_n$이라 하면 $S_n=n(n+1)$이므로

(i) $n=1$일 때
$\quad a_1=S_1=1\times2=2$

(ii) $n\geq2$일 때
$\quad a_n=S_n-S_{n-1}$
$\qquad=n(n+1)-(n-1)n$
$\qquad=n^2+n-(n^2-n)$
$\qquad=2n$ $\qquad$ …… ㉠

이때 $a_1=2$는 ㉠에 $n=1$을 대입한 것과 같으므로
$a_n=2n$
따라서 $a_n^2=4n^2$이므로

$\sum\limits_{k=1}^{6}a_k^2=\sum\limits_{k=1}^{6}4k^2=4\sum\limits_{k=1}^{6}k^2=4\times\dfrac{6\times7\times13}{6}=364$

19 답 ②

$\sum\limits_{k=1}^{n}a_k=S_n$이라 하면 $S_n=3^n-1$이므로

(i) $n=1$일 때
$\quad a_1=S_1=3-1=2$

(ii) $n\geq2$일 때
$\quad a_n=S_n-S_{n-1}$
$\qquad=(3^n-1)-(3^{n-1}-1)$
$\qquad=2\times3^{n-1}$ $\qquad$ …… ㉠

이때 $a_1=2$는 ㉠에 $n=1$을 대입한 것과 같으므로
$$a_n=2\times3^{n-1} \qquad \therefore a_{2n-1}=2\times3^{2n-2}=2\times9^{n-1}$$
즉, 수열 $\{a_{2n-1}\}$은 첫째항이 2, 공비가 9인 등비수열이다.
$$\therefore \sum_{k=1}^{10}a_{2k-1}=\sum_{k=1}^{10}(2\times9^{k-1})=\frac{2\times(9^{10}-1)}{9-1}=\frac{3^{20}-1}{4}$$

20 답 ①

$\dfrac{a_1+a_2+a_3+\cdots+a_n}{n}=b_n$이라 하자.

$\sum\limits_{k=1}^{n}b_k=S_n$이라 하면 $S_n=(n+3)^2$이므로

$n\geq2$일 때
$$\begin{aligned}b_n&=S_n-S_{n-1}\\&=(n+3)^2-(n+2)^2\\&=(n^2+6n+9)-(n^2+4n+4)\\&=2n+5\end{aligned}$$
즉, $\dfrac{a_1+a_2+a_3+\cdots+a_n}{n}=2n+5$에서
$$a_1+a_2+a_3+\cdots+a_n=2n^2+5n$$
$a_1+a_2+a_3+\cdots+a_n=T_n$이라 하면 $T_n=2n^2+5n$이므로

$n\geq2$일 때
$$\begin{aligned}a_n&=T_n-T_{n-1}\\&=(2n^2+5n)-\{2(n-1)^2+5(n-1)\}\\&=(2n^2+5n)-(2n^2+n-3)\\&=4n+3\end{aligned}$$
$$\therefore a_{10}=40+3=43$$

21 답 ④

$a_n=2n-3$에서
$$a_{n+2}=2(n+2)-3=2n+1$$
$$\begin{aligned}\therefore \sum_{k=1}^{8}\frac{1}{a_ka_{k+2}}&=\sum_{k=1}^{8}\frac{1}{(2k-3)(2k+1)}\\&=\frac{1}{4}\sum_{k=1}^{8}\left(\frac{1}{2k-3}-\frac{1}{2k+1}\right)\\&=\frac{1}{4}\times\left\{\left(-\frac{1}{1}-\frac{1}{3}\right)+\left(\frac{1}{1}-\frac{1}{5}\right)+\left(\frac{1}{3}-\frac{1}{7}\right)+\cdots\right.\\&\qquad\qquad\left.+\left(\frac{1}{11}-\frac{1}{15}\right)+\left(\frac{1}{13}-\frac{1}{17}\right)\right\}\\&=\frac{1}{4}\times\left(-\frac{1}{1}+\frac{1}{1}-\frac{1}{15}-\frac{1}{17}\right)=-\frac{8}{255}\end{aligned}$$

22 답 ①

$a_n=3n-1$에서 $a_{n+1}=3(n+1)-1=3n+2$이므로
$$\sum_{k=1}^{n}\frac{1}{a_ka_{k+1}}$$
$$=\sum_{k=1}^{n}\frac{1}{(3k-1)(3k+2)}=\frac{1}{3}\sum_{k=1}^{n}\left(\frac{1}{3k-1}-\frac{1}{3k+2}\right)$$

$$=\frac{1}{3}\left\{\left(\frac{1}{2}-\frac{1}{5}\right)+\left(\frac{1}{5}-\frac{1}{8}\right)+\left(\frac{1}{8}-\frac{1}{11}\right)+\cdots\right.$$
$$\left.+\left(\frac{1}{3n-1}-\frac{1}{3n+2}\right)\right\}$$
$$=\frac{1}{3}\left(\frac{1}{2}-\frac{1}{3n+2}\right)=\frac{n}{6n+4}=\frac{2}{13}$$
에서 $13n=12n+8 \qquad \therefore n=8$

23 답 ③

수열 $2,\ 4,\ 6,\ \cdots,\ 2n$은 첫째항이 2, 제n항이 $2n$인 등차수열
이므로
$$2+4+6+\cdots+2n=\frac{n(2+2n)}{2}=n(n+1)$$
따라서 $a_n=\dfrac{1}{n(n+1)}$이므로
$$\begin{aligned}\sum_{k=1}^{10}a_k&=\sum_{k=1}^{10}\frac{1}{k(k+1)}\\&=\sum_{k=1}^{10}\left(\frac{1}{k}-\frac{1}{k+1}\right)\\&=\left(\frac{1}{1}-\frac{1}{2}\right)+\left(\frac{1}{2}-\frac{1}{3}\right)+\left(\frac{1}{3}-\frac{1}{4}\right)+\cdots+\left(\frac{1}{10}-\frac{1}{11}\right)\\&=\frac{1}{1}-\frac{1}{11}=\frac{10}{11}\end{aligned}$$

24 답 ①

등차수열 $\{a_n\}$의 첫째항을 a, 공차를 $d\ (d\neq0)$이라 하면
$a_9=2a_3$에서 $a+8d=2(a+2d) \qquad \therefore a=4d \qquad \cdots\cdots$ ㉠
$$\begin{aligned}\therefore \sum_{n=1}^{24}\frac{(a_{n+1}-a_n)^2}{a_na_{n+1}}&\\&\hspace{-4cm}=\sum_{n=1}^{24}(a_{n+1}-a_n)\left(\frac{1}{a_n}-\frac{1}{a_{n+1}}\right)\\&\hspace{-4cm}=d\sum_{n=1}^{24}\left(\frac{1}{a_n}-\frac{1}{a_{n+1}}\right)\\&\hspace{-4cm}=d\left\{\left(\frac{1}{a_1}-\frac{1}{a_2}\right)+\left(\frac{1}{a_2}-\frac{1}{a_3}\right)+\left(\frac{1}{a_3}-\frac{1}{a_4}\right)+\cdots\right.\\&\hspace{-1cm}\left.+\left(\frac{1}{a_{24}}-\frac{1}{a_{25}}\right)\right\}\\&\hspace{-4cm}=d\left(\frac{1}{a_1}-\frac{1}{a_{25}}\right)=d\left(\frac{1}{a}-\frac{1}{a+24d}\right)\\&\hspace{-4cm}=d\left(\frac{1}{4d}-\frac{1}{4d+24d}\right)=\frac{1}{4}-\frac{1}{28}=\frac{3}{14}\ (\because ㉠)\end{aligned}$$

25 답 ⑤

$$\sum_{k=1}^{24}\frac{4}{\sqrt{2k-1}+\sqrt{2k+1}}$$
$$=4\sum_{k=1}^{24}\frac{\sqrt{2k+1}-\sqrt{2k-1}}{(\sqrt{2k+1}+\sqrt{2k-1})(\sqrt{2k+1}-\sqrt{2k-1})}$$
$$=2\sum_{k=1}^{24}(\sqrt{2k+1}-\sqrt{2k-1})$$
$$=2\times\{(\sqrt{3}-\sqrt{1})+(\sqrt{5}-\sqrt{3})+(\sqrt{7}-\sqrt{5})+\cdots+(\sqrt{49}-\sqrt{47})\}$$
$$=2\times(-\sqrt{1}+\sqrt{49})=12$$

26 답 ③

$$\sum_{k=1}^{15} \frac{1}{k\sqrt{k+1}+(k+1)\sqrt{k}}$$

$$=\sum_{k=1}^{15} \frac{1}{\sqrt{k}\sqrt{k+1}(\sqrt{k}+\sqrt{k+1})}$$

$$=\sum_{k=1}^{15} \frac{\sqrt{k+1}-\sqrt{k}}{\sqrt{k}\sqrt{k+1}(\sqrt{k+1}+\sqrt{k})(\sqrt{k+1}-\sqrt{k})}$$

$$=\sum_{k=1}^{15} \frac{\sqrt{k+1}-\sqrt{k}}{\sqrt{k}\sqrt{k+1}}$$

$$=\sum_{k=1}^{15} \left(\frac{1}{\sqrt{k}}-\frac{1}{\sqrt{k+1}}\right)$$

$$=\left(\frac{1}{\sqrt{1}}-\frac{1}{\sqrt{2}}\right)+\left(\frac{1}{\sqrt{2}}-\frac{1}{\sqrt{3}}\right)+\left(\frac{1}{\sqrt{3}}-\frac{1}{\sqrt{4}}\right)+\cdots$$
$$+\left(\frac{1}{\sqrt{15}}-\frac{1}{\sqrt{16}}\right)$$

$$=\frac{1}{\sqrt{1}}-\frac{1}{\sqrt{16}}=\frac{3}{4}$$

27 답 9

$x^2-(2n-1)x+n(n-1)=0$에서

$(x-n+1)(x-n)=0$ ∴ $x=n-1$ 또는 $x=n$

따라서 $\alpha_n=n-1,\ \beta_n=n$ 또는 $\alpha_n=n,\ \beta_n=n-1$이므로

$$\sum_{n=1}^{81} \frac{1}{\sqrt{\alpha_n}+\sqrt{\beta_n}}$$

$$=\sum_{n=1}^{81} \frac{1}{\sqrt{n}+\sqrt{n-1}}=\sum_{n=1}^{81} \frac{\sqrt{n}-\sqrt{n-1}}{(\sqrt{n}+\sqrt{n-1})(\sqrt{n}-\sqrt{n-1})}$$

$$=\sum_{n=1}^{81} (\sqrt{n}-\sqrt{n-1})$$

$$=(\sqrt{1}-\sqrt{0})+(\sqrt{2}-\sqrt{1})+(\sqrt{3}-\sqrt{2})+\cdots+(\sqrt{81}-\sqrt{80})$$

$$=-\sqrt{0}+\sqrt{81}=9$$

28 답 ④

$a_1^2+a_2^2+a_3^2+\cdots+a_n^2=S_n$이라 하면 $S_n=n(2n-1)$이므로

(i) $n=1$일 때, $a_1^2=S_1=1\times1=1$

(ii) $n\geq2$일 때

$$a_n^2=S_n-S_{n-1}$$
$$=n(2n-1)-(n-1)(2n-3)$$
$$=2n^2-n-(2n^2-5n+3)$$
$$=4n-3 \quad\cdots\cdots\text{㉠}$$

이때 $a_1^2=1$은 ㉠에 $n=1$을 대입한 것과 같으므로

$$a_n^2=4n-3$$

∴ $a_n=\sqrt{4n-3}$ (∵ $a_n>0$), $a_{n+1}=\sqrt{4(n+1)-3}=\sqrt{4n+1}$

$$\therefore \sum_{k=1}^{20} \frac{1}{a_k+a_{k+1}}$$

$$=\sum_{k=1}^{20} \frac{1}{\sqrt{4k-3}+\sqrt{4k+1}}$$

$$=\sum_{k=1}^{20} \frac{\sqrt{4k+1}-\sqrt{4k-3}}{(\sqrt{4k+1}+\sqrt{4k-3})(\sqrt{4k+1}-\sqrt{4k-3})}$$

$$=\frac{1}{4}\sum_{k=1}^{20} (\sqrt{4k+1}-\sqrt{4k-3})$$

$$=\frac{1}{4}\times\{(\sqrt{5}-\sqrt{1})+(\sqrt{9}-\sqrt{5})+(\sqrt{13}-\sqrt{9})+\cdots$$
$$+(\sqrt{81}-\sqrt{77})\}$$

$$=\frac{1}{4}\times(-\sqrt{1}+\sqrt{81})=2$$

29 답 ②

$$\sum_{k=2}^{25} \log_5\left(1-\frac{1}{k}\right)=\sum_{k=2}^{25} \log_5\left(\frac{k-1}{k}\right)$$

$$=\log_5\frac{1}{2}+\log_5\frac{2}{3}+\log_5\frac{3}{4}+\cdots+\log_5\frac{24}{25}$$

$$=\log_5\left(\frac{1}{2}\times\frac{2}{3}\times\frac{3}{4}\times\cdots\times\frac{24}{25}\right)$$

$$=\log_5\frac{1}{25}=-2$$

30 답 ①

$$\sum_{k=1}^{n} \log_7\left(1+\frac{2}{2k+1}\right)$$

$$=\sum_{k=1}^{n} \log_7\frac{2k+3}{2k+1}$$

$$=\log_7\frac{5}{3}+\log_7\frac{7}{5}+\log_7\frac{9}{7}+\cdots+\log_7\frac{2n+3}{2n+1}$$

$$=\log_7\left(\frac{5}{3}\times\frac{7}{5}\times\frac{9}{7}\times\cdots\times\frac{2n+3}{2n+1}\right)$$

$$=\log_7\frac{2n+3}{3}=2$$

에서 $\frac{2n+3}{3}=49,\ 2n+3=147,\ 2n=144$ ∴ $n=72$

31 답 ③

$a_n=-1+(n-1)\times2=2n-3$이므로

$a_{n+1}=2(n+1)-3=2n-1$

$$\therefore \sum_{k=2}^{14} \log_3\frac{a_{k+1}}{a_k}=\sum_{k=2}^{14} \log_3\frac{2k-1}{2k-3}$$

$$=\log_3\frac{3}{1}+\log_3\frac{5}{3}+\log_3\frac{7}{5}+\cdots+\log_3\frac{27}{25}$$

$$=\log_3\left(\frac{3}{1}\times\frac{5}{3}\times\frac{7}{5}\times\cdots\times\frac{27}{25}\right)$$

$$=\log_3 27=3$$

32 답 ③

$$\sum_{k=1}^{30} \log_5\{\log_{k+1}(k+2)\}$$

$$=\sum_{k=1}^{30} \log_5\left\{\frac{\log_2(k+2)}{\log_2(k+1)}\right\}$$

$$=\log_5\frac{\log_2 3}{\log_2 2}+\log_5\frac{\log_2 4}{\log_2 3}+\log_5\frac{\log_2 5}{\log_2 4}+\cdots+\log_5\frac{\log_2 32}{\log_2 31}$$

$$=\log_5\left(\frac{\log_2 3}{\log_2 2}\times\frac{\log_2 4}{\log_2 3}\times\frac{\log_2 5}{\log_2 4}\times\cdots\times\frac{\log_2 32}{\log_2 31}\right)$$

$$=\log_5\frac{\log_2 32}{\log_2 2}=\log_5 5=1$$

04 수학적 귀납법

1 ②	2 ②	3 ①	4 33
5 ③	6 ④	7 ⑤	8 ②
9 ④	10 256	11 ②	12 ③
13 ①	14 ⑤		

1 답 ②

$a_1=1$이므로

$n=1$일 때, $a_2=\dfrac{a_1+3}{2}=\dfrac{1+3}{2}=2$ ($\because a_1$은 홀수)

$n=2$일 때, $a_3=a_2+3=2+3=5$ ($\because a_2$는 짝수)

$n=3$일 때, $a_4=\dfrac{a_3+3}{2}=\dfrac{5+3}{2}=4$ ($\because a_3$은 홀수)

$n=4$일 때, $a_5=a_4+3=4+3=7$ ($\because a_4$는 짝수)

2 답 ②

$a_1=1$, $a_2=2$이므로

$n=1$일 때, $a_3=2a_1+a_2=2\times1+2=4$

$n=2$일 때, $a_4=2a_2+a_3=2\times2+4=8$

$n=3$일 때, $a_5=2a_3+a_4=2\times4+8=16$

$n=4$일 때, $a_6=2a_4+a_5=2\times8+16=32$

3 답 ①

$a_1=1$이므로

$n=1$일 때, $a_1+a_2=(-1)^2=1$　$\therefore a_2=0$

$n=2$일 때, $a_2+a_3=(-1)^3=-1$　$\therefore a_3=-1$

$n=3$일 때, $a_3+a_4=(-1)^4=1$　$\therefore a_4=2$

$n=4$일 때, $a_4+a_5=(-1)^5=-1$　$\therefore a_5=-3$

$\quad\vdots$

따라서 $a_n=(-1)^n\times(n-2)$이므로

$a_{10}=1\times8=8$

4 답 33

$a_1=9$, $a_2=3$이므로

$n=1$일 때, $a_3=a_2-a_1=3-9=-6$

$n=2$일 때, $a_4=a_3-a_2=-6-3=-9$

$n=3$일 때, $a_5=a_4-a_3=-9-(-6)=-3$

$n=4$일 때, $a_6=a_5-a_4=-3-(-9)=6$

$n=5$일 때, $a_7=a_6-a_5=6-(-3)=9$

$n=6$일 때, $a_8=a_7-a_6=9-6=3$

$\quad\vdots$

이므로 모든 자연수 n에 대하여

$a_n=a_{n+6}$

$|a_k|=3$에서 $a_k=\pm3$

(i) $a_k=-3$을 만족시키는 100 이하의 자연수 k의 개수는

　5, 11, 17, …, 95의 16

(ii) $a_k=3$을 만족시키는 100 이하의 자연수 k의 개수는

　2, 8, 14, …, 98의 17

(i), (ii)에서 구하는 자연수 k의 개수는

$16+17=33$

5 답 ③

$a_{n+1}-a_n=2$에서 수열 $\{a_n\}$은 공차가 2인 등차수열이므로 첫째항을 a라 하면

$a_2=7$에서 $a+2=7$　$\therefore a=5$

$\therefore a_{100}=5+99\times2=203$

6 답 ④

$a_{n+1}-4=a_n$에서

$a_{n+1}-a_n=4$

즉, 수열 $\{a_n\}$은 공차가 4인 등차수열이므로 첫째항을 a라 하면

$a_3=11$에서

$a+2\times4=11$　$\therefore a=3$

$a_k=35$에서

$3+(k-1)\times4=35$

$4(k-1)=32$, $k-1=8$

$\therefore k=9$

7 답 ⑤

$2(a_{n+1}+a_n)=a_{n+2}+3a_n$에서

$2a_{n+1}=a_{n+2}+a_n$

즉, 수열 $\{a_n\}$은 등차수열이므로 첫째항을 a, 공차를 d라 하면

$a_4=11$에서 $a+3d=11$　$\cdots\cdots$ ㉠

$a_6=17$에서 $a+5d=17$　$\cdots\cdots$ ㉡

㉠, ㉡을 연립하여 풀면

$a=2$, $d=3$

따라서 구하는 합은

$\dfrac{5\times(2\times2+4\times3)}{2}=40$

8 답 ②

$a_{2n+1}=a_{2n-1}+3$에서 수열 $\{a_{2n-1}\}$은 첫째항이 $a_1=2$이고 공차가 3인 등차수열이고,

$a_{2n+2}=a_{2n}+5$에서 수열 $\{a_{2n}\}$은 첫째항이 $a_2=3$이고, 공차가 5인 등차수열이다.

$\therefore \displaystyle\sum_{k=1}^{20}a_k=a_1+a_2+a_3+a_4+a_5+a_6+\cdots+a_{19}+a_{20}$

$\quad=(a_1+a_3+a_5+\cdots+a_{19})+(a_2+a_4+a_6+\cdots+a_{20})$

$\quad=\dfrac{10\times(2\times2+9\times3)}{2}+\dfrac{10\times(2\times3+9\times5)}{2}$

$\quad=155+255=410$

9 답 ④

$4a_{n+1}=3a_n$에서

$a_{n+1}=\dfrac{3}{4}a_n$

즉, 수열 $\{a_n\}$은 공비가 $\dfrac{3}{4}$인 등비수열이므로

$a_4=27$에서 $a_1\times\left(\dfrac{3}{4}\right)^3=27$

$\therefore\ a_1=64$

10 답 256

조건 (나)에서 수열 $\{a_n\}$은 공비가 -2인 등비수열이므로 첫째항을 a라 하면

조건 (가)의 $a_1=a_2+3$에서

$a=-2a+3,\ 3a=3 \qquad \therefore\ a=1$

$\therefore\ a_9=(-2)^8=256$

11 답 ②

$a_{n+1}{}^2-2a_n{}^2=0$에서

$a_{n+1}{}^2=2a_n{}^2$

$\therefore\ a_{n+1}=\sqrt{2}\,a_n\ (\because\ a_n>0)$

즉, 수열 $\{a_n\}$은 공비가 $\sqrt{2}$인 등비수열이므로 첫째항을

$a\ (a>0)$이라 하면

$a_1a_2=\sqrt{2}$에서

$a\times\sqrt{2}\,a=\sqrt{2}$

$a^2=1 \qquad \therefore\ a=1\ (\because\ a>0)$

$\therefore\ a_n=(\sqrt{2})^{n-1}$

$a_k=32\sqrt{2}$에서

$(\sqrt{2})^{k-1}=32\sqrt{2}=(\sqrt{2})^{10}\times\sqrt{2}=(\sqrt{2})^{11}$

$k-1=11 \qquad \therefore\ k=12$

12 답 ③

$\log_2 a_{n+1}=\log_2 a_n-1$에서

$\log_2 a_{n+1}-\log_2 a_n=-1$

$\log_2\dfrac{a_{n+1}}{a_n}=-1$

$\therefore\ \dfrac{a_{n+1}}{a_n}=\dfrac{1}{2}$

따라서 수열 $\{a_n\}$은 첫째항이 12이고, 공비가 $\dfrac{1}{2}$인 등비수열이므로

$a_n=12\times\left(\dfrac{1}{2}\right)^{n-1}=3\times\left(\dfrac{1}{2}\right)^{n-3}$

$\therefore\ a_8=3\times\left(\dfrac{1}{2}\right)^5=\dfrac{3}{32}$

13 답 ①

(ii) $n=k$일 때, $(*)$이 성립한다고 가정하면

$1+2+3+\cdots+k=\dfrac{k(k+1)}{2}$

$n=k+1$일 때,

$1+2+3+\cdots+k+(k+1)$

$=\boxed{\dfrac{k(k+1)}{2}}+k+1$

$=(k+1)\left(\boxed{\dfrac{k}{2}}+1\right)$

$=\dfrac{(k+1)(k+2)}{2}$

따라서 $f(k)=\dfrac{k(k+1)}{2}$, $g(k)=\dfrac{k}{2}$이므로

$\dfrac{f(6)}{g(7)}=\dfrac{6\times7}{2}\times\dfrac{2}{7}=6$

14 답 ⑤

(ii) $n=k$일 때, $(*)$이 성립한다고 가정하면

$1+2+2^2+\cdots+2^{k-1}=2^k-1$

$n=k+1$일 때,

$1+2+2^2+\cdots+2^{k-1}+2^{(k+1)-1}$

$=1+2+2^2+\cdots+2^{k-1}+\boxed{2^k}$

$=2^k-1+\boxed{2^k}$

$=2\times2^k-1$

$=\boxed{2^{k+1}-1}$

따라서 $f(k)=2^k$, $g(k)=2^{k+1}-1$이므로

$f(3)+g(2)=8+7=15$